新世纪普通高校广播电视艺术学系列教材
总主编　段汴霞

电视文化学
DIANSHI WENHUA XUE

主　编　曹毅梅
副主编　张永洁　张　衡
编　委　张海欣　赵红玲　赵若虚
　　　　云　菲　吴　瑜

河南大学出版社
·郑州·

图书在版编目(CIP)数据

电视文化学/曹毅梅主编. —郑州：河南大学出版社,2013.9
(新世纪普通高校广播电视艺术学系列教材　总主编　段汴霞)
ISBN 978-7-5649-1151-5

Ⅰ.①电…　Ⅱ.①曹…　Ⅲ.①电视文化学－文化学－高等学校－教材
Ⅳ.①G220

中国版本图书馆 CIP 数据核字(2013)第 042433 号

责任编辑	郭　乾　申从芳
责任校对	杨　莹　王松锋
封面设计	张　松

出版发行　河南大学出版社
地址：郑州市郑东新区商务外环中华大厦 2401 号
邮编：450046
电话：0371-86059712(高等教育出版分社)
　　　0371-86059713(营销部)
网址：www.hupress.com

排　版	郑州市今日文教印制有限公司
印　刷	开封日报社印务中心
版　次	2013 年 9 月第 1 版
印　次	2013 年 9 月第 1 次印刷
开　本	787mm×1092mm　1/16
印　张	16.25
字　数	385 千字
印　数	1～3000 册
定　价	29.00 元

(本书如有印装质量问题，请与河南大学出版社营销部联系调换)

总 序

中国的广播电视事业是随着国家经济、政治和文化的发展由小变大、由弱变强的,而广播电视艺术是20世纪伴随着电子技术的飞速发展而诞生的,被专家和学者称作继诗歌、音乐、绘画、雕塑、建筑、舞蹈、戏剧、电影之后的一种新的艺术形态。广播电视在传播新闻信息的同时,与文学、艺术结缘,形成了丰富多彩的广播电视艺术,如广播剧、广播音乐、广播戏曲、广播文学、电视剧、电视音乐、电视戏曲、电视文学等。随着网络和多媒体技术的普及,广播电视的艺术表现形式更加丰富多彩,视听手段更加多样化,数码摄像机(DV)影像、微广播剧、微电影等独特的广播电视艺术表现形式为21世纪的广播电视传播增添了无数个精彩的瞬间。21世纪,广播电视艺术作为社会文艺形态的重要组成部分,在繁荣社会文化、促进社会和谐进步等方面将会起到举足轻重的作用。

广播电视艺术学学科涉及面广,侧重于对广播电视表演艺术、历史、艺术理论、广播电视文艺创作规律、音乐学、美术学、艺术设计、戏剧戏曲学、电影学、舞蹈学等学科的结合,是以现代电子信息技术为主要手段,采用广播、电视、文字、音像、计算机和网络等多种媒体进行的理论与实践相结合的教育学科。随着国际、国内广播电视艺术形式的不断繁荣与发展,我国的广播电视艺术学学科也在高等院校有了相应的发展。据2012年教育部统计,目前我国普通高等院校开设广播电视艺术学专业的学校已有千所。广播电视艺术学学科的教育形式也呈现出多层次格局:专科生教育、本科生教育、硕士生教育、博士生教育,成人教育、函授教育、在职教育。专业内容主要涉及广播电视编导、影视戏剧文学、导演、电视摄像艺术、广播电视节目策划、网络影视节目制作、影视特效、音响制作、纪录片制作、微电影制作、电影电视编剧等方面。近年来,我国广播电视艺术学教育工作者遵循党的教育方针,通过辛勤的劳动,为国家培养出一大批学习优秀、实际操作经验丰富的毕业生,这些优秀的毕业生成为我国广播电视艺术事业发展的中坚力量。

21世纪,广播电视艺术学教育在国家"十二五"规划的推动下呈现出迅猛发展的势头。为国家培养出更多综合素质高、艺术创意新颖、技术全面的广播电视艺术人才成为高校教育工作者的共识。知识的获取离不开教育,教育离不开教材,门类和品种齐全、体例新颖、观点鲜明的广播电视艺术学教材是莘莘学子学习和实践的知识宝库。

"新世纪普通高校广播电视艺术学系列教材"集聚省内外十多所高校的广播电视专业教师以及一线广播电视工作者,集思广益,精心策划,内容涉及广播电视艺术学的多个领域，如广播影视历史与理论、视听语言艺术表现形式、广播电视节目制作、电视摄像方法与技艺、广播影视编剧、影视导演艺术、电视稿本写作、多媒体节目制作、影视广告艺术等。为方便学生学习使用，本套教材在编写体例上采用统一编写模式，对学习重点、难点和延伸拓展的教学点都有严格的规定；在内容上追求思想性、知识性、实用性、艺术性、趣味性相结合，力求内容新、覆盖面广；在形式上图文并茂，生动有趣；在创新性上，对近年来广播电视艺术发展中的新思想、新理论、新技术进行汇编并融入教材，使教材的内容与形式紧跟时代步伐，与时俱进。

21世纪，我国广播电视艺术文化创意繁花似锦。中国的广播电视事业与广播电视艺术学教育将会有一个巨大的飞跃与发展，希望本套教材能够为新世纪广播电视艺术人才的培养作出应有的贡献。

段汴霞

2012年4月

前　言

　　从 20 世纪 50 年代后期我国开始播送黑白电视节目并建立相应的电视业至今,中国电视经历了 50 多年的风风雨雨,而今,已经作为一种文化而不仅仅是一种传播媒介遍布在社会生活的各个层面,电视文化学这一概念也逐渐从影视理论中独立出来。电视文化作为发展最快的文化样式之一迅速崛起,与之发展相适应,电视文化学逐渐进入教育领域,成为媒介素养教育中不可或缺的一部分。

　　电视文化,作为科技革命以后新兴的一种文化模式和文化样式,以崭新的姿态出现在文化大潮中,与传统文化样式相比,它的内容和形式都是焕然一新的。这种全新的媒介比以往的任何传统媒介给社会文化带来的冲击力都要强烈,报纸、广播都曾在历史进程中发挥过重大的作用,今天却是电视媒介大显威力的时代。

　　当代中国的电视文化,经历了一个从无到有、从稚嫩到成熟与自觉的历史发展过程。特别是改革开放 20 多年间,全国各级电视台数量的剧增、电视节目的新品种和样式的不断涌现、电视文化创作的空前繁荣、电视管理制度的逐渐完善等,都是电视文化蓬勃发展的重要体现。除此之外,电视文化的发展更体现在电视文化与其受众日益密切的关联中,作为一种成熟形态的电视文化业已成为广大受众日常生活中不可或缺、不可替代,越来越重要、越来越普遍的审美娱乐对象。

　　随着全球化经济时代的到来,电视文化似乎也融入到这种商业化、经济化浪潮之中,很多编导和民众对泛娱乐化现象的出现不置可否。电视文化虽然在社会文化的影响下已经成为一种商品,但同时,作为一种文化产业,电视不能忘记它本身所承载的社会文化传承和媒介素养教育的责任。

　　在媒介社会化和社会媒介化时代,媒体不仅是公众获取知识的渠道,也是公众认知社会与世界的重要途径,因而也就自然而然地成为能够影响人们世界观、价值观的重要因素。当电视媒介普及的速度超过大众的媒介素质储备的时候,电视的负面作用就不可避免地开始显现。缺乏媒介素养储备的受众对媒体的负面效应几乎没有"免疫力",在这种情况下,媒介就有可能成为异化和奴役受众的工具。

　　面对媒介数量和信息内容的无限量增长,媒介受众进入了面对海量信息不知如何筛选的境遇。于是,怎样引导受众科学、理性地接触和使用媒介,就成为一个不得不考虑的现实问题。正是在这种情况下,媒介素养(或媒体素养)的概念以及媒介素养教育一说出现在传媒领域。

英国学者利维斯和汤普森1933年所著的《文化与环境：批判意识的培养》是媒介素养教育的起点。1992年，美国媒介素养研究中心曾为媒介素养作出以下定义：就是指人们对于媒介信息的选择、理解、质疑、评估的能力以及制作和生产媒介信息的能力。因而，媒介素养教育或媒体教育与培养媒体从业人员的教育是完全不同的，媒介素养教育的对象是全体公民，旨在培养人们对媒体本质、媒体常用的手段以及这些手段所产生的效应的认知力和判断力，使人们既了解媒体自身如何运作、媒体如何构架现实，也知道怎样制作传媒作品与媒介信息。

对我国大多数公民而言，媒介素养还是一个较为陌生的名词。与我国传媒业在规模、数量、信息覆盖面等方面的高速发展相比，我国的媒介素养教育过于薄弱和落后。当前，我国有数以千计的广播频率、电视频道和每年数以万计新增的图书和电子出版物。而在互联网方面，网民数量更是异军突起，截至2011年12月底，中国网民数量突破5亿，达到5.13亿，全年新增网民5580万。在现代媒介的重重包围之中、在信息浪潮的冲击之下，要始终保持冷静科学的媒介态度，就必须加强国民的"媒介素养教育"，电视文化学的开设就是其中重要的组成部分。

媒介素养的提高不仅意味着媒介受众的信息吸纳和使用能力的提高，还深刻影响着媒介的专业性，加强了对媒介从业人员职业道德素质的要求。市场经济条件下，许多媒介已经不可挽回地走向了市场化和商业化，媒介与媒介之间的竞争也会随着时代的发展愈发激烈，一味地迎合受众需求而忽略媒介素养的媒介，如果不能在新的传播环境中提升自己的职业水准和人文素养，终将被时代淘汰。当然，提高媒介素养不仅仅是对媒体的要求，"媒介素养"也是全体公民都应该具有的基本品质。"媒介素养教育"的开展对于国民素养的提高、媒介的健康发展具有重要意义。

电视文化学作为媒介素养教育的重要组成部分，也就变得愈发重要。电视文化以形象地反映和再现社会生活为其艺术特征，电视作品实际上是一种艺术化了的社会意识形态，同时它还表现出审美、娱乐和消遣功能，融思想性与娱乐性为一体，寓教于乐，达到影响人、鼓舞人的作用。电视文化产业是精神文明建设的重要组成部分，能够从更大的范围、更多的层面提高全民的文化素养，推进整个民族的文明进程。

本书的编写正是基于以上种种需要展开的。本书的编写思路和框架结构着眼于电视文化对社会文化的影响，着重研究了电视文化的形成、功能、属性、特征，电视文化对于现代社会的影响以及经济文化等社会因素对电视文化的反作用等相关方面，同时对电视文化与大众传播之间的关系进行了深入地分析和探讨，并对竞争与发展中的电视媒介的演变轨迹进行了全面介绍，对电视文化的价值取向进行了深入剖析，逐层揭示了电视文化的相关社会因素和发展历程。

电视文化是新兴的文化形态，也是最有活力和具有广阔前景的文化形态，本书致力于通过对电视文化的起源和发展状况以及相关因素的解读，使电视受众对电视文化有更加科学和全面的理解，并以此为契机在潜移默化中提高读者的媒介素养，提高媒介受众对媒介的认知和使用能力，使电视文化及电视文化学在未来的媒介环境和社会文化中得以持续、健康地发展。

编　者
2012年10月

目 录

第一章　电视文化的界定　/1
　　第一节　文化　/1
　　第二节　媒介　/4
　　第三节　媒介文化　/9
　　第四节　电视媒介　/13
　　第五节　电视文化　/17

第二章　电视文化的属性与特征　/23
　　第一节　技术属性　/23
　　第二节　经济属性　/27
　　第三节　艺术属性　/32
　　第四节　声像文化特征　/36
　　第五节　精神文化特征　/41
　　第六节　多元文化特征　/45

第三章　电视文化的价值取向　/51
　　第一节　电视文化的社会影响　/51
　　第二节　冲突中的电视文化观念　/56
　　第三节　当代中国电视文化现象　/65
　　第四节　电视媒介的人文精神　/73
　　第五节　电视媒介的社会责任与文化责任　/80

第四章　电视文化的功能　/86
　　第一节　意识形态功能　/86
　　第二节　信息传播功能　/91
　　第三节　沟通交流功能　/94
　　第四节　娱乐休闲功能　/97
　　第五节　知识传授与社会教育功能　/100
　　第六节　文化传承与记录现实功能　/103
　　第七节　舆论监督功能　/106
　　第八节　艺术审美功能　/109
　　第九节　信息交换与服务生活功能　/112

第五章　影响电视文化的因素　/116
　　第一节　政治与体制因素　/116
　　第二节　经济因素　/122
　　第三节　社会文化因素　/129
　　第四节　传统文化与思维定式因素　/134
　　第五节　时代变迁因素　/141
　　第六节　电视文化的传播与接受因素　/148
　　第七节　媒介生态因素　/154

第六章　电视文化与大众传播　/162
　　第一节　传播与大众传播　/162
　　第二节　电视媒介与大众传播　/167
　　第三节　电视文化传播的基本特征　/176
　　第四节　电视传播符号　/184
　　第五节　电视文化传播批评　/192

第七章　竞争与发展中的电视媒介　/200
　　第一节　电视文化的演变轨迹　/200
　　第二节　电视频道与电视节目的定位　/208
　　第三节　电视节目的借鉴与创新　/213
　　第四节　电视的产业化改革　/222
　　第五节　电视风格与品牌的构建　/227
　　第六节　电视节目的策划推广与运作　/236
　　第七节　媒介资源整合利用　/241

参考文献　/247

后　　记　/251

第一章 电视文化的界定

教学重点:文化的本质、媒介的发展阶段、媒介文化和大众文化的相关知识、电视媒介的优势与劣势、电视文化的含义和影响。

教学难点:媒介文化和大众文化的关系、电视媒介和电视文化的巨大影响力。

第一节 文化

关于文化的概念,在哲学以及其他学科领域不胜枚举,有数百种之多。"文化"一词由于覆盖面极广,使用频率极高,又没有统一的界定,因此成为学术界长期争论的一个概念,而且这种争论始终伴随人类社会的发展。文化既是人类行为的产物,又是决定人类行为的某种要素。人类在认识、改造自然的过程中逐渐掌握了自然的规律,创造了文化,同时,文化也改善了人类本身。文化是自然的人化,其实质性含义是"人化"或"人类化",是人类改造自然界而逐步实现自身价值观念的过程。文化具有全人类性、阶级性、民族性、时代性和发展性的重要特征。

一、文化的含义

中国古人在理解"文化"这个概念时认为,"文"的本义是指各色交错的纹理。对"文"作解释较早的是《易经·系辞下》中的一段话:"物相杂,故曰文。古者包牺氏之王天下也,仰则观象于天,俯则观法于地,观鸟兽之文与地之宜,近取诸身,远取诸物,于是始作八卦,以通神明之德,以类万物之情。"这段文字中的"观鸟兽之文",就是指观察鸟兽身上的各色交错的纹理,"文"即是动物身上的纹理的意思。后来,在此基础上,"文"这个字又有许多引申意义:其一,引申为文字、文章,在此基础上又引申为诗词曲赋;其二,引申为古代的礼乐制度,在此基础上又引申为法令条文;其三,引申为精神修养,在此基础上又引申为文采;其四,在礼乐制度和修养的基础上还引申为美、善、德行之义,如成语"文质彬彬"(《论语·雍也》)中的"文"即指文采和修养德行。总之,"文"在古人心目中,起初指纹理,后来又引申出十几种引申义。其中,文字、文章、修养、德行,与现在人们理解的"文化"一词的意义最为接近。

"化"的本义有三个方面:一是变化,二是生成,三是造化。它主要指事物动态变化的过程。《庄子·逍遥游》中"化而为鸟,其名为鹏"中的"化"即指变化。《易经·系辞下》中"男女构精,万物化生"中的"化"即生成,化生也是生成,雌雄构精,于是生成各种动物及某些植物。以上三个本义,最基本的是指改变、变化,即事物形态或性质的改变。在此基础上,"化"后来又引申为风俗、风气教化等。"化"字的引申义与现代人理解的"文化"一词最相近的是"教化",也即伦理德行的化成,如"潜移默化"。

西汉以后,"文"与"化"经常一块连用,后来渐渐凝固为一个词,但并未出现现代意义上人们常说的"文化"一词。按照古人的理解,"文化"就是"以文教化"。近代("五四"前后)学者在译介西方有关语汇(拉丁文 culture)时,借用中国固有的"文明"、"文化"等词,赋予其新意,由此产生了我们今天通常所理解的"文化"一词。不过,中国的"文化"一词侧重于精神领域的"文治教化",而"文明"一词则兼容物质创造和精神创造。

把"文化"作为一个内涵丰富、众多学科探究的对象,实际上发源于近代欧洲。西方语言中的文化一词与汉语的文化有相近的一面,又有相异之处。《牛津词典》把 1510 年作为文化的精神、人文用法在英语首次出现的日期,但此时的文化主要指栽培、种植的意义以及由此引申出的性情陶冶、品德教化等含义。自中世纪起,文化才与今日的文化概念相当,英语中的文化"culture"其本义指精神文化,即人文——宗教文化。而中国文化则是一开始就有精神和人文的指向。因此,各国对文化的理解稍有差异,但也有共同之处。

1871 年,英国人类学家泰勒在他的《原始文化》一书中对文化作了系统阐释。他说:"文化是一种包括知识、信仰、艺术、道德、法规、习俗以及所有作为社会成员的人所获得的任何技巧与习惯的复合整体。"[①]泰勒强调了文化作为一种精神文化的综合整体的基本含义,对后世产生了重要影响。

对文化一词的概念进行详细考察和整理的,是美国文化学者克罗伯和克拉克洪。他们于 1952 年发表了《文化的概念》,对当时搜集到的西方 160 多个关于文化的定义进行了梳理与分析,并指出,文化既是人类行为的产物,又是决定人类行为的某种要素。

中国现代意义上的"文化"的含义,据当今学者不完全统计,有 260 多条。按照中国文化史研究专家、著名学者冯天瑜先生的说法:"文化便是人与自然、主体和客体在实践中的对立统一物。"[②]这里所说的主体是指人,客体是指自然,人是指整个人类。人是自然界的产物,是自然界长期演化的结果,是自然界的一部分。自然不仅指人类赖以生存并与之相对立的自然,也包括人类本身的各种自然属性与生理属性。比如,人脑就具有自然属性与生理属性。人类运用发达的头脑,在认识、改造自然的过程中逐渐掌握了自然的规律,创造了文化,借此也改善了人类本身。比如说,一块黏土原本不具备文化意蕴,但经过人类的烧制,并且绘上图案,成了彩陶,注入了人类的审美观念和劳动技能,就成为彩陶文化。又如一个山洞,人类钻进去只是为了遮风避雨,繁衍后代,似乎这个山洞算不上有什么文化味儿。但是,一座建筑物经过设计师的精心设计和建筑人员的精心施工,石头、木头和沙子都体现出了设计师和建筑人员的审美情趣和意境追求,那么它就可称作体现文化价

---

① [英]爱德华·泰勒:《原始文化》,连树声译,广西师范大学出版社 2005 年版,第 1 页。
② 冯天瑜:《中国文化史断想》,华中理工大学出版社 1998 年版,第 19 页。

值的建筑艺术。由这两个例子我们可以引出：文化的实质性含义是"人化"或"人类化"，是人类改造自然界而逐步实现自身价值观念的过程。简言之，自然的人化，也即人化自然是文化的本质。

依照人化自然即是文化的概念，自20世纪80年代以后中国兴起了文化热，出现了许许多多的文化分支，如企业文化、地域文化、民俗文化等。更有大量的实用文化，如饮食文化、酒文化、茶文化、服饰文化、广告文化、绿色文化、传播文化、旅游文化、影视文化等。

二、文化的特征

把握文化的概念，不仅要弄清楚文化的含义，还要把握好文化的一些重要特征。

（一）文化的全人类性，即文化的共性

文化与人类一起诞生，在人类发展史上，文化发展与人类进步成正比。人类从动物界分化出来后，逐渐形成了人类社会特有的人性、人道、人情，形成了社会关系，而这些社会关系又成为文化形成的基础。由于人类的本质相同，人类所创造的文化就有相通的一面。同时，人类面对的是同一个自然界，所以，尽管世界各民族的文化各有特色，但却存在一个世界文化。比如，自然科学就是人类世世代代不懈探索自然的过程中，所积累的经验上升为理论的结晶。因此，我们才常说：科学无国界。

因为文化存在共性，各国各民族的文化具有相通的一面，所以，各国各民族之间是可以进行文化沟通的。

（二）文化的阶级性

文化的主体是人，而人的本质，在马克思看来，并不是单个人所固有的抽象物。人总是生活在一定的社会关系中，是属于一定的社会形态的。同时，人所处的这种社会关系，在阶级社会中表现为一定的阶级关系，因此，人总是从属于一定的阶级，具有阶级性。而社会的阶级性反映在观念形态上，就是文化的阶级性。

（三）文化的民族性，即文化的个性

一定的民族、国家和区域的人们依据一定的自然环境，创造出了别具特色的劳作方式、社会事务的参与方式，也创造出了别具特色的风俗、习惯、伦理、道德等精神文化。这些文化特质不断积累，构成了一定的文化体系。不同的文化体系具有不可替代性，这就是文化的民族性。

文化的民族性，从横向来看，具有无法替代、独一无二的特征；从纵向来看，具有在历史演变中始终保持自身同一性的特征。一个民族的文化构成了一个民族的心理，植根于民族的心灵之中，它影响着一个民族的行为、交往方式、价值取向、宗教信仰等。

（四）文化的时代性和发展性

文化的时代性，也即文化的历史性，是指文化因其所属的特殊历史时代而具有的特殊性质以及它存在的暂时性。

文化的时代性特征，为我们判断某种文化的性质和某种文化的价值提供了标准。判断一种文化是奴隶制的、封建制的，还是资本主义制的或社会主义制的，要看其反映的是

哪种社会制度，其中最主要的是看其反映了哪种生产方式。

文化的发展性特征，源于人类社会实践活动是一个不断深化的过程。在这一过程中，文化呈现出不可逆的、不可还原的，由简单到复杂、由低级到高级的发展状态。

第二节 媒介

传播媒介的发展是人类传播能力发展变化的直接表现，传播媒介在相当程度上反映了人类传播的方式和结构，因此可以说，人类传播的发展历史实际上就是一部传播媒介的发展史。传播媒介受社会生产力水平的制约，随着社会生产力所能提供的物质手段的日益丰富而不断更新，随着传播规模的扩大而不断发展。从原始的结绳记事到现代的卫星通讯，人类的传播媒介经历了一个从简单到复杂、从落后到先进的漫长的发展过程。

一、媒介的定义

1969年7月16日，阿波罗11号太空船降落在白色的月球上。美国宇航员阿姆斯特朗缓缓走出舱门，踏上月球，他宣称，对一个人来说，这只是小小的一步；对整个人类而言，这却是一次伟大的飞跃。阿姆斯特朗深情地望着自己的家园——太空中那颗美丽的蔚蓝色星球，在他眼里，地球是那么小。与此同时，地球上亿万人正围在电视机前观看他在月球上的慢慢走动、跳跃，或通过收音机聆听电台主持人介绍他的生平。随后，大大小小的报纸无不醒目地刊登了阿姆斯特朗在飞船旁的大幅照片，各种杂志、书籍也连篇累牍地披露有关此次登月行动的所谓"内幕"，介绍趣味盎然的航天知识等。

对于阿姆斯特朗来说，地球变小了，变得美丽了，是因为他离家太远。然而，对于足不出户就能看到这位航天先驱的人们来说，地球也在变小，变得更加丰富多彩，却是因为他们拥有媒介。

那么，媒介到底是什么呢？

"媒介"一词，最早见于《旧唐书·张行成传》，"观古今用人，必因媒介"。在这里，"媒介"是指使双方发生关系的人或事物。其中，"媒"字在先秦时期是指媒人，后引申为事物发生的诱因。如《诗·卫风·氓》："匪我愆期，子无良媒。"又如《文中子·魏相》："见誉而喜者，佞之媒也。"而"介"字一直指居于两者之间的中介体或工具，也指在两者或两者以上的人或事物间，从中介入、参与其中的活动或组织，表达一种动作状态。

在英语中，媒介"media"是"medium"的复数形式，它出现于19世纪末20世纪初，其义是指使事物之间发生关系的介质或工具。这种广义的"媒介"，不仅在人类的日常生活中时有所闻（如"蚊虫是传播疾病的媒介"、"绣球是传递爱情的媒介"等），就是在传播学著作中也屡见不鲜。在加拿大著名传播学家麦克卢汉的笔下，媒介即万物，万物皆媒介，而所有的媒介都可以与人体发生某种联系。比如，衣服是皮肤的延伸，石斧是手的延伸，车轮是脚的延伸,书籍是眼的延伸,广播是耳朵的延伸,电视是耳朵和眼睛的同时延伸,电子技术则是人类整个中枢神经系统的延伸,等等。总之,人要同周围的环境发生关系,就得通过媒介。①

不过,本书要展开讨论的主题,并非是宽泛意义上无所不包的"中介体",而是特定意义上的处于人与人之间、作为信息传播渠道的"居间工具",即所谓的"传播媒介"。

传播媒介有两层含义:一是指传递信息的工具和手段,如电话、计算机及网络、报纸、广播、电视等与传播技术有关的媒体;二是指从事信息的采集、选择、加工、制作和传输的组织或机构,如报社、电台和电视台等。这两个方面都是传播学研究的重要内容。一方面,作为技术手段,传播媒介的发达程度如何,决定着社会传播的速度、范围和效率;另一方面,作为组织机构,传播媒介的制度、所有制关系、意识形态和文化背景如何,决定着社会传播的内容和倾向性。

二、媒介发展史

传播媒介经历了从单一到综合、从简单到复杂的发展过程,这一过程与人类文明的进步同步。在人类传播史上,每一种传播媒介都曾有过它辉煌的纪录,并成为某个时代的标志。在世纪之交,人们惊奇地发现:人类社会与传播媒介都一起站在一个新的临界点。但是,人们尚难预断,是几大媒介共创辉煌,还是迅速崛起的网络媒介等新媒介独霸天下。

媒介的发展史以时间为主线,可以划分为五个阶段:口头媒介阶段、书写媒介阶段、印刷媒介阶段、电子媒介阶段、网络媒介等新媒介阶段。

(一) 口头媒介阶段

口头媒介是人类最早的传播媒介,在这一阶段人们利用自身的发声器官来传播信息。这一阶段大致从人类摆脱"与狼共舞"的野蛮状态、组成原始社会开始,一直到文字的出现。简言之,就是从人类开口说话到用手写字这一漫长时期。口语体现了媒介最基本的功能,即实现信息的交流与共享。原始社会生产力低下,个人的生存能力也较薄弱。语言使人们能够有效地组织在一起,共同抵御自然的灾害,或相互协作进行农耕、渔猎等社会生产。

口语的产生无疑大大加速了人类社会进化和发展的过程,直到今天,口语依然是人类最基本、最常用和最灵活的交流手段。但是,作为声音符号的口语也有其局限性。第一,口语只能在很近的距离内传递和交流;第二,口语信息转瞬即逝,记录性较差,其保存和积累只能依赖于人脑的记忆能力。因此,口语受到空间和时间的巨大限制,只能适用于小规模的社会群体或部落内的信息传播。

事实上,即使在以口语传播为主的时代,口语也并不是唯一的传播手段。为了适应越来越复杂的社会生活和越来越大的环境空间,人类不断地发明和采用了一些早期的体外

---

① [加]M.麦克卢汉:《理解媒介——人体的延伸》,何道宽译,四川人民出版社1992年版,第149页。

化媒介。例如,用约定的实物来传递和交流信息,利用结绳或图形符号来记录重要的事件或生产和交易情况,利用擂鼓或燃放烟火以及这些信号的接力传送等方式保持远距离联络。更重要的是,这些媒介被采用,意味着人类传播开始进入一个新的阶段:人类不再单纯地依赖体内信息系统来传播信息,而开始向一个功能更强、效率更高的体外化信息系统进军了。

(二) 书写媒介阶段

文字是人类传播发展史上的第二座重大里程碑。如果说语言的产生使人类摆脱了动物状态,那么,文字的出现则使人类进入了一个更高的文明发展阶段。文字是在结绳符号、原始图画的基础上发展而来的。我国《易经·系辞下》中有"上古结绳而治,后世圣人易之以书契"的记载,日本历史上则有过"结绳时代"。事实上,在文字产生以前,世界上许多国家都经历过结绳记事的时期。中国有一句成语叫作"书画同源",说明早期图形符号同样是文字的重要源泉。根据考古学的发现,人类用图形或绘画来传递信息从旧石器时代晚期就开始了。那时,人们将对自然界和自身的认识绘成简单的图画,刻在岩壁或各种石器上。到了新石器和铜石并用时代,这些早期绘画已经发展成一种图画文字。而考古学则证明,在公元前3000年左右,真正的文字就已经产生了。

文字的重要意义,首先在于其克服了口语转瞬即逝的缺陷,能够把信息长久地保留下来,使人类的知识、经验的积累、储存不再单纯依靠人脑有限的记忆力;其次,文字能够把信息传播到遥远的地方,打破了口语的距离限制,扩大了人类彼此交流和进行社会活动的空间;最后,文字的出现使得人类文化的传承不再依赖于容易变形的神话,而是有了确切可靠的资料和文献依据。一句话,文字的产生使人类之间的交往沟通在时间和空间两个领域都发生了重大变革。这种变革进而影响到人类社会的各个方面:在政治上,文字使大规模的行政统治成为可能,法律政令、官僚系统都可以有效地组织起来;在经济上,文字促进了社会生产,并使不同地域间的经济交往变得简单方便,商品经济因此获得较大发展;在文化上,文字的贡献尤为突出,它使人类的精神遗产得以保存和延续,文明也因此而得到持续性的发展。总之,文字有效地促进了人类社会的进步,不同民族所拥有的独特的文字,都对本民族有着至关重要的意义。

(三) 印刷媒介阶段

文字出现以后,人类经历了一个很长的手抄传播时期。手抄传播效率低、规模小、成本高。一部书籍如果要抄写多册,不但耗费时日,而且需要投入大量的人力。据考证,在13世纪的法国,如果要抄写一部小书送给公主作为生日的献礼,其成本相当于现在的3000美元。在这一时期,文字信息的生产规模还很小,加上教育的普及程度低,文字传播基本上属于政府、官吏以及统治阶层的特权。这种情况直到印刷时代到来之后才有了改变。

所谓印刷媒介,就是将文字和图画等做成版、涂上油墨、印在薄页上,形成的报纸、杂志、书籍等物质实体。薄页可以指以植物纤维为原料经排水作用所粘成的传统意义上的纸,也可以指以矿物或其他化学合成纤维造的"纸",还可以指人造丝织物,如丝绸、帛、布等。

纸张和印刷术是中华民族为世界文明作出的两大贡献。早在公元 105 年,中国东汉时代的蔡伦就在前人经验的基础上,造出了结实耐磨的植物纤维纸。在公元 7 世纪的唐代,中国已经出现了雕版印刷。1045 年,宋代的毕昇发明了胶泥活字印刷术。到了元代和明代,中国又先后出现了木活字和造纸术,两者广泛流传到东亚和西方各国,为推动世界文明和人类社会的发展作出了巨大贡献。

15 世纪 40 年代,德国工匠古登堡在中国活字印刷和油墨技术的基础上创造了金属活字排版印刷,这一印刷术标志着印刷时代的新纪元正式开启。经过欧洲工业革命的推动,印刷技术不断革新,迅速跨越了人力生产而进入机械动力和电力生产的阶段。印刷机的出现促成了近代报刊的诞生。伴随着人类读写能力的普及,印刷媒介开始在社会变革和社会生活中扮演越来越重要的角色。美国传播学之父施拉姆指出:"书籍和报刊是同 18 世纪欧洲启蒙运动联系在一起的。报纸和政治小册子参与了 17 世纪和 18 世纪所有的政治运动和人民革命。正当人们越来越渴求知识的时候,教科书使得举办大规模的公共教育成为可能。正当人们对权利分配普遍感到不满的时候,先是报纸,后来是电子媒介使得普通平民有可能了解政治和参与政府。"①施拉姆的这段话,高度概括了印刷媒介的发展在社会政治、文化、教育领域中带来的巨大影响。应该补充的一点是,印刷事业的发展对社会经济也起到了巨大的推动作用。不仅如此,它自己本身也日益成长为一种规模宏大的产业,并迅速成为处在萌芽中的信息经济的主要部分。

1833 年,世界上第一份便士报——《纽约太阳报》(图 1—1)诞生,标志着人类进入真正成熟的大众传播时代。

图 1—1　1833 年 11 月 26 日出版的《纽约太阳报》头版

---

① [美]施拉姆:《传播学概论》,何道宽译,中国人民大学出版社 2010 年版,第 18 页。

20世纪以后，印刷媒介已经高度普及，书籍、报纸、杂志等出版物作为人们每天获取信息、知识、娱乐的基本渠道之一，在社会生活的各个领域发挥着重大的影响。

（四）电子媒介阶段

如果说印刷实现了文字信息的大量生产和复制，那么，电子技术最重要的贡献之一就是实现了信息的远距离传输。1837年，美国人塞缪尔·摩尔斯发明了第一台实用电报机。1844年，当美国第一条电报线开通时，摩尔斯从华盛顿向巴尔的摩发出了第一封电报，其内容是《圣经》中的一句话："上帝啊，你究竟创造了什么！"

当然，这个奇迹并不是上帝创造的，而是科学技术发展的结果。尽管如此，人们仍然不能不对这一"时空的超越者"和"闪电般的"通讯工具发出由衷的赞叹。在电报出现以前，信息的交流与物质的流通、人的流通是等速度的，因为信息的交流也是通过交通工具来实现的。但是，电子通信工具的出现使得距离不再成为人类沟通信息的严重障碍。1858年，当横跨大西洋的海底电缆宣告竣工时，接近于实时传播速度的远距离信息传递成为现实。

早在电子传播技术诞生2个世纪以前，西方的探险家们就开始寻求对地域上的突破。到了19世纪，范围很广的跨国经济、大规模的殖民体系都已建立，不同地区间的联系更为紧密，人口的流动性也大为增加。因此，信息传播要求更快的速度和更高的速率，还要求克服印刷媒介在传播空间上的缺陷。电报的产生初步满足了这些要求。此后，随着电话、电视以及卫星通信的依次问世，信息传播的范围和速度出现了质的飞跃。电子传播技术真正实现了"天涯若比邻"的景象，并给社会和个人生活带来极大影响。

电子媒介为人类传播带来的变革并不仅仅是空间距离和速度上的突破。从人类社会信息系统的发展角度来看，电子媒介还在别的方面具有里程碑式的意义。过去，无论声音还是影像，其本身都不具备记录性和复制性，以至于考古学家无法找到它们的"化石"。电子媒介出现以后，随着摄影、录音和录像技术的进步，人们不但实现了声音和影像信息的大量复制和大量传播，而且实现了对它们的历史保存。我们今天考察古代社会时，只能根据文字记录或考古发现进行想象和推测，而当千百年后的人们在研究我们现在这个时代时，他们则可直接聆听我们的声音和观察我们的容貌。这就使人类文化的传承内容更加丰富、感觉更加直观、依据更加可靠。一句话，它使人类知识经验的积累和文化传承的效率和质量产生了新的飞跃。

（五）网络媒介等新媒介阶段

1998年5月，联合国秘书长安南在联合国新闻委员会年会上正式宣布，互联网是继报刊、广播、电视等传播媒介之后所兴起的第四媒介。它的载体是上网的计算机，传播的是以文字、声音、动画形式同时反映出来的数字信息，人们把这种新的媒体叫作网络媒体。从1945年第一台电子计算机诞生至今，电子计算机技术与通信技术发展迅猛，并因此掀起了多媒体和网络传播的高潮。

电脑作为网络媒介，一经问世就备受青睐，发展迅速。网络媒介有三个显著特点：

一是高度的综合性。它将电脑技术、声像技术、通信技术合为一体，是计算机、电视机、录像机、录放机、VCD机、电话机、游戏机、传真机、打印机、电子信箱等媒介的性能大综合，同时，又是书籍、杂志、报纸、广播、电视等大众媒介的优点大综合。过去出现的媒介虽然克服了之前的旧媒介的一些弱点，但往往不能兼具旧媒介的优点。网络媒介则既有印刷媒介的可保存性和可查阅性，又具有电子媒介的新鲜性和及时性，还具有自身的图文阅读性和音像视听性。

二是充分的交互性。过去的人际传播是"点对点"的"对话式"双向传播，大众传播是"点对面"的"独白式"单向传播，而网络媒介为人类的传播活动提供了第三种传播形式——电子"交互式"网络传播。这种传播既综合了人际传播与大众传播的特点与优势，又不是两者简单的整合和延伸，而是一种全新的创造。目前的交互形式有：交互式CD、交互式电视、电子信箱、电脑购物、电脑会诊、电脑查询、网络电话、网络讨论、口声邮递、自学辅导等。

三是方便性和快捷性。通过网络媒介传递和交流信息，既不需要纸张，又不需要印刷、投递，也不需要昂贵而复杂的设备。它是将讯息拨号进网，通过通讯线路进行自由传送，不分地区、不论国界，随传随至，既方便快捷，又省钱省力。

而新媒介永远是一个相对的概念，每一种媒介在它诞生和普及的初期都曾对社会产生过广泛的影响。现今，我们谈论的新媒介主要是指伴随卫星通信、数字化、多媒体和计算机网络等技术的发展而出现的新型传播媒介，包括跨国卫星广播电视，多频道有线电视，文字、音像的电子出版以及互联网等。电脑、多媒体、信息高速公路，正日益成为信息传播的"生力军"，并成为世界高科技竞争的焦点。如今的网络媒介，既集声音、图画、文字、影像等各种符号于一体，又融半导体技术、电子技术、视频技术、通信技术、软件技术等各种高技术于一身，涉及军工、科研、教育、信息咨询、文化娱乐、新闻传播等许多领域，几乎无所不包。因此，它被人们称为"大众产业"是当之无愧的。

第三节 媒介文化

在人类的文化结构中，媒介文化是非常独特的文化类型。按照以上分析的文化形成逻辑，媒介文化应该是这样的：人类出于自己社会实践——主要是出于沟通的需要，发明了各种各样的传播媒介；在人类运用这些媒介的同时，媒介也就此进入人们的日常生活，并由此形成了相应的媒介生活方式。这个时候，媒介文化就形成了。所以，媒介文化的形式得益于媒介技术的发明和完善。当下，媒介文化日益成为当代社会文化形态中的重要组成部分，对社会、对人的影响也越来越大。因而，不少学者从各自的领域对这个问题进行了研究。

一、媒介文化的形成

按照泰勒关于文化概念的描述，一切与人相关的东西都可以演变成文化。那么，媒介技术为人使用，也就能够形成媒介文化。参照前文所述的人类在发展过程中对传播的依赖以及文化形成的原理，媒介文化的形成应该是这样一个过程：为了更好地进行沟通和交流，人们发明了某一种媒介，也就是说人类社会诞生了一种新的媒介技术，只要这种媒介技术能够满足社会大规模传播的需要，它就会迅速普及，社会组织和受众也会通过它制造对自己有用的信息，或者接受相应的信息以满足认知世界和消遣娱乐等方面的需求。于是，这种媒介技术就渗入人类社会中，一方面，相应的媒介机构变成了社会系统的重要组成部分；另一方面，受众对这种媒介信息的接受逐渐变成了一种生活方式，而这种信息接收方式往往会影响到人们的心态、意识和社会行为，一种媒介文化就这样形成了。正如我国学者胡正荣教授在《传播学总论》中所说："媒介文化就其实质而言，是媒介的文化价值。媒介本身就是文化的产物，也是文化的一部分，它又在社会文化系统中形成了一个亚文化系统，即媒介文化。"[①]

在其形成过程中，媒介文化还同时具有"理想化"的教化意义以及"文献化"的意义。[②]

首先，媒介文化的形成是通过传递信息来完成的。传递信息必须要依靠相应的媒介，通过制作相应的媒介文本来完成，那么，这些文本就具有"文献化"的可能。所谓的"今天的新闻是明天的历史"，就是这种含义的典型表达，即较为重要的新闻报道将会成为历史文献保存下来。

其次，任何一种文化在其形成的过程中都会遵循一种"理想化"的原则，而媒介文化将指向一个更加理想化的人类文化的未来。无论是印刷媒介还是电子媒介，无论是纪实类信息还是虚构类信息，任何媒介的信息传播都是为人类服务的，都是为了人类能获得一个更加美好的未来。比如，纪实类信息（电视新闻等）能够帮助人们更好地认知周围的客观世界，虚构类信息（电视剧等）能向受众展示一个理想化的世界，这些世界都可以诱惑受众在现实生活中朝更加美好的未来前进。所以，媒介文化相对于现实的客观世界，一定是领先一步的，电视文化也是这样。

二、作为大众文化的媒介文化

值得注意的是，与其他文化形态不同，媒介文化往往会发展成一种大众文化。这是因为，任何一种媒介都是人类为了提升自己的传播沟通能力而发明的。因此，一种媒介的技术越成熟，就意味着它的传播力越强，同时也就意味着它能够将越来越多的人拉入自己的传播系统中去。最终，这种媒介技术将在大众中普及，形成一种媒介的大众文化。

那么，什么是大众文化呢？我们很难给大众文化下一个明确的定义，因为它渗透在我们生活的方方面面：当我们踢足球的时候、过节庆祝的时候、玩电子游戏的时候、听广播看电视的时候、在舞厅跳舞甚至在厨房按照菜谱做饭的时候，似乎都在从事所谓的大众文化的活动。可以说，大众文化涵盖了大众所有的生活方式。英国学者迈克尔·奥肖内西就此给大众文化进行了两个界定："大众文化是指人们在紧张工作之余所进行的消遣娱乐活

---

① 胡正荣：《传播学总论》，北京广播学院出版社1997年版，第254页。
② 祁林：《电视文化的观念》，复旦大学出版社2006年版，第20页。

动。在消费者看来,这种活动能使他们得到快乐和满足……大众文化的第二个含义是指那些通过大众传媒迅速简捷地传播的,为广大民众所消费的文化形式。"① 所以,我们可以从以下两个层面来理解大众文化:第一,大众文化是针对大众的普及性文化,它的各种文本形式都具有通俗化的特征;第二,大众文化具有这样一种功能,即它可以让大众获得愉悦,无论它是一种消费或是一种信息传播,抑或是游戏形式。

从这个意义上来说,媒介文化很容易就会成为大众文化,主要有以下三个原因。

(一) 都市大众获取信息的强烈需求

这种欲望主要来自都市大众自身社会化的需求。所谓社会化,就是人从一个生物的人向社会的人转变的过程。在这个过程中,一个人会努力内化各种社会价值标准,学习自己的角色技能以适应社会规范和社会生活。现代人的社会化不仅仅是在家庭、学校、工作单位等环境中完成的,更是在一定的媒介环境中完成的。人们对很多社会规范、社会法则的学习,往往都是通过媒介来完成的。比如,报纸、杂志等媒介上的商业广告,其实就是在引导人们的消费行为;影视明星以及他们塑造的诸多影视形象,经常被青少年视为自己的人生样板而直接进行模仿。所以,在一些媒介发达的西方国家,媒介往往被专家学者们认为是儿童主要的社会化力量。②

随着现代社会的进一步发展,人们通过大众传媒实现社会化就显得日益必要。因为相对于个人的亲身经历,媒介提供给人们的往往是相对完整的世界的写真,而这种完整性对于都市大众的发展尤为重要。现代社会的一个重要特征就是社会分工日益细密。社会分工一方面提升了整个社会的运作效率,另一方面也同时形成了当代都市人的一种生存状态,即生活的片面化——每个人都只熟悉自己的专业,而

图1-2 《人与自然》节目剧照

对专业领域以外的事情比较陌生。我们的学校教育、家庭构成甚至是朋友圈子的形成,也都遵循这种专业化甚至是职业化的逻辑。比如,大学教育在学科设置方面和专业之间的壁垒越来越高,这就使得学生受到的教育越来越适合他们在某一个专业领域找到工作,却很难获得一种总体意义上的知识。因此,他们就必须接触媒介以获得自己专业以外的知识,进而获得对社会的整体了解。电视文化正具备这种功能:农民可以通过看都市剧了解城市,城市白领可以通过看《人与自然》(图1-2)等节目了解大自然的状况。这种了解会使一个人的知识和见解更为全面,由此才能更好地适应现实生活。

---

① [英]安德鲁·古德温、加里·惠内尔:《电视的真相》,魏礼庆、王丽丽译,中央编译出版社2001年版,第60~61页。
② [美]刘易斯·科塞等:《社会学导论》,杨心恒译,南开大学出版社1990年版,第28页。

（二）都市大众对娱乐消遣的普遍需求

在现代社会生活中，娱乐消遣是和工作相对立的。人们的工作越是专业，要求在工作中投入的精力就会越多，那么，在工作以外就越需要用娱乐消遣来平衡自己的精神状态。专业化分工要求的是一种专业化的劳作。就像卓别林在电影《摩登时代》中扮演的那个专门拧螺丝的工人一样，长时间单调的工作使他的生活被抽象成了一个机械地拧螺丝的动作，或者说，人变成了一个只会拧螺丝的机器。同理，我们可以把会计师抽象成处理数字的机器，把厨师抽象成做饭的机器，把司机抽象成开车的机器，因为，每一种专业都要求人们片面地强化自身某一方面的技能。

但生活本应丰富多彩，是物质享受和精神追求的完美统一。现代都市中的工作带给人的显然不是这样，这种劳作就是马克思等人分析的在资本主义社会中人被物和工作"异化"了。那么，在工作以外，人们必须有其他的生活方式来完整自己的生活。所以，现代人发明了林林总总的娱乐休闲方式，在各种游戏中模拟生活的其他状态，这样方能让自己的肉体和精神达到一种平衡状态。在这些娱乐消遣活动中，接受大众传媒的信息是最方便、最廉价，也是最容易普及的一种。因为，媒介可以用符号塑造各种虚拟的生活，大众想要什么生活，媒介就可以用语言符号表现什么样的生活。对于人们的心灵来说，大众传媒就有了一种宣泄和净化的作用。这种作用非常重要：一方面，现代社会中繁重的工作使得人们很需要放松；另一方面，紧张的工作又要求这种放松必须是快餐式的、简单的，这其实也是为什么现代传媒文化一定是大众文化和流行文化的原因。英国作家吉新在他的小说《新寒士街》里有这样一段文字描述大众对媒介尤其是印刷媒介的接受状况，他说，"那些杂志和报纸是写给谁看呢？那些不受教育的人……那些公制学校培训的新起世代，那些教育程度刚好够得上阅读，但又无法持久注意的男男女女。这样的人在搭乘火车、巴士与电车时，总得要看些东西来打发时间……他们需要的无非是可供扯淡闲聊的一些资料——点滴的小小故事，白描一番、加点丑闻、来些笑话，再弄点数据统计……每一则新闻都要很短，绝不超过二英寸；这些人注意力维持不了那么久。闲聊都还太过扎实，对他们来说，扯淡也就够了"①。现代的都市大众受过一定教育，具有追求精神享受的可能，但出于过大的工作压力，他们也需要一种快餐文化的消费。在这方面，大众传媒是最合适的选择。

（三）社会组织亲近大众的努力

在现代社会中，各个社会组织亲近大众的努力也容易使得媒介文化发展成为一种大众文化。随着社会的不断发展，普通民众的社会地位不断提高，各个社会部门为了保障自身运作良好，都有必要通过媒介和大众保持良好的关系。在这种情况下，媒介将被各种社会势力控制着努力地亲近大众、影响大众，成为大众的一种生活方式。伴随现代化进程的是一种民主化的进程。比如，在西方资本主义发展的过程中，个人摆脱了封建社会宗族的、地位的束缚，变成了具有人身自由的"自由人"。一方面，在思想上，他们信奉"人人生而平等"的资本主义理念，相信每个人都是平等地面对社会；另一方面，在行动上，他们确

---

① ［英］阿兰·斯威伍德：《大众文化的神话》，冯建三译，三联书店出版社2003年版，第1页。

实可以自由选择自己的工作或生活方式,因为现代社会中的人具有这些自由的权利。而且,一旦他们拥有了足够的金钱以后,就有了所有的消费自由——整个现代社会就是建立在庞大的社会消费基础上的。这种自由带给现代人一种巨大的选择权利:在政治上,他可以选择支持甲政党或是乙政党;在工作中,他可以选择甲公司或是乙公司;尤其在消费中,他可以在众多的商品中自由选择自己最喜欢的品牌。这样一来,无论是政府还是企业,抑或是商家,各种类型的社会组织都不同程度地要和公众保持一种良好的关系,这就是通常意义上的公共关系。只有保持良好的公共关系,组织自身才有可能在社会上良性发展。良好的公关关系是靠社会组织通过大众传媒发布各种倾向性的信息劝服公众实现的。因此,社会组织会主动利用媒介来发布各种信息,而发布信息的目的是为了影响现代公众的选择。

于是,大众传媒从某种意义上成为社会系统的一个中枢。一方面,大众离不开它,人们需要通过大众传媒了解周围的世界,进而帮助自己更加有效地社会化。同时,媒介也为人们提供了丰富多彩且廉价的娱乐消遣,放松他们的精神。另一方面,社会组织的正常运作也离不开大众传媒的支持,它们需要通过大众传媒这一种沟通工具与大众保持信息和观念上的联系。两方面的需求必然造就媒介的飞速发展和其在大众中的迅速普及。因此,媒介深深地渗入人们的生活当中,成为一种生活方式,进而引导人们的生活走向,并对人类社会产生重要影响,演变成所谓的媒介文化。

第四节 电视媒介

电视自问世以后便以惊人的速度蓬勃发展。现在,地球上几乎没有哪个地方不被电视信号所覆盖,全世界几乎所有的人们都生活在电视通讯网络的信息包围之中。是现代电子技术发展的结晶,是音画结合的大众传播媒介,是兼容多种形态的视听综合艺术,还是迅捷、即时的娱乐形式和"快餐"文化……总之,人们可以从不同角度描绘出对电视特征的不同认识,林林总总,不一而足。电视作为一个复杂而又广泛的社会文化和信息交流体系,它不仅兼容了新闻报道、实况转播、影视艺术、文化综艺、娱乐服务和科学教育等众多的媒介功能,而且还一直并将继续影响和改变着现代人们的生活方式。

一、电视媒介的巨大影响力

我国传播学者郭庆光教授的《传播学教程》一书中写道:20世纪最重大的事件之一,是电视媒介的出现和发展。早在20世纪60年代中期,德国社会学家W. 林格斯就认为,电视是"震撼现代社会的三大力量之一"。从电视在现代社会中所发挥的重要作用而言,林格斯的这个评价并不过分。①

自从电视问世以后,其独特的媒介特性已将千千万万的人吸引到电视机前,并感受着它所带来的强烈的现场感和冲击力。电视的出现,已经极大地改变了人们的生活,对现代社会的方方面面也都产生了巨大的影响。美国新闻史学家埃默里曾经这样描述电视所带来的宏大的社会景观:"电视的经济力量是惊人的,他对公共事件的报道也是如此。从1953年艾森豪威尔总统就职,约摸有6000万人看到他;到1969年人类第一次在月球上行走,世界各地有5亿观众收看转播;再到1997年香港回归,全世界数亿乃至数十亿人通过电视同时关注。从50年代起,电视逐渐地拥有了大量观众。"②

以湖南卫视2005年的选秀节目"超级女声"(图1—3)为例,我们不可否认的是,这个节目无论是制作形式还是传播效果都开创了我国电视史上的一个先河。从节目形式上来说,"超级女声"是我国真正意义上第一个无门槛的选秀节目,并且打破了评委对比赛成绩起决定性作用的一贯原则。评委不再是那个冷酷的打分机器,而是有血有肉,或冷血、或个性、或感性的普通人,而选手最后的命运则是掌握在观众的手里,并完成了从路人到明星的瞬间转变。这一切都打破了我国比赛类综艺节目的固有模式。

图1—3　2005年"超女"节目(现场)

央视索福瑞媒介研究公司公布的2005年《超级女声》节目收视数据表明,在北京、上海、长沙等12个城市"收视率"调查中,"超女"平均收视率为8.54%,平均收视份额达到26.22%,决赛期间平均有11%的收视率,不仅居于同时段收视首位,其平均收视率还超过中央电视台。尤其是三强对决的尖峰时刻,个别时段的市场份额最高达49%。如果按照央视索福瑞在全国范围内平均一个点的市场份额一般有580万观众来计算的话,那么,当晚收看"超女"决赛的观众则一度超过2.8亿人,直逼3亿大关。也就是说,每5个中国人当中就有一个看"超女",它已经成了深入家家户户的大众娱乐节目。从传播效果上来说,《超级女声》不仅捧红了参赛者、评委和电视台,同时,冠名赞助商的产品销售额也不断攀升。而总决赛后每周突破千万的短信投票活动和每个手机号只能投15票的活动规则,更是让移动公司乐得合不拢嘴。曾有传言说过,2005年的《超级女声》使得当年中国的

---

① 郭庆光:《传播学教程》,中国人民大学出版社1999年版,第118页。
② [美]迈克尔·埃默里、埃德温·埃默里:《美国新闻史》,展江、殷文译,新华出版社2001年版,第525页。

GDP 提升了一个百分点。不管传言是否属实,2005 年"超女"给我国的经济、电视圈、新闻界、娱乐圈带来的冲击都是不可忽视的,而这一切都是电视媒介发挥的作用。

那么,为什么电视媒介有如此巨大的作用呢?在电视出现以前,从来没有任何一种媒介拥有如此多的受众和如此大的影响力。电视的吸引力来自于它的媒介特性:电视集视听觉手段于一体,通过影像、画面、声音、字幕以及特技等,多方面地传递信息,给受众带来强烈的现场感、目击感和冲击力;它不仅是人们获得外界新闻和信息的手段,而且是丰富多彩的文化生活和娱乐的主要提供者。电视的出现,使人们每天的传媒接触时间由过去的几十分钟一下子提高到了几个小时,看电视成了人们业余生活的主要内容。电视不仅大大改变了人们的生活,而且对现代社会政治、经济和文化的各个方面都产生了广泛而深刻的影响。[1]

在当今社会中,电视媒介的影响力更是越来越大了。

媒介的影响力是建立在一定的影响面的基础上的。如果说影响力指的是媒介产生影响的深度或力度,那么,影响面就是指媒介发生影响的广度或范围。对于媒介来说,其成功的标志就是对社会环境具有有效的影响力。影响面越广,影响力越大,就意味着其越成功。

媒介的影响面可以看作是媒介与社会环境的切面,媒介的影响力则可以看作是媒介与社会环境的集合面或交集面。由于影响力的不同,媒介对社会的影响有大有小,而脱离社会、远离市场的媒介是无法对社会环境发生作用的。电视媒介的影响力可以细分为三个层次:[2]

一是现实影响力,即媒介对现实环境已经或者可以产生的影响力。现实影响力是不断在变化的。比如,随着电视频道资源的增多,节目播出渠道出现了供过于求的现象。这在总体上提高了电视媒介影响力的同时,又削弱了单一电视媒介机构或电视频道的影响力。当然,由于自身经营管理能力和水平的差异,在一些电视媒介的现实影响力降低的同时,另一些电视媒介则会乘虚而入,乘势而起。

二是潜在影响力,即媒介对将来环境可以或可能产生的影响力,这是媒体的素质和体能的表现。在现实中,有两种媒体具有潜在影响力:一种是已经具有发挥影响力的资源但是没有运作好的媒体,一种是蓄势待发的媒体。

三是有效影响力,即媒介对环境中的重要部分或因素可以或可能产生的影响力。有的媒介并不特别追求总的发行量或收视率,却特别注重对某些地区或某些目标群体的发行量或收视率。例如,电视台一般更看重节目在城市,特别是东部地区城市的收视率,报刊则更看重在白领阶层中的发行量。电视媒介作为一种完全融入人们日常生活的媒介,越来越强烈地影响着当代人的生活。

任何事物总有它的两面性,电视媒介亦不例外。当我们高歌礼赞电视媒介对于人类的巨大贡献之时,也不能不看到,恰恰是电视媒介又带来了令人担忧的种种负面影响。有

---

[1] 郭庆光:《传播学教程》,中国人民大学出版社 1999 年版,第 119 页。
[2] 陆地:《论电视媒介的影响面与影响力》,东方网,2004 年 10 月 14 日,http://sh.eastday.com/eastday/shnews/node16413/node36529/node36531/node36537/userobject1ai582525.html。

人批评电视对社会的毒害相当严重,指责其用政治、思想和商业宣传来塑造人的思想。有人批评每天的电视节目中都有大量暴力和色情场面,称它是"魔鬼的眼睛"。有的学者把电视的弊端——"电视病"概括为以下三种类型[①]:第一种是由于电视传播的内容所造成的弊端。比如,"电视是一种麻醉剂"(容易消磨、麻醉人的意志,使人守着电视机消耗岁月,不愿或不能集中精力去面对复杂的现实、去做艰苦的事情),导致暴力和色情泛滥,导致文化渗透和文化侵略(发达国家向发展中国家输送自己的价值观念和生活方式,给后者造成抢劫、凶杀、道德堕落等严重的社会问题),并间接破坏和威胁着原有的民族文化(传统、民族文化个性)。第二种是由于电视传播的局限性而引起的弱点。比如,"散布愚昧"(因为电视适宜表现形象的、表象的内容,不适于表现抽象的、个性的内容,长此以往,便造成人思维水平的降低,人们满足于表象的理解和接受,而不愿作深入的思考,文盲、半文盲也随之大量出现)。第三种"电视病"则是由于电视信息负载较大,加上接收方式不当而引起的。人们面对眼花缭乱的电视信息的"视觉轰炸",一方面,自身的思考能力和判断力受到损害;另一方面,由于狭隘的接收环境,而产生人与社会隔离的状况。人的本性是倾向于群体生活的,社会交往是人的基本心理需求,一旦人们失去了群体交往能力,则可能造成精神压抑与苦闷,产生许多心理障碍。

但人们说电视造成了其想象力的衰弱,其实这是对电视的苛责。电视媒介的出现并没有彻底取代纸质媒介,正像纸质媒介的出现并没有完全取代口语媒介一样。虽然有新的媒介不断出现,但是,传统的媒介仍然以其独特的优势而拥有自己的生存空间。然而,每一种新媒介的出现无疑都会伴随着对传统媒介越来越强大的冲击。相比而言,电视对人们的冲击更为强烈。电视把伴随着声音的形象直接呈现在了观众面前:风景有声有色,人物栩栩如生。所以,电视虽然是一种综合性艺术,但是其主体其实是视觉,而听觉往往处于附属地位。事实证明,媒体对人的听觉注射所造成的影响远远小于视觉注射所产生的影响。因为,广播的听觉注射只是从接受方式而言的,它拓展的是一种接受空间的更大可能性,至于接受有没有效果便不在它的能力之内了;而电视所带来的视觉注射可以使活灵活现的形象直接跃入接受者的眼帘,使观众在受到震撼的同时念念不忘,视觉注射能产生一种更加直接而且富于力度的接受效果。如果说广播拥有的是一种独立于人的力量的话,那么,电视的力量无疑已经达到了诱引和支配人的地步,也就是说,人们已经对它产生了依赖性。它让人上了瘾,以致陷于其中不能自拔。到了网络时代,科技产品所形成的这种对人的支配力量可谓发挥到了极致。

二、电视媒介的优势与劣势

(一)电视媒介的优势

1. 直观性强

电视是视听合一的传播媒介,人们能够亲眼见到并亲耳听到、如同在自己身边一样的

[①] 胡智锋:《影视文化论稿》,北京广播学院出版社 2001 年版,第 104 页。

各种活生生的事物。假使视觉与听觉没有做到如此有机的合一,就不会使受众产生如此真实的感受。电视媒介的这一种直观性,是其他任何媒介所不能比拟的,因此也成了一种最大众化的宣传媒介。

2. 有较强的冲击力和感染力,现场感强

电视媒介是用记录的手段再现讯息的形态,即用声波和光波信号直接刺激人们的感官和心理,以取得受众感知经验上的认同,使受众感觉特别真实。因此,电视媒介对受众的冲击力和感染力特别强,是其他任何媒介所难以实现的。

3. 收看不受文化程度限制

电视媒介对观众的文化知识水准没有严格的要求。观众即便不识字、不懂语言,也基本上可以看懂或理解电视中所传达的内容。

4. 有较高的注意率

在当今社会,电视机已经普及,观看电视节目已成为人们文化生活的重要组成部分。电视媒介注重运用各种表现手法,使其内容富有情趣,增强了受众观看的兴趣,节目的收视率也相对比较高。

(二) 电视媒介的劣势

1. 稍纵即逝,难以把握

电视中的内容都是瞬间即逝,错过就是错过了,很难有重温的机会。而且,受众又是在完全被动的状态下接受电视节目的,这也是电视区别于其他媒介的特点。

2. 电视节目制作受时间顺序、场地、设备条件的限制

电视机不可能像印刷品一样随身携带,它需要一个适当的收视环境,离开了这个环境,也就从根本上阻断了电视媒介的传播。并且,电视媒介受收视环境的影响大,不易把握传播效果。

3. 电视节目的制作、传送、接收和保存的成本较高,即费用昂贵

费用昂贵一是指电视节目本身的制作成本高,周期长;二是指播放费用高。就制作费而言,电影、电视片这种艺术形式以制作周期长、工艺过程复杂、不可控制因素多(如地域、季节天气、演员等)而著称,而且为电视节目专门作曲、演奏、配音、剪辑、合成,都需要花大量的金钱。

第五节 电视文化

随着电视这一传播媒介的发展与繁荣,一种由电视所发出的强大冲击波遍及人类社会的各个角落,从而形成了规模宏大的"电视文化"。电视文化是指伴随电视的诞生及电视事业的发展而出现的一种新的文化形态。电视文化是一种普及的大众文化,它是科学技术发展到一定阶段的产物,直接吸取了广播文化的传统,又继承了电影文化的遗产,同时也吸取了科技史、传播史、电影史的成果。电视文化是一种具有高度综合性的社会文

化,也是一种渗透性极强的文化。电视文化不仅包括电视媒介自身所传播的信息内容,包括电视传播过程中传播者之间、传播者与传播组织之间、传播制度之间、传播者与接受者之间种种错综复杂的关系,还包括由于电视传播而带来的社会、民族、国家以及个人的价值观念、思维方式、信仰追求以及心理状态等的深刻变革。①

一、电视文化的含义

通过上面对文化本质的认识,我们不难看出,无论从广义抑或狭义的视角去审视,电视都是一种文化形态和文化样式。于是,便有了"电视文化"这个称谓。关于"电视文化"的含义,也是众说纷纭。

美国人类学家米勒把电视文化看作是一种能够将全世界联系在一起的文化。米勒说:"世界范围的快速航空旅行和全球的电视卫星转播使我们进入了一个共同体,地球上一个地方发生的事情马上或同时就能够传到其他地方的人群那里……昨天,村里每一位居民还与本国的城市生活相隔绝,而今天,收音机和电视机为他们送来了世界各个城市的声音和画面。"②

美国传播学家施拉姆把电视文化视为一种新型的公共传播方式。施拉姆指出:"电子传播技术为发展中国家提供了潜在的信息渠道。这些渠道可以通向多得难以置信的受众;可以冲破图书馆的栅栏,向平民百姓传播信息;可以通过'示范表演'来教授复杂的技巧;可以在演讲时几乎得到面对面的传播效果。"③

而美国社会学家麦卡尔则将电视文化看成是一种社会学意义上的社会生活现实。麦卡尔认为:"以通讯卫星为最新标志的世界通讯,不仅使地方文化传统得以扩散和相互渗透,而且正以人类历史上独一无二的方式,向人们提供着共同的文化体验。在这一全球通讯网络当中,电影、电视、电台、画报、报纸等通讯媒介组成了共同的文化环境,在世界范围内同化并改变着人类对符号的需求及表达方式。它们源源不断地输送着各式各样流动的、瞬息即逝的关于这个世界的图像以供我们日常品评;它们为我们民众中的大多数人打开了精神视野;通过以上这些装置,我们就能以各种各样、史无前例的方式缩短时间,穿越历史,横跨世界。"④

上述人类学家、传播学家和社会学家以阐述和描写的方式道出了电视文化的特征和作用。而我国的一些当代学者则从不同视角对电视文化进行了定义。

著名学者田本相教授认为:"电视文化是人类物质文明和精神文明发展到特定历史阶段的产物,是这两种文明的物化现象的特定反映。它不但具有自身的物质结构系统、表现形态,而且具有特有的产品,并且在社会生活中产生了广泛而巨大的作用。"⑤

---

① 胡智锋:《影视文化论稿》,北京广播学院出版社2001年版,第97页。
② [美]玛格丽特·米勒:《代沟》,曾胡译,光明日报出版社1988年版,第70～71页。
③ [美]施拉姆:《大众传播媒介与社会发展》,金燕宁等译,华夏出版社1990年版,第96页。
④ 崔文华:《全能语言的文化时代》,北京师范大学出版社1998年版,第270页。
⑤ 田本相:《电视文化学》,文化艺术出版社1990年版,第2页。

电视文化研究专家苗棣、范钟离指出,电视文化是指"当代人类在电视传播的高度参与下所形成的,新型的群体行为模式和生活方式"[①]。

知名学者崔文华教授认为,"电视文化是以作为大众文化工具的电视所做的社会信息生产与传播为起点,以公众日常化接收为社会影响方式,而逐步引发广泛社会效应的一种互动型泛文化形态";并指出"整体的电视文化就是作为文化生产——传播工具的电视与它的社会功能以及广泛社会效应的统一","它有着自己的内在规定性和外在显现形态"[②]。

综上所述,电视文化就是人类以电视为工具,通过电视传播所产生的精神价值和物质价值的总和。电视文化包括电视文化生产与传播、电视文化消费以及双方互动所形成的文化效应。电视文化是一种内涵宽广的泛文化形态。从结构上来看,电视文化可分为电视物质文化、电视制度文化和电视精神文化三个层面。其中,电视物质文化是指为实施电视文化建设所必备的硬件品,如电视从业人员、电视设备乃至电视运作知识等;电视制度文化是指支撑和维系电视文化运作的相关制度、法规等,如《广播电视条例》、电视工作者应遵守的职业道德规定等;电视精神文化则不仅包括电视节目传播的知识,而且涵盖电视观众通过收视电视节目所产生的精神动能以及由此创造的社会效益。

二、电视文化是一种"新"文化

电视文化是近些年间出现的一种新兴文化现象,也是一种时髦的文化形态。

首先,电视本身就是一种"年轻"的"新"媒介。1936年11月2日,英国广播公司BBC开始了全球第一个电视播送服务。随后,德、美、法等国也相继进行了试验播出。但世界电视事业的真正兴盛则是1945年第二次世界大战结束以后的事。中国的电视事业则起步更晚,诞生于1958年,1979年才真正走上快速发展之路。如果我们把电视置于大众传播媒介家族进行比较,电视恐怕是除互联网外最"年轻"的传媒了;如果将电视视为艺术,那么它与诗歌、舞蹈、建筑、音乐、绘画、小说、戏曲等艺术形式相比,其历史也是十分短暂的。即便与所谓的"第七艺术"电影站在一起,电视也是"年轻"得多。

电视文化的传播具有新颖性和先进性。与报纸相比,电视拥有声音和图像两个优势,具有逼真的现场感以及得天独厚的传播和接收效果。电视虽是在广播基础上发展而来的,但比广播具有天然的形象感和立体感。与电影相比,电视具有传播快捷和大容量的优势以及接收便利的特征。就是与时下兴盛的互联网相比,电视也具有真实、灵动和活跃等内在品质。

随着科技的飞速发展和大众传播技术水平的日益提高,电视的传播设备和技术手段也在快速翻新。比如,由黑白到彩色、由无线到有线、由综合频道到专业频道、由录播到直播,等等,这些转变是其他媒介和艺术样式无法比肩的。尤其当下,数字技术、多媒体技术、卫星直播技术和网络技术纷纷被用于电视传播活动。日新月异的传播技术,无疑为电

[①] 苗棣、范钟离:《电视文化学》,北京广播学院出版社1997年版,第21页。
[②] 崔文华:《全能语言的文化时代》,北京师范大学出版社1998年版,第276页。

视文化的新锐性提供了基础。

另外，电视文化具有鲜明的当代性。这一特性主要体现在娱乐与审美的互渗性、传播的广泛与快捷性、运作的市场性、对现代科技的依赖性和对其他艺术门类的包容性等方面。

而把电视作为一种文化现象提出，并对其进行研究，时间就更晚了。20世纪中叶以后，一些中外学者虽提出了"电视文化"这一概念，但毕竟"未成气候"，对这一概念的界定也并非十分清晰。近些年间，随着社会文化大环境的营造和电视事业的勃兴，人们对"电视文化"的呼声日渐高涨，而后"电视文化"才逐渐以一种新颖的面孔进入我们的生活。

三、电视文化对人类进步的深刻影响

电视文化的出现对人类社会的影响，包括政治、经济、文化领域以及对人的心理、感情、行为模式的影响都是十分显著的。人类创造了电视文化，而电视文化又反过来给予人类一种巨大的影响、塑造与改变。

（一）传播和弘扬人类优秀文化

电视文化有着最为开放的视野与宽广的胸怀，它运用最先进的技术手段，使各民族、各国家、各阶层不同的文化之间跨越时间、空间的交流成为可能。我们常说的，"足不出户便可观（闻）天下事"，就是这个意思。如果说传统的传播媒介和文化载体还有各自的局限的话，那么，对于电视来说，几乎没有什么不可以作为它捕捉的对象。最重要的是，它可以最为迅疾、便利而又高度逼真、全面地将当下的社会动态信息与其他信息同时传遍全球。不论是东方数千年前的文化成果，还是西方正在创造的新的文化成果，不论是星外的奇观，还是地球哪个角落里的故事，都可以通过电视而让全世界的人们迅速地领略、把握和熟悉起来。尤其值得注意的是，电视的出现使大规模的文化传播得以实现。各民族、各国家的一切优秀文化成果，都通过电视的传播而得以保护、保存和发扬光大。比如，许多优秀的文学作品被搬上电视屏幕，使文学原著为不同肤色、不同地区、不同阶层的人们所熟知；再如，许多优秀的科技成果，也是通过电视而实现了它的广泛的认识价值和使用价值。固然，电视的出现给其他传播媒介和文化载体带来了很大冲击，但同时，其他的传播媒介和文化载体又通过电视重新调整了自己的方向，并使其已有的成就进一步得到了展示和传扬。电视文化的发展非但没有毁灭其他传播媒介和文化载体的价值，在兼容并蓄和积极弘扬的过程中，电视文化反而创造了人类文化发展史上的奇迹——它使"地球村"上的"村民们"变得宽容大度，变得开阔豁达，使彼此之间减少了偏见和敌视，增进了友谊、理解和尊重。从这个意义上来看，电视文化的作用确是至关重要。

（二）深刻影响和推进人类的社会化进程

由于电视文化以空前宏大的规模传播着极为丰富多样的信息，又由于电视观看具有随意、自由和"家庭化"的特点，因此，人们在家庭、学校教育之外，找到了一条新的教育途径。上学读书的孩子通过电视可以更多地获取家庭和学校所没有给予的知识，成人在工作之余也可以通过电视接受社会再教育。电视无疑使人见多识广，进而也加速了自身的社会化进程。因为,所谓的"社会化",就是每一个社会成员自觉不自觉地适应社会需要,使自己逐渐具备作为该社会或群体的成员所应具有的知识、技能、态度、情感和行为的过程,也是社会成员不断地学习和适应所在的社会或群体的行为模式和行为规范的过程。而电视通过大量的、日常性的信息传播,使人们在消遣娱乐和随意轻松的观看中自然地走上社会化的过程。尤其是对于正处在学习、成长发育过程的青少年,电视节目中所推崇或贬损的形象,电视节目中所渗透出的观念、行为的标准,都会对他们走向社会化产生深刻的影响。

(三) 更新人类的生活观念与价值取向

电视文化对人的生活方式与价值取向的影响是最潜在的,也是最根本的。如果把从小看电视长大的孩子称作是"电视文化时代的人",那么,这些人显然有着迥异于传统文化教育出来的人的种种品格和特质。这些人知识面广、感觉敏锐,对新潮的东西极感兴趣,他们将电视中的"现实"与生活中的现实看成是一回事,判断事物性质的价值取向是面向未来的、新鲜的,而非传统的、保守的。当然,电视文化也不可避免地给这些人以消极的影响,仅对家庭这个社会的"细胞"进行剖析,就可以发现这一倾向。如果说以往的家庭生活在没有电视的情况下可以自然运行的话,那么,对于一个拥有电视的家庭来说,这个家庭的生活恐怕无法脱离电视的影响。收看电视成为家庭的主要娱乐生活,占据了家庭大部分的闲暇时间。电视使娱乐家庭化,而家庭教育和家庭休息则电视化了。电视文化依托于家庭,而家庭文化的主要内容则是电视文化。所以,有学者指出,电视把剧院、电影院、博物馆、美术馆,甚至学校都搬到了人们家庭生活之中。这种生活方式的改变所带来的人们价值观念系统的改变,目前还需作进一步的探究。因为,从人类文化发展历史来看,电视文化还刚刚处于"婴儿时期",很多东西还需留待未来以作考察。但至少一些现象可以证实,电视对人类总体价值取向有着深刻的影响,如以往的节日庆典、红白喜事等仪式的改变,亲友聚会方式和聚会内容(如大年三十合家聚在一起看春节联欢晚会等)的改变以及各种社会流行"热"潮的掀起等,都与电视文化有着直接或间接的联系。

总之,电视不仅仅让人们的视野更加开阔,而且还会让人们获得娱乐和消遣的享受。电视媒介已经成为人类生存中的关键因素。对于普通人来说,电视所传播的信息可能像空气一样让我们感觉平常,但也正如空气一样对我们至关重要。这说明在很多情境中,电视已经渗透到人类生活的每一个层面,甚至每一个细节中去了。电视媒介不再是一个需要人类去处理、驾驭的媒介,也不仅仅是为人类提供信息服务的媒介,它已经和人类的生活合而为一。看电视也绝不仅仅是一种生活行为,电视就是生活本身,是作为一种文化而存在的。

练 习 题

1. 如何理解"人化自然即文化"这句话?
2. 为何说媒介文化往往会发展成一种电视文化?
3. 怎样看待新媒介对传统媒介的冲击?

4. 电视媒介有哪些优势和劣势？
5. 思考电视文化能够给人类的进步带来的影响。

拓展阅读书目

1. 袁军：《新闻媒介通论》，北京广播学院出版社 2000 年 6 月版。
2. 张国良：《新闻媒介与社会》，上海人民出版社 2001 年 1 月版。

第二章 电视文化的属性与特征

教学重点：电视经济属性、艺术属性的主要表现，电视画面、声音的主要作用，电视精神文化特征的主要表现，电视的多元文化特征。

教学难点：电视文化的技术属性，电视是一门荧屏艺术，电视文化是高雅文化和通俗文化的融合。

第一节 技术属性

1926年1月，苏格兰发明家约翰·贝尔德向伦敦皇家学院的院士们展示了一种新型的、能够通过无线电传递活动图像的机器，贝尔德称他的发明为"电视"。这种机器不是传统的电影放映机，而是通过电子方法将图像显示在阴极射线管上。这种电子管是为进行科学研究而在英格兰研制的。贝尔德说，总有一天，它将使每一个家庭都变成一个小电影院。由此，20世纪最具影响力的大众传播媒介就这样诞生了。电视的产生经历了一个较长的孕育时期，它经过了从机械电视到电子电视，从黑白电视到彩色电视，从模拟技术到数字技术，从局限于狭小地域到国际性传播的发展过程，并最终发展成为一种最具影响力和神奇魅力的传播媒介。归根结底，电视的发明和发展离不开技术的支持和制约。

一、电视的发明离不开技术

"电视"这个词来自英文"television"的翻译。而英文中的"television"一词来自希腊语，是"tele"（远处）和"vision"（景象）两个部分的结合。这个单词非常形象地、有前瞻性地表达了电视的技术属性：电视，正是一种将声音、文字、图像等信息转变成某种信号（电子或数字），通过有线或无线的方式进行远距离传播，供大量观众收看的媒介。

电视技术的发明，有赖于众多科学家、专业技术人员和大量业余发明者的探索和贡献，它并不是某个人的专利。作为一种电子传播技术，电视的发明需要三个基本条件：一是它需要有推动远距离传送的动力来源；二是它需要有进行传播的发射和接收渠道；三是借助电波传递声音、图像和其他信息，需要附载在电波上的编码解码方式。动力、渠道、编码这三项基本要素，既需要硬件，又要软件，两者缺一不可。

作为电视的前辈,广播已经解决了声音的电子传播技术。而电视就是在声音传播的基础上,增加了活动的图像,这比单纯的远距离传送连续的声波要复杂得多。

首先是电视技术的发明,这是几种技术逐步发展的结果。一是视觉原理的发现和视觉器具的发明。照相术的发明,使人们可以用便利的方式纪录人类经历的图像,而一旦人们把早就已经发现的视觉暂留现象的原理和照相术结合起来,电影就诞生了。1877年,爱迪生发明了电影技术——这是跟电视关系最密切的技术。二是光电效应的发现与应用。光电效应的内涵是指光线照射某种物质时,会使它产生电,电力强弱取决于光线强弱。而荧光效应正好和光电效应相反,即当电流冲击荧光物质时,会导致其发光。荧光屏的闪烁正是电流冲击屏幕荧光物质的结果。光与电的互相转换,使得电视具备远距离传输的可能。三是图像分解与扫描技术的发明,这是图形传送的关键技术。图像分解和扫描技术意味着,人们只要将图像分解成很多像素,就能用一根电线把它们按顺序传送出去,图像展示的空间方式就变成像素线性传递的时间方式了。1884年,德国工程师尼普可夫用一个布满螺旋状小洞的圆盘传送图像成功。这一技术被用于早期的机械电视。

其次是机械电视(图2—1)的发明。机械电视的发明者是英国的贝尔德。在英国,他被称为"电视之父"。1925年4月,贝尔德在伦敦的一家百货商店里,向公众展示了一台用尼普可夫原理制造的机械电视。1926年1月26日,他向英国皇家学会的40多位成员及当时的新闻界演示了机械电视的能力,电视里映出了一个办公室勤杂工的活动影像。虽然贝尔德因此名声大噪,但由于机械电视设备的本质缺陷,导致他的发明成果最终被历史淘汰。

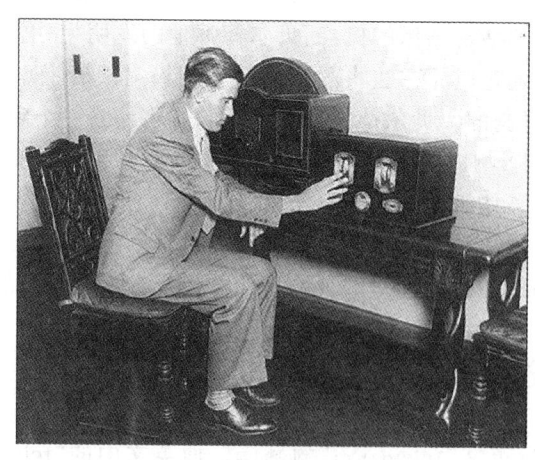

图2—1 贝尔德发明的机械电视

最后是全电子电视的发明。全电子电视的发明也是多个发明家在科学上的接力过程。1878年,英国科学家克鲁克斯发明了阴极射线管。1897年,德国的物理教授布劳恩据此发明了一种简单的电子显像管,被称为"布劳恩管"。7年以后(1904年),俄国的物理学教授罗辛开始用"布劳恩管"传递影像。十月革命的动荡使罗辛不知所终,而他当时的助手佐里金在移民美国后,于1923年发明了光电显像装置。至此,全电子电视的关键部分已经成功了。在美国无线电公司RCA副总经理萨尔诺夫的支持下,佐里金于1928年研制成功了一台光电显像管,命名为"显像管"。1930年11月9日,摄像机正式露面了,并且摄取的图像质量非常好。因为对电视技术发展的组织和支持,萨尔诺夫因此被广播电视制造者联合会称赞为"美国电视之父"。

二、电视的发展离不开技术

电视技术发明以后,20世纪五六十年代,电视进入到蓬勃发展时期,而这个时期更具意义的事情是彩色电视的出现。

科学家们对彩色电视的研究,几乎与黑白电视同步。奥地利物理学家芬·伯兰克于1902年就提出了彩色图像传送和接收原理;贝尔德于1928年利用尼普可夫的扫描盘作电视画面传送试验的同时,也试验了彩色电视;美国电话电报公司的工程师艾维斯于1929年也试验成功了彩色电视画面。此外,法国、德国、苏联等国也都在研究彩色电视。彩色电视的发射和接收过程,就是把红、绿、蓝三种颜色(三基色)转化成电信号发射出去和接收过来的过程。把红、绿、蓝三种颜色分解成电信号的工作叫作"编码",它是由电视发射器中的"编码器"完成的。在彩色电视接收器里有一个和编码器功能相反的"解码器",它能把接收下来的电信号分解还原成红、绿、蓝三种颜色的光束,并把这些光束经过扫描打到荧光屏上,显示出彩色图像。红、绿、蓝三种颜色之间相互搭配,可以产生出赤、橙、黄、绿、青、蓝、紫等多种不同颜色,这三种颜色因此被称为彩色电视"三基色"。这种传送和接收彩色信号的技术方式就叫作"彩色电视制式"。

美国无线电公司于1940年首先试制成功彩色电视。第二次世界大战后,经过对其进行研究改进,该公司又于1946年宣布了"点描法彩色电视技术标准"。这种方法最大的优点是在黑白电视机上也可显像,只是显示黑白画面而已,因此又被称为"兼容制"。哥伦比亚广播公司在第二次世界大战时期发明了彩色电视系统,又称为"场描法彩色电视技术标准"。这种方法在彩色的传真上比点描法逼真,但最大的缺点是在一般的黑白电视机上无法显像。因此,美国政府于1953年宣布采用"点描法"为彩色电视技术标准,通称为"NTSC制"。1954年,美国全国广播公司首先正式播送彩色电视节目;1964年以后,美国彩色电视机逐步普及;此后,世界上许多国家也相继研究成功了多种彩色电视制式,发射了彩色电视信号。日本于1960年,法国、西德、苏联、英国同于1967年正式播放彩色电视节目,中国也于1973年播放了彩色电视节目。

20世纪60年代,除了彩色电视为更多的国家使用外,一个令人叹为观止的技术成就就是通信卫星的使用。这一科学成就极大地促进了全球电视事业的发展,打破了广播电视等电子传播的时空限制。正如麦克卢汉所说,有了通信卫星,"世界变成了一个小村庄"。通信卫星转播电视节目,是电视台把节目发射给卫星,再由卫星转发到各个地面站。卫星从高空往下辐射,不受物体阻挡,传送距离也相当远(一个同步卫星大约可覆盖地球42%的地面)。

1962年7月10日,美国将世界上第一颗通信卫星"电星1号"送入太空。7月23日,"电星1号"把美国发射的电视节目传送到了巴黎和伦敦,又把巴黎和伦敦的电视节目传送回美国,由此开创了通信卫星转播电视之先河。1963年11月9日,美国总统肯尼迪被刺的实况,经由"转播1号"卫星传送到日本和欧洲。1964年4月,"国际通信卫星组织"

成立,该组织的第一颗商用通信卫星"晨鸟"于1965年4月6日被送入大西洋上空轨道,6月正式启用,利用通信卫星在国际间传送电视节目由此开始了。1969年7月19日,通信卫星转播了"阿波罗"号载人宇宙飞船第一次登上月球的电视实况,全球47个国家的7亿多人观看了这个实况转播,人数占世界人口的1/5还多。后来,人们又研制了专门用来传送广播、电视信号的广播通信卫星。广播通信卫星既降低了传播成本,又提高了广播、电视的覆盖质量。

除国际通信卫星外,一些国家还发射了用于本国的通信卫星,以实现本国广播电视节目的有效覆盖。1984年1月23日,日本发射了世界上第一颗实用电视直播卫星,它以家庭为接收对象。1987年7月4日,日本广播协会(NHK)通过卫星直播系统开办了一个连续24小时的卫星电视节目。这样一来,NHK成了世界上第一个播出卫星直播成套节目的电视台。当年,日本接收卫星直播电视节目的用户就约达14万户。

数字电视是一个从节目制作、发射、传输、接收,到显示全过程实现数字化的视听和数据广播系统。它分为高清晰度数字电视(HDTV)和标准清晰度数字电视(SDTV)两个层次。20世纪80年代,电视领域最为重大的发展就是高清晰度电视(HDTV)的问世。在高清晰度电视的研究方面,走在最前列的是日本和欧洲。

日本从1964年就开始研究 HDTV,是世界上最早开始研制高清晰度电视的国家。1981年,日本广播协会首次展示高清晰度电视。高清晰度电视的扫描线为原525行扫描线的两倍多,宽与高的比例为16:9,其清晰度和逼真度与电影几乎没有差别。艳丽的色彩、高保真的立体声音频信号与宽屏幕的画面浑然一体,带给人们无比美妙的视听享受。1985年9月,在日本筑波万国博览会的入口处,一架大如墙壁的电视机正在播放1984年奥运会的开幕盛典。1125行扫描线的画面,使得人物毫发毕鉴,有如35毫米的宽银幕电影,由此,日本研制的高清晰度电视正式登场,并于1988年率先在汉城奥运会进行了试播。1989年6月3日,日本成为世界上第一个每天播出高清晰度电视的国家。自1991年11月25日始,日本每天播出高清晰度电视长达8小时。日本之所以能在高清晰度电视的研制中遥遥领先,是因其工业界和日本政府之间的大力支持和通力合作,而很多家电视台也采取了积极合作的结果。

欧洲也与日本展开了激烈竞争。1990年,在欧共体委员会的支持下,欧洲高清晰度电视联营集团"电视1250"成立。所谓"1250"是指新制式的高清晰度电视的扫描线为1250行。参加这一联合研制活动的成员包括欧洲一批最有实力和影响的公司:荷兰的菲利浦公司、德国的西门子公司、英国广播公司、法国电信公司和汤姆森公司等。欧共体投入了大量资金,集体攻关,并推出了模拟数字混合的高清晰度电视系统,于1992年通过卫星进行了巴塞罗那奥运会的实况转播。

当时,众多的专家都趋向于模拟传输技术。转折开始于20世纪90年代初。随着计算机技术、数字处理技术、图像压缩技术等高科技的迅猛发展,电视技术走向了从模拟向全数字发展的新时期。在数字高清晰度电视研究方面,美国后来者居上,其数字高清晰度电视的研究突飞猛进,使得欧洲和日本最终也决定采用全数字制式。

在数字电子技术基础上发展的数字电视,其基本特征是以高度压缩信息量和离散的方式快速处理信息。因此,数字电视不仅可实现高质量的视音频单向传输,而且可以实现视频点播、远程教育、金融、购物等双向互动增值服务,这为节目制作人员拓展了充分发挥其积极性、创造性的空间。

第二节 经济属性

电视是 20 世纪对人类社会有重大影响的科技发明之一。但它不仅仅是单一的科技发明,更是电力、无线电、录音、录像、收音机、电视机等一系列发明技术工业化、产业化的结果。从这个意义上来讲,电视是社会化大生产和工业文明的产物,经济是电视诞生和发展的前提和基础。世界上第一座电视台就是由经济组织建立的:1936 年,英国广播公司 BBC 建立了世界上第一座电视台,定时播出黑白电视节目。电视的发展,离不开生产力的发展以及人民生活水平的提高;电视的出现,加快了信息的流动,提供了新的文化消费渠道,又推动着经济发展和社会进步。

一、电视文化具有鲜明的商业色彩

电视媒介从它诞生的那天起,就具有一定的商业性质。[1] 这体现在以下三个方面:

第一,无线电视的传播媒介——电视频谱虽然是公共资源,并由国家统一进行规划和分配,但是,其使用权可以由个人或机构租用。个人或机构可以通过申请、购买或者通过竞拍的方式得到电视经营许可证,就可以独立经营。

第二,电视产品虽有公共产品的性质,但它有很大一部分的准公共产品完全可以由市场来提供。独特的电视市场以二元市场的方式存在,即内容市场和广告市场。借助于电视内容市场,电视媒介可以在广告市场上交易"观众的时间",也就是说,广告主按照电视节目的覆盖面、收视率等观众的收视情况,在电视上进行广告投入以扩大产品的销路。

第三,虽然电视产品具有外部性经济特点,但是,相关部门可以借助法律法规以及经济政策,对由市场提供的电视产品加以管制,限制其负面性,鼓励其正面性。

电视文化和商业文化是紧密联系在一起的。电视台本身就是按照商业法则来运作的,其主要收入要么来源于广告,要么来源于节目等信息产品的销售。从这个意义上来说,电视是以一种商业企业的形象出现在社会系统的。最早的商业电视诞生于美国,所以,我们来了解一下美国电视的商业性。美国是全世界范围内电视发展较早的国家。虽然在第二次世界大战前的初创阶段,美国的电视业落后于英国和德国,但此后美国很快就超过了上述两国,成为全世界电视发展最前沿的国家。

电视技术的前身是广播。在广播事业发展时期,美国形成了三大著名的广播网:NBC——美国无线电公司 RCA 组建的全国广播公司(图 2—2)、CBS——哥伦比亚广播

---

[1] 吴克宇:《电视媒介经济学》,华夏出版社 2004 年版,第 39 页。

公司(图2—3)和ABC——美国广播公司(图2—4),美国的电视业正是从这三大广播网中孕育而出的。第二次世界大战后,三大广播网都将主要精力投入到电视业中,使得电视很快就取代了广播的地位。美国联邦通信委员会于1948~1952年停止审批新电视台,冻结了频道资源,这一政策保护了现有电视台的利益发展,使美国的电视节目得以蓬勃发展。"冻结"结束以后,电视台迅速增加,从1947年的100台增加到1960年的400多台。NBC、CBS和ABC各自建立了全国性的商业电视网,垄断了60%以上的电视台,覆盖了全国人口的绝大部分。20世纪50年代和60年代,三大电视网和美国电视业经历了发展的两个黄金十年。

图2—2 美国全国广播公司

图2—3 哥伦比亚广播公司

图2—4 美国广播公司

美国的商业电视完全遵守"利润第一"的原则,华尔街甚至将收视率与股价挂钩。商业电视为了提高收视率,导致娱乐泛滥、广告成灾,大量内容是表现性和暴力的。但不可否认,美国的商业电视节目生动活泼、趣味性强。收视率至上的原则还促进了节目收视率统计方法的日益精确、日益科学。

早期的电视广告客户都是单一赞助某项电视节目,但随着广告时间和节目制作费用的日益高涨,广告客户采用了联合赞助节目的方法。单一赞助的方法是由某一广告客户自行组织一档或数档节目,制定内容、聘请演员、购买时间,以厂商挂牌赞助的方法在电视上播出。联合赞助节目的方法是广告客户只出资购买少量的广告时间,而将自己的广告交由电视网在各类电视节目中插播。这种方式将节目的规划和审查责任都赋予了电视网;而独立制片人也往往出让部分版权和节目发行权给电视网,这样,电视网的权力和利润就都极大地增加了。从20世纪60年代起,美国电视网开始向多个国家出口节目,获得收益。1961年,CBS影片公司向55个国家的电视台出口了1500部半小时的电视节目。

美国电视网俘虏了本国观众以后,开始征服世界。

由于20世纪60年代有线电视和卫星的出现,美国的传播环境发生了巨大变化。电视频道的增加、政策的调整、市场的变化导致了三个电视网的观众总数持续减少,从60年代的90%下降到90年代的60%左右。商营电视网的垄断地位被最终打破,美国电视进入了一个更多元化的时代。

二、电视活动属于社会生产活动,企业体制是组织生产的基本体制

电视活动既是物质生产活动的一种,也是精神生产活动的一种。它是利用录音摄像设备、演播室、非线性编辑系统、音频工作站、播控设备、传送设备等工具生产电视节目的活动,是劳动者运用技术、艺术、知识进行智力生产的过程,其产品的外在形式表现为电波信号或数字信号。随着科技的发展,电视已从黑白电视发展到彩色电视、数字高清晰度电视、交互电视。尤其是卫星、数字、网络等技术的迅猛发展,使得电视本土化生产、全球化覆盖成为现实,电视与报刊等其他传媒、与电信等信息产业的融合在加速,跨国界、跨媒体、跨行业的特大型传媒集团在崛起,主导着世界传播秩序。如默多克的新闻集团、南美洲的天空电视、澳洲的福克斯电视、亚洲的星空卫视和美国的直播电视DirecTV,它们共同形成了覆盖全球的卫星电视王国。从世界电视发展史来看,电视的生产资料所有制形式已从单一的私人所有制发展到包括私人所有、国家所有、社会公共所有等在内的多种所有制。

但不管采取何种所有制,企业体制是市场经济条件下电视生产的基本体制,并得到不断发展和完善。美国是世界上电视最为发达的国家,也是电视所有制形式最为多样的国家,美国电视的民营企业体制也影响着许多国家和地区。电视企业最初采用有限公司形式,而后发展到有限公司、股份公司以及上市公司等多种形式。美国在线——时代华纳、维亚康姆、迪斯尼等巨型传媒企业采用的就是上市公司形式,上市公司被称为公众企业,成为社会公共所有制的另外一种实现形式。英国国会1954年通过电视法案,允许开办商业电视,从而在其国内形成了公共广播电视与商业广播电视共同发展的局面。

民营公司和公营公司是当前世界广播电视生产的主要组织形式。1986年至今,电视业和信息产业逐步融合,各国电视业和跨国电视传媒集团的竞争日益激烈,形成全球化的复杂态势。原先的公共服务电视体制的支点都发生了变化。行政管理机构不再直接管理电视机构运作,公营电视台(如BBC)也完全按照市场规则行事,电视台资金基本通过市场经营取得;在政策上,国家不提供对于公营电视的保护,以求符合市场公平竞争的原则;资本市场为电视传媒的全面市场化和全球化提供了经济杠杆,电视传媒通过融资、合资、购并、合作等多种方式谋求更大的市场占位。20世纪90年代以后,电视业体制的巨大动荡就是全球范围的媒体集团购并风潮。以美国为例,1996年美国通过了新的《电讯法》,允许广播电视和通讯传媒两大行业进行跨行业兼并,这一事件大大推动了世界范围内的媒体业的兼并和升级。美国的文化产业自1983年至今一直保持连续增长态势。1998年,美国的第一大出口行业已是影视和音像出版业,其出口总收入达到600亿美元,占国际市场的40%。而美国媒体行业在其国内GDP中的排位已由1985年的第11位跃居第

6位。如迪斯尼集团,1994年,以190亿美元收购美国广播公司ABC;1997年,凭借行业规模及盈利总额稳入世界前10强,成为集影视、娱乐、零售于一体的巨型跨国集团。时代、华纳两集团合并以后,又和美国在线合并,组成了迄今为止最大的传媒集团,集印刷出版、广播电影电视、有线网络等媒体资源于一身。另据1999年8月6日《环球时报》载,当时传播于世界各地的新闻,90%以上由美国和西方国家垄断;其中,美国控制了全球75%电视节目的生产和制作。许多第三世界国家的电视节目中,有60%~80%来自美国,而在美国自己的电视中,外国节目的占有率仅有1%~2%;美国影片产量占全球影片总产量的6%~7%,但却占据了总放映时间的50%以上。从美国电视业近10年的发展策略来看,强势的技术创新和市场运作一直都是通过高效率的体制组织来作整体的协调,以求得资源得到最大效益的利用,而超大型跨国媒体企业集团充当的就是这个协调的角色。事实上,美国本土还有700多个电视台为本土公众服务,真正为美国谋求全球传播市场利益的仅仅是少数的跨国集团。显然,这些集团代表了整个美国的国家利益,体现了电视全球化的最突出特征。

三、经济属性决定着电视的发展和电视节目的繁荣

电视频谱资源属于社会公共资源,具有稀缺性,并不是人人都可以占有和使用;谁占用了某一频道,其他人便无法再使用,这说明电视频谱资源具有相对垄断性,因此也就具有较高的经济价值。电视节目的采编、制作、播出、传输、发射、接收等环节构成了广播电视的生产、流通、分配、消费的产业链,电视已经发展成为文化娱乐产业、信息产业的重要组成部分。据有关资料显示,美国视听产品的出口仅次于航天航空产品的出口,在国际上占了40%以上的份额;广播影视、音像、计算机等版权产业出口额高达5000亿美元,占美国国民生产总值的7%。而英国的广播电视等文化产业年产值近600亿英镑,从业人员也占了全国总就业人数的5%。

以我国广播电视媒体大发展历程为例:十一届三中全会后,整个社会经济领域的变革逐步开始,这种变革使"市场"逐渐为企业重新认识,而且,企业因为市场供求关系的压力,而开始意识到广告的作用;同样的经济压力也在媒介内部发生,以往由国家提供的财政保障正在消减,而实际上媒介发展所需要的经费却在逐步上升,媒介不得不依靠自身的力量来获得足够的经济来源。实际上,在中国电视的发展史上,商业广告的出现起到了重要的推动作用。1979年1月28日(农历正月初一)下午,上海电视台屏幕出现了"上海电视台即日起受理广告业务"的内容,并随机播出了中国电视历史上第一条商品广告——1.5分钟的《参茸补酒》,这条广告播放了8次;同年3月15日,上海电视台又播放了第一条外商广告,1分钟的《瑞士雷达表》,先后播放11次;同年11月,上海电视台与香港太平洋行签订了播放日本"西铁城"钟表报时广告的协议,为期一年,广告总金额为130万港元——这是一个很大的数目。广东电视台也很快跟上,仅1979年一年播出中外广告30条,收入人民币12万元、港币120万元。电视界发现了一个金矿。

但中央电视台直到1979年11月中共中央宣传部批准新闻单位承办广告后,才于当年12月在两套节目中同时开播广告,其每天5分钟的广告有介绍商品的,也有介绍厂商

的。初期的电视广告产生了良好的宣传作用,广告投放厂商获利非常明显。观众虽然十分反感广告的出现,但它为电视节目提供了经费,促进了电视娱乐的繁荣,也使得中国的电视屏幕一天天丰富起来。

20世纪90年代,是中国电视业大踏步走向市场化的阶段。1992年的邓小平南巡讲话,掀起了中国经济市场化的高潮,对电视业的影响也较为深远。1992年9月,中央电视台成立了经营开发部;1993年成立的《东方时空》《夕阳红》栏目试行承包制,电视剧制作、《中国电视报》等也实行经济承包。电视台开始积极与企业合作,从而得到广告收入和有偿服务收入。

1991年,电视广告首次跃居中国四大广告传媒榜首(其次是报纸、广告公司、广播),当年广告总收入达10亿多元,比上年增长82.7%。1992年,电视广告再度登临该榜榜首,广告额的年增长幅度达到105.4%。1994年,仅中央电视台便获得了12亿元的广告收入。1995年,央视为19:00到20:00档黄金时间广告招标,一举创收10.6亿元。此后,每年的央视黄金时间广告招标,都能爆出令人吃惊的价格。

经济的繁荣带来了电视节目的繁荣。进入20世纪90年代以后,央视的新闻节目又上了一个新的台阶。从1993年3月1日起,央视一套节目新闻播出增加到12次,实现了整点播出、部分新闻节目直播和重要新闻内容的滚动播出。同年5月1日,央视开办了具有新闻性的晨间版块专栏节目《东方时空》;1994年4月1日创办,央视新闻评论类节目《焦点访谈》和《世界报道》;1995年4月3日,央视又推出午间新闻栏目《新闻30分》。从此,央视屏幕上,早、中、晚三个时段都有了新闻版块。

央视从1992年10月开设央视四套节目后,接着又开设了第五至第八频道。同时,一大批新的栏目出现了,如《社会经纬》《夕阳红》《第二起跑线》等,使电视节目的形态更加丰富多彩。

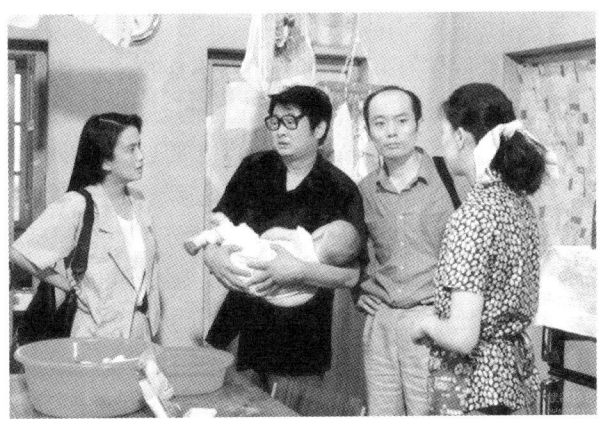

图 2—5 《编辑部的故事》剧照

电视剧在这一阶段获得了新的发展。电视剧制作水平有了很大提高,观众影响力扩大,国际交流机会增加,市场化程度也大大提高了。1990年,一部《渴望》热遍了中华大地,其播出时段出现了万人空巷的场面;1992年,《编辑部的故事》(图2—5)又成为中国情景喜剧发展过程中的经典制作;1991年,成都举办首届四川国际电视节电视节目交易会,会上共出售了中国电视节目213部集,引进海外卡通片和纪录片200多部集,影视剧29

部620集。

20世纪50年代末诞生的中国电视事业,以电视媒介所拥有的强大视听冲击力、立体传播效力,带给观众身临其境般的震撼效果,发展至今已成为大众媒介中的明珠。据有关统计显示,截至2000年,我国电视的综合人口覆盖率已达到91.6%,有线广播电视用户数达到7700万,位列世界第一。电视的普及,使"地球村"的概念成为现实。电视已经形成了一个涵盖社会各个文化领域的辐射圈,同时,姹紫嫣红的荧屏、丰富多彩的节目每日每时都在或正面或侧面地反映和折射着我们的经济发展和社会生活。

第三节 艺术属性

电视是一种荧屏艺术。同其他传统艺术门类相比,电视艺术最大的特性是同时具有媒介属性和艺术属性。这决定了电视艺术的审美特性,主要表现在两个大方面:一方面,作为大众传播媒介,电视所特有的兼容性、参与性、即时性等诸多特性都对电视艺术产生了极大的影响;另一方面,作为新兴艺术门类,凭借最新的传播技术与制作手段,电视艺术还具有大众性、娱乐性、日常性等许多特点,而这也使得电视艺术后来居上,成为覆盖面最广、影响力最大的一门当代艺术。

一、电视是一种荧屏艺术

对于电视是不是艺术,多年来理论界一直存在争议。从物化的技术观点来看,电视作为一种物质手段,它只是信息传播的大众媒介,当然不能构成所谓的"艺术"。但是,作为大众传播媒介的电视,它既可以报道新闻、传播信息,同时也可以传播形态高雅的电视艺术作品。电视是一种艺术形态已无可厚非了,那么,电视是否能够称为"艺术"呢?如果我们把电视仅仅当作信息传播的物化手段,那它当然不能具备艺术的特性。正如《辞海》对"电视"的解释一样,电视是"通过无线电波或导线同时传送声音与活动图像的电子技术。是广播或通信的一种重要方式,常用作新闻传媒"[1]。但是,电视不仅仅只是一种向大众传播视听信息的手段,它同时还能把经过电视手段审美加工、表现现实世界和反映人生情感的艺术视听以电视节目的形态传播到四面八方。[2]

要寻到电视艺术存在的依据,其一,从电视的始祖节目——种子节目种群来考察:1919年,美国威斯康辛大学实验台开播时就是新闻类节目和艺术类节目(主要是音乐)两种;1930年,英国广播公司的开播更是以新闻节目和艺术节目(舞台剧的转播)开始的。由此可见,电视的始祖节目——种子节目,就是新闻和艺术两大类。其二,从我国电视节

---

[1] 夏征农、陈至立:《辞海》,上海辞书出版社2009年版,第491页。
[2] 李艺、刘成新:《影视艺术传播与审美》,中国广播电视出版社2002年版,第131页。

目系统来考察:在中国电视节目系统中,主要有三大节目支柱——电视新闻、电视专题、电视文艺(艺术)。

由此可见,电视是具有信息传播功能的媒介和载体,但它同时也是一种具有表意功能的荧屏艺术。电视艺术研究专家高鑫先生指出:"电视艺术是以电子技术为传播手段,以声画造型为传播方式,运用艺术的审美思维把握和表现客观世界,通过塑造鲜明的艺术形象,达到以情感人为目的的屏幕艺术形态。"[①]从电视传播的内容形态来考察,电视的节目内容既有传播新闻信息、生活知识和科技教育的信息形态节目,如新闻类节目、教育类节目、服务类节目等;也有反映客观现实、遵循艺术规律、虚构创作的审美表现形态节目,如电视文学片、电视艺术片、电视连续剧等;还有既能传播客观信息,同时又能启迪思想、陶冶情操、愉悦审美的混合形态节目,如体育类节目、文艺类节目、综合性节目等。这样,电视的功能就已经不仅仅包括传播信息和纪实报道,它同时也具有艺术表现和文化交流的功能。一方面,它能够以其媒介的纪实性客观地描述和反映现实;另一方面,它又可以通过丰富的情感表现以视听艺术的形态来感染大众,从而使观众享受到电视艺术的审美情趣。

电视荧屏传播是一个完整的节目系统,而电视艺术作品只是电视荧屏世界的一个组成部分。从广义上来讲,所有的电视节目都体现着一定的电视艺术特点。虽然并非所有的电视节目都是电视艺术,但是,即便是新闻、报道、信息、服务与教育类电视节目也都在一定程度上体现着电视的艺术特性。当然,最能满足人们审美与娱乐需要的,同时也最能体现电视艺术特点的则是电视文艺和文化专题类节目。

二、电视艺术属性的表现

(一) 电视是一种兼容了多种艺术门类的综合艺术

电视艺术的兼容性使它涵盖了文学、戏剧、音乐、舞蹈、绘画、雕塑、建筑、电影等一切艺术门类。特别是一台台电视文艺晚会和综艺节目、一部部电视文艺作品,其涵盖的文化样式和艺术手段尤其丰富,其中的音乐、舞蹈、戏剧、文学、绘画、摄影等元素高度综合,浑然一体。这些元素本来都是独立的艺术样式,"但当它们介入电视艺术之后,就失去了它们相对的独立性,而只是作为一种艺术元素,融入电视艺术的整体构思之中,成为各司其职的、体现电视艺术兼容美的重要元素,变成电视艺术和谐的、有机的艺术整体中的一部分,变成了构成电视艺术的血液、肌肤和细胞"[②]。

比如,电视诗这种电视艺术样式就是各种艺术表现手段的多轨组合,它几乎调动了所有艺术手法,如声音、画面、解说、音乐、字幕、歌曲、舞蹈等,构成自成一体的多轨组合形式。就思想情感的表述来说,画面、声音、字幕是实的,它给予观众的感觉是真实而不容置疑的;而音乐、舞蹈、诗化镜头是虚的,其意在表现一种诗的意境、诗的想象、诗的激情、诗

[①] 高鑫:《电视艺术概论》,学苑出版社1992年版,第11页。
[②] 高鑫:《电视艺术美学》,北京广播学院出版社1998年版,第59页。

的象征。这种虚实结合、不统一中求统一、强反差中求平衡的多轨组合,既增强了作品的信息量和时代感,又较好地表现了诗歌的意念性、抒情性。

　　1983年,央视举办春节联欢晚会(图2—6)应该说是一个偶然事件,但是,现在这台晚会已经成为中国人的"新民俗、新文化",每年除夕夜必看的节目。从文化发展的角度看,中央电视台春节联欢晚会开创了电视综艺节目的先河,并且引发了中国电视传媒表达内容、表达方式等方面的重大变革。它的成功不仅牢固确立了自身的地位,而且在中央电视台衍生出一系列类似的节目,如综艺大观、正大综艺、曲苑杂坛、春节戏曲晚会、春节歌舞晚会、各部委春节晚会以及国庆、五一、中秋、元旦等各种节日综艺晚会。随后,全国大大小小的地方电视台频频效仿并力求创新。目前,综艺节目已经成为颇具规模的媒体文化形式。春节晚会综合了多个艺术品种于一身。从中国电视几十年来致力于办春晚的实践来看,歌舞、小品、相声是晚会的三大支柱,再辅以戏曲、曲艺、魔术、杂技、器乐、武术、绝活、气功、谜语、游戏等多种艺术元素,就构成了晚会的主要表现形式,而这也是春晚在最大程度上赢得观众的喜爱和欢迎的原因。

图2—6　央视《春节联欢晚会》节目

(二) 电视创造了各种艺术样式

　　电视运用特有的技术手段和艺术手段,创造出各种各样具有鲜明特色的电视艺术样式。它主要有以下五类:一是电视文学类——运用电视的技术和艺术手段,在屏幕上营造文学的意境,抒发深沉的思想情感,给观众以文学审美情趣的电视艺术作品,如电视小说、电视散文、电视诗、电视报告文学等;二是电视艺术片类——运用电视艺术特有的思维方式和审美意识,兼容其他艺术样式所构成的、着重体现屏幕艺术美的电视艺术作品,如电视音乐艺术片、电视舞蹈艺术片、电视风光艺术片、电视风情艺术片、电视民俗艺术片、电视专题艺术片、电视文献艺术片、电视文化艺术片等;三是电视剧艺术类——依据戏剧的构成方式,或电影的时空转换,通过电视的传播媒介、制作方式和艺术手段,独立制作的、充分电视化的屏幕艺术作品,如电视小品、电视短剧、电视单本剧、电视连续剧、电视系列剧等;四是电视综艺类——以文艺演出为基本构成形态,但经过电视技术的二度创作,其总体结构、表现方式和艺术手法,均具有电视艺术独特的审美形态,具有电视艺术形式美的电视文艺节目,如电视综艺晚会、电视文艺节目、电视综艺栏目等;五是电视纪实艺类——运用自然朴实的手法,真实地报道社会生活和人文现象,注重采访拍摄的方式,保持形声一体化的结构形态,记录原生态的生活内容,也就是屏幕上的非虚构的艺术形态的电视纪实节目,如电视纪录片、电视专题片等。

其中,音乐电视(MTV)就是一种十分独特的电视艺术品种。最初,这种方式只是利用视听手段来包装音乐作品,作为一种有力的营销策略,用来推销音乐制品的。然而,由于MTV将画面与音乐、视觉与听觉、具象与抽象有机结合在一起,创造出全新的声画形象,因此,它就具有巨大的视听觉冲击力与艺术感染力。并且,它还通过精美的画面使音乐这种最抽象的艺术变得更加容易接受和理解,从而调动人的多种感觉来参与音乐审美。尤其是音乐电视的创意深受社会文化背景因素的制约,不同的民族文化背景和地域文化背景均对其产生了重大的影响,从而使得音乐电视发展的极为迅速。又比如,电视剧也是一种十分独特的电视艺术样式,它与电影故事片有着十分明显的区别。尤其是大型电视连续剧,可以通过大容量的篇幅为观众讲述一个个内容丰富、人物众多、情节复杂、涉及面广的故事;而故事的生动曲折和人物命运的生死未卜,则使得观众每晚坐在电视机前定时收看,颇有一点中国传统评书"欲知后事如何,且听下回分解"的味道。

(三)电视的艺术属性还表现在电视文艺栏目的设立上

电视文艺栏目的出现意义重大,它可以说是电视文艺类型化与规范化的标志。每个电视文艺栏目都有特定的内容和范围,有固定的主持人和节目板块,有固定的播出时间,而且有稳定的观众群,每个栏目也都有自己鲜明的特色。电视文艺栏目的出现,标志着电视文艺从转播舞台演出实况为主转变为自办节目为主、从简单编排播出节目变为精心开办文艺栏目,标志着电视文艺的有序化和规模化生产,也标志着电视文艺节目开始有了自己特殊的包装形式,成为最具特色的电视文艺类型。这集中体现出电视文艺的兼容性,也集中体现了电视艺术自身的优势和特色。电视文艺栏目在每周的固定时间延续播出,培养了观众相对固定的收视习惯,这是电影和其他艺术形式无法办到的。

中央电视台曾经的综艺栏目《综艺大观》《正大综艺》《曲苑杂坛》等,均具有几年乃至十几年的历史,一度成为最受观众欢迎的形式之一。20世纪90年代,以湖南电视台的《快乐大本营》、北京电视台的《欢乐总动员》等为代表的游戏娱乐类节目在全国出现,显示出电视文艺节目栏目化的趋势仍在进一步发展。近年来,除综艺栏目、游戏类栏目、娱乐类栏目、益智类栏目外,文艺专题类栏目、文艺谈话类栏目等新样式和新品种也不断涌现,代表着当代电视艺术逐步向栏目化和专栏化的发展趋势,如近年来兴起的比较有影响的谈话类节目《艺术人生》《鲁豫有约》等。还有受到普遍关注的几档文艺节目,例如,2008年8月4日首播的《天天向上》是由湖南卫视打造的大型礼仪公德脱口秀节目,节目的主持阵容由7位"天天兄弟"组成。该节目采用全国第一支偶像男子团体的概念,用各种形式来传播中国千年礼仪之邦的礼仪文化,节目氛围欢快轻松幽默,在获得高收视率的同时,也受到了广大观众的好评。又如,《中国达人秀》(图2—7)是中国东方卫视制作的一款真人秀节目,于2010年7月25日开始在东方卫视播出,该节目旨在实现身怀绝技的普通人的梦想。再如,2012年7月13日正式在浙江卫视播出的《中国好声音——The Voice of China》(图2—8),是由浙江卫视联合星空传媒旗下灿星制作强力打造的大型励志专业音乐评论节目,源于荷兰节目《The Voice of Holland》(荷兰好声音)。《中国好声音》不仅仅是一个优秀的选秀节目,更是中国电视历史上真正意义上的首次制播分离。

图 2—7 《中国达人秀》节目

图 2—8 《中国好声音》节目

第四节 声像文化特征

电视文化是主要由图像和声音所组成的声像文化。电视的声音和图像是电视在塑造艺术形象、传达审美情感和体验时运用的语言体系,成为能够表达出思想或感情(叙事和表意),并使接受者获得感知信息的一切手段、方式和方法。电视艺术的语言系统主要由三大类构成:一为画面语言,主要由景别、构图、方位角度、光线、影调和色彩构成;一为有声语言,包括人声、音乐、音响;一为声音与画面结合产生的造型语言。

一、电视画面的作用和构成

作为"看"的电视,画面在电视节目语言的构成中有着举足轻重的作用。画面是电视节目的基本构成单位,平时我们所说的一组画面(或称一个镜头),是指电视摄录机在特定的时间和空间里所摄取的一段连续画面。

(一) 电视画面的作用

电视画面是电视造型语言的基本因素,是组成电视节目的基本单位,也是电视摄像机成果的体现。

我们说,在电视艺术诸表现元素中,画面是第一位,是最基本的。作为一部完整意义上的电视片,全片可以没有音乐、音响、文字和语言,甚至无色彩,但却一时一刻不能没有画面。正像绘画不能没有线条和形状,音乐不能没有音符和旋律,电视节目离开了画面本身也就不复存在了。

电视画面是电视片结构、连接的载体和主干,它既是表现的内容,同时也是表现的形式。虽然有的电视片内部结构的主要线索可能是语言和文字,但这两者又都必须依附和构架在电视画面基础之上,并在与画面的对位中完成连接、结构整体,以实现表现主题的目的。

每个电视画面,都具有其自身的表现意义,构成了特定的画面语汇。但电视画面自身意义的再现,不是孤立的、静止的,它必须体现在画面之间的运动联系和相互关系之中。因此,具体到每个特定画面,除了其个体表现意义外,它还必须具有承上启下的作用,并能够从画面之间的关系的变化、组合中,产生出大于画面简单相加的整体意义。而且,某些画面的意义的深化和强化,要依赖于相关画面的铺垫,依赖于画面之间的相互联系和意义关系。

电视画面的摄录系统、编码方式和传播渠道,是建立在高度发展的光学、电子学等科技成果的基础之上的。电视画面的信息传输,体现了多种传播媒介和传播方式的兼容及优化。电视画面变语言、文字、图片的"线性"信息传输为"信息场"传输,从而能够提供视听完整、全方位、多角度的直观信息,这大大增加了传输内容的丰富性和客观性。随着现场编辑设备和微波线路、卫星传播等技术的不断完善,电视画面在其直观性、综合性的优势上,又不断展现出直播性、同时性的特长,因此也具备创造新的视听方式的潜能。

(二) 电视画面的构成

画面的主要表现元素有以下几种:景别、构图、方位角度、光线、影调和色彩。

景别是画面的基本表现手段,通常以远景、全景、中景、近景、特写来表现。电影放映银幕宽大,常用全、中景来讲述;电视荧屏小,常用近、中景来讲述。景别能够体现不同的节奏和情绪。景别之间的有机结合是表现人、事、物、景的有力手段,能发挥出写景、抒情、叙事、刻画人物的作用。此外,景别的选择、组合有一定的规律性,即必须符合人们观察事物的心理和视觉规律。

一般来说,构图的表现有三个:主体、陪体、环境。主体是指画面的主要表现对象可以是人,也可以是物,它应处于画面的中心位置。陪体是指与主体构成一定关系、作为主体的陪衬而出现的人或物。环境是指围绕着主体与陪体的环境,它包括前景和后景两个部分。主、陪、环的组合关系构成了特定的图形。比如,《黄土地》表现的环境是黄土地,象征贫困、落后、保守、淳朴。

方位角度就像人们的视觉变化一样,不同的视角可表述不同的意义。电视画面在拍摄的垂直方向上可分为平拍、仰拍、俯拍,水平方向上可分为正面、侧面和背面。

所谓光线是指自然光和人工光在客观环境及画面中产生的各种效果。它是电视艺术表现时空现实的重要艺术元素。无论是黑白电视时代还是彩色电视时代,自然界中的光都是形成电视图像不可或缺的条件。正因为有了光,人的眼睛才能观看,摄像机才能摄制,电视才能呈现出色彩。因此,光是电视图像显现的基础。光线从技术角度来分,有逆光、顺光、侧光、顶光等方向的光线;从美学角度来分,有风格化的戏剧性光线和纪实的自然性光线两种。光线的表意造型功能有三种:第一种功能,塑造人物形象。人物是整个屏幕艺术形象体系的中心,因此,摄影的光线对于人物形象的塑造至关重要。比如,用脚光、顶光丑化反面人物,用修饰光、侧逆光美化正面人物。第二种功能,表现人物情绪。第三种功能,渲染环境气氛。正因为光线的明与暗能引起欣赏者心情上的开朗与压抑,所以,电视艺术家在不同的环境里,往往运用不同的光线来渲染环境,制造氛围,突出某种情调。

影调是指影像所表现的景物的明暗层次。它是摄影构成可视形象的基本要素,是处理造型、构图以及烘托气氛、表达情感的重要手段。影调有亮调和暗调之分。亮调又叫"高调",是摄影画面影调形式的一种,它大量运用中性灰到白的色调构成亮调画面,给人以明朗、欢快、清新的感觉;暗调又叫"低调",也是摄影画面影调形式的一种,它大量运用灰、深灰和黑色影调构成低调画面,给人以肃穆、深沉、刚毅、凝重、神秘的感觉。

在日常生活中,我们举目四望,发现景物总是色彩缤纷的。所谓色彩,其实是由于不同波长的可见光刺激人眼的视觉神经而引起的。人类对颜色的感受主要分为暖色与冷色。暖色,如红、橙、黄等,容易使人联想到阳光、火焰、灼热的金属及炎热干燥的土地等,感到兴奋,并产生活跃、扩散、突出的感受。冷色,如青、蓝、蓝绿、蓝紫等,容易使人联想到水、冰、夜色、凉爽、阴暗等,使人感觉抑制,产生收缩、退避、宁静、低沉的感觉。绿蓝、淡紫、玫瑰色等则被称为中性色或温色。色彩的剧作功能包括以下几种:色彩的变化可以反映人物情绪、创造氛围;色彩可以参与整体结构,通过色彩变化转换影视的时空;色彩可以用来隐喻和象征,表现主题,如红色代表生命、真诚、热情、兴奋、炽热、温暖、太阳、火焰、奋进、积极、吉祥、警示、革命、战争等,黄色代表丰收、成熟、喜悦、欢乐、轻松、明快、富贵、荣耀、地位、皇室等,绿色代表春季、青春、鲜活、生机、希望、安宁、稳定、和平等,蓝色代表寒冷、冷漠、忧郁、深邃、太空、幽静、无限等,黑色代表恐怖、邪恶、凶险、悲观、绝望、死亡、庄重、严肃、神秘、压抑等,白色代表纯洁、安宁、高贵、圣洁、苍白、冷漠、死亡等。

二、声音在电视传播中的作用

电视具有以声画为基础的多元素综合的特性,这决定了声音在电视节目中的特殊地位和重要作用。就电视中的声音造型元素而言,它可分为语言、音乐、音响三大类别。这三大类别声音造型相辅相成、和谐统一,共同作用于电视本体。

声音与画面一样,在电视中也肩负着多种功能。声音在电视中的作用主要有以下几类。

(一) 扩大传播信息量,增强内容真实感

现实本身是有声、有色、有形的。画面能再现现实生活的形与色,没有声音的画面,充其量只能是"伟大的哑巴",给人一种不完整、不真实、不确切的感觉。只有视听结合,既看到又听到,受众才能得到符合客观现实的真实印象。所以说,只有还生活以本来面目,充分利用人的视听感觉器官,即将声音加入电视画面,两者共同承担传播功能,才能给观众以真实感,使其感到亲切可信。普多夫金在分析文学与戏剧的差别时指出:文学可以广泛地描写现实世界及其一切联系——发展规律,但没有视觉形象和活生生的语言;而戏剧在表现生活的深度和广度方面不如文学,但是有视觉形象和活生生的语言。电视(电影)除了有视觉形象以外,还有活生生的语言——人的话语和全部声音。这种人的声音,包括人们抑扬顿挫的腔调,每个人的不同于他人的独特的嗓音,形成每个人不同于他人的声音形象。这种活生生的语言,包括语言的地域特征,如方言等,加上个人的嗓音特点,就形成了丰富多彩、千差万别的声音形象。这种声音的"色彩"同画面的色彩一样美丽动人,这就是声音的魅力所在。

(二) 突破时空界限,提炼升华主题

画面传播的仅仅是摄像机记录下的彼时彼地,而对事件的前因后果、来龙去脉则难以表达。画面擅长于表现看得见、摸得着的东西,对于表达内在思想、抽象哲理,则显然力不从心。声音却不受这些局限,它可以在时间的长河里任意遨游,自由讲述过去、现在和将来;又可以在思想和哲理的天空中纵横驰骋,阐述深刻的见解,进行抽象的思维活动。因此,声音和画面相结合,能够大大扩充电视传播的容量。摄影镜头所拍摄的画面是三维的,但是,这些画面受镜头的物理特性即视场角的影响。比如,按人眼设计的标准镜头只能拍摄前方 40 度至 60 度视角的画面,其余的画面则被取景框卡在画外,因此,呈现在人们眼前的世界只是一个个局部的空间。但声音却是四维的,这样,声音就担负起表现画面以外空间的任务。同时,另一个空间的声音,也可以通过音响合成融入摄影镜头所表现的空间,从而增加整个镜头的信息量,也就等于增加了画面内容的信息量。

(三) 渲染环境气氛,刻画心理活动

语言是刻画描写人物心理最常用的手段。声音对环境气氛的渲染、烘托功能,使它具有影响画面基调的作用。比如,在电视连续剧《水浒传》中,每次潘金莲在阁楼上化妆,画面外就传来王婆的声音"西门大官人",这个声音是在向看不见西门庆的潘金莲传递一个信息:西门庆来了,她要去王婆家与西门庆约会。这样,观众就明白了潘金莲化妆的含义。同样,不同的画面,甚至相同的画面,由于配以不同的声音,也能产生截然不同的视听效果。在美国影片《正午》中,小镇上的人们毫无表情,默默地等待着。但是,这些看似很平静的镜头,加上了钟表的嘀嗒声,却使得画面顿生紧张之感,因为,随着时间在一分一秒地过去,逼近正午,匪徒要来袭击小镇。到了正午,伴随一声刺耳的火车汽笛声,观众绷紧的

心弦仿佛被挣断一般,吓了一大跳。如果同组画面加上另外一种音响或音乐,效果就不是这样。

(四) 发挥声音功能,营造画面动感

声音是运动着的一种符号,它的变化本身就意味着一种运动的发生。例如,世界著名的纪录片《卢浮宫》,用反映历史事件的木刻、断头台等实物,路易十六被处绞刑的油画等静物画面,再配上人喊马叫、枪炮轰鸣的画外音,再现了轰轰烈烈的法国大革命场面。逼真的声音效果,仿佛使这些静态的画面也活动起来。

(五) 组接结构画面,转场过渡自然

声音既然能够联结同一场面的不同镜头,也能够联结不同时间、不同空间的镜头,它具有很强的组接、构建画面的功能。孩童的一声啼哭、轮船的几声汽笛,甚至是一个音乐的和弦都可以成为完成这项功能的声音。用声音连接而成的画面虽然变化多端,却自有其内在的联系。凭借几组镜头之间的内在逻辑,声音能将这些不同时空的画面自然流畅地组合在一起。因此,这种在前一个镜头中使用后一个镜头的同期声或效果声,进行时空转场的手法,又被称为声画蒙太奇结构。其典型的用法是:一种是用语言转场,"说曹操,曹操到"。前一个画面提到某个人,下一个画面则会出现这个人在另一个地方的镜头。另一种是音乐音响。比如,大型纪录片《望长城》中,在一个小镇上,观众听得见有人在唱爬山调,画面中却没有出现唱歌的人。随之,一个切镜头,出现了唱歌的卖西瓜老汉。主持人焦建成走上前,打招呼:"老人家,你唱得好啊。"老汉说:"王向荣唱得好,访那个。"这种处理方法有一个优点,后一个画面的音乐提前闯入头一个画面的结尾前,能够给人们心理上有个提示,接着便出现发出音乐的画面。当然,上一个镜头的声音也可以延续到另一个画面之中。

此外,声音还可以创造独立的形象,造成观众的心理互渗性和心理演绎性,从而形成其内心的视觉形象。例如,在纪录片《邓小平》的片头中,虽然没有出现邓小平的形象,但是那富有四川特点的语言旁白:"我是中国人民的儿子,我深情地爱着我的祖国和人民。"这个熟悉的声音让亿万中国人心潮澎湃、思绪万千,也让人们的缅怀之情油然而生,这一做法使得邓小平的伟大形象同样历历在目。所以说,听见的是声音,听不见的是人们的想象。想象中的声形,尽管此刻不在眼前,却已存留于心中。

三、声音和画面的关系

电视依靠图像、语言、音乐、音响、文字等多种手段来表现,是屏幕与解说语言的结合,是声音与画面的结合,也是视觉与听觉的结合。用节目中动人的形象扣动观众的心弦,以真夺人,是电视的显著优势。它声画合一、视听兼备,使观众目睹耳闻、如临其境。电视媒介是以镜头语言表达现场形象记录和现场声音记录的。电视传播的易受性主要体现在看(画面)、听(解说)、读(文字)多通道同时感知的综合效应之中。因为是多通道输入同一个信息,单个通道信息负荷量相对较轻,在受众心态处于相对放松情境下,电视传播使信息输入实现了最大化。据 1985 年中国人民大学编写的《新闻研究资料》统计表明:人们从视觉渠道获得的信息占83%,从听觉渠道获得的占11%;从记忆效果来看,人们对于听到的信息能记住20%,看到的信息能记住30%,边听边看的能记住50%。声音和画面共同担负电视传播的职责,双方配合得好,可以产生1+1>2的立体交叉传播效果;但倘若配合得不好,则两者又互为干扰对方传播的噪音,其结果是1+1<2,甚至还不如单通道的传播效果。因此,有必要探讨声音和画面的组合关系。两者主要有以下几种组合方式。

(一) 声画同步

声画同步也称声画合一,是指影视中的声音和画面严格匹配,使发音的人或物体在屏幕上与其所发声音保持同步进行的自然关系,使得画面中影像的发声动作和它所发出的声音同时呈现,并同时消失,两者吻合一致。声画同步是目前最常见、最易被观众接受的声画关系。它的作用在于加强画面的真实感,提高视觉形象的感染力,常被用在新闻、纪实风格电视节目和纪录片等。

(二) 声画分立

声画分立也称声画分离,是指画面中的声音和形象不匹配、不同步、不吻合,也就是说,画面中的声音和发声体不在同一画面内,声音以画外音的形式出现。声画分立的直接结果是突出了声音的作用,使它从依附、从属的地位上解放出来,成为突出、独立的艺术元素,丰富了影视的表现手段。

(三) 声画对位

声画对位就是指镜头声音与画面对列,他们按照各自的规律彼此表达不同的内容,又在各自独立发展的基础上有机结合,产生单是画面或单是声音无法完成的整体效果。这种声画组合方式使声音和画面不再互相依附、重复表现同一事物,而是各自发挥作用。这就大大扩大了电视传播的容量,打破了画面的时空局限。声画对位的组合方式符合人们的视觉习惯。在现实生活中,人们看到和听到的并不都是同一事物,有时候只要听到某种声音就会随着声音而转移视线,去寻找那声音的发声体、声源;而有的时候听着某人说话时,眼睛又会注视另一事物。声音和画面、听觉和视觉的这种复杂多变的关系,使人们意识到画面与声音不仅有重复印证的关系,而且有互相丰富和补充增益的关系。声画对位的结果会产生某种声画原来各自不具备的寓意,通过观众的联想达到对比、象征、比喻等效果,给观众以独特的审美感受。声画对位中,对位的可以是人声,也可以是音响或音乐。

第五节 精神文化特征

日本学者田中义久把现代人的日常生活划分为以下四个行为领域:一是自然性再生产的行为领域——由睡眠、饮食、休养、生育等自然性再生产行为构成的生活领域;二是社会性再生产的行为领域,如工作、交际等;三是精神性生产和消费的行为领域——作为闲暇的一个侧面,是以符号行为为中心的精神性生产、消费行为构成的生活领域,如收受电视、广播、报刊、书籍的传播及学习等;四是恢复自我的行为领域——作为闲暇的又一侧面,由娱乐、游戏、个人交往等恢复自我的行为构成的生活领域。① 以上划分,明确把收看电视作为一种精神消费行为。从上述分析可以看出,文化是一种意识形态,而电视文化是一种精神文化。

一、电视文化是一种极具能动性和渗透力的精神文化

电视文化对人的影响,主要是通过对人的理想、信念、观念、道德、情操等精神领域的影响,来激发或制约人的积极性、进取性和创造性。这种影响虽具有明显的间接性,但这种精神动力通过人的主观能动作用,却会产生并转化为强大的物质力量,从而影响人们的行为效果和对现实世界的改造力度。因此,马克思曾把"文化"视为人们"掌握"世界的一种方式。列宁在谈到他读车尔尼雪夫斯基的哲理小说《怎么办?》时,曾十分激动地说过:"在它的影响下,成千成百的人成为革命家……它使我这整个的人来了一次深刻的转变……这种作品能使人一辈子精神饱满。"②

电视文化的精神影响力,可称之为电视文化力或电视文化的精神张力。"文化力",顾名思义就是指文化的作用和力量。日本学者名和太郎首先在其《经济与文化》一书中提出了"文化力"这一概念。一般认为,文化力是综合国力的重要组成部分,它同资源力、经济力、政治力、外交力、国防力等构成一个国家的综合能力,并相互作用推动一个国家的发展。文化力既包括文化素质和智力因素,更包括思想道德素质提供的精神力量。毛泽东同志早在《新民主主义论》中就明确指出,新的政治力量、新的经济力量、新的文化力量,都是中国的革命力量。江泽民同志在党的十五大报告中也指出,有中国特色的文化,是凝聚和激励各族人民的主要力量,是综合国力的主要标志。可见,文化就是一种精神生产力,它生产的是人的整体精神,人的思想品德、灵魂境界和劳动能力。

推而广之,电视文化力就是一种精神动能的生产库和催化器。电视文化力具体体现为电视文化对观众精神的影响、观念的导向和行为的牵引等方面,它能对人的素质提供一种提升力,对人的行为提供一种催化力,对人的潜能释放提供一种引导力。从属性上来看,电视文化力可分为正拉力和负拉力,即积极影响力和消极影响力。

电视文化的影响力比其他文化形态的影响力都大。原因有三:一是电视的受众多,收看时间长,这是广播、报刊、书籍都无法比拟的;二是电视具有声画同步传播的绝对优势,较之其他传媒更为生动、逼真,更具现场感,其"现身说法"所产生的煽动力容易令观众受到心灵上的震撼和情感上的牵引;三是电视是党、政府及政权机关的重要喉舌,具有极高的权威性和可信度。人们在欣赏电视节目的同时,也在选择接受某种精神、价值和观念。电视所传播的一切信息都让人深信不疑。于是,人们普遍把电视当作真、善、美的结晶,视其为时代和社会信息的代言人和绝对权威。有人如此评价电视:"它以最形象的方式把久远的洪荒古代和遥远的太空未来联系在一起,把虚幻的'封神榜'和现实的'神州一条街'

---

① 胡妙德:《广播电视思辨录》,中国经济出版社1999年版,第303页。
② 彭国元:《电视文化新论》,湖南师范大学出版社2007年版,第64页。

呈现在我们面前;它以最生动的画面定格美丽的自然和丰富的人生,缩短天地的距离和时空的差异,让迷人的形象启动人们织梦的想象和创造的张力。"①

在日常生活中,我们也时常可感受到电视文化的神奇魅力和无限张力。20世纪90年代初,一部《渴望》(图2-9)曾产生万人空巷的轰动效果,一时成为百姓街谈巷议的重要谈资,其中的女主人公刘慧芳也被大家当作贤妻良母的最佳参照,甚至有人提出:找媳妇的理想模型就是刘慧芳。看过介绍有关先进模范人物的电视作品的人,其精神境界肯定要得到一次升华,其内在的激情和力量必定要实现一次大爆发,并进而体现于生活与工作之中,产生良好的社会效益和精神效益。电视介绍什么服装、化妆品,立即会有人竞相追捧,不久,这些东西便会流行开来。电视节目主持人如果在观众中拥有一定的知名度,保证会有人上门重金邀请,请求其担任企业或产品的形象或广告代言人。因为,他们具有一定的影响力,他们的言谈举止、思想倾向、价值观念都能成为人们学

图2-9 电视剧《渴望》剧照

习和模仿的对象。诚如一位学者所言,一个电视节目主持人的作用胜过100个大学教授。据说,赵忠祥外出时常被观众误称为"赵台长"。英国NBC新闻节目主持人戴维·布林克雷也曾抱怨说,他在采访政治事件时很不自在,因为观众对他的注意程度比对候选人还要大。美国CBS的著名主持人沃尔特·克朗凯特多次被传媒评为美国最具影响力的人士之一,并被称为"最可信赖的人",据说他对公众的影响力甚至超过了美国总统。

2012年5月,央视一档介绍中国美食的纪录片——《舌尖上的中国》(图2-10、图2-11)运用唯美的镜头、动听的解说、明快的节奏成功"诱惑"了成千上万的观众,但更重要的是,纪录片将观众带入华夏子孙对于家乡和美食的久远回忆中,用中华民族血脉相通这根红线将神州各地的各种美食如珍珠般一个个串联起来,于五色斑斓中,时时处处浸润着浓烈的情感汁液。美食和佳肴,在片中不过是一个个载体,乡情与乡味才是编导浓墨重彩之所在,而这种乡情和人情的精神动力也是打动亿万观众的原因。

图2-10 《舌尖上的中国》剧照　　图2-11 《舌尖上的中国》剧照

电视的影响力在广告中亦体现得十分明显。一些新品牌,甚或一些名不见经传的物品,只要经电视广告狂轰滥炸,其销售形势定能转好。因此,产品生产者和经营者特别看

---

① 田本相:《电视文化学》,文化艺术出版社1990年版,第254页。

重广告宣传,尤其是电视广告的宣传。2000年下半年,有关部门披露"康泰克"等感冒药含有PPA并将其列入禁用的消息后,大量的新老感冒药纷纷在电视上登台亮相,鼓起喉咙大肆宣布"不含PPA",其宣传和销售效果肯定不错。1992年3月15日,在中央电视台举办的"消费者之夜"晚会上,一批名牌产品因质量问题被当众曝光,其中包括著名的化妆品品牌"霞飞"。于是,"霞飞"的退货单如雪片般飞来,新的订单全然不见,该厂在几天之内损失上百万元。电视上的一句话,便差点使"霞飞"濒临死亡。当然,电视广告效果好于其他传媒广告,还有最好的例子为证,田本相教授的《电视文化学》一书中曾引用过以下两个例子进行对比。电视荧屏上"喝了娃哈哈,吃饭就是香"的广告语有几分霸道,但却被众多百姓接受了,这是因为"就是香"本身具有强烈的暗示性。在电视媒介的强力作用下,"娃哈哈"同吃饭香的关系内化到儿童心里,收到了极好的广告效果。可国外一个公司的户外广告宣传尽管也是采取语气霸道的方式,但它的做法是:凌晨把宣传车开到居民区,用大喇叭播放火警的录音,然后用巨大的音响喝道:"飞科牌冰箱,飞科牌冰箱,非得要有一台飞科牌冰箱!"而后又怒吼道:"您有一个冰箱吗?它发臭味;它如果不是飞科牌冰箱,就会臭得要命;它如果是去年生产的飞科牌冰箱,也会发臭味!只有今年生产的飞科牌冰箱才是最好的!"这种看起来"够威够力"的广告促销方式却惨遭失败。究其原因,一方面是因其暴力味十足,另一方面是由于其在普通环境中实施,不如在电视环境中那般奏效。

二、电视精神文化特征的主要表现

(一)为观众提供净化心灵的精神动能

电视文化能够通过对自然美的再现和折射,激发人们对自然的珍爱与崇尚,进而获得愉悦身心的审美功效和净化心灵的精神动能。在电视节目中,反映自然、讴歌自然的内容占相当分量。这些内容有的集束推出,如各类风光片;有的散落于其他节目中,如电视剧、专题节目中就夹杂着一定篇幅的大自然画面。这类节目的审美引导功能,主要表现在以下两个方面:其一,唤起观众对大自然的热爱,强化人们的自觉保护意识。当我们观看有关泰山、张家界等名胜风光的电视片时,内心常会由衷地感叹大自然的神奇美妙,赞叹大自然的美轮美奂,从而感悟到人与自然的难舍难分,尤其是联想到时下生态环境的日趋恶化,这种崇尚自然、回归自然的欲念就会更加强烈;而当电视中播出一幅幅毁坏自然环境的画面时,观众的心情往往会显得异常沉重,一种"还我自然、绿我家园"的冲动会在内心生长和涌动。可见,有那么多观众乐此不疲地收看中央电视台的《人与自然》和《动物世界》,不能说没有来由。其二,陶冶性情,净化心灵。俄国作家车尔尼雪夫斯基曾说,人一般都是用所有者的眼光看自然。在他看来,大地上美的东西总是与人生的幸福和快乐相连的。德国哲学家卡西尔也认为,艺术家的真正才能就是从自然中"引出"美来。电视作为一门审美艺术,在选择大自然的画面时总是要经过精心挑选并为其制作乐曲,同时还特别注意运用精彩的解说,因而能给观众一种强烈的心灵愉悦感。我们观看电视片《长城》,便会不自觉地被长城的美丽风光所陶醉、所感染,内心的浮躁和杂念也会被荡涤。电视剧中的一些自然风光和外景画面,也能在点缀、烘托剧情的同时,给观众一种审美快感。

（二）发挥正确的精神导向作用

社会现象纷繁复杂，真善美与假恶丑总是相伴存在。尤其是社会转型时期，人们的价值观念和审美标准容易发生偏差，甚至走向异端。在这种情形下，电视的审美引导显得尤为重要。多年间，广大电视工作者充分发挥电视媒体的这一引导功能，并取得了良好效果，尤其在新闻节目、专题节目和电视剧这方面，电视媒体的引导功能发挥得淋漓尽致。中央电视台和各级地方电视台推出了大量先进的典型人物和典型事件，借此弘扬正气，讴歌社会光明面，使观众深受教益。同时，也抓住一批坏典型进行曝光，对假恶丑进行有力抨击，有效地起到了警示作用。比如，揭批法轮功的报道，对制假贩假、黑社会暴力、美机撞击我国飞机的报道，有力度、有分量，其审美引导作用十分明显。

（三）通过对人物精神美的揭示，履行"以崇高的精神塑造人"的职责

从一定意义上说，电视宣传的最终功效是致力于塑造人们健康完善的人格。在现阶段，有理想、有道德、有文化、有纪律的"四有"新人和语言美、行为美、心灵美等"四美"新人，就是全面发展的健康完善人格的基本标准。如果把这一标准纳入社会主义市场经济体制下进行考察，则应达到以下目标：第一，树立正确的价值观念；第二，提高和充分发挥人的专业才能；第三，完善人的道德品质；第四，培养良好的精神状态；第五，健全人的社会性格；第六，改变人的思维方式，培养人的创造性思维，把人塑造成有健康理性思维方式的人。[①]

综观多年来的电视传播实践，我们可以明显地发现，电视始终将揭示人物的美好心灵放在首要位置，着力于引导人们塑造健康完善的人格。

第六节　多元文化特征

电视文化是一门兼容性极强的多元文化。在其发展历程中，电视文化一方面高扬着自身独特的个性特质，另一方面又以海纳百川的气度主动"拿来"其他文化样式中的有用成分为己所用，并在不断的综合、沉淀和吸纳的过程中实现自身质的飞跃和完善。可以说，电视文化是目前最具综合性的一种多元文化。电视作为大众传播工具，其性质决定了受众的广泛性，表现为跨地域性、跨民族性、跨文化性。电视文化可以说是各类不同文化之间碰撞、冲突、兼容、消长与融合后的集大成者。

一、电视文化是电子文化与艺术的兼容，是多种文化样式的联姻

电视是在电子技术的基础上产生和发展起来的，它是电子科学与艺术结合所孕育而

[①] 彭国元：《电视文化新论》，湖南师范大学出版社2007年版，第134页。

成的新的艺术品种。"它具有两个鲜明特征：就其创作者来说，是制作的迅速和快捷；就其接受者来说，是观赏的方便和自由。"①尤其最近些年来，层出不穷的当代电子技术和传播手段不断被运用于电视的采制、编排和播出等环节，这些先进的电子技术与日益发达的艺术样式完美结合，使电视文化产生了质的飞跃。

电视可以说是一个最新、最现代化的信息综合加工厂。在这里，不论是政治的、社会的、新闻性的、体育的、服务的，还是娱乐性的、艺术性的、商业性的原料，都可以拿来进行加工，由此可见电视宽广的视野、胸怀与高度的兼容性。人们可以通过电视了解世界上各个角落发生的大事，也可以在电视上看电影、看各种文艺演出，还可以通过电视接受各种职业教育。

不仅电视节目的形态如此丰富多样，而且电视节目的制作也呈现出高度的综合性与兼容性。有人说戏剧、电影是综合性艺术，这固然不错。但正如前文所说的，当你步入电视这个新的、最现代化的信息综合加工厂后，你会发现电视的综合与兼容程度远非戏剧、电影可以匹敌。只有电视文化真正运用了先进的科学技术，出色地解决了时空艺术的对立性，将二者自然而有机地综合成为一门既在空间里存在又在时间上展开的视听文化。电视的节目制作则是融文字、声音、画面等多种视听手段于一体的最高度综合的创作，它使人们在艺术创作中力求全面综合地反映社会图景的梦想得以实现。在电视新闻中，摄像与解说缺一不可，它是摄影文化与广播文化、语言科学的有机结合；在电视社教节目中，摄像、解说、音乐、文学等元素相得益彰，各得其所。而且，电视文化对各种文化的综合，是融合多种文化与自身特性相合的表现功能的同时，剥离与自身特性不相合的特质，使被综合的文化素质变成为一种崭新的文化。

电视既是艺术的综合，又是技术的综合。电视的艺术处理要通过许多技术人员共同工作才能实现。因此，艺术工作和技术工作的相互交叉、相互配合，是十分重要的。因为创作一部电视作品，直接参与制作过程的人员往往有几十人，甚至成百上千人，所以，电视的节目制作与节目形态将个体劳动极其自然地融化到全部的电视传播过程之中，就像现代化工厂的生产流水线一样，每一个环节都很难独立存在，任何环节都是紧密联系在一起的。在一个电视栏目、一部电视纪录片、一部电视剧、一个大型综艺晚会等这些电视节目中，个人风格与个体劳动固然不可或缺，也不能否认，但在传播效果上，观众接受的是电视节目所给予人们的整体的信息、氛围与感觉。所以，参加创作的各部门乃至每个工作人员，只有时刻从整体出发，通力合作，才能取得综合创作的最佳效果。

正因为电视具有如此高度的兼容性与综合性，所以，电视文化也真实、全面、宏大地展现社会历史生活的特质，并以其创造的、几乎与社会现实生活同步展开的时空体系，而跃居于其他传播媒介之上，成为最具冲击力的文化样式。

二、电视文化是高雅文化和通俗文化的融合

有人认为，时下的电视文化可大致包含电视主流文化、电视精英文化和电视通俗文化

---

① 高鑫：《电视艺术美学》，北京广播学院出版社1998年版，第57页。

三种文化层面。① 电视主流文化反映政治对文化的要求,体现政治意识形态的主流倾向;电视精英文化身负着弘扬人文精神、启蒙教化大众的使命;电视通俗文化则以流行的形式出现,以市场消费为目标,其中的不少节目往往告别崇高、告别悲剧、告别诗意而以"逗乐找乐"、"眼下为乐"为流行时尚和价值取向,是一种只求感官满足、没有深度的文化快餐。这种"三分法"主要是依据观众欣赏趣味的不同划分的,同时,这三种文化也体现于不同的电视节目中。三者虽有相互排他性,但却也存在关联之处。综观近十年来的电视节目,通俗形态的节目数量和其观众人数远远超过其他两种形态的节目数量和观众人数,即使是体现主流文化和精英文化的电视节目也或多或少地存在着通俗文化节目的因子。也有人将电视文化分为高雅电视文化和通俗电视文化。这种分法其实与前一种划分大致相似,因为这里的"高雅"与前面的"精英"基本等义。

电视文化是高雅文化与通俗文化的综合体,因为组成电视节目的要素,如电视节目、电视节目形态、电视理念等都有高雅与通俗之别。正是雅俗共存的电视节目铸就了丰富多彩的电视文化。

与传统的报纸、期刊相比,电视传递的文本和图像符号,带有通俗化、娱乐化、商品化、消费化、世俗化的意义。尤其是近年来,各电视台相亲、选秀、真人秀节目持续获得高收视率,使得很多研究者都认为,电视节目要迎合大众口味,做娱乐化、通俗化的节目,才能较好地"存活"下来。电视文化作为大众文化,正如阿多尔诺所说,是"文化工业的意识形态",必须生产受众喜爱的产品(电视节目)。但高雅文化与通俗文化的界限正在逐步消解,两种文化的边界日趋模糊。具体到我国,随着九年制义务教育的开展和大学扩招,我国的青年人文化水平也有了显著的提高。并且,随着城乡青年人之间的文化差距进一步缩小,乡镇农村青年人口的文化水平也有了很快的提升。用一句通俗的话来形容,现在的农村,大学生已不是佼佼者。精英与大众的边界正在逐渐消弭,而且,我国居民整体文化水平有了提高,国民整体文化素养和人文情怀也有了进一步提升,这就使得类似《百家讲坛》这样的人文类电视节目有了更广大的收视群体。

《百家讲坛》(图2—12)是中央电视台2001年7月9日起开播的汇集名家名师的一系列讲座式节目,其内容涉及人文科学、社会科学和自然科学各方面。曾经,它险因收视率排名末位而遭淘汰。如今,在央视国际网站的400多个栏目里,《百家讲坛》的点击率排在前三名,并培养出了若干名明星级学者,如刘心武、易中天、于丹、阎崇年、纪连海、王立群等,其中最火的当属易中天和于丹。2007年1月12日,国家语言资源监测与研究中心、北京语言大学等联合公布"2006年中国报纸、广播、电视十大流行语",在文化类流行语中,"于丹"、"易中天"、"百家讲坛"赫然在列。明星学者的魅

图2—12 《百家讲坛》节目

---

① 彭国元:《电视文化新论》,湖南师范大学出版社2007年版,第75页。

力让他们横扫电视与网络两大媒体,并延伸到印刷媒介。例如,刘心武的《揭秘红楼梦》系列,易中天的《品三国》,于丹的《于丹〈论语〉心得》、《于丹〈庄子〉心得》这些著作自上市以后一直稳居全国各大书城排行榜前列,并且被一版再版。可见,人文类电视节目不仅没有走入电视专题节目发展的死胡同,反而迎来了收视率的"春天"。

无论是在《超级女声》《快乐男声》《梦想中国》带动的选秀节目热潮中,还是在《我们约会吧》(图2—13)、《非诚勿扰》带动的相亲节目大浪里,我们都能领略到除娱乐化、通俗化外的其他电视文化,如平民化、贴近群众、理想主义,等等。除了综艺选秀节目,电视屏幕上自始至终都没有缺过人文类电视节目,从《人物》到《大家》,从《见证》到《探索·发现》,从《百家讲坛》到《世纪大讲堂》,从《文化大观园》到《冷暖人生》。在娱乐节目广泛传播的同时,电视也在不断地播放着这样的人文类节目来探讨个人的内心世界,品味人物的五味杂陈,传达历史的、现实的典型信息。这类节目的收视率并不低于新闻节目和综艺节目,而蕴藏其间的高雅文化和精英文化也在电视声画图像中得以广泛传播。

图2—13 《我们约会吧》节目

三、电视文化是传统文化与现代文化、民族文化与外来文化的交融

电视文化是一种既承继传统又立足当代、既立足民族又放眼世界的开放型文化。这种文化走势和发展规律,既是为了满足当代观众欣赏的要求,也是浇灌电视文化长盛不衰的源头活水。

传统文化是人类学意义上的、从土地里生长出来的根系文化;现代文化更多的是通过媒体网络传播的信息符号文化(即媒体文化),是一种具有多元性、融合性、开放性的全球文化。传统文化是建立在传统土壤上,适应着传统社会的经济社会条件而建立起来的,因而,长期生活在这块土壤上的人们对它有着十分自然亲切的感情;现代文化则是建立在现代社会的生产力、生产关系发展水平之上的,适应着现代社会人们的诸种生存与心理需求的文化。

电视文化还是民族文化与外来文化的融合。民族文化是电视文化发展的基石,离开民族文化之根,是不可能建设成有本国特色的电视文化的。但是,外来文化又是电视文化发展不可缺少的养料与补充。

当代中国的电视文化就是一种既承继中国优秀传统文化、弘扬民族精神,又充分吸纳国外文化精粹的多元文化。

第一,中国电视文化以弘扬民族传统文化为己任。电视文化从技术层面上看应属现代文化范畴,但考虑到中国是个发展中国家,现代社会的发展水平并不是很高,如果一味地在电视中展示现代社会的一些生活方式和价值观念,就可能会引起人们盲目追求超前消费(包括物质性消费和精神性消费)的不好倾向。另外,这样的展示也与现阶段中国经济社会的整体发展水平不相适应,不会受到人们的欢迎与理解。因此,继承、弘扬传统文化中的优秀遗产是必要的,也是必需的。中国传统文化源远流长,内容博大精深,这些为电视文化的发展提供了得天独厚的资源优势。这从以下几方面可以得到体现:一是大量文化遗产经电视宣传后声名远播。比如,《红楼梦》等一大批中国优秀文学名著,孔子等一批中国文化名人,泰山等一批名山大川和人文、自然景观,它们通过电视的"媒介"渠道传播不仅在国内家喻户晓,而且走出了国门,走向了世界。二是中国传统而宝贵的人文精神、传统美德等通过电视传播,能够世代相传,不断发扬光大、深入人心。但在保留中国优秀的传统文化的同时,电视文化并没有忽视现代文化。比如,电视剧《红楼梦》《三国演义》在充分保留传统文化原貌的同时,又恰到好处地融进了当代的先进艺术。

第二,中国电视文化也以海纳百川的气度,积极引进和消化国外的优秀文化精髓,从而使中国的电视文化"蛋糕"不断越做越大。近十年来,随着中国经济对外开放的力度增大,外来文化也像潮水般涌进中国。这是一件好事,因为有比较才会有鉴别,然后才会有发展。我们的社会中一度曾出现过很多通过电视媒介带动出来的"热",如"迪斯科热"、"足球热"、"英语热"、"阿信热"……都与电视引进的外来文化有关。这并不可怕。只要我们牢牢把握好民族文化与外来文化的关系,像鲁迅先生那样采用"拿来主义"的气魄,就一定会创造出有中国气派、中国风格的电视文化。比如,20 世纪 80 年代初产生于美国的音乐电视(MTV),在 20 世纪 90 年代中叶引入我国,它以其新颖的形式、新奇的面貌,给人以全新的感觉,激发起了中国观众的浓厚兴趣。为了把 MTV 这一来自西方的艺术介绍给中国观众,中国电视艺术工作者在"拿来"的基础上对其进行了"民族化"改造,这样,MTV 既被注入了中华民族文化的优良传统,又吸收了西方有用的现代技术。MTV 被引入中国后,一方面保留了其综合性、微型化的重要特征及音乐与画面和谐、节奏感强等美学特质,同时其原有的消极内容和情调也得到了有效改造,从而成为我国当今颇受观众青睐的一种电视文化样式。

电视文化的发展离不开科技的发明、技术的发展。电视文化具有鲜明的经济属性和商业色彩,它是一门荧屏艺术的文化,更是一种兼容了多种艺术门类的综合艺术文化。而电视文化之所以能够产生巨大的文化威力,原因在于画面和声音两种符号的力量,利用声像传播达到文化宣传的目的。电视文化是一种极具能动性和渗透力的精神文化,它还是目前最具综合性的一种多元文化,是电子文化与艺术的兼容,是高雅文化和通俗文化的融合,更是传统文化与现代文化、民族文化与外来文化的交融。

练 习 题

1. 简述电视的经济属性表现在哪些方面。
2. 电视是不是一门艺术,为什么?
3. 电视声音的作用有哪些?
4. 试述电视精神文化特征的主要表现。
5. 如何看待当代中国电视文化的多元文化特征?

拓展阅读书目

1. 陈默:《电视文化学》,北京师范大学出版社2001年12月版。
2. 欧阳宏生:《电视文化学》,四川大学出版社2006年7月版。

第三章 电视文化的价值取向

教学重点：通过对电视文化的社会影响的学习，理解电视文化在发展中出现的观念冲突；树立正确的电视文化价值取向。

教学难点：如何辩证地看待冲突中的电视文化观念，学习电视媒介的社会责任和文化责任。

第一节 电视文化的社会影响

电视文化对社会生活有着巨大而深刻的影响力，这种影响已经融入了人们生活的方方面面。不知不觉间，电视已经成为我们生活中不可或缺的一部分，电视文化也成为社会文化中重要的一部分。

一、电视文化——全新的文化形态

电视文化是一种全新的文化形态，它以视、听觉系统为基础，集纳了最丰富的社会化符号体系。电视文化的形成改变了人类原有的生活方式和生活习惯，是人类社会发展到一定阶段后物质文明和精神文明的产物。

电视文化不同于传统文化。传统文化是以民族性、地域性、历史性为基础，随着人类历史的衍变，不断形成和发展起来的。传统文化受空间和地域的限制。在相对封闭的地域范围内，本民族的思想、精神、习俗代代相传，逐渐形成了独具特色的民族文化，并深深根植于生活在这里的每一个人心中，从而影响人类的生活习惯、思想观念。

电视文化代表了一种全新的大众传播方式。施拉姆认为："电子传播技术为发展中国家提供了潜在的信息渠道，这些渠道可以通向多的难以置信的受众；可以冲破图书馆的栅栏，向平民百姓传播信息；可以通过示范表演来教授复杂的技巧；可以在演讲时得到面对面的传播效果。"[1]

电视文化提供给人类的是一种全新的开放式的文化空间。在这里，不再有世世代代

---

[1] [美]施拉姆：《大众传播媒介与社会发展》，金燕宁等译，华夏出版社1990年版，第96页。

的传承,没有地域空间的限制,取而代之的是四面八方的信息蜂拥而来,人们可以自由地借助电视媒体获取来自世界各地的新闻和信息。电视以出其不意的方式,改变着20世纪人类的思维方式和生活方式。人们开始更多地借助电视来同步了解外面的世界,其业余时间也逐渐被电视所控制,一家人聚会更多地集中在电视机前。电视成为家家户户必备的用品,也成为人们获取信息、娱乐休闲的最主要方式。在电视媒介蓬勃发展的同时,电视文化也以崭新的物质性、精神性、制度性三者融合的姿态出现。

电视文化是一种物质性的文化。这体现在电视本身就是科学技术高度发展的结果,没有科学技术水平的提高,就没有电视媒体这一新兴媒体的产生。电视通过大众传播的方式丰富了人们获得资讯的方法,改变了人们的生活方式。作为媒介,电视也在一直高度快速地更新发展,无论是节目内容的深度,还是节目形式的种类,都在不断丰富和扩充。当电视由黑白变为彩色,由模拟传输变为数字信号,电视节目的画面越来越清晰生动,通过电视网可以接受到的频道也成倍增加,电视对于人们的吸引力也越来越大。当卫星传送把电视传播的信号覆盖到全球,电视的影响力开始剧增。1982年,第十二届世界杯足球赛在西班牙举行,此时已经实现了通信卫星传播,电视的传播范围打破了地域的限定,全球140多个国家的100多亿人通过电视收看了这届世界杯的盛况,使世界杯足球赛成为全世界人们关注的焦点。电子新闻采集系统ENG、卫星采集系统SNG、多视窗技术、微型摄像机等科技技术的问世,也决定了现场直播、异地同步直播、现场视频连线、暗访等节目形式的出现。这些更新和进步都离不开电子科技的支持,电视的社会影响力离不开硬件基础设施的建设,而这正是电视这个新型文化形态物质性的表现。

电视文化是一种制度性的文化。电视媒介的不断发展,客观上以新科技和新技术为基础,主观上,电视节目健康、向上的内容展现,电视台严格、有序的管理运营,这些都离不开制度化、程序化的经营运作。制度性决定了一个电视台的发展方向,决定了一个节目的创办宗旨。当电视传播在某一个时期出现庸俗化、媚俗化、商业化、同质化、娱乐化的倾向时,制度性的硬性规定和限制可以有效遏制不良现象的发生;当某一个节目内容出现文化品位和艺术水准低下时,制度性的规定可以及时纠正节目的错误发展;当电视台内部出现追求商业利益为目的或运转不合理时,制度性的规定可以督促电视台迅速回到正轨。

2011年年底,为了加强对各地电视台娱乐节目的监管和引导,针对我国电视节目出现的过度娱乐化和低俗化倾向,广电总局下发了《关于进一步加强电视上星综合频道节目管理的意见》(以下简称《意见》),《意见》中提出34个上星电视综合频道要扩大新闻、经济、文化、科教、少儿、纪录片等类型的节目播出比例,从2012年1月1日起,每个电视上星综合频道每日6:00至24:00新闻类节目不得少于2小时;18:00至23:30必须有两档以上自办新闻类节目,每档新闻节目时间不得少于30分钟;各电视上星综合频道还要开办一个弘扬中华民族传统美德和社会主义核心价值体系的思想道德建设栏目。同时,对部分节目类型实施调控,卫视的娱乐节目实行总量控制。对形态雷同、过多过滥的婚恋交友类、才艺竞秀类、情感故事类、游戏竞技类、综艺娱乐类、访谈脱口秀、真人秀等类型节目实行播出总量控制。每天19:30至22:00,全国电视上星综合频道播出上述类型节目总数控制在9档以内;每个电视上星综合频道每周播出上述类型节目总数不超过2档;每个电视上星综合频道每天19:30至22:00播出的上述类型节目时长不超过90分钟。以外,还要对类型相近的节目进行结构调控,防止节目类型过度同质化。

《意见》要求各广播电视播出机构要坚持把社会效益放在首位,坚持社会效益和经济效益的有机统一,建立科学、客观、公正的节目综合评价体系。《意见》明确提出"三不",即不得搞节目收视率排名,不得单纯以收视率搞末位淘汰制,不得单纯以收视率排名衡量播出机构和电视节目的优劣。《意见》的提出防止了节目类型过度同质化和过度娱乐化的倾向,对节目结构也进行了有效的宏观调控,保证了我国电视文化传播的正确的价值取向。可见,制度化是电视文化健康发展的基础,是电视文化顺利运作的保障。[①]

电视文化也是一种精神性文化,这种精神性体现在电视媒介传递的信息内容上。受众从电视节目中获得讯息,信息中包含的观点和思想就会影响到受众的世界观和价值观,并因此产生一定的社会效应。电视文化的精神性体现在每一种节目类型中,体现在每一期电视节目中,体现在主持人的每一句话语中。电视的舆论导向功能、审美鉴赏功能、交流沟通功能、娱乐休闲功能、生活服务功能,都是电视精神文化功能的表现。精神文化功能是电视这种全新文化形态追求的最终目标。

电视文化是电视物质文化、电视制度文化和电视精神文化的结合,是一种集合了人文性和科学性的全新文化形态。

二、电视文化对人类生活的积极影响

电视文化的诞生改变了人们接收信息的方式,使人们足不出户尽知天下事。电视传播采用视听兼备、声画结合的方式,人们即使身在家中也可以第一时间全方位地了解世界各地正在发生的新闻事件,满足自身获取信息的需求。身临其境和口口相传是人们最初获取信息的方式,这样的方式限制了人们接收信息的深度和广度。人们只了解自己周围的可以接触到事情,获取信息的范围极其有限,而口口相传容易使信息流失,其真实性也难以考究,传递信息的范围比较窄,速度也较慢。报刊和广播的出现在一定程度上克服了口口相传和亲身体验的弊端,也可以满足人们了解外面世界的要求。但电视的信息传递无疑更精准、更生动、更完整,动态的画面使人们犹如身临其境,而电视机前的受众在感官、视觉、听觉的多重冲击下,对事件的了解更直观、更真实、更全面。"科索沃事件"、"伊拉克战争"、"美国9·11事件",一个个触目惊心的画面,让人们深切地感受到了战争的残酷。当汶川地震直播报道中出现一幢幢坍塌的教学楼,一张张哭泣的面庞时,祖国每一个角落的人们都为之感动,每一个人都心系灾区;当温总理俯身拾起孩子们散落的书包,人们既为孩子们落泪,又对总理的这份大爱动容;同样的画面传递到了祖国的每一个角落,不需要口号、不需要号召,13亿多中国人自觉地团结在一起,自发地为灾区现出钱出力。电视的这份力量,把人们召集到一起,使人们不自觉地把电视作为接收信息的第一选择,它丰富了人们获取信息的平台,改变了人们接收信息的习惯。

电视文化促进了文化知识的普及和传播。电视是一种大众文化,从报刊了解新闻需

---

① 中国宪政网:《广电总局将加强电视上星综合频道节目管理》,http://zhengwu.beijing.gov.cn/zcjd/gjzcjd/t1201387.htm。

要具备一定的文化阅读程度,而电视是不需要门槛的,任何文化程度的人都可以听懂和看懂。广播媒介虽然对文化程度没有要求,但是广播只诉诸受众的听觉,传播文化知识依靠纯听觉的方式容易使听众感到疲惫枯燥,因而,广播更适合在人们劳动、散步时以一种伴随式的形式出现,却不太适合系统地讲授科学文化知识。电视的低门槛和易懂性恰巧结合了报纸和广播的特点,促进了文化的推广和普及。当知识的传播以一种生动有趣的形式出现,许多不愿意拿起书本的人也被电视设置的故事和悬念吸引,学到了相应的理论知识。比如,中央电视台十套2001年7月开播的讲座式栏目《百家讲坛》,用讲故事的方式为受众解读历史,在遵照事实的基础上用情节性和悬疑性吸引受众,既承担了文化沟通的职能,普及了历史文学常识,又满足了受众的好奇心,使广大受众在轻松和休闲中接受了一次知识性普及教育,也给知识的传播提供了一个开放的平台。《百家讲坛》像一个开放式的大学,给人们提供了一个领略到名师风采的家庭课堂,同时容纳了人文、自然、社会、哲学等多个学科,做到了理论性与实用性相结合、学术性与趣味性相结合。《百家讲坛》用平易近人的姿态,借助电视声画结合的方式把深奥的知识传递给受众,成功掀起一股全民学国学的风气,促进了国学的普及和传播,深受观众喜爱。

电视文化丰富了人们的业余生活。如今,人们的生活节奏越来越快,工作压力也越来越大,一天紧张忙碌的工作过后,人们需要有一个缓解和疏通压力的渠道,这时,电视就充分发挥了自身的娱乐休闲功能。通过电视人们可以看演唱会、各种体育竞技的比赛、电影、电视剧,丰富了原本单调的下班后的生活。电视给一家人提供了围坐在一起的机会,促使一家人聚集在一起,共同看一场晚会、欣赏一场足球比赛,增进了家人之间的沟通,为一家人提供了交谈的话题。2010年,尼尔森公司调查数据显示,中国人每天用在电视上的时间是2小时36分,这几乎占据了晚上一大半的时间。过去,茶余饭后人们促膝长谈,面对面地交流;现在,看电视成为大部分家庭的集体活动,通过看电视一起了解世间百态,在对电视内容的谈论中增加感情,加强沟通。可见,电视是对传统家庭相处方式的一种变革。

除此之外,电视也为人际交往提供了话题。因为,在日常的聊天中人们常常以电视内容为话题的主线,在电视上看到的新闻逸事,从电视里看到的节日庆典,电视中的人和物这些都成为人们和身边的朋友乐于谈起的话题。

无论是信息接收方式的改变,还是家庭相处关系的变革,电视文化在丰富人类生活方面都起到了积极的促进作用,也促进了人们生活方式的健康转变。

三、电视文化对人类生活的消极影响

电视提供给人们的是一种经由把关人过滤之后的虚拟环境,这导致人们对于外界的印象大多来自于电视营造给受众的环境,而外面的世界究竟是怎样的,人们很少再去实践,而是更多地依赖电视工作者提供给我们的信息。电视镜头呈现的画面虽然是真实的,但是也是有选择性的。把关人可以根据自己的需求选取有利于表现自身倾向的画面。

曾经有传播学者做过这样的实验:1951年,美国麦克阿瑟将军回国,实验组分别派出了两组人,一组亲临现场参加麦克阿瑟将军回国的欢迎仪式,另一组守候在电视机前观看转播。出乎意料的是,在电视机前观看转播的观众认为欢迎仪式热烈而紧凑,是一次值得参与的活动;而去现场的人们回来后,反而反映平平,认为迎接活动平淡而冗长,并不值得花费这么多时间等待在现场。这是因为守候在电视机前的观众看到的是经过选择后的镜头,一会儿是现场情绪高涨的守候者的欢呼,一会儿是麦克阿瑟将军微笑着挥手致敬的特写。电视展现的是从整个过程中选取的最精彩、最热烈的画面。而在现场的观众,在等待的队伍中守候了几个小时,疲惫不堪,最后只看到麦克阿瑟将军的车一晃而过,等候多时的人们也一哄而散,整个场面并没有电视转播的如此热烈。可见,电视媒体营造给我们的是一个经过选择和过滤的间接环境。我们每天接触的是媒介人物、媒介事件,并且把这些当作客观世界的真实写照,作为个人判断外部世界的依据,并产生相应的看法和观点。我们的主客观活动都被置于一种非真实的虚化环境当中,无法对外部世界作出客观真实的判断,这无疑是电视对人类生活的消极影响。

虽然电视使一家人可以有机会在茶余饭后聚集在一起,但是,大家把注意力和焦点都放在了电视节目上,相互之间缺少情感上的交流,也减少了一起出游、劳动等集体活动的机会。以往茶余饭后,人们常常围坐在桌前促膝长谈;而现在人们总是聚集在电视机前,聚精会神地收看节目;同时,人们更多地依赖待在家里看电视来了解外面的世界,减少了聚会和人际交往的时间,疏于与朋友亲戚往来。多半的文化活动被电视取代,比如到电影院看电影、到博物馆看展览等都可以在电视上得到满足,因此,越来越多的人封闭在家中,足不出户。保加利亚记者勃然诺娃说:"电视将导致人类走向社会隔离。每个人都独处一室,只同电视机交往,放弃人们原来所有的一系列活动方式。"①这种说法虽然有些夸张,但是,我们不得不承认电视确实消减了人际交往的次数,使人们工作之余被束缚在电视机前。电视剥夺了人们的自由时间,就像个时间小偷一样,消磨掉人们整晚整晚的时间。美国《读者文摘》刊登的一篇文章指出:"电视节目成了一种麻醉剂,而不是一种推动力。它的系列片向我们展示的纷繁多彩的节目,只是让我们跟着它跑。它永远充当观众的导游:30分钟去教堂,30分钟去喝些饮料,然后坐上汽车又去观看另一些名胜或节目。这与实际生活不同的是,在电视里,典型的做法是时间都是按分按秒排定的,而被挑选来迎合人们兴趣的常常是车祸和互相残杀。总之,许多电视窃夺了人类最宝贵的天赋,即集中注意力的能力。"②

直观性是电视的优点,但是,电视的直观性也使人们在看电视的时候不用费劲不用思考,使人处于一种麻痹的状态。长此以往,人们的思考能力、推断能力、阅读能力、实践能力都有所下降,人们容易沉浸在虚幻的满足之中,以为对一件事认识了、了解了就等于实践了。中央电视台曾举办过一场体育知识竞赛,获得前十名的选手没有一个是平时参与体育运动的。电视使他们对体育知识了如指掌,却也占据了他们大量的业余时间,使他们丧失了参与体育运动的动力。电视文化就如同酒精作用于人体一样,被酒精麻醉的人也总是活在自我的想象当中,认为自己无所不能,实际上他连走路都已经摇摇晃晃。

---

① 田本相:《论电视弊端》,《北京广播学院学报》1988年第1期,第27页。
② 荣耀军:《多维话语系统的竞争与共性——当代中国电视文化研究》,厦门大学硕士学位论文,2008年。

电视文化导致人们的审美标准和文化水平下降。以前，精美的文艺作品只有上流社会的精英才有机会欣赏。随着大众传播媒介的普及，更多的人有机会接触到高雅的文学艺术，音乐、戏剧、舞蹈、诗歌等艺术形式成了社会大众共同的消费品。但是，电视是面对社会大众的，为了让更多的受众接受，为了迎合大众的口味，电视媒介不得不降低自身的艺术品位。因为，只有这样才能吸引更多的受众，才能赢得更多的广告收入，获得商业利益。比如，现在活跃在各音乐节目中的常常是最能被接受的流行音乐，古典音乐却被束之高阁，长此以往，人们的音乐鉴赏水平很难有提高。然而，电视台也不愿意放弃收视率，放弃高额的广告收入，去做曲高和寡的古典音乐。当电视普及之后，很多人把电视作为获取知识、学习文化的主要渠道，而电视为了扩大市场占有率，推广普及信息，其内容的着眼点必然放在大多数人可以接受、可以理解的部分，而让大部分人都感兴趣、都能理解的必然是通俗文化和流行文化。

第二节　冲突中的电视文化观念

电视文化对社会生活进行着潜移默化的改造，这种影响力超过了以往任何一种媒介文化，并在社会衍变和进步的进程中烙下了深刻的印记。不断发展中的电视媒介，在不断传播新思想的同时也带来了多元文化观念的冲击，而电视文化作为一种新形态的文化形式在与传统文化的交合中不断撞击与融合。

一、公共事业还是商业经营

在我国，电视媒介代表了政府工作部门，电视从业人员是党的工作者，是党和政府的喉舌，电视媒介主要不以盈利为目的，而是承担着精神文明建设的重任，追求的是一种社会效益。

改革开放以后，中国电视业开始全面崛起和快速发展。1979年8月，首次全国电视节目会议召开，开始大规模引进电视剧和自办节目、自制电视剧。这一时期，海外大量优秀的电视剧被引进到中国，中国电视也开始了最初的商业化尝试。1979年1月28日，上海电视台播出了中国电视史上第一条商业广告——《参茸补酒》，迈出了中国电视商业化发展的第一步。电视广告业务的开播让人们认识到，作为公共媒体的电视也能产生经济效益，更没想到的是，此后电视广告业务逐渐成为电视盈利的主要来源。

商业化后的中国电视走向了市场化，而市场化也给中国电视业带来了勃勃生机。节目数量大幅度增加，丰富了受众的眼球，多样化的节目样式、层出不穷的节目创新，满足了不同受众的需求。品牌化的逐渐建立使各个电视台越来越专业化，展现自身特色的台标，对象化后细分的频道定位。在不断的改革和摸索中，中国电视建立着中国文化特色的品牌价值。

商业化给中国电视带来了发展和飞跃,也带来了利益和庸俗。商业化和市场化之后,受众需求逐渐从"生产型"向"消费型"转变,大众品味从"知识化"向"通俗化"转变。在信息爆炸的今天,各种信息扑面而来,受众更倾向于选择"快餐式"的文化形式来娱乐自己,从而回避深刻,回避思考。"低俗化"、"文化荒漠"、"唯钱论"、"病态"等针对电视文化的评论也由此开始出现。广告越来长、越来越多,甚至不少粗制滥造的广告出现在电视剧前、电视剧中、电视剧后。在电视传播过程中,无论是传统广告,还是植入式广告,都充斥着明显的商业化气息,使无数观众被动收看,因此,有电视观众戏称看电视剧是"广告插播电视剧"。久而久之,许多电视观众就会产生负面的心理联想——广告几乎无处不在,电视商业化让人反感。这种对电视广告的排斥心理体现了许多电视受众对电视商业化的基本态度。电视台通过为观众提供内容服务换取注意力,并借助注意力与广告主进行资金交换。从广告交换的角度来看,观众注意力中更具价值的是观众对广告内容的注意力;从消费的角度来看,观众对电视广告的收看恰恰是其为获得免费电视内容而付出的成本。理性的消费者倾向于追求收看成本的最小化,这成为观众规避广告收视的重要动机。

针对这一商业化现象,2011年年底,国家广电总局出台《〈广播电视广告播出管理办法〉的补充规定》,要求从2012年1月1日起,全国各电视台播出电视剧时,每集电视剧中间不得再以任何形式插播广告。临近新规实施之日,广电总局新闻发言人还特地在2011年12月30日表示,全国各级电视台已完成2012年广告和节目的重新编排工作,撤销了2012年电视剧中间的广告插播时段。由此可见,我国的电视媒体是公共化和商业性的合体。无论是主观意愿,还是客观实际,电视商业化有其客观原因,商业化倾向乃至商业化趋势是一种必然选择。我们必须在公共性和商业化之间需求平衡点,把握好两者的关系,在保证社会效益的同时,在市场化的主导下,健康地发展电视媒介。我们不能否认,电视节目从内容到样式都注定要受商业法则的左右,市场的需要决定电视节目的生命力。因而,以社会效益为先导,以平衡矛盾为策略,是市场化竞争下电视媒体的首要选择。

二、天使还是魔鬼

关于电视文化的影响,一向是众说纷纭。由于各学派学者的研究角度、研究方法不同,对电视文化所产生的社会影响的评价也差异很大,甚至截然相反。电视文化究竟是天使给芸芸众生带来美好和祝愿,还是如魔鬼给大众带来灾难和不祥,众说纷纭。

西方的传播学理论研究者们对电视文化的影响力各执一词,其主要的观点来自于以下三个理论:法兰克福派的批判理论、文化研究学派的受众研究分析、麦克卢汉的媒介技术论。

法兰克福派对大众传播的文化影响力持坚决的否定态度。他们认为,大众传播媒体在客观公正的口号下,传播资本主义的意识形态,并把这种思想观点灌输给大众,对大众进行"奴化"教育。德裔美籍哲学家和社会理论家赫伯特·马尔库塞(图3-1)认为,以电视为代表的大众传播媒介对人类生活不断渗透,对人们的心理不断控制,通过从思想到行为操纵,使双向思维的人们渐渐成为没有主见、没有思想的"单面人"。美国批判社会学和文化保守主义思潮的代表人物丹尼尔·贝尔在1978年出版的《资本主义文化矛盾》中,尖锐地指出:"整个视觉文化因为比印刷更能迎合文化大众所具有的现代主义的冲动,它本身从文化意义上说就枯竭得更快。"①

图3—1　赫伯特·马尔库塞

英国的文化研究学派将研究的重点放在了大众传播的接受者——受众身上。他们通过对电视受众的跟踪研究,"揭示权势集团的意识形态被不知不觉地维持下来的方式和抵制他们的方式,从而破坏这种剥夺了某些集团权利的权力制度"②。这种研究一方面揭示了电视文化对社会产生的消极影响;另一方面也注意到了电视文化的积极意义,阐述的角度更加周全,考虑的视角更加多面。

麦克卢汉的媒介技术决定论,强调的是媒介技术形式对社会的影响力,并认为电视带来的是除画面以外的,人们之间相处模式和家庭关系的变革。

这三种代表性的传播理论,对于电视文化的影响是各执一词,有褒有贬。有一点可以确定,电视文化给人类生活带来的改变具有明显的双重性。

电视文化丰富了青少年的业余生活,在寓教于乐中传授知识,但是,电视文化也在不知不觉中误导着尚不成熟的年轻人。媒介呈现给未成年人一个未知的世界。由于青少年尚未经历社会历练,他们心目中社会的样子就是电视媒介所营造的,他们通过电视媒介去想象未来的社会,而电视营造的往往并不是最本真的世界原貌,而是经过过滤、设计、重新描述之后的幻影。孩子们一方面从电视中吸取着养分,一方面沉浸在电视营造的美丽五彩的斑斓生活中。电视剧的主角常常是帅哥、美女,或富家子女,不多的草根形象最后也必然遇到翩翩公子的垂爱,这使青少年在潜意识里积累起对金钱的向往和追求。

电视文化一方面帮助人们了解外面的世界,拓展人们的视野;另一方面却又给人们营造了一个貌似真实的虚幻世界。日渐增多的电视节目形式一方面提供了许多有益的信息,但另一方面其震撼的音效、冲击性的视觉效果,只是简单地作用于人的感官,形成的是纯粹的视觉刺激,影响青少年的健康成长。

一方面,电视以轻松娱乐的方式讲授学习,降低了人们静下心读书的兴趣;另一方面,电视的直观和易懂又反过来激发了受众对传统文学名著的兴趣。

---

① [美]丹尼尔·贝尔:《资本主义的文化矛盾》,赵一凡译,三联书店出版社1980年版,第157页。
② [美]斯蒂文·小约翰:《传播理论》,陈德民、叶晓娜译,中国社会科学出版社1999年版,第423页。

随着社会的发展,电视媒介已经深入到人们生活中的各个角落,时时刻刻影响着青少年的成长和人们的生活。电视文化对于每个人来说都是一把双刃剑,有人会把它看成是当代人们生活的百科全书,是满足人们各种欲求的伴随物,是人们日常生活和心灵世界的导师,是勾连不同文化样式的有力桥梁;但也有人会把它视为充满物欲的恶魔,是消减人类思想深度的杀手,是毁灭传统文化和民族文化的帮凶。如此这般完全相悖的评价,使电视及电视文化经常处于毁誉参半的境地。①

今天,电视文化这个复杂的存在吸引了诸多关注的目光。电视既不是完美的天使,也不是恶毒的魔鬼,而是一个利弊兼具、善恶杂糅的复合体。因此,我们应用平和的心态、多维的眼光去审视电视文化的一体两面,从而兴利除弊,使之更好地担负神圣的文化责任。

三、雅与俗的悖论

在中国传统的文艺文学理论中,文化历来有雅俗之别。实际上,它们对应着人们通常所说的"精英文化"和"大众文化"。我们可以说,雅文化是偏向于文雅、具有浓厚文学气息和较高文化艺术价值的文化,俗文化则具有浅近、通俗、大众化的特点,是比较贴近生活、能为一般平民百姓所接受的文化形态。

在电视文化中,大众文化以其通俗易懂的文化形式逐渐占据了主导地位,在一定程度上消弭和解构了其他文化,如高雅文化、精英文化的解读方式。专业性、权威性的话语权正在慢慢失去影响力,而具有亲和力的、通俗易懂的文化形式正成为大众的宠儿。一些高雅文化、精英文化也纷纷向大众文化靠拢,采用更易于大众接受和消化的形式。

电视文化作为大众文化的代表,如何在实践中兼顾雅俗共赏,一直以来是大家关注的焦点。在认识上把俗文化与雅文化截然对立,在传播大众文化的同时有意无意地排斥雅文化中积极因素,是一种错误的认识,这是对电视文化中大众文化的曲解,甚至会因此忽视文化传播中的社会责任。但是,电视文化一旦附庸风雅,对观众的一般审美需要漠视或无视,不考虑观众是否能够接受,也失去了其大众传播的特性。

目前,在电视节目中又出现了庸俗化倾向。庸俗化的表现是:一些电视节目片面追求收视率,吸引观众的"眼球",迎合一些观众猎奇、猎艳的落后心理。有些电视娱乐节目主持人甚至把低俗、庸俗当通俗,以此取悦观众,在社会上造成十分恶劣的影响。有学者指出:"电视大众文化在物质话语僭越的当代中国社会最根本的特征,就是以大众文化的商业性稀释、消解着高雅文化的艺术性。具体表现为那些具有大众文化倾向的电视文本以商业目的的直接功利性替代着高雅文化的无功利性;以程式化、复制化、平面化、无深度感对抗着高雅文化的个性、独创性、典型性,以情感策划的虚假性拆解着高雅文化的情感判断的真实性和深沉感,以享乐性、消遣性置换着高雅文化的启蒙性、先驱性。"②

电视屏幕上频频出现类似的节目形式:一套莫名其妙的问题,两个颠三倒四的主持,几个七拼八凑的嘉宾,满座憨头憨脑的观众。"娱乐"几成"愚乐","益智"实为"抑智"。无

---

① 胡智锋、孔令顺:《电视媒体的文化自觉》,载《中国广播电视学刊》2007年第10期,第17页。
② 隋岩:《当代中国电视文化格局》,北京大学出版社2004年版,第94页。

需思考的"思考",无需品味的"品味",这充分暴露出了一些电视节目的肤浅、媚俗与平庸。

如今,电视节目已经成为现代社会精神生活的重要组成部分,具有广泛的亲和力和影响力,并显示出老少咸宜、众望所归的趋势,显现出大众文化"俗尚"的特点。但电视文化还需要承担"寓教于乐"的文化责任,还应该表现出某些"精英文化"的"雅趣"。因此,电视文化要在实践过程中合理调适那种"雅俗相宜"的文化关系。雅文化与俗文化绝不是根本对立的关系,而是相依相存,相互包容的;雅文化如果不从俗文化中汲取营养,滋润自身,便无从产生,更不能生长。在一定程度上可以说,"俗文化是一切雅文化的孕育之母,无论是经学、史学,还是神学、文学"①。比如,《百家讲坛》《大家》《探索·发现》等都是一些优秀的电视栏目。电视虽然是大众传播的文化现象,但电视文化的雅俗之间并不是矛盾的,我们必须恪守"俗不伤雅"原则的基本思路,不能一味地把电视的雅俗关系对立起来。

大众媒介实现了文化的交流与共享,造就了积极进取的文化氛围,丰富了群众的文化生活,因此,不能因为电视文化的"大众化"的趋势而忽略传播其他文化的功能。传播大众文化、通俗文化不一定要去鄙薄精英文化、高雅文化,而是要在大众文化的氛围中有意识地提高受众的文化欣赏能力,引导受众更好地享受精神文化生活。唯有如此,电视文化的"大众化"才更有意义,也更具有社会价值。

正如同国学大师季羡林老先生所指出的:"所谓雅与俗都只是手段,而不是目的。其目的只能是:在美的享受中,在潜移默化中提高人们的精神境界,净化人们的心灵,健全人们的心理素质,促使人们向前看、向上看、向未来看,让人们热爱祖国、热爱社会主义、热爱人类,愿意为实现人类的大同之域的理想而尽上自己的力量。电视文化可以带给大众精神上的启迪,拓宽大众的视野。"②

四、真实与真实性

电视展现给我们的是一个真实性的世界,但这并不等同于真实的外部环境。电视的镜头是有选择性和过滤性的,镜头展示的画面是真实无误的,但镜头可以选择它所倾向的内容。

20世纪90年代初,中国电视话语的民族现代化叙事逐渐被消费叙事、日常叙事所取代。电视话语越来越世俗化、具体化,一方面是传统革命题材逐渐减少,其中的人物也逐渐地走向个性化、伦理化,成为"走下神坛"的英雄;另一方面生活类、谈话类、资讯类、体育类以及旅游类等各类节目在电视中空前繁荣,身体、家居、情感、购物、休闲、生活指导几乎是这类节目关注的全部,人们的关怀也从社会冲突转移到个人生活领域。电视传播内容几乎都是由日常生活场景组成,这使我们对电视产生幻觉,并把电视经验等同于现实生活经验。

我们忽略了电视作为媒介在传播过程中不可避免地进行选择性叙事,而这种选择的权力又被多种社会力量所控制这一特性。选择性叙事对电视文化的形成和性质起到了决

---

① 牛爱忠:《俗文化》,中国经济出版社1995年版,第4页。
② 季羡林:《雅俗文化书系》,中国书店出版社2007年版,序言部分。

定性的作用。新闻报道的叙事方式对电视文化的选择性叙事有一定的启示。新闻叙事的过程就是通过对新闻事件的判断,找寻有价值的新闻点,将舆论引导与新闻报道的叙事点相结合。这种叙事方式有利于媒体发挥自身的舆论引导作用,逐渐形成社会共识的规范体系。电视媒体也可以在节目中挑选叙事的角度,并将此融入到每天的信息传播中,构建有意义的社会环境。形成什么样的社会文化氛围,在于电视工作者在制作节目时选取什么样的内容和角度。因此,电视文化给人们营造的是一个真实性的世界,而不是完全等同于现实生活的真实世界。

五、话语权的平衡

中国电视从20世纪90年代以后,在一系列传媒体制改革的推动下,从以前统一的媒体垄断,逐渐分化成不同的媒体领域。分化的结果,从话语的角度来说,就是产生了主要由三套话语系统竞争与共生的媒体局面。它们分别是代表党和政府意志的国家话语系统、代表知识分子意志的精英话语系统以及代表普通市民意志的大众话语系统。多元话语系统在媒体公共领域之中的竞争与相互碰撞,一方面,使观众所接收到的媒体现象变得复杂化;另一方面,由于要保持各自的特性及特殊形态、服从不同的规定性形式和条件,当代中国电视在话语生产的各个环节上,也变得更加复杂化。

这三种话语权分别占有各自的媒体空间,从一个电视台的话语分布上就可以明显地看出这种格局。如中央电视台的新闻类节目无疑是最充分体现国家话语权力特征的,而一些文艺类节目、电视连续剧等又明确显示出与大众以及市场的合谋。精英意识虽然在20世纪90年代以后的体制变革中受到最强烈冲击,但以《百家讲坛》为例,其初衷也是想在市场的喧闹中注入一剂精英文化的强心剂,以期守住文化下滑的底线。因此,它的选题都是对中国经典的重读,主讲人又基本上为学者、教授和著名文人,从而标示出这类节目的精英身份。

把视角扩展到中国当代电视去看,比如说中央电视台作为国家级媒体对国家话语的拥有权占据着媒体领域的核心地位或者说主宰性地位,20世纪末以后湖南卫视崛起的妙方则在于其明确大胆的大众话语路线,而如今被中国新兴的中产阶层所津津乐道的凤凰卫视在内地媒体市场的成功,靠的主要是对精英话语空间的把握。

国家话语体系的制作人是一种政治文化的宣传执行人。他们受到国家权力的严格规定与管制,导致了观众对其又爱又恨的态度,这在当前收视剧烈分化的市场条件下,无疑会导致观众的流失。

对于精英话语的制作人来讲,他们的理想是建构一个中国社会的公共话语平台,独立地对社会问题进行思考和协商式的批判,他们想做一个理性的、自律的协商式批判者。电视主体的这种自我定位,在娱乐甚嚣尘上的电视竞争格局中,很有特立独行的骑士味道,赢得了一些精英人士的叫好,但同时也应该看到,他们的这种独立品格注定了在国家话语权力和大众话语权力的夹攻下,在赢取政治权力的认同与资本的注入方面,都还有很长的路要走。

代表普通民众意志的大众话语权的是电视媒体中娱乐文化的制造者们。他们制作的节目符合大众的口味,迎合市场的需求,因此,娱乐文化的制造者成为产业化竞争中的佼佼者。他们的话语制作虽然规避政治,却堕入了对资本的贪婪追逐中,因此被商品的消费逻辑所控制。可见,他们在貌似非常个性的外表下,其实并不是完全意义上的自律主体。

虽然以上三种话语权之间立场不同互有矛盾,但其受众本身是多样的、随机的、能动的、有自主选择权的。在自由竞争的市场环境下,任何电视节目与观众之间都不会存在必然的收视关系。因此,对于电视媒体来说,为了达到它的经济目的,就必须充分考虑到社会普遍流行的各种文化价值取向,找准自己的文化价值定位,以满足社会某种文化价值需求,从而最大范围地占有观众群。因此,当代中国电视文化的三大话语系统,虽然立场不同、视角不同,但是各自却能够在市场竞争中站稳脚跟,寻找到属于自己的领地,是因为它们分别找到了自己的消费群体,或者说相对应的消费价值观。这个现象又进一步折射出,改革开放后中国社会出现了多元文化价值取向的分殊,也就是我们经常所说的,改革开放后国人的精神面貌产生了深刻而广泛的变化。

六、现代文化与传统文化

电视文化将传统文化与现代文化有机结合起来,将现代生活置身于传统文化的背景中,这样既能够重新塑造国家文化形象,又能够有效传播国家的基本文化价值,推进传统文化的产业化发展,促使现代民众达成基本的价值认同。

图3-2 《康熙王朝》剧照

在面向国际传播时,中国电视的发展还存在着"厚古薄今"的倾向。世界对中国的总体印象还是停留在"五千年文化、长城、故宫、非物质文化遗产"上,中国在国际受众心目中的文化形象成了"智慧而苍老的老人"。而国内电视文化传播又存在着传统文化严重缺失的现象。现在的一些孩子们是吃着肯德基、麦当劳,喝着可口可乐,看着好莱坞大片长大的中国年青一代,他们每天挂在嘴边的词是"超女"、"PK"、歌星、影星,但说起中国历史文化名人,提起孔子和《论语》、老子和《道德经》却无从回答。电视剧《康熙王朝》(图3-2)中,斯琴高娃在里面饰演孝庄太皇太后动辄就是:"我孝庄……"其实孝庄是谥号,是人死了之后才定的封号,这是这部大戏中的一个硬伤。电视作为传播文化的阵地,不仅忽视传统文化的宣传,而且解读中国历史时竟频频出现硬伤,让人震惊。

中国几千年的优秀传统文化,是历史留给炎黄子孙引以为自豪的无价之宝,是中国人生存智慧的结晶,是民族凝聚力和生命力之所在。我们知道,就形态而言,传统文化除了能够看见的历史文化遗址之外,还有浩如烟海的历史文化典籍的文献形态,有园林、建筑、服饰、陈设、饰物等的器物形态,有各个民族的民间音乐、歌舞与地方戏曲等的艺术表演形态,也有刺绣、蜡染、剪纸等工艺和一些颇具地方特色的烹调技能等的技能技艺形态,更有春节、元宵节、清明节、端午节、中秋节之类的节庆活动形态。中国丰富的传统文化资源都可以与现代艺术形式结合,做成有中国特色的独一无二的电视节目或电视剧。

传统文化可以和现代运营模式结合起来,让有实力、有经验的文化经纪人和文化经营公司进入传统文化市场,打造一批传统文化品牌节目,以此来引领消费潮流,逐步使传统文化消费成为新的消费时尚;同时,应当加强市场管理和宏观调控,改变过去那种同一文化产品全国遍地开花的无序状态,保证原产地文化产品的独特性和它的稀有价值。

许多学者指出,中国传统文化的产业化发展,将成为21世纪中国经济最大的增长点。这一产业化带来的文化价值必然会对现代化有长足的促进作用。

七、民族文化与文化全球化

电视文化传播是全球化语境下文化传播的重要途径。世界文化的显著特点就是它的多样性,这种多样性主要呈现为各民族文化的特色。文化的民族性,既丰富了世界文化的多样性,也体现出了世界文化的包容性。没有了民族特色的文化,也就失去了立足于世界文化大家庭的价值。因此,在全球化语境下我国电视文化要走向世界,首先需要坚持电视文化的民族主体性。

在全球化语境下,我国电视文化传播的最终目的是走向世界。我国电视文化参与全球传播、走向世界的过程就是文化交融的过程。坚持我国电视文化的民族主体性,从世界文化中汲取养分将成为我国电视文化走向世界的必然选择。

世界文明史上几大最著名的文化,如华夏文化、古印度文化、古埃及文化、古希腊文化、波斯文化,都有着不同起源和悠久历史。但是,这些文化没有一个能完全独占世界,成为一种"全球文化",相反,这些不同的文化在不断发展的过程中相互交流、相互影响,从而共同构成了世界文明史上光辉灿烂的篇章。以我国文化为例,汉魏开始,我国商人将丝绸通过"丝绸之路"输送到波斯、罗马等地,同时将我国的文化和纺织技术也带向了世界;琵琶、胡笳、横笛是我国十分常见的民族乐器,然而这些民族乐器并非一开始就存在,而是在汉代由西域传入我国,并在中原地区广泛地流行开来,成为我国传统民乐的典型代表;佛教是我国宗教文化的代表之一,但是佛教却是起源于印度,在西汉末年经西域传入我国,经过发展和改造成为我国民族文化的重要组成部分。

任何一种文化形态要走向世界,既要保持自身的民族特性,融入全球文化多样性之中,又要让其他国家和地区的人们能够理解其所要表达的思想和内容,这样才能有效扩大传播范围,被更多的人认知和接受。1930年,梅兰芳(图3—3)来到美国纽约的百老汇,他要让中国的传统京剧艺术展现在

图3—3 梅兰芳

百老汇的舞台上。在正式演出前的记者招待会上,梅兰芳演出了选自《红楼梦》的小型剧目《晴雯撕扇》,然而演出不到一幕,多数观众都退场了。演出结束后,一个被美国人称为张西皮的人来到后台。梅兰芳问他,今天的演出美国人能看得懂吗?张西皮回答道,当然看不懂,京剧对于美国人来说是陌生的艺术形式,再有,美国人根本就不知道什么是《红楼梦》。张西皮为梅兰芳在百老汇的演出提出了建议,并亲自为梅兰芳挑选了适合于美国观

众的演出剧目。在张西皮的帮助下,梅兰芳此后在美国的演出大获成功。

由此可见,我们的世界是一个多元文化的世界,从古到今历来如此,文化的传播和发展并不是一种文化取代另一种文化,而是并存发展、相互交融的过程。一方面,不同地区、不同种族的民族文化相互交融和碰撞构成了当今世界的全球文化;另一方面,正是民族文化所独有的民族特性使各种文化的精华得以保留。我国是一个由多民族组成的、历史悠久的文明古国,有着深厚的文化底蕴、多样的民族风情、丰富的文化传统,这些都是我国民族文化的重要组成部分,也构成了我国民族文化在世界上的独特性,是中国文化独具的魅力。因此,我们应该充分利用民族文化的优势,从民族差异性中提取文化资本,为我国电视文化走向世界提供保障。

如果问一个中国电视观众最想观看法国的什么节目?答案很可能就是法国的时装节目。那巴西呢?自然是展现狂欢节的热闹场面,或是亚马逊雨林里的探险生活。日本又如何呢?也许是樱花树下浪漫悲情的爱情故事。反过来说,外国的电视观众最想观看中国的什么节目呢?当然是展示中国悠久的历史及中华民族的民俗风情的节目。他们很想通过电视节目了解和接触到中国的灿烂文化及古老文明。中国的历史文化、饮食文化、中医文化、武术、佛教及儒家、道家思想都是我国民族文化的宝贵资源,都可以在我国电视文化中加以展现和利用,成为我国电视文化走向世界的文化资本。国家广电总局编著的《2008年中国广播电影电视发展报告》中引用约瑟夫·奈的观点称:"中国文化在很多方面都具有吸引力,除了传统艺术和文化外,许多现代艺术

图 3—4 电影《卧虎藏龙》剧照

和现代文化在国际上也很受欢迎。"①《卧虎藏龙》(图 3—4)在德国免费电视台首播时即创下了 460 万观众收看的收视率。② 可见,外国的电视观众对我国电视文化中所反映出的中华民族文化是有浓厚兴趣的,如果我们能够充分地运用好民族文化,这将成为我国电视文化走向世界的丰富资源和先天优势。

---

① 国家广播电影电视总局发展研究中心:《2008 年中国广播电影电视发展报告》,新华出版社 2008 年版,第 208 页。

② [德]Stefan Ollig:《中国电视节目的出口:一种消费者理论的透视》,云杨译,载《新闻界》2005 年第 4 期,第 12 页。

第三节　当代中国电视文化现象

　　法国哲学家、社会学家鲍德里亚在 1976 年出版的《消费社会》开篇写道："今天,在我们的周围,存在着一种由不断增长的物、服务和物质财富所构成的惊人的消费和丰盛现象,它构成了人类自然环境中的一种根本变化。"①这种 20 世纪中叶在西方社会凸显的变化,在今天市场经济体制下的中国也表露无遗。工业化步伐的迈动,城乡一体化进程的加快,村村通系统工程的国家扶持,这些都促使城镇乡村的文化消费水平飞速提高,民众的消费观念不断转变,消费社会的特征也得到进一步加强。人们争相仿效和追寻"物"带来的享受,包装宣传成为引人注目的不可缺少的手段。因此,广告的目的在于创造产品的象征指代意义,而不仅仅是功能效果的体现,就像电子表的价廉与精准不如手工表彰显身份。我们对价值概念的认知已经悄然改变。

　　在这一背景下,伴随着消费社会成长起来的影视艺术成为引领大众文化消费的排头兵之一,它所带来的视听文化不停地冲击着我们的思想,"图像成为这个时代的日常生活资源,成为人民无法逃避的符号追踪,成为我们文化的仪式"②。而且,大众文化、商业文化、消费文化、娱乐文化、后现代文化的声浪此伏彼起、升腾跌宕,大众传播媒介也对此推涨助阵,酝酿出电视创作思潮变迁的几重浩瀚洪流。从具体的作品中,我们也看到了时代赋予的显而易见的变化。

一、文化精神的商业化嬗变

　　从新中国成立到 20 世纪 80 年代,大多数作品呈现出的仍是传统道德文化、中国古典思想、社会时代气息等内容的美学理念,电视创作者们更是以弘扬时代精神、展现纪实美学风格、反思文化历史为己任,如《话说长江》《长征·生命的歌》《共和国之恋》等现实主义力作成为鼓舞人们的精神食粮。20 世纪 90 年代以后,"现代化强大的透支能使中国传统文化的潜流在社会变迁中撞击、消长、融合、变异"③,经济体制的转变、时代环境的开放,造就了多元的创作观点。

　　从对文化精神的追问到商业价值的嬗变,是改革开放后影视界广泛存在的普遍现象,这一点在我国第五代导演陈凯歌的身上体现得尤为鲜明。1998 年,精英姿态的陈凯歌在现代文化和国际化思潮影响下拍摄了《荆轲刺秦王》,这部雄心勃勃的作品开启了中国电影商业大片营销模式的先河。2002 年开播的电视剧《吕布与貂蝉》是陈凯歌商业化尝试

---

① [法]让·鲍德里亚:《消费社会》,刘成富、全志钢译,南京大学出版社 2001 年版,第 1 页。
② 周宪:《视觉文化语境中的电影》,载《电影艺术》2001 年第 2 期,第 33 页。
③ 陈默:《电视文化学》,北京师范大学出版社 2001 年版,第 75 页。

的失败之作,以至于该电视剧不得不停播修改,到 2003 年才改名为《蝶舞天涯》重新播出;2005 年的《无极》更引来无数质疑之声。那个曾经以《黄土地》《孩子王》阐释文化理想和进行历史反思的陈凯歌在市场的干扰下一度迷失了自己的方向,直到《梅兰芳》之后才逐步回转。

为促进电视业的改革,国家颁布制定了一系列政策进行规划指导。例如,2009 年 7 月 22 日,国务院常务会议通过的《文化产业振兴规划》,将影视制作、数字技术、动漫绘制、文化创意等作为国家战略性产业来推进。这些政策上的扶持使影视产业取得了突破性的进展,经过一步步的探索,中国电视的商业化步伐才日趋沉稳。

不可否认,商业机能、消费娱乐和大众传播功能是电视的本质属性,这在电视诞生之际就已表露无遗。但电视作品应有自己的艺术格调、文化精神和社会担当,也应遵循电视创作的发展规律,提防过度商业化可能带来的文化垃圾。它应以感知冲击唤起人们的情感认同,以角色代偿满足受众的审美心理,以市场为本、以受众为源,顺应受众的接受心理,收获来自市场的热烈反响。

二、严肃命题的世俗化解构

如何在主流文化、精英文化与大众文化间寻找到合适的平衡点,为传统理念找到喜闻乐见的表达方式,也是电视创作者反复考量的问题。各类节目的故事化叙述、视听性表现日益充分,民生类、方言类、情感类节目此起彼伏,春节联欢晚会等娱乐节目也负载着民族向心力的凝聚,并以雅俗共赏的形式、商业化的宣传运作来迎合大众口味。

赶着电影的春风于 2009 年年底重新启动的婚恋交友类节目瞬间火遍全国,原本私密空间里慎重斟酌的终身大事,在现代化观念的整合下,转身变为面对全国乃至全世界的征婚秀。同时,大量情感类节目纷纷亮相,崇尚个性自由解放、我的生活我做主的现代男女理直气壮地登台畅谈自己的独特情感宣言,而观众则乐于在这些敞开隐私、舒展个体意识的公共节目里心安理得地进行群体窥探。说低俗猎奇也好,说靠揭痛掀伤吸引眼球也罢,这些都难挡主持、参与嘉宾和点评嘉宾的风光无限。江苏卫视《非诚勿扰》节目主持人孟非曾说"男嘉宾是系列剧,女嘉宾是连续剧",而该节目就是凭借戏剧性、通俗感、火爆表现、风趣语言、合理规则、精细包装等特征共同打造了一部投资小回报大的"连续剧"。观众为喜爱的"主人公"的"新剧情"准时守候在电视机前,既希望他们寻获圆满的爱情,又在他们离去后怅然若失。好在不断出现的新面孔及时填补了空缺,好戏每周如约上演,激情似乎永不落幕。

电视剧和电影版《武林外传》(图 3—5)靠打趣方言、时下新词将大家熟悉的人、事、物穿越时空拼贴嫁接,令很多人回味无穷。剧中人物各有各的精打细算与聪明世故,但仍有侠骨柔肠,讲究忠孝仁义。导演尚敬说:"要是让我拍电影电视剧,不管什么题材样式,我都希望能有喜剧的趣味在里面。我还是最喜欢能把人逗笑,笑到流泪的那种感觉,人生苦短嘛,我们面对那么多压力,套用一句话说——既然走到头都是个悲剧,那为何不让这个过程充满了喜感?"① 如何活在当下? 电影、电视不失时机地给人们提供了精神补偿,他们汲取日常生活的幽默片段,讲述游走于道德边缘的冒险,借助透着一丝苦中作乐的意味挑战规则和权威,而这些市井小人物的悲欢离合中分明跃动着观众自己的身影,他们羸弱却坚韧、淡定从容、视"神马都是浮云"的豁达心境,使观众获得了一种畅快淋漓的宣泄和替代性的满足。

图 3—5　电影《武林外传》(拍摄现场)

这种蔚为壮观的世俗化现象源自普通大众对正统表述方式的反叛与重塑。他们不愿作为被少数人俯身关照的卑微对象,他们期待成为真正的主人,并要求参与话语权的建构。电视创作者在网络及欧美、日韩、港台同业者的竞争压力下,逐步开放评判生活与时政的言论空间。世俗平民频频作为电视剧主人公出现,或者直接做客电视节目,在万众瞩目下尽情阐述他们的见解主张和困惑迷茫。电视也因提供意愿表达的平台,成为不同阶层人群间传递信息、相互沟通与舒缓压力的有效力量。

三、宏大叙事的大众化和解

电视剧作中不乏以宏大叙事感染观众的作品,尤其是新中国成立初期的电视作品,常以其宏大建制展现出整个时代的精神风貌,高扬起英雄主义的激昂情怀,颂赞浩荡历史下的家国梦想,树立了近乎完美的理想形象,并用史诗般的波澜壮阔滋养慰藉着无数人的心灵。1978 年之后,中国改革开放政策的推行和市场经济体制的尝试,使人们长时期以来形成的思想观念面临重大改变。电视节目开始注重个人命运、人性探索、文化反思和情绪渲染,真实情境的艺术化表达深沉隽永,原本存在于创作中的绝对权威化、目的过于明显、个性消泯、创作手法单调等现象在文艺界的反复研讨与创作实践中逐渐发生了变化。

"对世界的叙述不计其数"是法国结构主义学家罗兰·巴特的一句名言。历史是一个被无数文学艺术作品千百年来反复扮演的对象,只是表述的方法各有差别,传达的观点不尽一致。电视作品对历史、现实以及未来的阐释可能与历史学家、社会学家、政治学家的

---

① 丁晓洁:《"尚氏喜剧"进影院》,载《新周刊》2010 年 12 月刊,第 114 页。

存在不少差距,纵然会有说教的目的,也力求以曲折的故事、性格鲜明的人物、炫目的声光色影来愉悦受众的感官。在当今文化消费语境下,历史、现实与未来也成为刺激消费的绝佳素材,即使是意识形态强烈的主流影视剧,在唱响时代主旋律的同时,也由极高在上呈现出向大众化和解的态势。

2011年徐纪周导演的新作《永不磨灭的番号》(图3—6)被称为抗日版的"《鹿鼎记》+《水浒》"①,以"打造一群性格鲜明的'杂碎'"的另类叙事给观众"留一丝温暖","帮观众做一个梦"。这样一来,爱看热闹的有热闹瞧,愿意深思的有精神内核挖。徐纪周认为,"要想在抗战片中寻找新意,就必须与当下社会心理寻求共鸣,'就是展现当下中国式的生存智慧'"②。

大众是不可小觑的力量,影视作品最终要依靠大众的关注才能实现其思想价值、艺术价值和商业价值。在大众文化盛行的今天,历史的厚重与深度退居其次,历史要化身为传奇令人惊叹,生存的平凡琐碎或现实重负用新异的风格淡化,乃至对未来的科学凝望都变成一场场未知时空的奇幻之旅。从《康熙王朝》《乾隆王朝》到《康熙微服私访记》《还珠格格》《铁齿铜牙纪晓岚》,从《激情燃烧的岁月》《亮剑》《潜伏》到《蜗居》《当婆婆遇上妈》《男人帮》……在

图3—6 《永不磨灭的番号》海报

与后现代文化相生相依的消费社会中,很多电视创作者从拒绝、观望、犹豫踟蹰到热火朝天地投身其中,摆脱了历史羁绊和精神维度的沉重,以提升收视率为己任,完全站在大众的思维定式和接受机制上,完善产业链条,改进运作体制,呈现出别具一格的新气象。

大众的情感意愿理当尊重,但开放的社会不会也不应完全放开,不能为求卖点过分彰显个人欲望、偶然因素、快感刺激等内容,甚至正史剧也消解抹杀了历史应有的严肃与公正。徘徊在"文以载道"和消费娱乐文化潮流中的影视作品,如何完成历史重述与读解现实,是我们必须正视的问题,不然只会留下令人诟病的艺术或思想缺憾。

四、传统理念的时尚化表达

电视艺术与时尚密切相关。时尚渴望追新求异、突破传统,至少也能追随潮流、不落人后。走在消费文化前列的电视作品自然不能固守旧习,有了很潮很酷很前卫的靓丽"外表",才能吸引更多的受众。即使是主旋律电视作品,也要不断突破因循模式,行进在潮流前端,捕捉时代气息,把握时尚脉搏,传送前沿理念,指引流行风向,用视听符号将自己装点得"花枝招展",以新奇别致激发受众的观赏冲动。

20世纪90年代,王朔(图3—7)对传统及秩序的调侃使他成为时尚前沿的潮流宠儿。一时间,《编辑部的故事》《过把瘾》《顽主》《一声叹息》等作品中的"千万别把我当人"、"玩

---

① 百度百科:《永不磨灭的番号》,http://baike.baidu.com/view/4126429.htm。
② 潘滨:《打造一群性格鲜明的"杂碎"》,载《新周刊》2010年12月刊,第117页。

的就是心跳"、"做人要厚道"迅速成为流行词汇。而且,和谐社会的构建也需要流行文化擂鼓助阵。自1983年起,春节联欢晚会已经做成了享誉国内外的文化品牌。它不仅是一台时代气息极浓的综艺性文艺节目,还是传统理念、古老民俗共享的舞台,并体现出了主流叙事的宏大功能。相声小品、杂技魔术、各民族各地区的音乐舞蹈创造着《冬天里的一把火》《相约1998》《你太有才了》《不差钱》的流传,也谱写着民族大团结的欢乐场景,成为海内外华人的一道"精神年夜饭"。

图 3—7　王朔(左)与冯小刚(右)探讨剧本

时尚的更迭变换是商品经济时代消费社会的标志之一。"为城市大众服务的通俗艺术从诞生之日起就完全不受传统的约束,这种艺术是娱乐业的产物,遵循的完全是创新和赶浪头的原则。"①明星的装束、发型、喜好甚至做派,往往成为追逐时尚的导火线,从丰腴到骨感,从喇叭裤、蛤蟆镜到铅笔裤、帆布鞋……对艺人的追捧,催生了各类模仿秀,仅凭成功地模仿一些人就可以在电视节目或《让子弹飞》这样的大片中赚足眼球。时尚还是一种品位和魅力的象征。为走红地毯,男女明星大腕或大张旗鼓或暗自较劲地张罗准备,生怕在圈里和镜头前丢了身份。

在这个注重包装、广告、宣传策划的现代社会,名导、好片、大牌明星也生怕巷深遮掩酒香飘,竞相"招摇过市",马不停蹄地奔波在各个城市间,出席一场场的发布会、庆功会、首映式。"收视率、消费和经济交换等组成的复杂网络要求越来越强烈的心理机制,以扩展魅力结构,从而补充其对分散断裂的主体性的吸引力。"②世界如此之"小",生怕落伍的受众倘若连家门口的事情都不知晓,未免有些说不过去。当众人都在评点《流星花园》《亮剑》《步步惊心》的时候,如果你不知道、没看过,无疑就是不时尚。于是,广大民众充分参与其中,兴致盎然地欣赏声光色影的美,身临其境地体验万民同欢的激情盛典,感受整个时代的风云气象。

既然德国电影理论家齐格弗里德·克拉考尔早已道明:"观众在很大程度上是个被催眠的人。他们眼前那个亮闪闪的方块——它很像催眠者手里的发光体——产生的一股魔

---

① [匈]阿诺德·豪泽尔:《艺术社会学》,居延安译,学林出版社1987年版,第211页。
② [美]S.弗·刘易斯:《心理分析:电影和电视》,刘北成译,载《世界电影》1996年第1期,第28页。

力,使他们不由自主地屈服于侵入到他们的空白一片的头脑里来的各种暗示。"①那么,好好运用电视媒介宣传传统价值观念,通过影像的叙述传达时代的声音,便是事半功倍的选择。大众传媒也是推波助澜、制造声势的强有力工具。当然,作品本身要做到让挑剔的受众心甘情愿花费时间观看,从台词、灯光、色彩到布景、服装、音乐,编导们应打磨每一个细节,为其纳入商业化时尚元素,精心制作宣传片,加大营销宣传力度,注意社会效益与经济效益齐抓并举,以获得口碑与收视、娱乐与教导的多重丰收。

五、艺术品质的娱乐化追求

"《娱乐至死》是对 20 世纪后半叶美国文化中最重大变化的探究和哀悼:印刷术时代步入没落,而电视时代蒸蒸日上;电视改变了公众话语的内容和意义;政治、宗教、教育和任何其他公共事务领域的内容,都不可避免地被电视的表达方式重新定义。电视的一般表达方式是娱乐。一切公众话语都日渐以娱乐的方式出现,并成为一种文化精神。一切文化内容都心甘情愿地成为娱乐的附庸,而且毫无怨言,甚至无声无息,'其结果是我们成了一个娱乐至死的物种'。"②不少电视作品中运用的张扬、夸张、变形、拼贴、怪诞等手法,并不似早期欧洲先锋派艺术家们那样追求纯艺术的境界,而是以商业利益为诉求,以吸引、惊爆大众为目的。这与先锋派运动不期望达成与受众的沟通与谅解,敢于逆大众而为、弃市场于不顾的前卫实验精神背道而驰。

"于丹把《论语》化为一种心灵鸡汤,易中天讲《三国》里面的人情世故……在这个所谓信息社会的新时代,'历史'则开始由弗远无届的荧屏书写。然而,人们在荧屏前津津有味地'消费历史'的时候,又不知不觉地被这种'荧屏历史'所'消费',它不仅影响着人们对过去的看法,甚至还影响着人们对今天和明天的看法。"③古典名著不仅以各种形式被搬上屏幕,还被制成《大话水浒》《大话西游》等网络游戏。既然目的是调节、刺激、释放观众平日里紧张压抑的心绪,赢得片刻的身心欢娱和放松,那么,新闻自然可以改用 RAP 说,百姓也能当天气播报员;竞技类节目谁都能站在台前乐呵一把,成功,或以怎样的姿势跌落无关紧要,众人只管去品头论足,重要的是好玩、露脸,最好顺便捎走点奖励。各类人气火爆的电视节目和电影故事片张贴着娱乐的标签稳据文化消费的核心地带,以一种给力的强者风范抗衡主流文化与高雅文化的传统、经典和艺术品性的特质。

"消费逻辑取消了艺术表现的传统崇高地位。严格地说,物品的本质或意义不再具有对形象的优先权了……流行以前的一切艺术都是建立在某种'深刻'世界观基础上的,而流行则希望自己与符号的这种内在秩序同质:与它们的工业性和系列性生产同质,因而与周围一切人造事物的特点同质,与广延性上的完备性同质,同时与这一新的事物秩序的文化修养抽象作用同质。"④类型化的提倡导致同质化模仿,流行性挤压艺术情结浓重的个

---

① 宋杰:《电影与法律》,中国电影出版社 1993 年版,第 51 页。
② [美]尼尔·波兹曼:《娱乐至死》,章艳译,广西师范大学出版社 2004 年版,第 1 页。
③ 雷颐:《当历史成为消费品》,http://news.sina.com.cn/c/2007-07-20/164813492838.shtml。
④ [法]让·鲍德里亚:《消费社会》,刘成富、全志钢译,南京大学出版社 2001 年版,第 121 页。

体抒发,工业化流水线似的生产出现了众多热闹一时后迅速沉寂的作品。在这娱乐声四起的喧嚣中,缔造着流行文化与流行产业。

这种发展态势引起很多人的忧虑。通俗与庸俗的界限怎样划分?娱乐的尺度究竟该如何掌控?盲目追求的后果如何承担?电视从业人员不应以牺牲作品的内涵为代价简单地屈就迎合观众,不应只谋求经济利益,同时也应承担引导者的角色,培养受众的道德素养、文化品位和高雅的审美情趣,以期带来长期社会效益的提升。

六、草根意识的"主流化"登场

新时期以来,一个个草根明星、草根导演成为见诸公众视线的常客,这一现象由2011年的春节联欢晚会推向高潮。他们是大众文化的新生力量,奉行"充满了市井气和人情味"[①]的庶民美学,并伴随消费主义社会一路高歌猛进,缔造着别样的文化景观。

新一代的草根们无法理解20世纪电视编导们的思想负担。他们没有经历绝对化的时代和思想陡变的冲刷,而是一开始就在多元化的世界体系内自由地疯长。他们极具冒险精神,喜欢探索新事物,追求标新立异、享乐主义、快感体验,消费意识强,观赏重трех趣,要活得轻松、活得自在,对不良现象深恶痛绝,又因不喜故作深沉和费尽思量而做着点到即止的排解性表达。他们有来自学习、生活、工作的种种压力,因此,也成就了他们直抒胸臆、追求自我的独特个性。他们尝试借助各种媒体和新式手法舒张本性、宣泄不满、释放压力,以貌似无所顾忌的语态发表"我的地盘我做主"的豪迈宣言。

他们大展身手,或戏谑或愤慨或反讽,自嘲的呼喊可以瞬间传遍天涯海角的网端尽头,招来跟帖无数。受众在开怀一笑里连带着对其身份的认同,品味着个人与社会、现实与理想的无奈和憧憬。他们用质朴衬托无比真诚的情怀,用无厘头的嘲讽鞭挞社会的丑陋,在轻松调侃下有严肃的思考,戏谑态度里是对人性的疑问和对时弊的针砭。他们无足轻重,因为其力量弱小可以不被主流关注。因为不被关注可以直言不讳,所以他们的作品总会轻描淡写地拨弄庞大社会的神经末梢。令他们始料未及的是,虽然渴望理解,但激发起的共鸣可能将他们推向"风光无限好,只是在险峰"的前台。

郭德纲(图3—8)边说相声边像模像样地当着主持人,李宇春登上《时代周刊》封面之余还在《十月围城》里大出风头,胡戈因《一个馒头引发的血案》蹿红网络,林哲乐因《Q鱼的下午》挺进戛纳电影节,筷子兄弟因《老男孩》独领风骚,性感玉米因《网瘾战争》导致爆炸式传播,旭日阳刚组合《春天里》风靡一时,西单女孩、龚琳娜在兔年频繁出镜,

图3—8 郭德纲(右)与孟非(左)在《非常了得》节目现场

---

① 丁晓洁:《詹瑞文:我是一个草根》,载《新周刊》2010年12月刊,第104页。

等等。这些人成为毫不逊色于传统影视名人的草根偶像,并在影视的天地里随性驰骋。

当草根们的愿望终于实现,出人头地的灰姑娘和青蛙王子们还能在大众的舞台上停留多久?很多昔日红人早已淡出人们的视野,只有具备真功实力的人才能站稳脚跟,不会成为昙花一现的过眼云烟。因此,草根们及早调整心态、找准定位、磨炼功底才是关键所在。

上述现象之间并不是全然割裂的。种种现象汇成一个整体性的表达趋向:秉持娱乐观众的态度,以轻松的口号、游戏的快感、颠覆的趣味、享乐的理念、狂欢的色彩挑战传统,挑战严肃和深刻,在市场大旗的引领下,在收视率的鼓舞中,试图以他们的方式达成与受众的思想共鸣,意气风发地描绘21世纪中国电视一幅别开生面的消费文化胜境。

承沿导演吴宇森"中国电影几年前是有艺术没市场,现在是有市场没艺术"的感慨,电视界还存在"有市场缺文化、有市场少深度"的现象。顺应良好的发展势头,尽管商业化的道路有待稳固开拓,但大众化的言说方式已让受众倍感亲近。但我们要警惕的还有很多:开敞的创作空间,以经济效益、市场价值评价作品价值的习惯,这导致许多电视文化人漠视经典、割裂否定传统、历史意识淡薄,在文化艺术追寻的浮沉涨落间,真实的记忆日渐模糊甚至变形,大投资大手笔的制作却没有经得起推敲的故事,文化断裂的风险已经显现。既然收视率、票房说了算,谁还再坚持费力不讨好的严肃审美品位?虚幻的梦之光影遮蔽着深度,意义的符号体系流逝在欢宴的现实图景中。"我们看见文化现象的某种繁盛,却几乎看不见杰出;我们能够感觉到周遭人群的狂欢,却几乎看不见其实依然存在着的某种操守。急功近利的东西比比皆是,谁还孜孜以求什么流芳百世的作品呢?"[①]在这种症候下,多元样态应当提倡,不以政治和市场为标准,支持推广并奖励兼备思想性和艺术性的创作,是一种不错的选择。

2010年,美国作家、互联网评论家尼古拉斯·卡尔在《浅薄——互联网如何毒化了我们的大脑》一书中提出,我们不是变深刻了,而是深刻地变了。"我深为电影《2001年太空漫游》的场景所困扰,使它显得如此刺激如此怪异的东西,正是电脑对它的思维解体的那种充满情感的反应:当一个接一个线路被切断后,它的绝望,它如同孩童般的对宇航员的乞求。在2001年的世界,人们已变成机器人一般,大多数人类的特征变成了机器。这就是库布里克在影片里的黑暗寓言:当我们依赖电脑仲裁我们对世界的理解,那就是我们自身的智力变为毫无光泽的人工智力之时。"[②]

卡尔对互联网的忧思,同样适用于电影电视铺天盖地的海量作品给人类生活带来的改变。当信息被不断传输到我们的大脑,我们不断"被"关怀、"被"引导、"被"感动。当知识与观念的传输渠道无限延伸,耳边、眼前鲜活的影像是否影响了我们深度思索探讨的个人空间?经典书稿少有问津,热卖的大多是经济、成功、保健或戏言类作品;快餐式的电视作品大行其道,受众很少有耐性来细细地品评经典。但是,商业利益与载道精神并非水火不容,不妨保持一点古人的中庸之道,或中国哲学史上老子提出的福祸回转的物极必反思

---

① 王绍培:《我们消费历史的"夹生"状态》,载《深圳特区报》2008年7月24日,D6版。
② 尼古拉斯·卡尔:《科技中国》,http://www.techcn.com.cn/index.php?doc-view-132398.html。

想,就像改革开放是中国发展的必然之路,但它们仍需宏观调控的杠杆来把握。电视行业中的宏观调控不一定是国家行政的干预,重要的是从业人员的态度:既不苛求深刻意义的建立,也不执迷于玩世不恭的癫狂,在商业潮流内注意艺术品质升华,在现代气息中融会古典传统关照,娱乐至上时不忘文化气韵的提升,大众狂欢下渗透精英理念的传达。每天闪耀在荧屏世界里的作品中不乏这样的精品。虽然商业潮流的涌起带来了美学风格的迁徙变化,但我们花费大量人力物力创造出的毕竟不只是商品,不只是时下的消遣,还有经得起时间沉淀的艺术品,经得起历史检验的丰盈精神影像,这些才是需要我们褒扬和承继的。

第四节　电视媒介的人文精神

中国市场经济的迅猛发展提高了人民的生活水平,给电视传媒业的发展提供了广阔的天地,同时也带来了诸如物欲至上、精神失落及信仰缺失等社会问题。电视媒体作为当今社会最具影响力的大众传播工具,不但要传递各种新鲜的信息,而且要推动社会文化的发展和建设。因此,提倡人文精神是电视媒体文化建设的需要,更是社会发展的需要。

一、何谓人文精神

"人文精神"是由英语 humanity 衍生的 humanism,有人文主义、人道主义、人本主义以及对人文学科的热衷等含义。从语源上来讲,"人文精神"一词是从"人文主义"演变和转意过来的。在英语里,humanism 这个词既可译为人文主义,也可译为人本主义或人道主义。

那么什么是人文精神,其内涵和本质是什么？这是我们在探讨电视文化传播与弘扬人文精神之关系时,首先必须涉及的问题。历史上,不少人从不同的角度和视域,对人文精神一词进行了广泛的研究。尽管表达千差万别,但表达出的内涵和本质都不约而同地指向以下几方面:即人文精神是指以人为本、体现人的本质属性的精神,是揭示人的生存意义、体现人的价值和尊严、追求人的完善和自由发展的精神。其核心是主张人的主体性,强调人的价值和尊严,重视对人类的无限关怀。具体来说,包括以下三方面:

一是主体精神。它关注人生、人性和人的价值,把人作为评判一切的标准,作为一切行为的出发点和归宿。二是超越性。人文精神的核心是人自身的超越精神,是人不断摆脱生存的必然状态,达到生存的自由状态的趋向性。人文精神并不是一种先期完成的预设,而是在不断的历史生成中,在社会实践的基础上随着人的自我意识的不断完善而不断发展的。三是以人为本。在全球经济迅猛发展、科学日新月异的今天,人性问题越来越受到人们的关注。以人为本的"人"包含多方面的内容,其中主要包括人的主体性,人的实践、才能、权利、情感以及人的管理和教育,等等。"以人为本"内涵的重要特征就是强调对人性的理解和尊重。我们常讲的尊重人、理解人、关心人便是对这一内涵特征最恰当的诠释。

不过,需要强调的是,作为一个由历史和时代赋予意义的概念,人文精神在不同的历史时期有着不同的内涵。启蒙时代的人文精神指称的"人"是片面化的理性的人;到了今天——后现代、后工业的今天,人文精神里所指称的"人"乃是活生生的生命个体。于是今天所谓的人文精神以及由此而生发的人文关怀,实际上就是对活生生的生命个体当下生活和生命状态的关心和关注。我们关注每一个社会个体的当下生活,关注每一个社会个体的快乐和幸福。不仅关注他们的现在,而且关注他们的心灵和未来,并力图给他们尽可能多的快乐和幸福。这便是我们今天的人文精神——一种以活生生的生命个体为对象并以供给其可持续的幸福和快乐为宗旨的关怀精神。

二、电视媒介关注人文精神的重要性

(一) 电视媒体与人的精神需求

生产力的不断进步推动了社会的巨大变革,也造成了许多新的、与提升人自身精神高度相关的问题,而这些问题又需要我们用时代的人文精神来调节和疏导,从而维持社会肌体的健康和稳定;日新月异的高科技以神奇的力量改变着人们的工作和生活,但极易导致技术霸权、物欲至上,从而忽视人的力量,忽略人的精神,把人异化和工具化,造成人的主体精神的失落,这也需要我们用时代的人文精神来整合和提升。因此,提倡人文精神不仅是社会的需要,更是作为社会文化机构和文化载体的电视媒介的责任。

在这个视觉文化时代,电视已经成为我们生活的一个组成部分。也许正是因为如此,电视媒介必然要充分发挥人文精神,以帮助人们丰富精神生活、树立崇高的理想、摒弃腐朽的思想观念,从而促进人类社会的和谐发展。

(二) 电视媒体与人文精神

现代社会环境里,人文精神是人和社会充分全面健康发展的必要条件和内在动力。电视作为社会生活的一个重要组成部分,必然要充分发扬人文精神。具体而言,电视中的人文精神包括以下几个主要方面:

第一,电视的人道主义。体现为对于人的尊重、关心、爱护,试图通过教化,在社会中建立一种真诚的充满温馨感的人际关系。

第二,电视的人类生存关怀。体现人类生存生活的文化品位,不仅日常生活丰富优雅,而且人与自然生态互促互补、共存发展,致力于建立人、自然和社会的和谐。

第三,电视报道的平民化。以老百姓的视角关注老百姓的生存与生活,关注老百姓所关心的话题。此外,电视报道的平民化还包括电视新闻采访的平等性和亲和性。

第四,电视接受的亲和性。亲和性的表现一是服务,二是参与。电视服务就是电视把受众需求的普遍性和特殊性纳入视野之内。电视参与就是对一些与百姓生活息息相关的新闻,或百姓乐于参与讨论及倾诉心声的新闻,提供由此及彼的新线索、新话题。受众的参与,使新闻得以延伸和深入,使受众受益。电视栏目的个性化在这里有两层意思:一是电视栏目不是一张面孔、一种色彩、一种形式,而是丰富多彩、凸出个性;二是强化对于人的生存生活和个性的关注。这两者的结合,才有电视栏目的个性化。

概括起来讲,电视领域中的人文精神基本包括三个层次:

第一,对人性的尊重。这是广义的人道主义,即肯定人对幸福与尊严的追求。由于政治体制的影响,中国电视有一个不争的事实,那就是受众等同于接受者,媒介就是单一的传播者,从而忽略每一个受众的个性、参与性与耐受性。所以,当我们的电视媒体把目光从政治宣传转向平民大众,把大而空需仰视的道理变换成普通受众平视淡然的内心世界的时候,不能不说它是中国电视的一大变革。因为它打破了平民与贵族在文化教育、信息上的知晓权和政治参与层面的不平等。纪录片《望长城》第一次打破了空洞的说教式专题片的模式,采用大量跟拍、长镜头、随即采访等手法,用老百姓亲口说的、主持人亲耳听到的、摄像机亲眼"看"到的、尽管不是最完美的镜头,组接成一部影响中国电视发展的纪录片。这种拍摄既尊重客观存在又显得真实可信,体现了非常独到的人文精神。

第二,理性的思考。电视是人的一种创造性活动,是人的艺术,是一种主体精神的艺术。这种艺术是人类在长期生活中认识自然对象的一种行为、一种认识、一个判断、一个结果。诗歌是需要思考的,电视同样需要。纪录片《英与白》选取的素材看似非常简单:一台电视机、一只熊猫、一个女人、一扇窗户。但正是这些简单的构成,深刻地表达了镜头背后需要传达的理念与宽泛性的思考——在对人与自然、人与社会的反思与无助中流露出人类社会的共性症结:孤独,并且这一现象无法改变。

第三,拥有心智生活。心智生活是以对人性的尊重,对客观事物的理性思考为基础,并在它们的构筑之上完成内心的智慧,它比理性的思考更具有某种超越性。随着社会的发展、物质条件的改善、利益诱惑的增多、环境的恶化,人们内心世界产生了这个时代特有的浮躁、空虚和彷徨。人们普遍沉沦于功利的外在生活而忽略了真正内在的心智生活。但是,只有拥有心智生活才会使人超脱出劳作和消费的现代旋涡,才能保持住心灵生活的水准,从而更好地适应外部环境的改变。故而关注人们的内心世界,丰富受众的心智,引导正确的精神生活,是电视媒介人文关怀的必然目的。

三、电视媒介的社会效益与经济效益

当今社会是一个多元化社会,电视媒体以其形象、快速、真实、生动的特点影响着越来越多的受众。这为电视传媒业提高经济效益提供了便利条件,同时也带来了很多负面影响,降低了电视媒介在人们心目中的认同度。然而电视媒介在社会政治稳定、经济协调发展、社会法律道德、社会文化引导、社会人文关怀和精神文明建设等六个方面又肩负着社会责任。电视媒体的社会效益和经济效益如何统筹是电视媒体从业者无法回避的问题。如何处理这一问题将直接影响到电视媒体对社会发展的贡献和作用。

(一)电视媒介的社会效益和经济效益的关系

电视媒介的社会效益,从广义上来讲就是电视媒介在传达党和国家方针政策、配合思想政治工作、加强社会主义精神文明建设方面所取得的社会成果。经济效益则是电视宣传过程中所创造出来的经济成果。电视媒介作为党和政府的喉舌,本身承担着党和政府乃至广大人民群众代言者的职责,这就决定了各级电视台都必须把社会效益放在第一位。宣传党的方针政策、用科学的理论教育人民、武装人民,是各级电视媒体义不容辞的责任。但是还必须看到,随着社会主义市场经济的逐步展开,电视事业有了巨大发展,政府有限的投入已不可能满足电视媒介自身发展的需要,电视媒介在自身发展的同时必须要筹措资金来弥补政府投入的不足,如筹措基本建设资金、设备更新资金、人员培训投资以及购置节目投入等。可以说,没有大量后续资金的投入,电视媒介就无法维持正常的运转。因此,目前电视媒介必须同时兼顾社会效益和经济效益两个环节,当然这其中必须要以社会效益为最高追求。

事实上,在电视宣传的实践中,社会效益和经济效益两者是统一的。一部具有较高思想性、艺术性的优秀作品必然会因深刻的主题震撼观众、吸引观众,从而产生广泛的社会反响。电视节目的收视率上来了,广告也就随之跟进,经济效益势必也就有了。江泽民同志曾经指出,在发展社会主义市场经济的新的历史条件下,对精神产品要特别注意坚持社会效益第一,力求社会效益和经济效益的统一。这就要求电视媒介必须牢牢把握住新闻舆论的导向,不要背离社会效益而盲目地追求所谓的"轰动效应"、"炒卖点"等,而是要努力在电视宣传中寻求两个效益的结合点,进而实现两个效益的完美统一。

(二)如何处理电视媒介的社会效益与经济效益

电视宣传中社会效益和经济效益是不可分割的整体,是统一在电视产品中的,反过来说,电视产品质量的优劣直接影响着两个效益的关系。由此可见,做好电视节目、提高电视产品质量将是实现两个效益完美统一的根本途径。电视媒介要正确运用市场经济规律中的积极因素来推动电视宣传工作,努力把各类电视节目办好,最大限度地提高收视率、观众满意度和节目交换率,以此来拉动广告收入和增加收费性强的大型直播类节目的制作参与,从而获取更多的经济效益。这方面成功的范例很多,如辽宁电视台通过与环保部门共同举办"绿色家园文艺晚会"来传达党和政府有关环保的政令及宣传环保工作在 21 世纪所处的地位与可持续发展之间的关系等。这一活动不仅取得了可观的经济效益,同时也产生了很好的社会效益。再比如,2010 年年初播放的,由范伟主演的电视连续剧《老大的幸福》(图 3—9),演绎了一位憨厚、正直的小城足疗师傅吉祥的幸福生活。傅吉祥是家中的老大,为人乐观、开朗,弟弟妹妹都在大城市工作。面对外面世界的诱惑和压力,弟弟妹妹的生活如一团乱麻,最终老大用自己的单纯、善良告诉了人们什么才是真正的幸福。影片不仅正面弘扬了做人要忠厚、诚信,要靠努力奋斗来争取自己的幸福,而且也讽刺批评了社会中一批妄想投机取巧、一夜暴富的人。电视连续剧播出后,不仅产生了强烈的社会效应,取得了很好的社会效益,而且无论在剧内还是剧外也都赢得了相当高的经济收益。作为电视传媒就应该遵循这样一个原则:要站在党、国家和人民群众的立场上努力审视和把握自己的产品,真正做到"以科学的理论武装人,以正确的舆论引导人,以高尚的精神塑造人,以优秀的作品鼓舞人"①。只有让可观的经济效益出自于理想的社会效益,才是电视传媒所应追求的最高境界。

---

① 陈明显、罗正楷:《中华人民共和国事典》,中国青年出版社 1994 年版,第 437 页。

图 3—9 《老大的幸福》剧照

既然明确了社会效益是电视传媒的最高追求这一道理,那么如何在具体的电视节目制作过程中加以实现呢?那可就是"仁者见仁,智者见智"了。一味追求社会效益的实现,而偏废经济效益的做法是不可取的,最终也很难实现真正意义上的社会效益;单纯地追求经济效益而置社会效益于不顾的做法则更应遭到抨击。最为上乘和理想的做法就是要做到社会效益与经济效益有效地结合,完美地体现在电视节目制作的全过程,最终实现双赢。

要想有效地处理好这二者的关系,节目制作者首先必须要把握好党、政府、国家与人民之间的鱼水关系,在体现和处理各种关系的过程中要站得高、看得远、表现得深,才能高屋建瓴。其次要具备高超的电视节目制作技能,熟练地驾驭先进的设备,使主观能动性得以充分发挥。可以说将社会效益与经济效益二者融合得"你中有我,我中有你",才可称为最高层次,也才可言获取了两种效益而达到双赢,否则只能是顾此失彼、竹篮打水,弄不好还可能任何效益皆无。

在正确处理两个效益的过程中,必须清醒地认识到,电视产品不同于一般的物质产品,它是通过一定的艺术形式或形象作用于观众的,它以艺术的形式让受众来感知"真"、"善"、"美",从而抨击"假"、"恶"、"丑"。因此,电视产品独特的艺术性就决定了电视宣传在实现社会效益为最高准则的过程中,必须尊重艺术规律。否则,缺乏艺术感染力的电视产品是无法赢得受众欢迎的,同样也是不可能收到良好社会效益的。

四、电视媒介人文精神的实现

"人文精神"作为中国当代电视文化的核心理念,以其高扬的人和人性为大旗,带来人类的发展与进步,带来人性的完善与丰富。大力弘扬电视文化中的人文精神,成为当代中国电视文化建设不可推卸的责任和义务。因此,作为一个有责任感的传播媒介,电视必须在文化传播实践中有力地弘扬人文精神,充分发挥其舆论引导和文化引导作用。

(一) 弘扬人文精神是提高电视文化传播品位的关键

从某种意义上讲,没有传播就没有文化。随着科学技术的发展,大众文化的传播越来越多地依附于电视这一现代化的传播工具,尤其是现代社会处于电子信息覆盖之下,电子传播的社会教育与影响作用较传统时代以书籍为主的文化传播方式要强大得多。据调查统计显示,目前我国城镇居民每天闲暇时间为 6 小时 25 分,其中花在电视机前的时间为 3 小时 38 分,占 56.6%。全国共有 8.9 亿电视观众,每天要消耗掉 30 多亿个小时时间在电视节目上。客观事实证明,如今的文化传播渠道,主要是电子传媒独占鳌头。电视文化是一种大众文化,是当今影响面最广、大众性最强的文化,它的影响不仅体现在广大观众的日常生活层面上,而且渗透到更深层的领域,其人文精神贯穿于电视文化传播的内容和形式中。

1. 中国电视文化传播要以"人"为本

电视媒介交流与日常交流相似,专业术语称之为"拟人际交流"。这种传播方式富于人性,更能体现电视传播的人文精神。对于直接上荧幕参与谈话的观众来说,他们在屏幕上侃侃而谈,使他们的个性、智慧、兴趣、见识得到充分展示,满足了表现欲。人们在相互的交流和碰撞中,激发心灵深处的思想和情感,迸发出强大的生命活力。每个人因自我价值得以体现而兴高采烈,使整个节目焕发出人性的光芒。对电视荧屏前的观众来说,他们感受到的是前所未有的亲切感。他们不再觉得电视节目离自己遥不可及。他们看到上节目的不再是高不可攀的大人物,而是与他们一样的普通人。于是,他们把荧屏上的观众当作自己的代表,对他们有一种认同感。

2. 让"小人物"的命运触动情感之弦

如果说 20 世纪 80 年代中国电视传播中人的主体性地位得以确立,那么 90 年代以后的中国电视,则体现出更为深刻的人文精神。人类生存的意义从更多的角度得到表现,普通人的命运备受关注。这些以"小人物"的命运触动埋藏在观众心底的情感之弦的电视节目,正是通过关注普通人的生活,挖掘出闪耀着的人性光辉和生命活力,显示平凡中的伟大、琐碎中的崇高,为屏幕增添了明媚的阳光。

(二) 人文关怀精神是电视新闻传播的灵魂

1. 受众需要呼唤人文关怀

人文关怀是现代受众的深层次需要。美国新闻传播学集大成者施拉姆曾说,受众收看新闻"是为了获得新闻所提供的或早或迟的补偿"①。而这种所谓的补偿分为"即时性补偿"和"延时性补偿"两种。"即时性补偿"主要是为了满足受众对信息的需求和好奇,而"延时性补偿"则是一些关系到个人生存、发展的重要内容。相比之下受众更需要的是后者,因为后者对受众的心理作用更持久,从而使受众能从精神上得到更大的满足。现代文明丰富了人们的视野,提升了人们的文化品位,因而人们不再满足于媒体传播的物质生活方面的信息,而是希望媒体从受众长远需求、长远利益,拓展信息文化的人文内涵,关心

---

① [美]梅尔文·L.德弗勒等:《大众传播通论》,严建军等译,华夏出版社 1989 年版,第 449 页。

人的心智成长,注重人的价值等方面来满足人们的精神需要。尤其是在社会处于不断变动、不同文化形态嬗变的时候,受众更希望能从新闻传播的人文关怀中找回迷失的自己,找到人生的发展方向。

2. 受众本位理念必须确立

电视是一种文化载体,是当代文化的晴雨表,文化的嬗变对电视的传播内容和方式产生着深刻的影响。这种影响首先应该是积极的,我们不应该忘记。正是在深刻和理性的东西受到了嘲弄、庸俗和浅薄的东西博得喝彩时,1993年5月1日,中央电视台正式开播了大型新闻杂志节目《东方时空》(图3—10);1994年又推出了《焦点访谈》,给中国电视以全新的亮色。特别是《东方时空》的"生活空间",正是通过关注普通百姓生活的纪实性新闻报道,用充满人文教化的电视追求,造就了一部由"小人物"构成的历史。这种电视关怀、电视呵护,常常使观众在电视屏幕前流下眼泪,使观众从中得到审美意蕴并随之转化为一种审美净化,从审美的角度俯视我们这个时代。讲述老百姓自己的故事,这是中国电视现代化的根本标志。

图3—10 《东方时空》

(三)电视产业化发展不能以弱化人文精神为代价

电视产业化是当前电视界最热门的话题。在电视产业化呼声方兴未艾时,我们明显感到电视传播中人文精神的弱化,越来越多有关电视传播消解意义、躲避崇高、无序竞争、过于媚俗的说法出现。也许把这种弱化的"罪名"强加在电视产业化上有些不妥或是片面,但不论中国电视是否产业化,始终坚持以人为本的原则还是必要的。

电视的出现和发展,包含了科学技术的巨大进步,而人文主义视野中的技术,一直是一个被批判的对象,甚至技术越发展,对技术的批判与责难也就越强烈。有学者曾经指出:"在这种对技术的大规模批判中,的确存在着很多激情的、义愤的、甚至是非理性的成分,但对技术的真正的、学理的批判一直作为主流而存在。这种真正的、学理的批判关心的是技术与人的关系、人类前途与命运……而在这种作为主流的学理批判中,一个最重要的方面就是人文主义。"①事实上,当电视受到中外有识之士的尖锐批评和批判时,无论他们选择了什么角度,归根到底都体现了对人的关爱,都表明了对人类生存环境的忧虑。这不仅代表了中外对电视持批判态度的人文学者的主旨,而且成为世纪之交时电视理论发展的基本走向。电视发展既是一个具有根本意义的电视伦理问题,更是一个带有普遍性的社会学、政治学问题。应该说,电视事业发展中的资源浪费、缺乏自律、调控不力、管理滞后是社会代价,电视传播中的节目贫乏、粗制滥造、乱播滥放、偷录盗版、格调不高也是社会代价。对这种社会代价的伦理追问,也许还很不到位,但这至少表明这样一种努力,即为电视传播引入人文关怀。

总之,中国电视不仅需要强大的科学理性精神,而且必须有充满人文精神的价值判

---

① 高亮华:《人文主义视野中的技术》,中国社会科学出版社1996年版,第1页。

断。中国电视的现代化必须重视经济尺度,围绕事业办实业,办好实业促事业,不断增强电视事业的综合实力;同时,又决不能离开人文尺度,必须把实现电视传播的全面进步作为发展的真正内涵和终极目标。

第五节 电视媒介的社会责任与文化责任

广播、电视、电脑、手机等越来越多的传播载体和传播方式使得媒体的报道越来越透明,传播也愈加广泛和迅速。在诸多传播渠道中,电视作为传统的主流媒体,肩负着社会和文化双重责任,电视媒介对引导社会舆论、提供资讯服务、丰富受众的精神生活及文化传承等方面都起到很大的推动作用,并且在很大程度上影响着受众对热点话题的看法和态度,成为大众消费选择和安全保障的风向标。

一、电视媒介的社会责任

我国电视媒体事业在改革开放以后,得到了国家的大力支持,为推动国家社会经济发展作出了巨大贡献,但近年来随着市场化与全球化的推进,电视媒体在发展中出现了诸多问题,有关电视媒体社会责任问题的讨论也受到社会的普遍关注。电视媒体的社会责任,实质上是指作为电视传播载体的电视媒体企业在创造利润时所承担的对社会和其他利益相关者的责任。

电视媒体掌握了可以进行大众传播的手段和工具,而享有这种特殊的社会资源使得电视媒体必须要履行相应的社会义务,代表社会大众行使舆论监督权,维护大众的权益,起到上传下达的"桥梁"作用。

(一)坚持正确的舆论向导

与西方私营媒体不同,中国电视媒体很大程度上是作为公益性事业存在的,政府在其发展过程中起到主导作用,因此其在宣传教育、舆论引导等方面具有无可比拟的公信力和影响力。长期以来,我国电视媒体作为党和政府的"喉舌"始终发挥着强大的舆论宣传功能和教育功能,既是党和国家进行意识形态宣传和教育的重要途径,又是推动国家政治发展的一支重要力量。电视作为大众传播的重要媒体,对引导舆论、打击违法犯罪行为起到很大的推动作用,并且在一定程度上影响着受众对事件的看法和态度,在报道中凸显其发挥的舆论监督作用,成为大众消费选择和安全保障的风向标。

电视媒体是公共信息传播的载体和公众舆论的阵地,它的特点就在于传播性和公开性。因此,一旦错误的信息进入社会传播,就会对社会和部分受众产生不良影响或造成严重后果。因此,电视传媒必须在运用自己权力的同时承担相应的社会公共责任:一是传播的信息内容必须是真实准确的,也是经过认真调查采访得来的;二是对一切事件的评论必须客观公正,不能为某些利益所左右,更不能有意制造偏见,误导公众;三是一切信息、言论应是符合国家和人民的根本利益的,不得影响民族团结和社会文明进步。

电视通过各种类型的节目无时无刻不在传播各种思想和观念,在长时期潜移默化的影响中,人们的行为、对事物的看法和态度就会发生改变。例如,在美国历届总统大选上,电视辩论都是其中很重要的一部分,政客们为了赢取更多的选票,将大量人力物力投入到电视辩论中,可见电视媒体对舆论的导向作用不容小觑。俗话说"坏事传千里",这也在电视媒体的信息传播中得到印证。2005年全球知名连锁快餐企业肯德基由于食品中被检测出含有"苏丹红1号"后,其所在的百胜餐饮集团立即发布公告要求所有门店的相关产品停售,并及时向消费者公开道歉,还表示一定彻底追查相关供货商的责任。这一系列做法得到了媒体的肯定,而且在整改后,百胜餐饮集团主动配合中央电视台《新闻调查》和《每周质量报告》栏目的采访,在节目中承诺所有产品均可放心使用,并现场品尝整改后的肯德基食品。可见,电视媒介在诸多食品安全事件中,积极参与报道,行使自己的舆论监督职能,能更好地加深受众对核心事件的理解,对大众的观点及其他媒体舆论有一定的引导作用。

(二) 完善监督机制

2012年3月25日,中央电视台《每周质量报告》节目(图3—11)播出了关于"病死猪"流向餐桌的新闻。从2011年7月开始,福建警方在福建市苍山区、莆田、泉州等地方陆续发现了6个病死猪的屠宰窝点,画面中屠宰窝里堆满了爬满苍蝇的病死猪,让人触目惊心。更让人震惊的是,这些令人作呕的死猪肉竟然经过加工,被制作成腊肉、腊肠摆上了餐桌,死猪肉内含有的大量病菌对人体的危害是不言而喻的。电视媒体通过画面的动态优势,有效地揭露了事实的真相,让观众亲眼印证了看似美味的腊肉背后竟是商业利益包装下充满病菌的死猪肉。正是由于有了电视媒体的舆论压力,政府和法律部门才不断加大整治力度,针对所报道的问题作出及时回应,并有针对性地对社会上存在的不良现象进行制度改革和完善。

图3—11 《每周质量报告》节目

在电视媒体舆论引导下,民众越来越敢于说出自己的看法,这让政府部门和国家行政监管部门听到了老百姓的声音,也在国内刮起一股行政问责的风暴。例如,三鹿奶粉事件中,三鹿集团前董事长兼总经理田文华被免职并刑事拘留,判处无期徒刑;石家庄市市长冀纯堂、市委书记吴显国相继被撤职处理;另外,还有陕西省安监局"微笑局长"杨达才被撤职、国家质检总局局长李长江引咎辞职等。一系列对相关官员的惩治显示了政府要为人民办实事的决心,电视媒体在这场轰轰烈烈的行政问责中无疑起到了监督和推进的作用。

除了对社会的监督作用,电视媒体也有其自身的监督机制:首先是自上而下的监督,各地方台的节目必须依照广电总局下发的进一步规范电视节目的相关规定进行整改,并接受中宣部及广电总局的监督与建议;其次是外部观众的监督,栏目组在整改期间,需要及时收集观众的反馈意见和建议,并有针对性地进行调整和修改;最后是内部监督,电视传媒工作者要坚持自己的职业操守,主动担当起宣传正面社会文化的责任,自觉抵制负面文化的传播,努力消除不必要的消极影响。如何在行使监督权利的同时确保电视传媒公平、公正、客观地报道事实真相,如何确保电视媒体服务于大众,规避舆论监督不力及虚假报道等负面影响,是每一个电视工作者都应当具备的社会责任。

(三) 引导主流价值观

电视传媒节目的成功首先要建立在倡导正面价值的基础上,即使社会确实有不正之风,节目在真实反映的前提下,也应起到媒体应有的舆论引导作用,对拜金、炫富、崇洋等不正之风进行批判。电视媒体应该着力于对与公共利益密切相关的问题进行探讨,寻求公正、客观的新闻表达,充分照顾不同利益群体的情感诉求;要有效地引导公共舆论,揭示事实的真相,让偏私或非理性的网络语言得到自我修正;通过探究事实根源,触及体制层面,为决策层提供一种思路和参谏。总之,电视新闻要做到对尚未形成的歪风邪气起到震慑作用,对即将发生的社会危机起到预警作用,对已经出现的愤懑情绪起到缓解作用。

2012年9月26日,由新疆新闻工作者协会主办、新疆日报社协办的"新媒体时代记者职业素养和传媒社会责任"新闻论坛在乌鲁木齐市举办,来自众多优秀新闻媒体、新闻单位及高校的专家学者们参加了此次会议。会议主要围绕步入新媒体时代,媒体应承担怎样的社会责任、记者应该具备怎样的职业素养这一话题展开讨论。参会人员一致认为:电视媒体企业即使有利益追求,也与一般盈利性企业有所不同,不能单纯追求经济利益,而应在利益追求的基础上反馈社会,壮大自身的影响力与公信力,以更好地为履行社会责任奠定基础。因此,媒体必须对社会负责。虽然电视媒体受到网络等新媒体的冲击,但是电视媒体本身具有声像兼备、生动直观、覆盖面广等多重特点,其视觉效果和感染力是其他媒体难以比拟的。总体而言,它仍然属于我国影响力、传播力最大的媒体类型。因此,电视媒体必须当好排头兵,为正确导向社会舆论、引导公众健康思维与促进社会和谐发展而努力。

电视艺术必然要蕴含一定的价值导向和审美取向,电视文化中的教育功能正是电视艺术承担的一种社会责任的体现,这种责任就是电视艺术生存和发展的精神内核,没有责任精神支撑的电视艺术就不会有长久的生命力。电视艺术想承担社会责任,必须坚持正确的价值导向、遵循艺术规律、讲求审美取向,既要讲求形式,更要注重内容;必须彰显电视的大责大爱。

二、电视媒介的文化责任

文化是人类社会不可或缺的组成部分,它体现社会的进步状况和文明程度,又直接影响着社会的发展方向。文化责任主要表现为对古今中外文明成果的传承发展和对人民精神文化生活多元需求的有效满足。电视媒介作为最重要的大众传媒形式,理应肩负起传播社会主义先进文化及传承我国传统文化的重大责任:一方面,电视媒介要努力继承和发扬我国优秀的传统文化,通过自己创造性的工作,使优秀传统文化得以传承和新生,为社会主义现代化建设服务;另一方面,电视媒介要充分利用自身优势,积极开展与世界文化的对话和交流,吸收世界优秀文化成果,找到一切有利于促进我国社会主义先进文化建设的有益经验,并把中华民族的优秀文化向全世界推广,使中华民族文化融入世界文化之林。

北京大学教授王岳川先生认为,电视文化是我们接收信息的一种生活方式,它在三个维度上展示出来:一是宽度,它概括了社会生活的各个方面;二是深度,它将触及人类灵魂的普遍性问题;三是一定的高度,它将对现代社会的文化品位加以提高。可见电视媒介不仅仅是一种信息传播的途径,同时还是一个文化创造的主体和一种美学的意识形态。[①]

(一) 传承历史文化、弘扬时代精神

电视作为一种信息技术的载体,几乎可以无所不包、无所不能。它凭借传播及时、覆盖面广、现场感强、画面直观生动的优势,通过声音和图像两种语言符号的结合,将人类所创造的文化成果在很短的时间内传送到亿万个家庭。中华民族上下五千年灿烂的文化,不仅为人类文明进步作出了巨大的贡献,而且早已成为中华民族生生不息、国脉传承的精神纽带,更是中华民族面临严峻挑战时的力量源泉。电视媒介在传承我国悠久历史文化、弘扬优秀时代精神方面,理应承担义不容辞的责任和义务。

现今的电视媒介,受到全球化和经济化的冲击,出现了盲目追求最大利益,过分宣扬西方非理性主义文化的现象。许多选秀节目、相亲节目等都毫不避讳地强调绝对自我,追求感官刺激,追求物质享受,致使传统文化遭到国际化浪潮的大肆腐蚀,使人们的思想观念,尤其是青少年的民族价值观偏移,盲从于西方的快餐文化、崇尚消费型的大众文化。如何在市场经济高速发展的同时确保历史文化精神的传承,已经成了电视媒介需要深思的课题。中国社会及文化的转型需要艰苦奋斗、蓬勃向上、开拓创新的理性文化,电视媒介在引进和宣扬西方文化时必须制定严格的标准,树立理性的文化纲领,抑制非理性主义的冲击和破坏,最大限度地减少其对社会的冲击与侵蚀。中央电视台戏曲频道、科教频道、少儿频道和音乐频道的相继开播实际上就是担当起提高民族文化素养、传播和普及民族文化精华的责任的体现。

(二) 提高民族文化审美素质,满足文化需求

电视不但应当给观众提供精神娱乐、放松心境、开阔视野的平台,而且还应当充分发

---

① 刘连喜:《电视批判》,中华书局2003年版,第280页。

挥影响受众对事物的认知、判断及进一步行动的作用,充当好文化传播使者的角色。电视传媒应当采取适当有效的方式,使高雅文化走进大众的视野及生活。现在某些电视媒体一味追求高收视率,出现了泛娱乐化的现象。《超级女声》《激情唱响》《梦想中国》等选秀栏目都曾风靡一时,成了实现普通人明星梦的平台。但随着观众对同质化选秀审美疲劳的加剧,这类节目中的许多节目逐步退出观众的视野,但一些具有超强生命力的节目得以保留,一些具有创新意识的新节目崭露头角并赢得了观众的青睐,这让电视媒体开始反思。就选秀节目的发展趋势来看,观众对选秀节目的需求已经不再仅仅停留在休闲娱乐层面,真正吸引他们的是透过五彩屏幕折射出的普通人的多元价值观。

重庆电视台的选秀类节目《第一次心动》被国家广电总局叫停,并予以全国通报批评,原因是"内容格调低下"、"评委言行举止失态",这也是国内第一档被停播的选秀节目。随后,广东电视台女性整形真人秀节目《美丽新约》也被叫停,自此广电总局掀起了一系列的电视节目整改浪潮。

胡锦涛同志在中共中央政治局第 22 次集体学习时指出:要引导广大文化工作者和文化单位自觉践行社会主义核心价值体系,坚持社会主义先进文化前进方向,坚决抵制庸俗、低俗、媚俗之风。国家广电总局在《十一五文化发展纲要》中强调:广播影视发展要把保障人民群众听广播、看电视电影的基本文化权益和满足群众多层次多样化的精神文化需求,作为发展的出发点和重点。可见,媒体在高利益的驱使下,刻意迎合观众、娱乐大众,宣扬庸俗、低俗、媚俗的"三俗文化"的做法,是没有长久立足之地的,想要有更长远的发展,电视媒体就应当有一种文化自觉,对民族的历史文化要有充分和清醒的认识、理性和科学的传承,从本质上提高节目的文化素养,才能更好地满足受众日益增长的多样化需求。

作为主流媒体,如果只顾娱乐大众、迎合大众,结果只能换来一时的经济利益,久而久之必然导致公信力的缺乏和权威感的丧失。想要长久地吸引观众,电视媒体必须结合大众文化的特点和要求,着眼于对文化形态的深入考虑,努力探寻积极向上、符合时代要求的节目品质,做到"寓教于乐",给观众以美的享受的同时满足观众的文化需求。

(三)促进文化交流,消除文化隔阂

随着经济的快速发展和科技的全球化,不同国家和民族之间的文化交流也日趋密切,电视媒体在文化交流的过程中起着至关重要的作用。人们通过电视媒体对本土文化有了深入的了解,同时对异国文化也加深了认识,从而达到文化互动交流的目标。中央电视台制作的系列片《岩松看日本》就在很大程度上促进了中国观众对于日本文化和日本生活的了解,让观众有机会抛开历史,完全站在客观的立场去看待日本生活方方面面的细节,反思中国在时代发展进程中仍然存在哪些问题需要解决。而《外语桥》等节目也为中国文化的输出构建了一座桥梁,给众多汉语爱好者提供了一个很好的学习平台,透过电视荧屏,让国外友人更好地了解中国文化。只有在相互理解的基础上,才能真正消除各国文化之间存在的各种隔阂来达成共识,为维护世界和平稳定的发展提供契机。在这一过程中,电视媒体扮演着至关重要的角色。

在促进文化交流过程中,不少国外的优秀节目也被引入我国的荧屏中。例如,浙江卫视的《中国好声音》,版权引自荷兰,一经播出就取得收视率破四的好成绩;东方卫视的《中国达人秀》版权引自《英国达人秀》,节目在原版的基础上,减弱了淘汰成分,增加了选手的人生故事,使得节目形成"六分才艺、四分故事"的新模式,并一举取得成功。由此可以看出,好的电视节目不要只满足于单纯的"引进",更要重视自身的消化和吸收,不断创新才能有长久立足的空间。

总之,我们要树立正确的文化价值取向,在电视节目的创作中融入更多人文主义精神,在丰富电视内容文化内涵的同时承担起相应的文化传播责任和社会责任,在电视节目的制作中坚持正确的舆论导向和主流的价值观。既满足不同受众的节目需求,又起到传承历史文化、弘扬时代精神的作用,完成提高民族文化审美素质,进一步促进文化交流,消除文化隔阂的历史使命。

练 习 题

1. 如何理解电视是一种新型的文化形态?
2. 电视中的人文精神包括哪几个方面?
3. 如何实现电视人文精神?
4. 电视媒介的社会责任与文化责任体现在哪些方面?

拓展阅读书目

1. 欧阳宏生:《电视批评论》,中国广播电视出版社2000年版。
2. [法]皮埃尔·布尔迪厄:《关于电视》,许均译,辽宁人民出版社2000年版。

第四章　电视文化的功能

教学重点：从整体上理解和把握电视文化的意识形态功能、信息传播功能、沟通交流功能和娱乐休闲功能，其中牵涉到一些相关学科的理论，需要在教学中进一步阐述；同时，掌握电视文化的知识传授与社会教育等其他功能。

教学难点：电视文化的意识形态功能和艺术审美功能。

随着技术的发展和成熟，电视作为一种大众传播媒介进入千家万户，成为人们获得外界信息的主要渠道。它是各利益集团争相利用的重要工具，是社会文化的传承者和娱乐的提供者，对人类社会产生越来越重要的影响。人们在社会中逐渐形成了一种电视化的生活方式，电视文化应运而生。电视文化形成了自己独特的逻辑，反过来左右人们的精神世界和社会行为。因此我们说，电视文化的影响普遍、作用强大。本章从下面几个方面阐述电视文化在社会中的功能。

第一节　意识形态功能

在媒介文化的研究中，人们对于大众传播媒介具有的意识形态作用给予了充分的肯定。电视文化的意识形态功能，揭示的是电视这种大众传播媒介在社会中发挥作用的方式即电视通过意识形态如何强有力地影响人与社会。

一、意识形态的界定

"意识形态"这个词最早由法国哲学家德思蒂·德·特拉西在1796年提出。特拉西认为，人类应该发展出一门学科——"观念学"，其目的是通过对人的思想观念的影响和修正，使之达到一种理性的生存状态和社会状态。之所以提出这个观点，是因为特拉西发现法国当时的革命领袖罗伯斯庇尔等人不仅违背了法国大革命的初衷，更与整个欧洲启蒙运动以来一直主张的自由民主精神背道而驰。他认为，只要修正他们个人过度狂热的内心，使他们的思想观念得到矫正，革命就会取得胜利。因此，特拉西认为："意识形态是'第一科学'，因为'任何科学知识都包罗观念的结合'。可见，意识形态概念诞生之时完全是一个褒义的词语,'它包含着欧洲启蒙运动的一切信心和积极精神'。"①

德国"青年黑格尔派"进而认为,只要改变观念就能改变现实。马克思则认为这是不可能的。根据马克思的观点,世界是物质的,物质第一性,物质决定意识,经济基础决定上层建筑。所以,一味通过改变思想观念来改变客观现实是无用的、徒劳的。但是,诸多历史实践证明,在社会进程的推进中,上层建筑,包括意识形态的确起到了积极的作用。由此可见,意识形态具有一定的客观存在性,不仅是存在于人脑中的主观的思想观念。这就引出了德国社会学家卡尔·曼海姆对意识形态的重新定位,即"中性化"的意识形态。

对于曼海姆的"中性化"意识形态的定位,马克思持否定态度。在马克思眼中,意识形态就是统治阶级的主导思想。由于统治阶级手中掌握着大量的物质生产资料,他们掌握物质生产手段的同时,也就掌握了精神生产的手段。也就是说,统治阶级通过意识形态这种工具控制被统治阶级,从而使被统治阶级服从于统治阶级。意识形态被马克思定位成以"利益"为核心的"特定"概念。除了这种"特定"概念,还有一种以"思想观念"本身为核心的意识形态。换言之,就是产生于人们自身的精神需求,甚至是自发的一种产物,这就是曼海姆的"知识社会学"。

我们由曼海姆的"知识社会学"理论认识到,意识形态不单是马克思界定的"特定"概念,更是一种总体概念。所以,意识形态"中性化"了,它不再与"利益"以及统治阶级和被统治阶级联系在一起,而是"可以被视为受社会环境所制约的、是人们(包括参与意识形态分析的人们)所共有的思想与经验模式的交织体系。由于意识形态分析最终过渡到一般阐述,它就不是一个党派的思想武器,而成为对社会与思想史的一种研究方法,一种被曼海姆描绘成'知识社会学'的方法"②。

综上所述,我们可以对意识形态的概念进行如下界定:

(1)意识形态是人们精神世界的一部分,是人们自身精神的一种需求。任何人都不能缺失意识形态,因为人处在人类社会中,必须要有现实生活的意义和目标,而意识形态给人们描绘了一幅"乌托邦"式的美好未来的蓝图,使人们充满生活的希望,这种希望正是推动整个社会进程的原动力。

(2)当代社会中的意识形态具有多元化的特色,这源于社会形态和人的身份的多元化。就像法国著名哲学家阿尔都塞说的那样,在当代社会中,一个共产主义者也许同时还是个女权主义者、环保主义者、同性恋,那么,这些社会身份背后的思想都会凝聚成相应的意识形态在他的精神世界中占有一定的比重。从这个意义上来说,所谓的意识形态"霸权"在当代社会越来越难以实现。③

(3)意识形态是一种超越"利益"的无形的思想体系。意识形态的表征需要借助于各种信息传播方式来发挥作用,因为人们只有不断地通过传播媒体接受外部世界的信息,才能形成自己的意识形态。因此,任何一种传播媒介都具有意识形态的功能。

---

① [英]约翰·B.汤普森:《意识形态与现代文化》,高铦等译,译林出版社2005年版,第30～32页。
② [英]约翰·B.汤普森:《意识形态与现代文化》,高铦等译,译林出版社2005年版,第49页。
③ 祈林:《电视文化的观念》,复旦大学出版社2006年版,第143页。

二、电视文化意识形态的多角度透视

意识形态是"无形"的,正如阿尔都塞指出的:"意识形态对人的控制并不是公开的,而是隐蔽的。我们内化了意识形态,因此,不能意识到它的存在和效果。"① 同样,电视文化的意识形态也具有隐蔽性。在研究电视文化的意识形态功能时,我们需要从不同的研究视角进行透视,以便更好地分析和把握:

第一,从社会文化的视角来看,电视文化本身就是一种意识形态。

电视文化反映人们电视化的一种生活方式,从而也体现一个社会的存在方式,特别是精神生活的存在方式。电视文化一旦形成,就会成为一种话语系统,或者说是一种符号环境。而这种符号环境对于人的世界观具有整合、同化作用,这种整合、同化作用正是它的意识形态的体现。

第二,从意象学的视角来看,电视文化的意识形态表达通过影像来完成。

法国著名作家米兰·昆德拉在其作品《不朽》中提出了一个词语"imagologie",这个词语是由图像(image)和观念、学科(ology)合并而成,直译为意象学。米兰·昆德拉对于意象学这个词的解释可以理解为"制造各种图像信息"。随着电视技术的成熟、视觉媒体的发展,人们不再像生活在传统社会中那样靠直接经验去观察现实世界,电视通过影像制造出一个"拟态环境",使人们相信这些画面就是真实的客观世界。这种直观感性的影像不断影响人们对现实的认识,进而影响人们的思维观念和精神状态。就此,电视文化的意识形态被影像化了,电视文化也正是以这种影像化的方式来完成意识形态的表达。

第三,从大众文化的视角来看,电视文化的意识形态通过娱乐的方式来表达。

英国学者迈克尔·奥肖内西给大众文化作了两个界定:"大众文化是指人们在紧张工作之余所进行的消遣娱乐活动。在消费者看来,这种活动能使他们得到快乐和满足……大众文化的第二个含义是指那些通过大众传播媒介迅速简捷地传播的广为广大民众所消费的文化形式。"② 作为大众文化的电视文化,具有一种可以使人们的精神获得愉悦的功能,无论它是一种消费,或是一种信息传播,抑或是游戏形式。这种精神上的愉悦就是意识形态,只是人们在消费文化商品时,或在接受某种信息文本时,将自身的注意力全部集中在过程的享受上,忽略了自身的意识形态实践。

第四,从艺术文化的视角来看,电视文化以一种审美的方式来表达意识形态。

电视文化以一种艺术形式存在,往往带有鲜明的"美学意识形态"特色,通过审美的方式来认识生活、把握社会,并且在审美的过程中展现着社会关系的多样性与多变性。这种通过审美方式对世界的认识和把握,就是一种意识形态的表现。我们以较为火爆的婚恋交友节目《非诚勿扰》(图4—1)为例来进行分析。从表面上来看,《非诚勿扰》的成功在于有新颖的节目形式、精美的节目包装,主持人及嘉宾的精彩表现和俊男靓女的眼球吸引。

---

① 参见罗钢、刘象愚:《文化研究读本》,中国社会科学出版社2000年版,第12页。
② 参见[英]安德鲁·古德温、加里·惠内尔:《电视的真相》,魏礼庆、王丽丽译,中央编译出版社2001年版,第60~61页。

这些以审美的方式使人们得到一种视觉愉悦和体验快感,但从深层次的思想内涵来研究,我们会发现这个节目的成功得益于它对社会关系的一种剖析以及对白领意识形态、平民意识形态的表达。因此,在这种节目的背后,电视观众的情感和精神结构是受白领意识形态和平民意识形态影响的,也就是说,这种节目形式形成一种能够指导人们的思想观念、价值判断和行为模式的意识形态。

图4—1 《非诚勿扰》节目(标识)

第五,从传播学的视角也能透视出电视文化的意识形态。

在传播学传播效果的研究中,有一个著名的理论——培养理论。培养理论是在20世纪60年代末期被提出的,美国传播学者格伯纳等人认为,在现代社会,传播媒介提示的"象征性现实"对人们认识和理解现实世界发挥着巨大的影响。所谓"象征性现实"是指传播媒介在呈现客观现实时,并不是将客观现实进行镜子式的反映,也就是说客观现实并不是被传播媒介完全再现的,它是通过选择媒介的意识形态和报道方针来进行描绘的"现实"景象。那么,传播媒介的传播内容就具有了特定的价值和意识形态倾向,这些倾向通常不是以说教,而是以"报道事实"、"提供娱乐"的形式传达给受众,形成人们的现实观、社会观。同时,这种影响不是短期的,而是一个长期的、潜移默化的、培养的过程,是在不知不觉中制约着人们的思想。大众传播媒介的"培养效果"主要形成当代社会观和现实观的"主流",而电视媒介在"主流形成"过程中发挥着强大的作用,它可以超载不同的社会属性,在全社会范围内广泛"培养"人们关于社会的共同印象。① 电视媒介在"培养"电视主流文化的过程中起着极其重要的作用,而电视传播内容的意识形态通过"报道事实"与"提供娱乐"的形式传达给受众。电视文化的形成过程必定伴随着意识形态的影响,电视文化的传播也必定会带有意识形态的烙印。

三、电视文化中凸显的主要意识形态

改革开放几十年来,我国社会结构的转型、经济体制的转轨和对外开放进程的加速,

---

① 魏超:《大众传播通论》,中国轻工业出版社2007年版,第213页。

直接导致了人们的思想观念和价值取向日益多元化。这样一种局面势必改变我国主流意识形态的建构,尤其是电视文化的推动和媒体教育的发展,促使人们日益淡化等级观念,对社会公平、民主和参与有了更多的心理预期。

目前,电视文化中所凸显的意识形态主要表现为以下几种。

(一) 国家意识形态

任何国家都有表达国家意愿的国家意识形态和宣扬这种意识形态的文化——主流文化,电视文化作为弘扬主流文化的重要工具之一,不能不带有国家主流意识形态的痕迹。

(二) 平民意识形态

平民意识形态是指用"讲述老百姓自己的故事"作为认知世界的出发点,表达对时代、对现实、对生活的理解和认识。在经济社会追求真实和务实的时代语境下,教条主义的说教、形式主义的虚伪在民间社会的电视文化消费中已完全失效,从而使得以平民价值标准、文化趣味的平民意识形态渗透到电视文化中来。①

(三) 白领阶层的意识形态

白领阶层的意识形态在引领社会时尚方面作用突出。虽然目前没有得到充分的重视和培养,但市场经济使其具备了存在和发展的土壤,加上民众对白领阶层的向往以及对白领意识形态的认同,更加推动了白领意识形态的快速发展。电视文化因其时尚性、消费性,必定要承担起传播白领意识形态的责任。

(四) 精英意识形态

因为其自身的启蒙性、创造性、精神性等特性注定与电视文化的通俗性、大众性、可复制性相矛盾,但精英意识形态并不会退出电视屏幕,它努力地在电视文化中争得一席之地,努力地在商业诉求与文化诉求之间寻求平衡,原因很简单,因为人们永远都不会放弃对精神家园的憧憬,对历史理性的思考与判断。也就是说,精英意识形态在电视文化的传达中仍有其功能显示。

电视文化突显的这几种意识形态是社会的经济基础、政治制度、人与人关系的反映,从不同侧面反映现实的社会生活。它们之间相互联系、相互制约,构成现代电视文化意识形态的有机整体。

四、电视文化的意识形态对社会成员的消极影响

价值观是意识形态观念体系中的核心,意识形态认同实质是价值观的认同。当前我国社会价值取向已经多元化,造成社会成员对理想信念、道德观念和行为规范的选择困惑。媒介体制的改革,使许多电视机构出于自身生存的需求,开始利用电视文化,以通俗化、形象化的表达方式,迎合特定的社会心理,引导和塑造着意识形态向"特定方向"发展。

---

① 隋岩:《多重复合的当代中国电视文化意识形态》,载《中国人民大学学报》2005年第5期,第123页。

例如,市场经济鼓吹私有化、自由化,引导人们片面追逐个人利益的需求。电视文化所表现的许多信息,是经过反复的"筛选"和"过滤"之后的信息,直接影响着受众的价值倾向。在它们的作用下,部分社会成员缺乏对正确的意识形态的主动认知、接受的兴趣,给正确的意识形态认同带来一定的困难。

第二节　信息传播功能

信息传播是人的一种本能,也是自然界和社会中的一种普遍现象。人们利用自己的眼睛、嘴巴、耳朵、肢体来看、说、听和表达,凭借这些基础能力完成基本的信息传播过程。但是,人类的信息传递与动物之间的信息传递有着本质上的区别,恩格斯在《自然辩证法》中指出,动物仅仅利用外部自然界,简单地通过自身的存在,在自然界中引起变化;而人则通过他所作出的改变来使自然界为自己的目的服务,来支配自然界。动物的传播更多地取决于体内的信息功能和遗传基因,而且传递和接收信息的过程都不伴随复杂的精神和思维活动,是一种对自然界的被动适应;人类传播是一个后天系统学习的过程,人类只有通过自身组成的人类社会才能够更好地驾驭自然、支配自然,人的这种信息传播能力也正是形成人类社会的重要前提和基础。

任何人都不能脱离社会,不能单纯依靠自己的力量生存下去,人们必须将自己置于一种生产关系之中才能用彼此的劳动成果满足各自的需求。从这个意义上来说,人要活着、要生存,就必须与其他人进行交往。那么,人要交往或交流沟通,就要借助一定的传播手段和传播工具。从语言的产生到大众传播媒介的发明,都是人类自身传播能力发展的体现,特别是电视的出现,使人类的传播能力大大拓展,人们可以借助电视这一媒介打破时间和空间的限制传播不同内容的信息。电视也可以通过影像更加逼真地复制现实世界,使观众更加直观地感知信息。可以说,信息传播功能是电视最基本的功能之一。

一、电视文化信息传播的内容

自20世纪60年代加拿大学者麦克卢汉提出了"媒介即讯息"这一著名观点以后,人们逐渐认识到文化已不再是抽象的,人们在讨论文化的同时,越来越关注具体的媒介,认为文化总是伴随着一定的符号物质形态进行传播。按照信息的基本社会功能,可以将电视文化的信息传播内容进行划分,分为新闻信息、教育信息、说明信息、商业信息和娱乐信息等类型。

(一) 新闻信息

新闻信息客观、公正、真实、快速地反映客观事物的变化,为人们提供行为的依据,对人们无强制性接受的压力。① 例如,2010 年 5 月,黑龙江省佳木斯市的"最美女教师"张丽莉奋不顾身勇救学生的事件一经电视媒体报道后,立即在社会上引起了强烈的反响。这则社会新闻的信息传播不仅真实、及时地向观众报道了张丽莉老师大爱之举的整个过程,而且彰显了高尚的师风师德,弘扬了社会正气。

(二) 教育信息

教育信息的主体是人类所积累的各种知识,用来传播、继承文明和文化,帮助人们在前人创造的基础上进行新的劳动,它对人们有着一种强制性的接受要求,如中央电视台的健康节目《中华医药》(图 4—2)。②

图 4—2 《中华医药》节目(标识)

《中华医药》为观众介绍博大精深的中华传统医学,致力于向海内外传播中国传统医药文化,为海内外观众提供权威的健康医药信息,反映世界医学借鉴中华医学所产生的新技术、新成果。这些信息不仅宣传传统医药知识,还展现中华文化,传承中华文明。电视公益广告也涉及很多教育信息,多传播道德、环境、交通、公共服务等内容,对促进社会文明进步、提倡社会公德都大有裨益。

(三) 说明信息

说明信息带有明显的功利性和倾向性,是特定集团用来宣传并促使人们接受某种思想和事实的信息,如音乐电视《康美之恋》(图 4—3)。③

从表面上看,音乐电视《康美之恋》运用唯美的画面和曼妙的音乐为我们讲述一个动人的爱情故事,实际上传播者内置的信息是康美药业集团的成长故事,通过这个故事来宣传企业的历史与文化。

---

① 段京肃、罗锐:《基础传播学》,兰州大学出版社 1996 年版,第 209 页。
② 段京肃、罗锐:《基础传播学》,兰州大学出版社 1996 年版,第 209～210 页。
③ 段京肃、罗锐:《基础传播学》,兰州大学出版社 1996 年版,第 210 页。

第四章 电视文化的功能

图 4-3 音乐电视《康美之恋》(截图)

(四) 商业信息

商业信息是指用来协调、促进人们物质生产和物质生活的信息,是社会经济活动中不可缺少的重要材料。商业信息因其同人们实际生活的密切联系而极易引起人们的注意。① 如各类商业广告的信息内容大都属于商业信息。

(五) 娱乐信息

娱乐信息是用来为人们提供一种享受、排遣生活中的各种疲劳和烦恼情绪的信息。娱乐信息形式活泼多样,传播过程轻松愉快,能引起人们浓厚的兴趣,是老少咸宜的全方位信息。② 如观看各类电视娱乐节目、电视剧,使人们在紧张的生活节奏中得到放松。

二、电视文化信息传播的作用

电视文化在其信息传播的过程中有着强大的影响力和塑造力,力度远远超越了以往的任何传统媒体。那么,电视文化的信息传播到底有什么作用呢?

(一) 深刻改变人们的生活方式和价值取向

英国人类学教授 E. B. 泰勒对于文化曾给出一个著名的概念,即"文化或文明,从它人种学的广义上来看,是一个复杂的整体,它包括知识、信仰、艺术、道德、法律、风俗,以及人类作为社会一分子所具有的任何其他能力和习惯"③。按照 E. B. 泰勒的定义,"文化"是人类所具有的任何能力和习惯。那么,就不难理解电视文化了。电视的发明拓展了人类的信息传播能力,在其信息传播的过程中,电视逐渐成为人们生活方式的一部分。"文化"一旦形成和成熟,就会产生一种独特的文化逻辑,这种文化逻辑反过来对人们产生某种意

---

① 段京肃、罗锐:《基础传播学》,兰州大学出版社 1996 年版,第 210 页。
② 同注释①。
③ [英] E. B. 泰勒:《原始文化》,转引自约翰·B. 汤普森:《意识形态与现代文化》,高铦等译,译林出版社 2005 年版,第 141 页。

义上的"霸权",这种"霸权"可以解释为对人们精神世界和社会行为的左右。电视文化在信息传播的过程中给人们的生活方式带来的改变,必定会影响人们的精神世界和社会行为,最终带来相应价值观的变化。可以说,电视文化的信息传播在润物无声中影响着人们的生活方式和价值取向,这种影响是根本的、潜在的。

(二)加快人们的社会化进程

"社会化"是个体通过与社会的交互作用,适应并吸收社会文化,成为一个合格的社会成员的过程。① 电视文化传播着新闻、教育、娱乐、商业等多方面的信息,电视的观看环境又多是在人们家中,其随意性、自由度和"个性化"使得人们找到了一条极其便利、快捷的教育途径。电视在传播知识、价值以及行为规范等方面有着重要作用,人们在观看电视接受这些信息的同时,也加快了自身的社会化进程。

(三)加快人类文化的交流与传播速度

电视凭借先进的技术,通过画面、声音等传播信息,使各个国家、各个民族之间的文化交流与传播跨越时间与空间的阻碍。电视几乎可以记录任何瞬间,捕捉任何对象,它以集视听于一体的媒介特性逼真、生动、迅速、便捷地传播着各种信息,使观众产生强烈的现场感和目击感。当1969年人类第一次在月球上行走时,发回到地球上的实况转播促使5亿观众借助卫星网通过电视观看。在电视高度发达的今天,全世界通过电视关注同一重大事件的例子已经举不胜举。电视使各民族、各国家的优秀文化成果得以保存、继承和发扬,使"地球村"中的村民在文化的交流中增进彼此的理解和尊重,从而促进人类文明的快速发展。因此,电视文化的信息传播加快了人类文化的交流与传播的速度。

第三节 沟通交流功能

沟通交流功能是电视文化最基本的功能之一。人们可以通过电视媒介来交流信息、沟通情感,电视的其他具体功能和派生功能可能都囊括在沟通交流功能里面,或者是指向这一功能。

一、沟通交流功能产生的原因

都市化倾向是社会现代化发展的一个重要趋势,正如德国历史学家斯宾格勒所说的,现代文明与传统文明的分野在于:前者是都市文明,后者是乡野文明;前者以金钱为主导,后者以人与土地的关系为纽结。现代文明就是人失去了与自然(土地)的原初联系后的都市文明的兴起。在现代化的进程中,大量的人口拥入城市,城市聚集着越来越多的人。快

---

① 卢勤:《个人成长与社会化》,四川大学出版社2010年版,第4页。

节奏的都市生活,专业化的繁重工作,让人们之间的距离越来越远,人与人之间变得越来越陌生,越来越有隔膜。但人是无法忍受寂寞和孤单的,个人在压力巨大的社会中,总是需要与他人或其他群体进行交流沟通来消除自己内心的负面情绪,特别是在人遇到困难和挫折的时候,总是希望能够得到比他更加强大的个人或群体的安慰和认同。当人与人之间交流沟通的现实渠道变得不可能时,也就是说,当人与人之间变得越来越淡漠时,人们就会到媒介中寻找沟通交流的渠道。电视文化的沟通交流功能也正是在这种强烈的需求下产生的。

二、从人类学、发生学的角度看电视文化沟通交流功能

文化、艺术和节庆三者之间的关系一直都是一个传统的命题。从发生学的角度来看,文化源于原始宗教仪式。人类学的研究表明,宗教仪式是一种人与超自然进行沟通交流的方式或途径,通过音乐、舞蹈、生理体验、吟诵法规等方式来进行。节庆的产生与宗教活动、宗教仪式密不可分,法国社会学家涂尔干甚至认为,原始宗教的神最初就来源于民间节庆、狂欢等活动。由此我们可以看出,节庆像宗教仪式一样带有普遍沟通交流的本质,所有的文化、艺术活动也都具有节庆的特征。

节庆作为一种节日或庆典,是广大民众为了冲破自身狭隘的生活和经验,才聚集起来进行沟通交流、集体体验的一种共享状态。因此,它具有群体性、公共性和目的性。现代社会里,都市化的倾向、专业化的分工以及文化的差异造成了人与人之间的远离与分化,人们很少再像以前一样聚集在一起,共享一种群体体验。就在此时,电视提供了一个理想的平台,电视文化作为一种大众文化,符合节庆群体性、公共性的特征要求。因此,电视打破了与观众的界限,想方设法地利用各种节目形式使观众参与其中,进而使观众在这种现代方式的节庆中尽情地沟通交流。

三、沟通交流功能在西方现代哲学中的体现

在西方现代哲学中,不同派别对于自我与他者的复杂关系问题提出了不同的观点。德国哲学家海德格尔认为,人的存在有赖于一种听与说的对话性关系,因此语言就成为了人们表达自我、与他人交流的内在动力。同时他主张,自我和他人之间存在着一种沟通的可能性,人们对文本的解读实际上就是自我和他人的交流和讨论,通过理解和体验而产生意义。德国释义学家伽达默尔主张,语言本身就是一种世界观,人因为有了语言,所以有了一个"世界",同"世界"有了一种关系,对世界有了一种特殊的"态度"。在西方现代哲学中,对话的概念是与主体间性的概念紧密相连的。主体间性的范畴道出了人作为一种文化的存在,其交往沟通和对话的可能性和必要性。德国社会学家、哲学家哈贝马斯在《公共领域的结构转型》中关于"公共领域"对主体间性给出了描述,"纯粹的主体间性是由我和你(我们和你们)、我和他(我们和他们)之间的对称关系决定。对话角色的无限可互换性,要求这些角色操演时在任何一设计者中能拥有特权,只是在演说和论辩、开启与遮蔽

的分布中有一种完全的对称时,纯粹的主体间性才会存在"①。哈贝马斯的以上描述可以理解为,主体间性就是在自我和他人之间建立起来的一种对话关系,这种对话关系要"完全对称",也就是说自我与他人之间不但要平等,不能存在任何一方的优势和特权,而且两者的角色要不断地进行互换,只有达到了"完全对称",这种对话才能成为可能。

其实,不仅是哈贝马斯有这样的想法,苏联文学理论家、批评家、苏联结构主义符号学的代表人物之一巴赫金同样有类似的论断。在他看来,社会中的人总是处在和他人的相互关系中,任何人都不能孤立地存在,既没有绝对的真理拥有者,也没有任何垄断话语的特权者,自我与他人之间的对话关系,是人们存在和发展的基本需求和条件。另外,巴赫金的"对话理论"还强调人精神的存在,即思想的存在。他认为,思想并非一种主观的个人心理的产物,它不是生活在孤立的个人意识之中,思想是超主观的,思想只有与他人的思想相遇,从而产生一种对话关系,才能形成、发展、寻求和更新自己的语言表现形式,衍生出新的思想。换言之,思想的存在,有赖于不同主体间的交流性和公共性。同时,巴赫金还认为,"差异原则"是构成对话的一个重要前提,也就是说,对话的双方不能具有相同的声音,对话关系的双方必须具有独立性才能形成一种平等的交流关系。在此可以看出,巴赫金的"对话理论"已经指明了语言的对话特性。

把语言活动视为一种对话关系,是一个重要的发现。电视文化作为一种大众文化,是以电视为载体传播视听语言的一种文化形态,是以广大的平民大众为对象进行交流的一种方式。大众传播就意味着与大众交流,参照"对话理论"可知,只有参与交流对话,才能从这种交流和对话关系中来意识和确认自身的存在。对于传播视听语言的电视文化来说,所有电视节目本身都包含着主体间的对话、沟通与交流,接下来以电视谈话节目为例进行说明。

一方面,电视谈话节目的构成方内部存在着沟通交流的基础,如电视谈话节目《鲁豫有约》(图4—4)。

图4—4 电视谈话节目《鲁豫有约》(现场)

《鲁豫有约》的节目主持人鲁豫与节目邀请的嘉宾和现场观众之间构成电视谈话节目的内部构成方,只有鲁豫事先知道邀请了哪位嘉宾、哪些现场观众,嘉宾和现场观众在节

---

① [德]哈贝马斯:《公共领域的结构转型》,曹卫东等译,学林出版社1999年版,第36页。

目开始前很可能互相不认识,这反而构成了交流的基础。

另一方面,电视谈话节目本身与电视机前的广大观众之间存在着沟通交流。电视谈话节目邀请的嘉宾和现场观众,与电视机前观看节目的观众在社会地位、知识背景、家庭关系、人际交往等方面,肯定或多或少有某些相似之处。当谈话节目的内部构成方在现场进行沟通交流时,电视机前的观众会发表自己的看法和观点,或是当时与事后再与他人进行沟通交流。

综上所述,沟通交流是电视文化的一种本质体现,是电视文化最基本的功能之一。

第四节 娱乐休闲功能

电视作为娱乐、休闲大众的传播媒介,已经融入我们的生活之中。准确地说,它已经成为人们的一种生活方式。各种形式的娱乐节目层出不穷,甚至电视新闻节目的主持风格也带上了娱乐化的色彩。可以说,电视文化的娱乐休闲功能在今天得到了前所未有的强化和凸显。

一、电视文化娱乐休闲功能的本位回归

从世界电视发展史来看,电视一出现就继承了广播、电影的娱乐功能。20世纪30年代,世界上主要的资本主义国家,如美国和英国都开始电视节目的试验播出。1930年,英国广播公司和英国电视发明家贝尔德合作,第一个声图并茂的电视节目——转播舞台剧《口含一朵鲜花的勇士》试验成功并播出。娱乐节目是当时播出的主要节目形式。由于20世纪30年代欧美等资本主义国家出现经济大萧条以及随之爆发了第二次世界大战,导致了电视事业的全面停滞,直到第二次世界大战结束,电视事业才得到恢复和发展。伴随着电视机数量的激增和观众收看时间的增长,电视节目的发展成为必然。电视一方面借鉴传统媒体的信息形式,另一方面发展自己独特的节目形态,但是,电视的娱乐休闲功能并没有丝毫减弱。

其实,电视和娱乐天生就有着一种无法割舍的"亲缘关系"。美国学者尼尔·波兹曼在他的《娱乐至死》一书中指出:"电视本是无足轻重的,娱乐是电视上所有话语的超意识形态,不管什么内容,也不管什么视角,电视上的一切都是为了给我们提供娱乐……电视上只有一种声音——娱乐的声音。"①英国学者尼古拉斯·阿伯克龙比在其《电视与社会》一书中也说道,电视主要是一种娱乐媒体,在电视上亮相的一切都具有娱乐性。美国传播学者赖特更是明确指出,娱乐功能是大众传播媒介传播功能中最为显露的一种功能。

尽管以上几位学者的观点都是站在各自研究的角度提出,难免有一定的偏颇,但是最

---

① [美]尼尔·波兹曼:《娱乐至死》,章艳、吴燕莛译,广西师范大学出版社2009年版,第77页。

起码让我们看到了电视娱乐休闲功能的重要性,明确了电视娱乐休闲功能的客观性以及电视娱乐化的必然性。

在我国,由于特殊的历史原因,1990年以前的电视媒体成为国家政治的附属物,它的主要职能是政治宣传,导致我们总是习惯给我国的电视媒体贴上"政治"的标签,认为电视一定要远离娱乐,只要是娱乐的就要坚决批判,致使我国许多电视娱乐节目一经播出便遭到很多人的反感。其实,我国的电视不单是新闻,而西方电视也不单是娱乐,我们应该消除对电视本性的误解,让电视得到本位的回归。

二、电视文化娱乐休闲功能形成的原因

娱乐是人类追求轻松与愉悦的一种本能欲望,人的内心深处都是渴望娱乐的,在人类最原始的传播时代里,许多传播形式,如神话、寓言、史诗等,其中很多内容都是用来消遣娱乐的。正如英国哲学家赫伯特·斯宾所说的,人类在完成维持和延续生命的主要使命之后,尚有剩余的精力存在,这种剩余精力的释放,主要是娱乐。

随着社会分工的不断细化,人们从事的工作也越来越专业,人们必须在工作中投入更多的精力,但在工作之余,人们需要以休闲娱乐的方式来放松身心,以达到自身精神状态的平衡。然而繁重的工作压力、紧张的生活节奏、激烈的人际竞争,使人们在产生强烈的娱乐休闲需求的同时,又要求这种放松的方式必须是快餐式的、简单的。于是,电视就成为人们在这一方面的最佳选择。可以说,电视是人们发明出来的众多娱乐休闲方式中最为普及的一种,人们在接受电视传播的信息时最为方便快捷。人们可以在工作以外,以最舒适的姿势坐在沙发上或者躺在床上,喝着啤酒吃着零食,足不出户地欣赏电视节目,使疲惫的身体得到调整和休息。另外,电视可以利用视听语言真实地塑造出各种各样的生活,人们想要体验什么样的生活,电视就可以表现出什么样的生活。同时,电视对于人们的心灵有一种宣泄和净化的作用,这种作用十分重要,它能够使人们的肉体与精神达到一种平衡。因此,人们产生了通过电视这一大众传媒进行娱乐休闲的普遍需求,而电视文化的娱乐休闲功能正是在这种普遍需求下形成的。

三、电视文化娱乐休闲功能的凸显和强化

市场经济下,电视文化呈现出巨大的发展空间,其背后的目的是增强节目的吸引力,提高节目的收视率,赢得更多的观众和广告收入。过去,坚持电视节目的文化品位,坚持电视节目的优雅格调、富有教益是电视节目必须恪守的一项准则。但在消费主义理念的引领下,从追求高收视率开始,电视不断地开发新的娱乐和游戏资源,从惯用的制造惊险刺激的场景,到高额度的钱物奖励,直到时下的对即时真实生活的记录,娱乐的空间越来越大。① 从20世纪90年代开始,我国电视文化中的大众文化成为主流文化,轻松的休闲娱乐成为电视的主要承载,自此娱乐节目充斥电视荧屏,电视文化的娱乐休闲功能不断地

---

① 徐瑞清:《电视文化形态论》,中国社会科学出版社2007年版,第140页。

被强化。

从1998年湖南卫视推出的《玫瑰之约》节目（图4—5），到后来中央电视台的娱乐竞猜类节目《幸运52》《开心辞典》，再到湖南卫视的娱乐冲关类节目《智勇大冲关》、真人秀节目《超级女声》等，都体现了轻松、幽默、欢愉的氛围，突出了节目的娱乐元素，使观众积极主动地参与其中，在热烈的现场气氛中，使压力得到释放。

图4—5　《玫瑰之约》节目（现场）

不单娱乐节目需要娱乐性，即使是我们认为与娱乐性最远的新闻节目也出现娱乐化倾向。娱乐化的新闻节目越来越关注社会和自然界的奇闻趣事，越来越关注各种中外文艺活动、文体赛事，甚至是灾害事故等方面的信息。也就是说，娱乐化的新闻节目在内容上偏重于选取软新闻，即使是硬新闻，也会尽量使其软化，从形式上强调事件的故事性、情节性，走平民化的新闻路线，竭力从中挖掘出娱乐的价值。观众关注这类新闻的目的不再是单纯为了认知客观世界，更主要的是娱乐和休闲。新闻节目娱乐化功能的开拓与挖掘，不仅是对以往忽视电视文化娱乐功能的一种最好反驳，而且还让新闻节目带上几分平民色彩，受到广大观众的热烈追捧和欢迎，如中央电视台的《第一时间》、江苏卫视的《南京零距离》、凤凰卫视的《有报天天读》等。

近些年来，一些改编的古装武侠电视剧以及反映都市平民生活的电视剧，凭借着让人忍俊不禁的情节、妙趣横生的人物语言，以娱乐休闲的方式给人们带来开怀的乐趣，如曾风靡全国的《贫嘴张大民的幸福生活》《还珠格格》《奋斗》《裸婚时代》等。

20世纪90年代以后，在经济转型的背景中，我国的电视文化由宣传文化转向娱乐文化，一直受到压抑和忽视的电视娱乐休闲功能迅速兴起。但是，在异常火爆的娱乐浪潮中，我们必须清醒地认识和定位电视文化的娱乐休闲功能，使其负面效应降到最低。

首先，积极引导，消解低俗娱乐倾向。大众文化的世俗化、娱乐化倾向以其开放性、宽容性及丰富多彩的文化产品，在给文化生产与消费注入新的活力的同时，也出现感性欲望的泛化、精神价值的消解、审美思维的平面化，使人们在摆脱旧有人性桎梏之时又面临着新的问题，在享受丰富多彩的大众文化的同时又渴盼更加丰厚的精神境界。① 作为大众文化的电视文化，在发挥娱乐休闲功能的时候，理应贴近大众、走向大众，但是如果为了最

---

① 欧阳宏生等：《电视文化学》，四川大学出版社2006年版，第136页。

大化地追求经济利益而一味取悦、讨好、迎合和屈从大众,片面寻求电视文化的娱乐休闲价值,忽视对受众的积极正确引导,必定会把电视文化以及大众置于平庸甚至低俗的境地。例如,国内的一些电视相亲类节目,为了吸引受众的眼球、追求高收视率,在节目中公开谈论性内容,并大肆鼓吹拜金主义等不正确的婚恋观,严重误导观众的人生观、价值观,产生极其不良的影响。

其次,过犹不及,防止泛娱乐化倾向。娱乐是人类的本能欲求,在一定程度上追求电视文化的娱乐性是可以接受的。但是,现在的电视娱乐化却有一种泛娱乐化的倾向,"泛娱乐化"把电视原本的引导舆论、社会教育、信息传播功能弱化,将严肃文化甚至一切都以娱乐的方式加以消解,使电视文化从正常的轨道上偏离。因此,相关部门应该加强监管力度,提升监管水平,新闻从业者也应该恪守职业道德,把握好娱乐功能的"度",防止娱乐化的大肆泛滥。

最后,细分受众,避免同质化现象。随着市场经济的不断深入,受众的需求也越发多样,催生了不同的电视节目形态。一旦一种新颖的娱乐节目形态大放异彩后,全国各地的电视台都会盲目跟风上马,没有创意的简单克隆使节目失去个性,使观众感到厌烦,同质化现象令人担忧。结果,这种全盘移植、毫无创意的电视娱乐节目只能纷纷从荧幕上消失,不仅造成电视资源的严重浪费,而且也给社会带来不良影响。根据受众的多元化倾向,传播者应该细分受众,制定和实施相应的传播策略,避免同质化现象。

总而言之,人们有着娱乐的诉求,电视就必须带有娱乐休闲的功能,但是电视文化在发挥娱乐休闲功能的时候,应该注意避免出现负面效应,防止过度追求商业化的倾向,使电视文化的娱乐休闲功能能够真正发挥出自身的力量和作用。

第五节 知识传授与社会教育功能

电视文化在信息传播的同时搭建知识传播与教化的平台。电视文化的教育功能是早已公认的,美国传播学家威尔伯·施拉姆评价说:"有电视都是教育的电视,唯一的差别是它在教什么。我们越是看电视就越是倾向于它所教的,无论是有意或无意,也无论是在教室之内还是教室之外,人们甚至是在没有觉察到的情况下向它学习。"[1]因此,电视教育更具有普遍性,对人们的影响是偶然的、无意的、经常的,电视对人的社会化作出了巨大贡献。

我们处于信息时代,新的技术不断产生,每一秒钟都有海量信息资讯,信息的更新速度很快,知识的淘汰率越来越高,因此社会对于知识的更新速度以及终身教育的需求也越来越强,学校教育承担了传授知识和教化的主要任务。但是法国教育学家保罗·郎格朗在20世纪70年代就指出,"学校教学的精神和最终目标根本一点没变",而"社会用以教

---

[1] 王哲平:《教育电视功能探析》,载《新闻知识》2006年第6期,第28页。

育和训练未来公民的工具,即学校和大学,世世代代表现出同样的特点:与生活缺少联系,脱离具体的现实,教育与娱乐割裂,不存在对话与参与"①。与之相对,加拿大媒介理论家麦克卢汉认为:"真正的教育在学校外面,是在电视网和电视机前面。"②相对于传统知识传授方法,电视教育在知识传授和社会教育方面呈现出更加开放的特征,同时在信息量和渗透性方面更具优势。

电视在知识传播方面具有以下特点。

一、有教无类,寓教于乐

"有教无类"出自《论语·卫灵公》,指不应为贫富、贵贱、智愚、善恶等原因把一些人排除在教育对象之外,应该对谁都进行教育。运用到电视对于知识文化的传播中,指没有学科专业的限制;教育对象广泛,不受年龄限制;多种途径和方法传递广泛信息、引导思想、传递知识、普及科技、提升文化水平、提高审美趣味。电视传播的内容较为简单,在知识的深度上弱于书籍报刊,雅俗共赏。这种无差别的传递知识的方式,使受众更易接受,同时,它不局限于学校教育的专业性和时间的固定性,更多地利用闲暇时间进行知识的普及,是对"大教育"理念的解读,使电视这个大众传播媒介成为依托,更好地实现开放式教育。

电视的文化地位是通过知识传递和教育功能确立的,大众获得最新资讯、了解最新思潮重要且便捷的一个途径就是电视。电视作为传播知识的平台有海量资讯传递,传播的内容以及媒体的观点会对受众的认知和观念产生重要影响,其潜移默化的影响不可小觑,这就要求电视不仅要娱乐大众,更不要忘记自身肩负着文化传播与社会教育的使命,传播内容上要舍掉一些泛娱乐化沉渣,重视历史、人文、教育、科学性的节目。电视在节目的视角方面,应突出人文情怀,把摄像机对准生活中或美或丑的事物,以深沉的思考、透彻的说理,或赞美、或针砭,直抵事物的本质,直达人物的心灵,震撼并引导受众的视听。

在电视中,传统的教化功能被"点化"功能取代,即传统的耳提面命式的"训导"被一种平等的对话、热情的参与、深层的思考等积极的介入态度所替代。如中央电视台的《探索·发现》节目(图4-6),以纪录片的手法来探寻自然界的奥秘,挖掘历史事件背后的细节,展示中华文明的博大恢宏,被称为"中国的地理探索,中国的历史发现,中国的文化大观"。节目倡导"在未知领域努力探索,在已知领域重新发现",用故事化的叙述方式,注重悬念设置,运用

图4-6 《探索·发现》节目(截图)

---

① [法]保罗·郎格朗:《终身教育引论》,周南照等译,中国对外翻译出版公司1985年版,第34页。

② 参见[美]威尔伯·施拉姆:《传播学概论》,何道宽译,北京大学出版社2007年版,第262页。

"娱乐化"纪录片理念,呈现出文化内涵,是观赏性与娱乐性并重的电视节目。

二、多样化手法传播海量信息,雅俗共赏

电视在知识传播过程中,充分发挥声画结合的优势,传播手段丰富,与传统教育的单一手段相比,更容易调动受众观看热情,通过各种方式的知识传递也让受众印象更加深刻。例如,《百家讲坛》运用故事化讲述、影像化呈现的手法,注重视听结合,图片、字幕、影像资料形象直观,传递文化、生物、医学、经济、历史等多个领域的知识,讲述观众最感兴趣、最前沿、最吸引人的选题,不仅具有学术价值,而且具有启迪思想、追求个性的特点,《百家讲坛》就像一扇小门,推开门往前走便是深幽的学术殿堂。①

中国教育电视台、各省级教育电视台等专业教育电视台和教育频道应运而生。《走进科学》是中央电视台一档大型科普栏目,内容广泛,涉及生活中的推理故事,包括热点、疑点的科学解析和生活及科学方面的一些简略科普。这类节目在传递信息,普及教育方面具有典型性意义。

除了把传递教育资讯作为节目定位的专业教育频道和教育类节目外,电视节目在选题及节目板块设置上注重知识普及和人文性也是对节目教化功能的扩大化。例如,美国国家广播公司电视网(NBC)早间新闻谈话类节目《今天》有知识性专题栏目《图书俱乐部》,每期会介绍一两本热门或畅销的图书,并邀请作者和相关人士共同讨论。《今日葡萄酒》向观众介绍葡萄酒的原料和制作过程,推荐各种不同的红酒。《社会关系》专栏记者在节目中帮观众处理人际关系方面遇到的问题。

三、电视教育的渗透性和闲暇教育

根据修辞学者勒尔关于电视社会用途的调查显示:电视的社会学习用途中有帮助人们作决定、规范行为、解决问题、传播价值、传播消息,替代学校教育的功能。电视作为一个家庭中的"背景噪音",总会使人们有意无意地从中接收信息,进行一种"电视交谈",即对电视带来的信息的讨论。英国经济学家霍布森在研究中指出,看电视是日常生活的组成部分,所以电视信息的传播和文化的普及弥补了体制内教育的不足。没有固定时间的约束,没有具体内容的规定,对于受众而言,观看电视时获得的知识是偶然的、无意的、经常性的。有调查显示:97%的英国家庭至少拥有一台电视机,看电视耗费的时间比其他闲暇活动耗费时间的总和还多,看电视被列为与工作和睡眠一样耗时的活动。这项调查显示,电视已经是大众生活中不可或缺的。较高的观看频率是对电视影响力的一个很好说明,这种潜移默化的力量影响着人们理解社会的思维方式,同时电视传播的伦理道德、价值观念等呈现出一种很强的渗透性。

电视教育是对学校教育的延伸和补充,充分利用闲暇时间,使受众在轻松的条件下接受知识的传递,再对接受到的信息进行无意识记忆。无意识记忆是指大脑对外界信息的

---

① 百度百科:《百家讲坛》,http://baike.baidu.com/view/20180.htm。

存储功能即记忆进行的一种分类概念。按心理活动是否带有意志性和目的性分类,可以将记忆分为无意记忆和有意记忆两种,而无意识记忆的记忆效果显著。在无意识记忆中,受众不仅获得了乐趣,也收获了知识。

第六节　文化传承与记录现实功能

传承文化与记录现实功能并不是电视独有的。在文字产生之前,原始部族普遍采用的是结绳记事、物件记事和刻画符号记事的记事方式;文字产生后,人们通过文字来记录,后发展到通过照片和视频资料来记录。因为摄像机有记录事件发生过程,复原生活空间的功能,因此视频资料的记录最为全面逼真。

借鉴传播心理学的研究结论:信息对受众的冲击力与传播者、受众贴近信息源的程度有关,这种冲击力的强弱与信息的真实感成正比。受众对信息真实感的获得,第一种途径是亲眼目睹或参与正在发生的事件,第二种途径是传播媒介通过镜头的记录对真实感的还原。由于生活空间的局限,人们不能亲自参与或亲眼目睹许多事件,因此真实感的获得大多通过第二种途径,即大量信息来源于电视媒体。而电视媒体信息的呈现依赖于摄像技术和电视技术,伴随着科技的发展,记录功能不断进步,画面质量和传输手段也不断进步,尤其是卫星技术的运用更强化了电视记录现实的功能,因此,电视在真实记录与呈现方面有独特的优势。

一、电视纪实观念的运用与呈现

真实性是对生活的客观记录,在新闻上的体现尤为明显。不同于纪录片中无法在信息采集或者编辑制作中完全隐去创作意图,电视新闻借用写实的传统手法,"制作者的手"并不在新闻节目中露出来。美国人菲斯克把新闻的客观性、真实性和即时性联系了起来。①

电视在记录现实和传承文化方面可以通过多种手段实现。例如,北京电视台《档案》节目的理念是记录历史、普及历史、保存历史真实影像资料,采用的剧情类纪录片模式独树一帜,在记录手法上采用多元的表现手法。2011 年 4 月 17 日,《档案》节目的主题为"航母密档",介绍了航空母舰的诞生、发展以及航空母舰如何成为海上霸主的历程。节目在叙述中,对"俾斯麦"战列舰的毁灭、日军偷袭珍珠港、大战珊瑚海、大战中途岛的场景展示采用放映照片的形式;对于 1900 年美国人莱特兄弟造滑翔机的历史采用的是插映纪录片的手法;在展示美国飞行表演家尤金·伊利两次为钱伯斯试飞的场景时,由于没有视频

---

① [英]尼古拉斯·阿伯克龙比:《电视与社会》,张永喜、鲍贵、陈光明译,南京大学出版社 2007 年版,第 5 页。

资料和照片,采用了模拟画面和动态模拟图的方式;在介绍航母在各国的发展过程中采用照片、视频、模拟画面的手段。照片和视频再现了当时的场面,动态模拟图等技术加强了视觉效果,这些方法的整合运用使观众重温了历史。

除了多元化的表现手段使纪实功能得以更好地发挥外,电视纪实观念的普遍运用也使电视传播成为记录现实、传承文化的绝佳途径。纪实性,也称记录性,它要求客观地记录现实的生活,真实性需要纪实化的风格。20世纪六七十年代,周恩来总理就曾经提出过"能不能让人们在电视片上听到老百姓自己说话的声音"的问题,这就是对电视记录生活功能以及真实感的呼唤。以《望长城》(图4-7)为开端,中国的电视纪录片引入纪实观念,把创作者的主观意图淡化,运用跟踪拍摄的方法,放弃"摆拍",尊重事实及拍摄对象。如今,这一理念在纪录片中被广泛应用。

图4-7 纪录片《望长城》(海报)

20世纪90年代以后,电视纪实观念从纪录片延伸到其他类型的节目中,运用领域更为广泛,摄像机作为还原真实生活的一种手段将记录功能充分发挥。拍摄时大多使用客观镜头,尽量隐去创作者的意图,采用旁观者的角度去观察被拍摄对象,力求达到真实再现和客观叙述。电视的生动性主要来源于摄像机记录的画面的真实生动。例如,《中华之剑(第三集)·剑之威》被舆论界称为"以生命换取的观点",是新中国建立后第一部大规模反映我国禁毒斗争的新闻纪录片。拍摄过程充满艰苦和危险,通过真实的图片、生动的现场画面、同期声等手段,记录了缉毒一线的真实情况,展示缉毒过程中的惊心动魄斗智斗勇的场景,摄像机记录的真实画面让受众充分认识了毒品的危害和社会各界为禁毒所作的努力。

二、文化传承功能

纪录片作为文化传播的一种形式,在编码过程中,其叙述方式、美学观念以及创作意识都与政治、经济、社会生活紧密相连,也和语言、风土民情、文化背景密切相关。美国《电影术语词典》中对于纪录片的定义是:一种排除虚构的影片,它具有一种吸引人、有说服力的主题和观点，但是它从现实生活中汲取素材，并用剪辑和音响来增加作品的感染力。①对纪录片的评价标准中包括是否具有一种精神、一种依靠真实记录的眼光和勇气建立起来的力量，纪录片的史学与社会学价值是第一位的，而美学价值是其次的。因此，纪录片主要承载传承记录功能。纪录片的精神随着时代不断地变换，从"我视电影为讲坛"到"直接电影"、"真实电影"，到"新纪录电影运动"。"我视电影为讲坛"采用直接陈述方式，旁白和解说占据主要地位，影像作为从属地位，以权威人士的口吻来达到宣教或说教目的。"直接电影"是一种以观察为主的纪录电影的策略。在实现手段方面强调"直接"和"立即"两个概念，注重身临其境的现场感，使观看者觉得捕捉到了当事人未受拍摄者影响的生活常态。"真实电影"利用同期录音的拍摄方式对正在镜头前发生的事件进行实况记录，注重拍摄者与被拍摄者的沟通，且对行为事件进行探讨。通过摄像机诱发出有别于日常生活的状态，即受制于社会规范下的行为在刺激下释放出来，使镜头前的画面更具张力。"新纪录电影"偏重于表现"现实生活是如何成为这个样子的，从而具有了'历史的深度'，也就具有了'未来启示录的作用'。"②

纪录片的创作理念和精神诉求也许存在差异，不同时期的作品也会打上不同时代的烙印，但是所有的作品都在不遗余力地诠释记录精神，展示真实记录的魅力。纪录片在史学价值方面的贡献是评价记录精神的标准。"基于对记录历史、展示现实的理念的共识，在探讨其的文化传承和记录现实功能中，主要强调的是隐去创作者的创作意图和主观思想，从画面对于事件的忠实记录角度去考量。在纪录片中坚持的记录精神，记录历史，引导观众去作具有批判力的社会和文化的反思，所以，纪录片的首要任务在于实现其社会学价值和独有的史学价值。"③因此，纪录片的记录和传承功能居于主导地位。

纪录片《舌尖上的中国》（图4-8），制作人怀着对美食的敬意，通过"自然的馈赠"、"主食的故事"、"转化的灵感"、"时间的味道"、"厨房的秘密"、"五味的调和"、"我们的田野"这7个部分，选取生活在中国不同地理环境中的具有代表性的个人、家庭和群落，以自然环境的巨大差异所带来的截然不同的饮食习惯和生活方式为故事背景，通过精美的画面和轻松的节奏展示中华美食的多个侧面，展现食物给中国人生活带来的仪式、伦理等方面的文化，展现大自然是以怎样不同的方式赋予中国人食物，我们又是如何与自然和谐相处，展示中国特色食材、美食气质以及中华饮食文化的精致和源远流长。该纪录片对中

图4-8 纪录片《舌尖上的中国》

国人的饮食经验、千差万别的饮食习惯和独特的味觉审美的记录，对传播我国饮食文化有

---

① [美]弗兰克·毕佛：《电影术语词典》，童锦荣、黄庆译，解放军文艺出版社1993年版，第28页。
② 单万里：《纪录电影文献》，中国广播电视出版社2001年版，第18页。
③ 候洪等：《感受经典——中外纪录片文本赏析》，四川大学出版社2006年版，第12页。

着积极的作用。

电视史上有很多留在大众脑海里的经典画面,摄像机不仅记录自然风光、人物形象,同时唤起人们的爱国情感,传递文化精神。例如,创中国纪录片最高收视率的关于长江沿岸地理及人文的纪录片《话说长江》,被称为中国纪录片历史上的里程碑,它介绍了从长江源头到入海口的自然景观、名胜古迹、历史人物、风土人情、两岸人民的生活及附近的各项工程。《话说长江》使中国观众第一次全面直观地看到国家的人文地理,感受到真实记录理念下的真实与亲切,就是这种真实亲切把人们心中共有的一股爱国情怀释放了出来。《话说长江》既像一幅长长的画卷记录了沿岸的风光,又像一本百科全书把长江沿岸的各种信息整合汇总。完整的影音资料实现了凝聚民族情感、传承民族文化的效果,呈现了记录现实、传递信息以及传承文化的功能。纪录片《长白山》特点有三:一是自然景观的大美呈现,作为生成32亿年的活火山,长白山的自然景观是影像结构的中心;二是历史积淀的凝重回溯,真实传达了历代王朝对长白山的景仰与敬畏;三是文化气象的精彩记录。《长白山》视野深邃辽远,由俄罗斯哈巴罗斯克出土的明碑,引出1411年明代宦官亦失哈的北上黑龙江——"东北亚丝绸之路"的开辟,奠定了长白山文化的开放格局,确立了长白山文化的自然与人文性质。

第七节 舆论监督功能

电视新闻专题节目和新闻杂志类节目题材一般以严肃新闻为主,通常具有极强的新闻敏锐性,会涉及对重大新闻的报道、评论和解析,承担着舆论监督的职能,其电视节目的观察视角和价值取向深刻地影响着舆论导向。舆论需要借助电视媒介表现自身、显示威力,电视媒体把舆论当作反映对象,在报道立场方面要以客观的态度代表媒介观点和社会正义,体现社会的公正,同时以深刻的内容剖析在观众心目中形成一种辨别是非的舆论标准。

一、坚持媒介正义和新闻品格

媒体的社会责任可以通过美国大众报刊的标志性人物普利策在1883年《世界报》发刊词中的语言来解读:"在这个日益繁荣的城市里,需要这样一种日报,不仅售价低廉,而且内容精彩;不仅内容精彩,而且篇幅浩大;不仅篇幅浩大,而且是真正民主的,是真正站在人民一边,而不是倒在那些有钱有势的人民的一边;它要多发新近的消息,少发过时的消息;它将暴露一切诡辩和无耻,抨击一切危害公众的肆虐和弊端,并以真挚诚恳的态度为人民而奋斗。"①在中国,媒体既是执政工具,又是社会公器,不论是党的喉舌还是民众的喉舌,目标都该是一致的,坚持媒介正义和新闻品格。

诞生于1953年的《全景》是英国广播公司BBC的王牌电视新闻专题调查节目。节目报道范围广泛,如对职业足球黑幕、食品药品安全等公众关注的敏感话题都进行了深度挖掘,其突出特点是立场客观、报道深刻和视角独特。《全景》始终坚持新闻报道的深度,监督公共和私人权利的使用和滥用。②

《全景》节目的调查范围涉及英国社会热点——公众利益、青少年犯罪、外来移民、恐怖主义威胁等。《全景》曾制作关于葛兰素史克公司的治疗抑郁症药物赛乐特副作用的报道。2002年,《全景》在"赛乐特的秘密"中披露,赛乐特可增加抑郁症患者的自杀风险。报道一出,65000人致电BBC询问相关情况,还有1300人直接通过电子邮件向节目提供反馈。节目与慈善团体Mind合作,对提供反馈的观众进行问卷调查,并把结果交给英国的药品监管机构——药物和保健产品监管署。跟踪报道"来自边缘的电子邮件"在2003年出炉。问卷调查发现服用赛乐特的患者普遍出现过自杀的念头等其他副作用。节目播出后,大批患者和慈善团体成员聚集在药物和保健产品监管署前抗议示威。2004年,《全景》又播出另一篇跟踪报道"滥用信任",曝光了赛乐特。在反恐、安全问题上,《全景》记者手持在欧洲黑市买到的假护照,两次蒙骗过英国海关而顺利入境,由此曝光了英国面临的安全隐患问题。

美国哥伦比亚广播公司电视网CBS的王牌新闻栏目《60分钟》(图4—9)同样在新闻报道上坚守新闻品格。1997年美国上映的一部电影《惊爆内幕》,讲的是一个电视调查记者为捍卫一桩与公共健康有关的议题,与庞大的烟草业、和媒介联手的官僚体制作抗争的故事。这部影片当年获得7项奥斯卡提名,它就取材于CBS的电视新闻栏目《60分钟》。

图4—9 《60分钟》栏目(采访)

节目对于政府部门、公司集团以及节目的广告赞助商损害公众的行为也会揭露,对于福特公司的不符合安全标准的油箱以及奥迪公司汽车加速器的不合格的报道,最终因为坚守新闻品格,坚持媒介正义的立场赢得大众及广告商的尊重。这种新闻职业品格诠释着新闻真实性的精神内核,保护公共利益,不惧怕任何外界压力,展示了新闻从业者的职业信仰,塑造了媒介的公信力和权威性,成为媒介正义的代表。

二、我国电视新闻类节目舆论监督的表现

电视媒体具有无可取代的舆论引导作用,而能否正确发挥自身舆论导向作用,是各级

---

① 新浪文化:《人物风流:新闻巨人普利策——少年时月薪13美元》,http://news.sina.com.cn/cul/2005—01—06/2888.html。
② 阚乃庆、谢来:《最新欧美电视节目》,中国广播电视出版社2008年版,第42页。

电视媒体能否正确认识自身社会功能的体现。SARS 危机中,大众传媒应对不利,在受众需要得知信息和需要媒体解惑的时候,媒体呈现的却是"失语"状态。在 SARS 危机之后,逐渐纠正传统的错误的危机报道观念,新闻报道中"报喜不报忧"、"家丑不可外扬"的文化心理以及媒体对于负面信息谨小慎微的立场得以改观,新闻政策发生了极为重大的转变,我国新闻报道思路逐步拓宽,走向开放,广大群众对话语权、知情权方面的要求逐渐觉醒,市民阶层对新闻的要求也变得更高。

(一) 重视民意,满足民需

电视新闻节目既是重视民意、满足民需的利器,同时也能促进公共意识的萌发。以《焦点访谈》为代表的电视舆论监督节目对社会产生了广泛深刻的影响。电视新闻的舆论监督不是小圈子里的相互谈话,更不是电视人的自言自语,而是要与整个社会对话。中央电视台新闻评论部认为:"深度报道不是故作深沉地罗列一些令人毛骨悚然而又解决无望的问题,不是故弄玄虚地卖弄让人听不懂的学问,不是靠一大堆陌生的概念把简单的问题复杂化。"①

电视新闻改革的一个重要表现就是在重视民意、满足民需的过程中起到积极的作用,促进社会主义民主建设进程。中国社会新闻实践与社会实践的高度契合,也包含培养公民意识和倡导公共意见表达的积极因素。中国人民大学新闻学院教授喻国明提出,新闻传播的价值诉求有三:一是资讯提供,二是环境守望,三是话语表达。媒介要加强自身优势,做好节目深化工作,搭建公共意见表达的平台,节目在采编上不仅要高屋建瓴地去看待问题,更要有真正属于自己的真知灼见、独特看法;在制作上不仅要固守自身拥有的传媒阵地,更要勇于创新,在节目设置上要求活,在新闻选材上要求新,不仅报道内容新颖,角度、手法都要新。只有这样才能使节目具有超越自我、突破自我的持续动力,贴近民生民情。

(二) 存在的问题

首先,在面对负面新闻时,与西方媒体普遍认为"坏消息就是好新闻"不同,我们的媒体通常选择封锁消息或谨慎处理,此时政府和媒介的公信力都会由于采取"新闻鸵鸟政策"遭到民众质疑,进而影响形象。面对负面新闻,政府与媒体之间要互相信任,要建立和完善信息通报机制,改变媒体面对某些负面消息时的"不作为"态度,逐渐建立媒体与受众之间的良性依赖关系,使信息透明化。

其次,媒体舆论监督的干扰力量始终存在。按照媒体营销的原理,在权衡媒体的经济利益以及媒体从业者的切身利益与传递对公众最负责任的信息做好舆论监督的职责之间,面对广告商和社会优势群体的负面消息时,媒体立场模糊、态度暧昧。

我国的媒介舆论监督存在缺失的领域,受到"只打蚊子,不打老虎"的质疑和批评。《焦点访谈》1998 年舆论监督的内容在全年节目中所占的比例是 47%,到了 2002 年降为 17%。这其中一个重要的原因是舆论监督的环境在变化,虽然舆论监督的力量在加大,但

---

① 时统宇:《电视舆论监督的批判封面与电视人的建设性立场》,载《中国广播电视学刊》1995 年第 8 期,第 17 页。

干扰也在增强。这使得《焦点访谈》的特色不那么鲜明了,不少观众的心情也从期待变成失望——以说情拒绝舆论监督。2008年8月28日,《人民日报》第五版刊登《如此拆房,为谁谋利》,公开披露江西定南县有关部门违法行政、强拆城市私有房屋的情况。报道在当地引起了极大的震动。对这篇批评报道,当地政府却采取非常措施——扣压。全县该日的《人民日报》全部被扣压近两天时间,在群众的强烈呼吁和追问后才得以送出,但是有批评报道的第5~8版整张报纸还是被扣压了。① 媒体是传递公众声音的公器,应当实事求是,深入实地调查,但是由于利益关系的影响,同时进行负面报道缺乏安全保障,媒体从业者在进行此类报道时可能招致暴力侵害甚至受到生命威胁。因此应当呼吁完善法律程序去保障舆论监督的自由度和安全性。如果没有法律的监督与保障机制使舆论监督有法可依,舆论监督的力量只能是杯水车薪。

再次,在舆论监督中,涉及职责范围及新闻媒介对自身定位偏颇的问题。为了争夺眼球而盲目进行的批评报道导致社会舆论失衡,这种不负责任和忽视自身社会职责的行为表现在个别地方媒体在舆论监督方面有追求轰动效应,高收视率的初衷,节目尚未找到合适的定位,选材还存在着非主流化、负面化的问题,内容也流于表面,缺乏深度挖掘,报道立场缺乏责任感和人文关怀,只满足人们的猎奇心理。这一状况的出现有深刻的经济文化背景,在经济转型和社会转型时期,社会主义市场经济体制逐步确立,新闻媒体也逐步走向市场,很多媒体为了实现经济利益的最大化,想尽一切办法提高收视率,增加广告收入,而忘记了自己是大众媒体,肩负着强烈的社会责任感,有履行社会公器和"社会良心"的职责。② 新闻在舆论监督方面的失范很大程度上是由媒介责任的丧失造成的。

最后,还有一些电视台推出新闻调查类节目之时,就已经将自身定位为"百姓代言人"的"正义"地位,这种行为不仅超出了媒体的社会作用范围,也妨碍了相关政府部门的正常工作,不仅不利于解决问题,反而使问题复杂化,导致政府部门在处理、解决相关问题时往往变得极为被动。这种现象的存在给老百姓造成一种找媒体更能解决问题的错觉,将媒体用作一种向相关政府部门施压的手段,这背离了媒体作为新闻传播的本质目的。此时的新闻调查类节目承载了媒体不能承载之重,而新闻人又不能去解决所有的问题,所以出现了主持人义愤填膺地讲述解决不了的问题的现象。理念上以及发展道路上存在的这些误区如果不消除,新闻调查类节目就很难健康发展,无法真正实现其舆论监督的职能。

第八节 艺术审美功能

所谓"审美",是指受众在观察和审视一种美的事物或艺术作品时所产生的一种主观

---

① 曹林:《百姓拿什么来拥戴舆论监督》,http://www.people.com.cn/GB/guandian/1036/2104653.html.

② 纪忠璇:《大众传媒在突发事件中的社会功能》,《新闻爱好者》2008年12期,第29页。

感受。审美和娱乐是人类在形成发展过程中形成的,歌舞、雕塑、绘画、戏剧等诸多艺术形态都在传递、交流审美的信息。而审美与娱乐、信息常常又是相互作用、相辅相成的。①在中国,电视几乎普及到了每一个家庭。美国电影学者沃尔夫·里拉说:"电视侵入了家庭和生活,它影响了人们的思想并改变着一些生活的习惯,几乎成为现代城市文明生活中每个人的一部分。"②这种极大地延伸人类视觉和听觉感受的媒体,也在普及着人类的审美活动。

一、科技美

科技构成的生产力呈现着美的形式,是美的载体。科技的飞速发展带来的是电视制作技术的进步,视听设备具有惊人的清晰度、保真度和艺术表现力,越来越多的元素能够辅助表达,带来审美体验。从无声电影到电影中加入现场伴奏,再到配音,再到同期声的运用,声音采集技术;电视摄像技术以及制作技术的不断进步,越来越多特技画面的呈现,声、光、线条、速度、构图、色彩、动画的运用使画面的美感越来越强。电视声画纷呈视听兼备,录像、录音设备的特能使电视节目不同于音乐、文学、广播、戏剧,既及时,又传真,富有纪实性的临场感,与生活形态无限接近,更加真实可信,观众宛如置身其中进行审美观照。无论是星球之大、毫发之细、千里之遥、咫尺之距,还是宏观宇宙之"宏"、微观世界之"微"、内心深处之"隐",都可以囊括进来、尽收眼底——镜头。无论天籁、地籁、人籁之声,还是禽虫龙凤之鸣、急管繁弦之音、爵士摇滚之乐,都能兼收并蓄、悉入耳际——话筒。正如我们的眼睛跟摄影机的镜头合一的一样,我们的耳朵跟微声器也是合一的。③

美国国家广播公司 NBC 的早间新闻谈话类节目《今天》(The Today Show),早在电视节目信号尚不能进行卫星传播时,加罗维在 1959 年前往法国巴黎拍摄了一个星期的《今天》,当晚把当天游览历史文化胜地的经历制作出来,连夜空运回美国。④ 但是随着卫星电视的发展,同看体育活动,同看海湾战争,同看奥斯卡金像奖颁奖大会,同看卫星发射。"电视把全世界的起居室变成了观众厅。"⑤

二、视听结合的审美性

电视艺术作品是审美客体,电视文化涉及电视艺术的美学特征,包括艺术的独创性。俄国文学评论家别林斯基说:"真正的艺术作品里,一切形象都是新鲜的,具有独创性的,

---

① 叶家铮、吴兴文:《电视传播》,北京师范大学出版社 1993 年版,第 15 页。
② 谭新斌、蒋有慧:《信息传播的嬗变与儿童世界的危机——儿童成人化问题的信息学探讨》,载《教育学术月刊》2009 年第 2 期,第 59 页。
③ [匈]贝拉·巴拉兹:《电影美学》,何力译,中国电影出版社 2003 年版,第 159 页。
④ 阚乃庆、谢来:《最新欧美电视节目模式》,中国广播电视出版社 2008 年版,第 25 页。
⑤ [美]R.M. 小巴斯费尔德:《剧本作家的四种媒介》,田园译,文化艺术出版社 1986 年版,第 12 页。

其中没有哪一个形象重复着另一个形象,每一个形象都凭它所特有的生命而生产着。"①

电视视听艺术的审美特征表现于采英撷华、兼收并蓄。融合现代电子科技与多种艺术,形成别具一格的视听综合艺术。电视艺术构成元素具有多样性和表现手段的丰富性。从视听艺术的审美观照角度来看,画面、文字、声音、表演、美工、蒙太奇、造型、特技手段等方面有机结合能够达到更佳的效果。在电视或电影当中,多种元素叠加起来的表意效果大于某一元素的单一存在,即使是在默片时代,画面承载传递信息的主要任务,但是对于复杂的情节,也会加入字幕以减少受众对于某些复杂画面的错愕感和理解歧义。因此,各元素融合在整体之中,多种元素水乳交融发挥综合效应,融汇在流动的画面中。这些都能唤起愉快的心理体验,获得审美享受,唤起审美经验。审美经验就是人们在欣赏艺术或者文化产品时产生的愉快体验,是人的内在心理与审美对象之间交互作用的结果。

同时,电视要不断满足受众的审美诉求。从形象感知方面来讲,画面具有选择性,因人而异。一方面存在于在创作过程中,制作者的理解和创作目的、创作意图的不同,表达同样的内容时,会选择不同的画面。相同的画面也会选择不同的编排制作方式或不同的解释性话语。另一方面是指受众观看过程中审美的差异对于画面产生的不同理解和感受。

剖析美轮美奂的电视画面,不难发现审美元素贯穿于各个领域。在美国有线新闻网的电视新闻节目《安德森·库珀360度》中,地球危机板块关注的是环保话题,首先让受众眼前一亮的是画面质量,那是足以与探索频道纪录片相媲美的自然风光。这一编排方式利用画面的美感给受众以视觉冲击。在台标和节目的标识方面,日本的商业电视台都采用卡通形象,几乎每一个节目都有卡通形象作为节目标识,这一设计更受大众欢迎,符合日本作为动漫大国民众对于动漫形象的喜爱。在电视纪录片的制作过程中,也注重审美理念的解读。例如,纪录片《长白山》为了呈现最震撼的画面,调动多种技术手段展现长白山美丽的自然风光、丰富的生态资源和深厚的历史文化积淀。摄制组在一年半的时间里,不但走遍长白山,还先后赴北京、上海、西安、俄罗斯海参崴、日本札幌等地进行情景再现的拍摄,留存了18000分钟的珍贵素材。在第1集《天铸神山》中,利用高空索道、高清水下摄影、陀螺仪航拍等高端技术手段,一一呈现白云峰的云海、挺拔的山峰、幽深的林海、古老的物种、山涧峡谷等珍贵画面,带来极强的视觉冲击力。制作的三维动画再现了史前火山喷发、渤海古城、巨型舰队远赴海参崴等景象,生动形象、大气磅礴。在电视广告方面,坚持广告是美的创造性的创作理念,它一方面反映或渗透着一定时代的审美观念、审美要求、审美理想以及广告创意,表现形式是对创意人思维的图像呈现,如电视广告《新天葡萄酒》通过音乐、画面共同表现。另一方面,通过大众对广告的认知、感受和理解的过程,它向社会传播着某种美学观念,如道德观、价值观、幸福观、消费观等,从而潜移默化地影响人们的价值观念和生活方式,公益广告在很大程度上实现着这一功能。因此,电视广告除了对市场需求的迎合之外,艺术水平和创意思维也贯穿着一定的美学理论。

---

① 参见朱光潜:《西方美学史》,人民出版社2002年版,第55页。

第九节　信息交换与服务生活功能

德国社会学家哈贝马斯在1962年出版的《公共领域的结构转型》中将公共领域定义为"可以理解为一个由私人集合而成的公众的领域;但私人随即要求这一受上层控制的公共领域反对公共权力机关自身,以便就基本上已经属于私人的、但仍然具有公共性质的商品交换和社会劳动领域中的一般交换规则等问题同公共权力机关展开讨论"①。这一理论引申至广播电视中,是指自由表达以及意见沟通过程有制度化的空间及法律法规作为保障,使交流、论辩、批判都有足够的空间。大众传媒是理想的公共领域,电视可成为一个很好的平台。在电视节目形式设置中,越来越注重与受众的互动,注重信息的交流,注重参与意识和贴近性,实现信息交换与服务生活的功能。

一、信息交换

（一）信息交换渠道多样化

电视信息传递者需要能够感知和识别受众诉求的沟通反馈渠道,信件、热线电话、网络沟通等都是行之有效的交流方式,同时运用电视媒体与网络媒体相结合的手段也是信息交流的有益尝试,信息交换能够使受众情绪得以表达,产生一些预期外的效果和高潮。一方面,良好的即时互动能够保障节目的良性发展,不至于与大众诉求脱节;另一方面,这也是节目效果评价的有效手段,反馈性信息的融汇相当于节目吐故纳新的催化剂,因此这一机制保障了节目的良性循环,赋予电视生命力。受众的参与度变高,预期的关注度得以实现,且由反馈构建的良性循环机制于节目的长期运作角度考虑,受众需求和电视文化的方向将更加明了。

电视节目中最简单、最易实现的信息交换方式就是现场的信息交换,如意大利立足于女性视角的电视谈话类节目《危险关联》中,采用专家和全场观众讨论交流的形式,在交流中碰撞思维,达到深入话题和调动大众热情的双重目标。

电视节目中互动的传统形式是信件,目前仍在使用,节目组会在节目播出时将信件信息传递给大众。但现在更多被采用的是电话参与模式。例如,法国的四频道(CHANNEL 4)的《早安荣耀》中,主持人介绍时政或真实故事,场外观众可以打电话参与讨论。中央电视台《艺术人生》节目在对嘉宾访谈时也常常会通过现场连线的形式与嘉宾进行通

---

① ［德］哈贝马斯:《公共领域的结构转型》,曹卫东、王晓珏、刘北城、宋伟杰译,学林出版社1999年版,第25页。

话,通过侧面信息塑造更立体丰满的嘉宾形象。这种形式目前是被广泛采用采用的,其优点在于实现手段简易、便捷性强。短信参与利用其成本较低、参与便利成为电视媒体普遍采用的一种方式,节目通过短信平台闪动观众的意见。随着网络技术的突飞猛进,网站、博客、播客等手段的综合运用也为互动交流提供平台,利用新媒体的交互性和信息发布零时间的优势,在节目前期运作中,可以汲取大众意见;具体操作中,可以通过网络报名、网络投票、留言等方式参与;在节目播出后,可利用网络进行问卷调查、受众分析,形成反馈,更简易地再现收视效果。

(二) 制作理念注重互动性

《安德森·库珀360度》是美国有线电视新闻网(CNN)的一档夜间电视新闻节目,它非常注重信息的交流与互动。节目内容包括重大新闻的报道,时政、健康、环保的话题。节目设置了"真实政治"、"让他们诚实"、"奉献360度"、"今天的画面"几个板块。在其中一个关注环保话题的板块——"地球危机"中融入受众参与和信息交换的制作理念,其实现手段主要是播放观众寄来的录像片段等资料或留言,并且建立节目网站及博客,加强对受众的吸引,同时将一些在节目中由于时间限制原因不能播出的视频在节目网站和博客中播放,为节目培养忠实受众。

传统媒体的传播方式是单向传播,有信息源被垄断和程序化的特点,信息从媒体这个"点"向受众这个"面"进行单向传输,缺乏反馈机制,同时也容易削弱潜在的批判空间,属于典型的"点对面"传播模式。而网络传播更易实现针对特定的用户传播特定信息,属于"小众化"传播,即"点对点"的传播模式。新旧媒体在表现形式、媒体功能、传授角色、传受关系方面有各自优势和不足,在新媒体与传统媒体并存的媒介生存状况下,媒介形式不断创新,新旧媒体之间的边缘逐渐融合,差异消失,各媒体功能呈现互补性,新旧媒体都在力行"点对点"的传播理念。根据传播学理论中的有限效果论,即大众传播效果形成过程中会被个人的政治、经济、文化、心理倾向所制约,受传者对信息会有选择性的接触。因此,在信息爆炸的时代,能够提供服务和附加值的信息才能吸引眼球。同时,电视要细分受众、精确传播,借鉴"点对点"的传播理念,靠传播优势内容来实现对受众的吸引力、号召力和感染力。这个传播理念的操作方法包括制作过程和传播过程两个方面的实践。

日本东京电视台的经济新闻节目《世界商业全览》(World Bussniss Satellite)克服了经济新闻报道中缺少直观视觉形象的弱点,每一条新闻都会有出镜记者采访报道。在制作家电竞争这一主题的节目时,在卖场与售货员以及相关企业主要负责人交谈,以类似于专访的形式让新闻更深入更生动。在2008年1月11日的节目中,新闻头条是《2007年12月·街角景气指数》,出镜记者沿着东京环线7号线,在每一个行政区挑选几家店铺进行入户采访,通过普通市民的嘴说出经济景气是好还是坏。在寒冷的冬日,街边的香肠店可以喝到热气腾腾的葡萄酒,出镜记者一定会亲自告诉你。[①] 制作理念方面的互动意识和交流意识给观众留下深刻的印象。

这一理念也贯穿于其他类型的节目,电视节目中主持人面前会放置笔记本电脑,在电

---

① 宋晓阳:《日本经典电视节目模式》,中国广播电视出版社2009年版,第54页。

脑前通过不断更新的信息与观众进行对话，形成良好的互动机制。谈话节目中的实践方法是与受众的互动交流方式增多，受众的参与性逐渐增强，受众不仅是谈话中的旁观者，而且积极加入讨论，和谐圆融的谈话场越来越被重视，互动是双向交流的支点。节目当中，会运用现场提问、设置游戏等方式进行交流。湖南卫视《背后的故事》一期节目中，讨论李少红电视剧台词的唯美风格时，主持人李湘请现场观众朗诵《大明宫词》中的台词，起到调节气氛、强化主题的作用，也让受众感受到参与的快乐。

二、服务生活

电视生活服务类节目主要承担服务生活的职能。生活服务类节目指关注日常生活，针对生活中的具体需要提供指导、帮助和具体服务的一种节目形式。随着人们生活水平的提高，此类节目数量越来越多，内容也越来越丰富、细化，制作越来越精良。相关专业频道的诞生是对于生活服务理念的最好解读，如购物频道、纪录片频道等，节目涉及美食、旅游、购物、时尚、健康等领域。相关专题类节目一直受到大众欢迎，如中央电视台的《舌尖上的中国》《天天饮食》《美食美客》《旅游指南》《购物街》《购时尚》《交换空间》《中华医药》等。

除了相关专题节目，其他类型节目中也渗透着服务理念，如新闻类节目中以及访谈类节目中的服务理念。这种编排方式使节目资讯更加全面，模糊掉了节目本身规定的类型边界，使节目收视群体更为广泛，同时也使节目中的人性化理念有了很充分的运用。上文介绍到的《安德森·库珀360度》是一档新闻类节目，其中在关于健康的信息资讯介绍中会定期请专家介绍健康医药新闻。《奥普拉秀》除了常规的人物访谈，有时还会把演播室改为厨房，邀请美食专家分享烹饪经验。《NHK新闻您早日本》这档新闻节目中非常注重服务意识。例如，生活资讯信息除了有天气预报，还包含出行信息，对机场、新干线、高速道路的路况都会进行介绍，天气预报介绍温度和湿度、风速，甚至各地日出的准确时间。在我国电视新闻节目中，《朝闻天下》《午间新闻》等新闻类节目中会加入服务生活的一些小的板块，如气象预报等。《今天》在新闻节目之外，有服务性专题节目《今日健康》《今日厨房》《教儿育女》《居家与园艺》《今天理财》。

这些理念的运用源于媒体对于认识受众的地位的清晰认知，注重"受众本位"。"受众本位"意识是指大众传播媒介在信息的传播活动中，应以最大限度地维护受众的根本利益为出发点，以满足受众获取多方面信息的需要为己任，以提高受众的思想素质、政治素质、道德素质和科学文化素质为目标，全心全意为受众服务。我国学者在20世纪80年代提出受众本位说，强调传播媒介的信息传播，最大限度地适应受众的需求，以受众为中心。电视媒体要找准与受众的契合点，把满足和引导受众日益增长的精神文化生活的需要作为最高职责。从受众出发，摆脱过去"以传者为中心"的思想，贴近受众，了解受众需要，达到传播效果的最大化。

目前，电视节目呈现分众化趋势，充分进行市场的前期调研工作，对收视目标群体锁定准确。目标受众的明确使节目清晰明确地传递目标受众所需的信息。除了节目制作方面的服务意识，技术的发展也将带来更丰富的资讯与更便捷的服务，有线电视的信息服务将会给受众带来更多的频道和信息选择。

美国传播学者约翰·菲斯克认为:"电视是一种文化,是使社会结构在一个不断生产和再生产的过程中得以维系的社会动力的重要组成部分,大众娱乐和传播就是这个社会结构中最基本的组成部分。"①电视文化诉求于市场原则和普遍化的非个人化的受众,同时与不断发展的科技紧密相连,信息的传递和文化的传承凝聚组成了一个动力学过程,将每一个人裹挟其中。

电视文化的多种功能使电视节目形式多样、精彩纷呈,同时使电视节目成为文化发展的重要载体。这种大众性的文化与日常生活黏性极高的媒体传递的信息形成一种大众文化,人们的思维方式在潜移默化中被改变。电视文化以大众性、融合性、开放性的特征,展示着我们日常的生活图景,塑造着人们的观念,影响着人们的认知。通过艺术的感染力,让人们用审美态度观察世界,给人们的价值观、情感观念和认知都带来广泛而深刻的影响。

练 习 题

1. 如何分析和把握电视文化的意识形态功能?
2. 举例说明电视文化的沟通交流功能。
3. 如何减少电视文化娱乐休闲功能的负面效应?
4. 电视文化在知识传授和社会教育方面有哪些特点?
5. 电视文化信息交换有哪些特点?

拓展阅读书目

1. 祈林:《电视文化的观念》,复旦大学出版社2006年版。
2. 郑征予:《电视文化传播导论》,复旦大学出版社2003年版。

---

① [美]约翰·菲斯克:《电视文化》,祁阿红、张鲲译,商务印书馆2005年版,第5页。

第五章　影响电视文化的因素

教学重点：了解并掌握影响电视文化的政治、经济和社会文化因素，领会影响电视文化的传统文化与思维定势因素、时代变迁因素、电视文化的传播与接受因素以及媒介生态因素。其中关于电视剧文化在整个电视文化中的地位应结合具体的案例分析，同时电视文化对其影响因素的反作用应从宏观层面把握。

教学难点：媒介生态环境是影响整个电视文化较复杂的因素，并因时代变迁不断发生变化，因此时代变迁因素与媒介生态因素是本章教学的难点。

第一节　政治与体制因素

电视已经成为现代人生活中不可或缺的一部分，人们现在获取信息和娱乐的主要途径就是通过电视进行的。从电视诞生之日起，其产生的电视文化就已经渗透到人们生活的方方面面，电视文化具有广泛性、系统性、独特性等特点，是特殊的文化存在形态。影响电视文化的因素有很多，其中政治与体制因素是电视文化的"风向标"，对电视文化的发展起着重要的引导作用。

一、政治、体制与电视文化密切相关

（一）政治、体制为电视文化的发展提供制度支持

政治现象是一种社会生活现实。政治系统是由国家、政府、政党、利益集团、政治人（普通公民和政治家）构成的政治体系，掌握并运用政治权利进行政治统治，是政治体系运行和社会政治生活的核心。在社会的大系统中，政治是与经济、文化并列的社会子系统。政治与文化密切相关，两者的交集产生一个新名词——政治文化。政治文化是支配和制约人类各种政治制度、政治规范、政治行为的观念体系。这就是说，政治文化是人们在社会政治生活和政治实践中表现出来的政治认知性成分、政治情感性成分和政治评价性成分的总和。它是人类精神方面的东西，属于人类精神文化的一部分。政治文化主要指的是人类的政治思想和政治意识，也就是关于政治生活的社会意识。而电视文化是文化系统的子系统，自然与政治也密不可分。政治体制为电视文化的发展提供政治支持和制度

保障,为电视文化的多样化发展提供稳定的政治基础和良好的政治环境。

(二)电视文化是政治沟通的重要途径

思想政治教育是电视传媒的天职,电视文化具有天生的思想政治教育优势,电视文化强大的信息沟通能力,使它成为政治沟通的重要途径。

信息沟通,也就是信息的交流,是人类社会最常见、最普遍的现象。没有信息沟通,人们之间的社会活动都将无从谈起,社会将变成一潭死水。政治沟通则是指信息沟通的内容主要为政治信息。政治信息是政治活动的信息,属于精神信息,政治沟通也就是以政治文化为内容的沟通。电视文化作为文化系统的重要组成部分,与政治文化密不可分。电视文化是政治沟通的重要途径之一。

由于电视文化在政治文化中具有影响范围广大和持续不断的特点,所以各国政治统治者都把电视文化当作影响社会舆论、灌输主导政治文化、强化公民政治认同的强有力的工具和手段。政治、体制与电视文化是政治文明与精神文明的具体体现,二者相辅相成,密不可分。

二、政治、体制对电视文化具有重要导向作用

(一)政治是电视文化发展的方向标

政治作为上层建筑,是电视文化发展的方向标,对电视文化起着重要的导向作用。例如,"文革"时期的中国电视文艺事业。这个时期文化事业实行统一要求,政治标准成为最高标准。此时充斥中国电视荧屏的是八大样板戏,即京剧《智取威虎山》、京剧《红灯记》、京剧《沙家浜》、京剧《海港》、音乐剧《沙家浜》、京剧《奇袭白虎团》、舞剧《白毛女》(图5-1)、舞剧《红色娘子军》。这些剧都是根据政治要求,运用"三突出"原则,塑造统一的"高大全"的人物形象。而不同时期,不同政治政策下,电视文化的发展方向是有所差别的。

图 5-1 舞剧《白毛女》(海报)

(二)政治、体制规范电视文化的发展

加强制度建设,用完善的影视制度确保主导文化在电视文化中的主导地位。缺乏必

要的游戏规则,电视文化势必会良莠不齐,媚俗文化势必会抢占主导文化的主导地位。完善的影视制度、优良的电视文化博弈规则有利于确保主导文化在电视文化中的主导地位。尽管我国影视事业发展较晚,但是行规已经越来越完善了。我国先后出台了《中华人民共和国广告法》《广播电视管理条例》《电视剧审查管理规定》《广播电视广告播放管理暂行办法》《电影管理条例》《电影剧本(梗概)备案》《电影片管理规定》等法律法规来规范广播影视行业的发展。

2007年,国家广电总局有针对性地相继出台了一系列行规,如《广电总局关于进一步加强广播电视广告播放管理工作的通知》,要求违规的医疗、性保健品广告和各类性暗示广告一律不得播出,同时,坚决纠正违规超时、超次插播广告及播放游动字幕广告等突出问题。2007年9月,广电总局出台措施,规范群众参与的选拔类广播电视活动和节目。该措施规定:自2007年10月1日起,各省级、副省级电视台上星频道所有群众参与的选拔类活动不得在19:30至22:30时段播出;举办群众参与的选拔类活动的后续巡演等各类活动,不得在各级电视台上星频道播出;海选类广播电视活动不得采用手机网络等投票方式,不得制造噱头、刻意煽情和渲染悲切情绪;主持人不得对选手、评委等使用哥、姐、弟、妹等称谓。2007年12月29日,国家广电总局发出《关于重申禁止制作和播映色情电影的通知》,重申禁止制作和播映色情电影。通知明示,制作淫乱、强奸及男女性器官等其他隐私部位的主创人员,一律不得参加各类影视评奖活动,严重者其法定代表人或主要负责人5年内不得从事相关电影业务。这些规章制度和严密的监控为规范影视企业传播行为,进一步清除荧屏污染,确保主导文化在电视文化中的主导地位起到了重要作用。

目前,我国影视制度的出台普遍存在滞后性。一些规章制度或行规往往是事后规范,节目被叫停或规范时,已经造成不同程度的社会影响。例如,与《第一次心动》相类似的选秀节目,先后被叫停的有:《超级女声》《加油!好男儿》《我型我秀》《绝对唱响》《名师高徒》《名声大震》《红楼梦中人》《快乐男声》等。

有制不依、违制不究现象也时有发生,严重影响了制度的严肃性和权威性。例如,宁夏电视台综合频道和甘肃电视台综合频道因以医疗资讯服务节目形式变相发布违规医疗广告问题,2007年2月2日被总局诫勉谈话,被责令立即停播所有违规医疗资讯服务节目,并作出书面检查。但两家电视台并未吸取教训,仍然违规播放医疗和药品广告,直到2007年6月18日才被叫停。由此可见,在进一步建立健全电视文化制度方面,不仅应注意制度的前瞻性,防患于未然,而且应建立健全监督、监控体系,做到有制可依、违制必究。只有这样,才能更好地发挥电视主导文化作用。

三、政治、体制对电视艺术的影响

不同时代背景下,政治、体制会给电视艺术带来不同的影响。

(一) 起步时期的电视艺术政治教化意味浓重

1958年6月15日,北京电视台直播了根据《新观察》杂志发表的同名小说改变而成的电视剧《一口菜饼子》,这部"直播电视小戏"拉开了中国电视剧艺术的序幕。这部电视剧的播出正是为了配合当时"忆苦思甜"、"节约粮食"的宣传精神。《一口菜饼子》存在诸多问题与不足,艺术表现比较粗糙,人物形象不够鲜明,但是,由于它很好地响应了当时的政治精神和号召,因此在播出后收到了较好的效果,后来还曾经被改编为广播剧和话剧。

1958年至1966年的8年时间是我国电视剧的起步阶段,这个时期形成了我国最早的电视艺术样式和创作模式,培养了我国第一批电视剧创作人才,为后来中国电视艺术的进一步发展打下了良好的基础。但是,这个时期的电视创作不可能摆脱"文艺为政治服务"的总方针的限制,尽管它具有反映社会生活迅速、表现时代精神快捷的优势,但是从整体上来看,较多的是"宣传品"而非"艺术品"。

(二)"文革"对电视艺术发展的桎梏

1966年开始的"文化大革命"给中国带来10年浩劫,社会主义建设事业也遭到重创,新中国的文艺事业也遭受重创。1967年5月10日,江青《谈京剧革命》一文公开发表,从此,经江青查收创作的8个"革命样板戏"作为一枝独秀占领了全国的舞台,也占领了电视屏幕,其他文艺样式则或被改造,或被淘汰。1968年5月,上海《文汇报》刊载了为样板戏总结经验的《让文艺舞台永远成为宣传毛泽东思想的阵地》的文章,强调文艺创作的"三突出"原则。紧接着,姚文元又将"三突出"创作原则进一步概括为:在所有人物中突出正面人物,在正面人物中突出英雄人物,在英雄人物中突出主要英雄人物。这种违背文艺创作规律与原则的荒唐主张,使中国的电视艺术不可避免地走向了彻底的概念化、平面化,人物形象也完全脸谱化。在这样"特殊"的政治体制及全社会的文化高压下,起步不久的电视艺术遭到毁灭性的打击。

(三)"文革"后电视艺术在正确方针政策引导下复苏

1976年10月,"文革"终于以"四人帮"被粉碎而宣告结束,伴随着"文革"梦魇的渐渐消退,全国的工作重点从全民精神控制逐渐转向社会经济建设,社会恢复了正常的秩序,文化艺术也重新焕发出光彩。

全新的政治背景促使每一个从"文革"这场政治巨变中走出来的中国人开始了对历史、对社会、对自身的深刻反省,在新时期的文学艺术创作中,"人性"、"人的价值"、"人的自由"、"人的需要"、"人的本质"、"人的自然欲望"等以人为出发点和归宿点的命题,得到极大程度的张扬。一时间,推翻专制主义、争取民主自由、呼唤个人价值和地位,成为整个社会的主流思潮,也成为文艺创作的主要思想倾向。

新时期政策的调整也为电视艺术的复苏与发展提供了广阔的天地。1978年8月,中央广播事业局为解决电视节目的来源问题,召开首次全国电视节目会议,号召具备有利条件的电视台都大办电视剧,为庆祝中华人民共和国成立30周年举办全国电视节目大联播做好准备,并决定立即进口国外的电影电视片,为国内电视艺术创作提供借鉴。在社会拨乱反正的形势下,在国家政策的鼓励下,在文学界、电影界"解放思想,冲破禁区"的号召中,我国的电视事业终于在历经长期的消沉之后,萌发了勃勃生机。

(四)新时期我国电视艺术的新发展

1978年党的十一届三中全会以前,我国没有文化产业这个概念,而且在当时的社会环境中这是不可能产生的,包括电视在内当时都叫文化事业,所有的文化事业都是国家所有,人们认为只有资本主义才讲经营、讲市场。因为只看到了文化的意识形态性质,认识到文化具有社会效益,所以在片面夸大文化产品意识形态属性的同时,忽略了其商品属性。改革开放以后,随着整个国家经济、社会环境的变化,经营活动开始在媒介中出现。虽然实践操作中肯定、认可了媒体创收等行为的正当性,但理论认识上一直对事业和产业的问题没有清晰的定位。2002年11月,党的十六大报告在第六部分"文化建设和文化体制改革"中第一次把"文化产业"与"文化事业"这两个概念作了区分,认为文化产业是"繁荣社会主义文化、满足人民群众精神文化需求的重要途径",明确提出要"积极发展文化事业和文化产业"。这是对文化事业和文化产业在理论认识上的一个重大突破。

2003年7月,中共中央办公厅、国务院办公厅转发了《中共中央宣传部、文化部、国家广电总局、新闻出版总署关于文化体制改革试点工作的意见》(中办21号文件),其中最主要的内容是明确将文化单位分为公益性文化事业和经营性文化企业两类。对于广播电视业而言,就是要对可经营性的资产、资源、业务进行企业化改制、公司化运营,全面参与市场竞争。同年9月和12月,国家广电总局分别下发《广播影视体制改革试点工作实施方案》和《关于促进广播影视产业发展的意见》,规定广播电视可以将经营性资产、资源和业务从事业体制中剥离出来进行企业转制和重组,与事业部分分别运营和管理。新闻宣传以外的节目、体育科教等频道包括影视剧的制作组建公司进行企业化经营,自主经营、自负盈亏。全面放开对经营性资源的资本运作,允许各类所有制机构作为经营主体进入除新闻宣传外的电视节目制作业。在确保控股的前提下,允许吸收国内社会资本进行股份制改造,条件成熟的电视节目(包括电视剧)生产营销企业经批准可以上市融资。

广电总局和商务部于2004年11月28日开始实行的《中外合资、合作广播电视节目制作经营企业管理暂行规定》(44号令),首次允许外资可以通过合资、合作的方式,设立专门从事或兼营广播电视节目制作发行业务的企业,明确了境外资本进入广电节目内容制作业的政策和具体方式,同时进一步降低准入门槛。这在广电内容制作领域是前所未有的。

2005年12月颁发的《中共中央国务院关于深化文化体制改革的若干意见》再次提出深化文化体制改革,加快文化事业和文化产业发展的原则意见。从一开始不承认文化产业的属性,到明确公益性文化事业、经营性文化产业不同的改革发展道路;从允许广告创收,到允许非新闻性可经营资源建立规范的企业化经营;从可以吸收国内资本进行股份制改造,到允许境外资本以一定的方式参与到内容制作领域。政府在这一过程中,一方面要保证它的核心目的,从所有制、意识形态、人员任免、政策方面加强对主流媒体的控制以保证持续的政治稳定;另一方面要通过运用市场机制加快媒体商业化步伐使媒体发展壮大、增强竞争力。

在30多年的改革开放进程中,电视产业经历了很大的转型。不论是内容方面,还是频道、传输方面,在数量上都大大增加。数字技术、新媒介出现并越来越引起人们的关注,媒体的内容和形式也日益多样化。原来占很大部分的政治宣传内容被去政治化的以娱乐为导向的市民生活内容所取代。节目形态也变得多种多样,谈话节目、游戏节目、真人秀节目等都开始出现并大受欢迎。

四、电视文化对政治因素的反作用

传媒作为政治文化社会化的一种途径,具有自己的优势:首先,它能向社会公众提供大量的政治新闻和政治信息;其次,它能连续持久地传播各种政治舆论和见解,宣传政党和政府的政治决策和具体政策;再次,它广泛宣传政治榜样,起到政治文化社会化的作用;最后,它能够引导公民的政治取向。

在社会教育活动中,电视传媒应该把思想政治教育作为自己义不容辞的责任和责无旁贷的天职。思想政治教育之所以是电视传媒的天职,是由我国电视传媒的性质和宗旨决定的。我国的电视传媒在体制上国有公营,是全国人民所有的、在党领导下的社会主义性质的电视传媒。江泽民曾说,我们国家的报纸、广播电视是党、政府和人民的喉舌。所以,电视传媒的根本宗旨是为人民服务,为社会主义服务。思想政治教育是培养、塑造社会主义社会公民的工作,是建设和谐稳定的政治环境的工作,电视传媒应该是思想政治社会化教育活动的主体,要担当起教育者的社会责任,建立起主体意识,组织精干队伍,投入很大力量,把思想政治教育当成分内的工作摆上议事日程,作为电视台社教类节目的中心和重点来抓。

电视传媒在宣传教育和引导舆论上,具有独特的优势,主要表现在以下几个方面。

(一)声形兼备,吸引观众

与报纸、广播相比,电视是集视、听为一体的较为先进的大众传播媒介,看电视不仅闻其声,而且同时观其形,声音与图像的结合会产生一般文字难以比拟的感染力。所谓声就是指言语声和环境效果声。言语声包括记者、主持人和当事人等说话的声音。效果声包括鼓掌、欢笑、爆炸等声音。所谓形就是指电视景物、环境、人物形体和动作的图像画面。电视传播媒介的特点正在于从声音和图像两个方面来说明事物,既体现言语等声音,又再现景物和人物的形象,能够把事物表现得更加具体和形象,使生动可视、活灵活现的画面达到绘声绘色的理想境界,使观众闻其声观其人了解全过程,从而有强烈的现场感,使观众产生亲临现场的感觉。这将会激发观众的心灵共振和情感共鸣,大大增强节目的感染力。声形兼备还使电视传播的内容易于被观众接受,各年龄段、各种不同文化水平的人都可以看电视,都能被电视所吸引,不像阅读报纸那样,需要具备较好的文字水平。所以,电视的观众是广大的。这一点,对于宣传来说是非常有利的。

(二)有利于丰富宣传内容的传播

电视艺术的内容丰富、形式多样,目前仍不断地改革创新与发展,这些会为政治宣传与舆论引导提供有益的帮助,有利于宣传内容和宣传形式的多样化,吸引受众的兴趣和关注度,从而起到更加良好的效果。

电视艺术构建了开放式的学习交流平台,影响人们的思维从封闭到更具科学与理性。伦理价值、经验判断和模糊随意的表达方式是中国传统思维模式的一大特点,这妨碍了我们与现代文明的接触与融合。改革开放以后,我国虽然摆脱了长期"闭关锁国"和极左思潮的束缚,社会政治和经济发生了根本性的转变,但长久以来的思想禁锢还会自觉不自觉地有所流露。随着电视媒体营造的开放式的交流环境的形成,世界范围内的新理论、新知识、新信息迅速被传播与吸收,促使人们走出封闭思维的定式,认识问题和分析问题的角度逐渐趋于科学和理性。

电视艺术善于发现总结先进典型树立学习榜样,促使社会充满奋斗的激情与活力。电视具有树立和宣传社会优秀形象的优势,其独特的技术性形成的覆盖和传播能力,具有强大的感召力和渗透力。例如,对先进典型的优秀事迹进行宣传,倡导公众树立"为人民服务"的思想,鼓励人们忠诚、爱民、拼搏、敬业、坚持正义,鼓励人们在各自的岗位上恪尽职守、勇于开拓创新,最大限度地动员和鼓舞人们投身国家建设,等等,营造一种健康向上的思想舆论氛围。

(三)有利于宣传持续进行

电视艺术具有全天候、实时性、连续性等特点,利用电视作为宣传媒介进行政治宣传,有利于宣传的重复进行和宣传的持续,以达到强化宣传的目的。

电视艺术搭建了政府与民众之间理解的桥梁,对和谐社会的基础建设产生良好影响。在计划经济向市场经济转轨的过渡期内,随着社会转型、结构重组、利益调整,政府与民众之间不可避免地会出现一些矛盾甚至碰撞。当人们处在惶惑不安、焦虑浮躁之中时,电视传媒往往充当思想导引和精神支撑的角色。站在评论者的角度,宣传国家的方针政策和法律法规,传播信息和解释信息,尽可能做到以理性的眼光和冷静的头脑,客观公正地分析现实问题,为民众提供尽可能多的有关政治、经济以及国际局势方面的报告,帮助民众更为理性地认识形势,理解眼前发生的变化;同时客观搜集和反映各阶层民众对政府决策的态度,帮助政府实现政务公开,为社会各个阶层做好服务工作。电视传媒架起政府与民众沟通的桥梁,不断消解社会矛盾,为和谐社会建设奠定了广泛的群众基础。

第二节 经济因素

文化在发展中,经济发展对其起着关键性作用,经济因素是电视文化前进的"基石"。经济是一个国家赖以生存和发展的基础,尤其在中国特色社会主义事业的发展中,经济更是我国发展的重中之重。经济的重要性,决定了它在"政治"、"文化"、"经济"三个文明中的基础地位。经济繁荣是电视文化得以发展的前提。

一、经济对电视文化的重要作用

(一)为电视文化提供经济基础

任何形式的文化的发展,都是以经济发展为先决条件的。欧洲资本主义萌芽出现,由此引发了文艺复兴;改革开放以后,我国经济的飞速发展,为我国迎来了电视文化事业的蓬勃局面。

纵观古今,没有任何一种文化是可以脱离经济基础存在的。中国电视事业发展初期,我国电视节目长期处于直播阶段,除了录制技术方面的原因之外,很大一部分原因是我国国民生产力低下、经济条件落后,或电视台难以承担录制电视节目所需要的磁带或胶片的费用。

(二) 为电视文化提供技术支持

经济作为社会全面发展的重要力量和基本动力,为电视艺术的发展作出的贡献绝不仅仅体现在资金投入方面,同样也体现在它为电视文化提供的技术支持方面。

我国第一台黑白电视机诞生于1958年。在"大跃进"热潮中,国营天津无线电厂生产出了北京牌14英寸黑白电视机。1970年12月26日,我国第一台彩色电视机在同一地点诞生,从此拉开了中国彩电生产的序幕。但由于受当时经济条件的限制、严峻政治形势的影响,20世纪70年代我国彩电的发展缓慢,除彩电显像管等关键部件仍需要进口外,生产规模、产量、性能、质量等方面与欧美甚至日本相比都存在着很大的差距。在这种技术条件下,我国电视节目的接受质量尚且难以保证,当然更提不上艺术性了。

而今,我国的电视产业已经在经济的带动下产生了翻天覆地的变化。从黑白到彩色,从模拟到数字,从球面到平面,无一不是经济发展、科技进步的成果。正是经济发展带动科技进步,科技进步提供技术支持,在坚实的技术基础之上才有了电视文化大树的繁茂。

(三) 为电视文化带来更多参与者

今天,我们的电视所处的境况和语境完全不一样了,这一根本转变是经济发展带来的。在经济和科技发展的推动下,电视技术得以不断发展,电视艺术样式得以不断更新完善。新兴的电视技术和创新的电视艺术形式改变了以往的电视的传播方式和接受方式,消除了传播者与受众之间的强制关系,受众不再只是被动地接受,而转入积极参与、主动接受和交流的语境中,电视文化成为人人都参与的真正的文化广场。我们的时代因此进入平等、平行、互动的传播时代,进入多元化和差异性并存的宽容时代,进入21世纪全球话语交流时代。这种电视艺术创造者和接受者之间平等交流的关系在以往经济条件和技术条件下是难以实现的。这种交流与互动无疑是电视文化发展的新的突破,为电视受众提供了便利的交流机会和广阔的交流平台,进而运用受众的力量为电视艺术注入新的活力。

二、电视文化与文化经济

电视文化依附于经济,电视文化本身也是一种文化经济。

(一) 电视文化经济的概念

美国著名传播学者、大众文化研究专家约翰·费斯克有关电视文化工业商品生产和销售中运行着"两种经济"系统的论述,对我国电视文化产业建设的改革与创新,具有重要的启示作用。

所谓"两种经济",费斯克说,一是"金融经济",一是"文化经济",其依据是马克思主义政治经济学的商品交换价值和使用价值理论。对电视文化产业来说,电视节目作为商品,生产和发行于这两种平行而且共时的经济系统中,其中金融经济注重的是电视的交换价值,流通的是金钱;文化经济注重的是电视的使用价值,流通的是意义、快感和社会认同。

电视节目首先运行在金融经济系统之中,此系统又分为生产和消费两个流通阶段。第一阶段是电视台根据市场规律进行节目制作,然后把生产出的商品(节目)卖给电视台(消费者);第二阶段是电视台通过播放节目,把电视观众作为"商品"卖给广告商,从中赢利。在这里,节目成了生产者,它产出来的是一批观众,广告商成了消费者。金融经济系统的第一阶段和一般的物质商品交换相似,第二阶段则是电视节目作为文化商品的特殊流通阶段。电视台的"真正产品"是广告的播放时间,广告商明里买电视广告的播放时间,实际上买的是观众。广告商希望观众看广告,观众越多则价码越高。观众作为"商品"被购买的那一刻,金融经济的流通才算完成。

(二)电视文化经济与经济的区别所在

电视的文化经济强调电视产品的文化价值。在文化经济中,流通过程并非货币的周转,而是意义和快感的传播。于是,观众从一种"商品"变成现在的生产者,即意义和快感的生产者。电视台向能生产"意义"的观众播放节目,使他们获得满足与快感,对现实充满幻想。而原来的商品(电视节目)则变成一个文本,一种能为观众提供潜在意义和快感的话语结构。在这种文化经济里,没有消费者,只有意义的流通,因为意义是整个过程的唯一要素,它既不能被商品化,也不能被消费;换言之,只有在我们称之为文化的那一持续的过程中,意义才能被生产、再生产和流通。

三、电视文化对经济的反作用

文化对经济的影响处处可见,且不说旅游业、饮食业、出版业、服装制造业,即便是高科技的手机制造业,也可以看到文化的作用。2011年去世的乔布斯所领导的苹果公司,其生产的手机之所以一直引领世界潮流,很大原因来自于他们的设计理念。再如建筑业,文化对它的影响极大,甚至可以说,文化含量的多寡,在相当程度上决定建筑水平的高低。正因为如此,中外的许多古代建筑经典,被列为"世界文化遗产"名录,受到了妥善保护;现代的许多建筑精品,被视为世界文化奇观,受到了普遍赞誉。

我国历史悠久,是一个文化大国,文化资源相当丰富。如今,我国电视技术逐渐发展,逐步健全,电视文化已经作为文化系统中一种新兴的文化产业发展起来。电视文化深深植根于传统文化系统之中,吸收着传统文化中的精髓,拥有了许多传统文化不具备的特点。以电视广告文化为例,电视广告的新特征使得它比以前任何一种广告形式给经济带来的影响都要大得多。

(一)直观性强

电视文化的传播是视听合一的传播,人们能够亲眼见到并亲耳听到如同在自己身边一样的各种活生生的事物。单凭视觉或单靠听觉,或视觉与听觉简单地相加而不是有机地合一,都不会使受众产生如此真实、信服的感受。电视广告的这种直观性,仍是其他任何媒介不能比拟的,它超越了读写障碍,成为一种最大众化的宣传媒介,无须对观众的文化知识水准有严格要求,即便不识字、不懂语言,也基本上可以看懂或理解广告中所传达的内容。

(二) 有较强的冲击力和感染力

电视是唯一能够进行动态演示的感性型媒体,因此电视广告冲击力、感染力特别强。因为电视媒介是用忠实记录的手段再现信息的形态,即用声波和光波信号直接刺激人们的感官和心理,以取得受众感知经验上的认同,使受众感觉特别真实,所以电视广告对受众的冲击力和感染力特别强,是其他任何媒体的广告所难以达到的。

(三) 有较高的收视率

经济发达的国家和地区,电视文化已经普及,观看电视节目成为人们文化生活的重要组成部分。电视广告注意运用各种表现手法使广告内容富有情趣,增强受众观看广告的兴趣,广告的收视率也比较高。电视广告既可以看,还可以听,即使人们没有看到广告画面的时候,耳朵还是能听到广告的内容。广告充满了整个电视屏幕,便于人们注意力的集中。因此,电视广告容易引人注目,广告接触效果较强。

(四) 利于不断加深印象

电视广告是一种视听兼备的广告,又有连续活动的画面,能够逼真地、突出地从各方面展现广告商品的个性。比如,广告商品的外观、内在结构、使用方法、效果等都能在电视中逐一展现,观众如亲临其境,留有明晰深刻的印象。电视广告通过反复播放来巩固观众的记忆。

(五) 利于激发情绪,增加购买信心和决心

由于电视广告形象逼真,就像一位上门推销员一样,通过引起注意、激发兴趣,把商品展示在每个家庭成员面前,使人们耳闻目睹,对广告的商品容易产生好感,引发购买兴趣和欲望。同时,观众在欣赏电视广告中,有意或无意地对广告商品进行比较和评论,有利于增强购买信心,作出购买决定。特别是选择性强的日用消费品、流行的生活用品、新投入市场的商品,运用电视广告,容易使受众注目并激发对商品的购买意愿。

四、正确看待经济对电视文化的影响

我们应当正确看待经济对电视文化的影响,充分利用经济因素推动电视文化进一步发展。

(一) 经济对电视文化的影响是重要的而不是绝对的

以前有句俗话:文化搭台,经济唱戏。它将文化比作"搭台"而与"唱戏"无关,显然有失偏颇。更有甚者,对"文化搭台"作了庸俗化的理解。有报道说,某县县长为了发展旅游业,竟然打扮成清代县太爷的模样,率领一班"衙役"出来迎接海内外游客。这样为经济"服务"的方式,让人啼笑皆非。

电视文化对于经济,绝不仅仅是搭个台搞好服务,更重要的是提供精神支持,为经济

注入活力。从电视文化自身发展的角度来说,在电视文化的发展历程中,经济虽然为其提供了必要的基础和支持,但是戏台上真正的主角是电视文化而非经济。经济对电视文化的影响并不是绝对的,经济的发展并不能直接代表我国电视文化的先进程度。

新中国成立以来,尤其是改革开放的 30 多年间,我们的经济飞速发展,但是,在新中国成立之初的社会主义现代化建设中,我们曾经或多或少存在着轻视文化的倾向。因此,在社会主义现代化建设之初,中国电视文化水平是较为落后的,并没有随着经济的飞速发展得到与之相应的繁荣。直至党的十七届六中全会,站在中国特色社会主义事业总体布局的高度上,对深化文化体制改革作了全面的部署。会议指出,文化越来越成为民族凝聚力和创造力的重要源泉,越来越成为综合国力竞争的重要因素,越来越成为经济发展的重要支撑。这次会议对于推动社会主义文化的大发展、大繁荣,乃至于促进经济的可持续发展都具有极其重要的意义。至此,中国电视文化产业才得到真正的飞跃和充分的发展。

(二)切勿过于强调经济因素而忽略电视文化本身的内涵

如果过分看重经济因素对电视文化的影响,势必会造成电视文化的发展以经济为纲,以经济利益为主要目的,从而导致电视文化的绝对经济化,导致电视文化质量的下降,阻碍电视文化的正常发展。

电视文化虽然属于"文化经济"的范畴,离不开经济因素的作用,但它首先是一种文化,在考虑经济效益之前,首先应该履行身为"文化"这一角色的职责,以追求电视文化本身的思想内涵为主要目标,以文化内涵为电视文化的首要标准,在此基础上充分利用经济因素的影响促进电视文化的健康发展。

(三)约翰·费斯克的"两种经济"理论

美国著名传播学者、大众文化研究专家约翰·费斯克的"两种经济"理论对于我们正确认识经济与电视文化的关系有重要启示和指导作用。

1. "两种经济"理论对电视文化产业发展的作用

费斯克将电视文化产品生产和销售置于一种"经济链"模式之中。这个"经济链"就像生物链与生态系统的关系一样,电视台收益增加,再把更大的资金投入到节目制作和传播等方面去。总之,电视产业必须通过以上系统每个环节的良性运转,来维持整体的经济平衡。无论哪个环节出了问题,都会破坏系统平衡,影响整个系统经济的正常运行。

在费斯克的电视"两种经济"理论中,经济链运行的轴心是电视受众。节目制作商、电视台、广告商的经营目的,都是要"抢夺"受众的"眼球"。受众对电视节目喜爱与否,将对系统平衡产生绝对影响。因此,电视文化产业必须找准自身和受众的最佳契合点,充分考虑受众的文化习惯,针对受众的不同心理需求进行产业运作,才能在激烈的市场竞争中立足。

2. 以"两种经济"理论为借鉴发展我国电视文化产业

(1)"内容为王",完善节目制作,把好节目质量关。

在电视"两种经济"系统中,节目制作占首要地位。无论多么先进的传播媒介,无论建立什么样的信息平台,都不过是一种传播手段或传播工具,而"内容"才是传播的目的、传播的灵魂、传播的生命。国外的大型传媒集团都信奉"内容为王",他们投入资金最多的是"内容",赚取利润最多的也是"内容"。

据统计,美国的视听产品出口已成为仅次于航空航天产品的第二大产业,在国际上占有 40％的市场份额。1997 年美国一部大片《泰坦尼克号》(图 5－2)就为好莱坞赚得 18 亿美元的外汇,这个数字相当于中央电视台 2001 年全年的广告营业额的近 3 倍!可见,要促进电视文化产业系统的平衡,缩小与外国的差距,首先要从节目制作与传播内容上下功夫,改变节目质量不高的现状。

图 5－2　《泰坦尼克号》剧照

为此,我们必须采取以下措施:多制作有中国特色的精品;我国电视节目的制作须在满足多民族、不同层次受众信息与文化需要的基础上,辐射全国、面向世界。同时,在电视文化的经济系统中,根据"以民为本"、"以受众为本"的原则制作电视节目,使观众获得更多意义和快感,促进中国电视文化在经济系统的生产和流通中发挥重要作用,保证该系统运行平衡。

(2) 加强电视传播研究,实行品牌经营,把好节目传播关。

与其他经济系统的生产和消费一样,电视台制作高质量的电视节目只是解决了电视文化的金融经济系统生产环节的问题。要维护系统的平衡运转,电视台对节目的购买选择与传播方式也要多加重视。首先,在购买选择节目时,电视台要集中大量人力、物力和财力,遵从市场规律,充分进行市场调研,考虑观众需要,力保电视节目质优价廉并对其进行包装和宣传;其次,在安排广告播放时,必须充分考虑各类受众,考虑不同时间段对各类节目播放、广告播放的合理安排,以期提高节目的收视率和电视台的知名度。要做到这些,我国电视文化产业必须摆脱长期计划经济意识的束缚。要改变这一现状,电视文化产业必须进一步实行"制播分离"的改革,大力推进电视节目市场的建立。通过联合兼并、优化组合,壮大提高节目制作部门的实力和生产能力;要完善电视节目制作人制和节目采购制;引入竞争机制,使电视节目从生产型向生产经营型和管理效益型转变,进一步提高节目质量。

(3) 坚持"以民为本"、"以受众为本",加强受众节目接受研究。

传统的节目制作与传播,片面遵循"子弹理论",往往把受众当作完全被动的接受者。

费斯克的"两种经济"理论,再一次明确了受众对电视节目阐释的能动性和差异性。因此,电视节目制作商必须采用先进的拍摄技术,真实再现我国传统文化和历史风情,将历史性与现代性相结合,实用性与艺术性相结合,更新传播理念,改革经营、管理体制,树立产业经济意识。同时还要学习借鉴国内外传媒产业的先进经验,走集团化、多元化的发展道路。只有这样,我国电视文化产业才能通过信息传播及其他多种经营,实现经济效益与社会文化效益双丰收,不断提高自身的市场竞争力,以自身的发展推动节目制作的改善,满足广大受众不断增长的收视需求。

总之,我国电视文化产业建设的改革和创新,决不能只考虑问题的一个方面,不能单方面抓节目制作、电视台经营或广告竞争。只有把我国电视文化产业作为一个整体,根据系统论的基本原则,利用系统各个环节相互影响、相互制约的特点,找出各个环节导致系统失衡的原因,从恢复系统平衡的角度各个击破,厉行改革,才能获得新的发展。只有通过传播观念、经营体制、人才培养、节目制作、受众研究等多方面的改革,促使电视文化产业两种经济系统运行趋于平衡,才能不断推动中国电视文化产业向前健康发展。这和维护生态系统平衡的道理是相通的,也是电视人应该遵循的电视义化产业建设原则。

五、以我国西部电视文化的发展为例看经济对电视文化的制约

西部是我国经济发展较为薄弱的地区。由于计划经济体制的长期束缚,西部地区各制作商及电视台经济效益、市场竞争的观念淡薄。虽然1998年国家就决定给电视业"断奶",将其推向市场,但直到现在,西部电视仍靠各级政府供养生存,充当着政府的"传声筒",电视资源还是按计划经济方式配置。

此外,优秀电视人才的短缺、传播观念的落后,加上社会、经济发展落后等先天不足的现实环境,使西部电视从节目策划、制作到播出都变得无序化。具体表现为节目重复播出、广告"堆砌"、人才资源浪费、相互间搞设备大战和基础设施大战等。总之,在激烈的市场竞争中,西部电视人未能及时转变观念、勇于创新,最终导致西部电视业发展的结构性失衡。这种失衡表现在:演播室制作的精品少,电视台经营不善,直接导致收视率下降,广告收入减少。反之,该"经济链"模式构成了一个电视商品流通系统。电视广告收入减少又使电视文化产业缺乏必要的资金支持,文化产业的经济失衡就体现在这一流通系统中。这样,电视台就无法制作精品节目,长此以往,就会形成恶性循环。

新的历史时期,西部电视文化产业虽然得到一定的发展,但与东部地区以及国际电视业相比较,其现状仍无法让我们感到乐观。从西部落后的经济状况来看,我们很容易明白造成西部电视文化产业发展落后的主要原因,那就是:由于历史和地域条件的限制,西部电视产业系统经济链还远未达到良性运转。其系统各环节存在的问题,使西部电视文化产业"两种经济"系统平衡遭到破坏,制约了西部电视业的发展。在这里,受众是我们关注的焦点。西部地区地理环境独特,历史悠久,少数民族聚居,社会、经济发展有别于东部。生活在这里的受众不但具有一般受众的共性,更具有西部受众的个性。同时,西部受众群中,还要考虑不同教育程度、年龄、性别、民族等方面的差异,考虑到受众的多元性。研究表明,受众的收视动机主要是获得信息、获得娱乐、获得知识、获得服务等。西部受众对信

息、文化有自己不同的实际诉求,根据"接近性"原则,西部电视文化工业生产必须重视西部受众的文化需要,尽可能制作能使他们获得最大满足和快感的多元电视文本。而就这一点来说,西部电视业也做得远远不够。纵观整个西部电视业,不仅难以找到一两家品牌电视台,就连有西部特色的精品栏目也不多。西部电视更多的是模仿东部发达地区电视的节目制作,其中有价值的信息含量少,节目表现出趋利化、肤浅化、雷同化的特征。西部电视节目一味追求时髦,重视短暂的经济价值,不能使西部受众获得文化意义上的满足,其文化经济系统中意义的生产、再生产和流通受到限制,就会削弱西部电视传承西部丰富文化资源的功能。反过来,文化经济系统运行不畅又必将影响金融系统的运行,整个西部电视文化产业的落后亦属必然。

如果西部地区经济得到充分发展,势必能提供更好的经济基础以促进西部电视文化的飞速发展。试想,在经济条件良好的情况下,电视台有充足的经济支持,那么,电视节目的制作就可以充分考虑受众需要和市场因素。在做好完善的市场调研和技术分析之后购买并适时播放高质量的优秀节目,才能吸引大量观众,促进广告量的增多;广告量增多,才会为电视事业的进一步发展提供资金和技术支持;由此形成电视文化事业的良性循环和发展。

第三节 社会文化因素

社会文化属于文化范畴,是来自于社会基层的文化。不同国家、地区、种族的社会文化差别是巨大的,但是社会文化与人们的生活息息相关,影响着人们的衣、食、住、行,同时影响着电视文化的发展。受众的生活理念、娱乐方式、消费观念、价值观等因素对电视文化的影响是显而易见的。

一、电视文化与社会文化的区别

电视文化属于社会文化的范畴。英国文化史学家雷蓬德·威廉斯对社会文化的定义包含两层含义:一是面向大众的文化传播,二是以工业化的方式大批量生产文化产品。电视文化也具有这两方面特点。电视文化面向无等级的泛市民传播,延伸至社会的每个角落。它不同于曲高和寡的精英文化,力求的是最广泛的收视率。但电视文化不同于社会文化,它是少数人利用现代工业技术手段进行大批量生产制造,再利用现代传播媒介迅速推销给广大民众,而广义上的社会文化是指民众自己创作、传播和接受。

二、电视文化与社会文化的同质性

电视是凭借高科技生存的大众传播媒介,没有大众传播媒介,就没有社会文化,二者之间有着必然的关系。电视文化与社会文化的同质性可以从几个方面去理解：

首先,电视观众是一个异质性的、多层次和多元价值指向的群体,他们由不同年龄、性别、种族、地位和心智的个人组成。他们是电视节目的消费群体,符合大众口味的电视节目才最有生命力。这从本质上决定了电视文化无论是传播内容还是传播方式都注定是一种社会文化。

其次,电视媒介的特点注定它必将生产出社会文化。如今,电视已经进入千家万户,电视机成了家庭必需品之一。电视所具备的大众共同欣赏的文化模式,使电视观众产生参与电视节目的欲望。他们不能容忍在家庭里播放自己无法参与的电视节目。

戴维·莫利在《电视、受众与文化研究》中指出,电视收视与文化素养不无关系。观众对于轻松的娱乐节目的接受程度要远远大于严肃类的电视节目,只有那些通俗易懂的形式才能被大多数观众所接受。与传统艺术相比,电视文化是一种贴近百姓的艺术,它满足人们的消费需求,已经成为一个人人都可以参与的游戏广场。因此,电视文化与社会文化必定是同质的。

最后,电视文化的生产是一种文化工业的生产。文化工业的概念最早由德国法兰克福学派代表人物阿多诺和霍克海默在《启蒙辩证法》一书中提出。在他们看来,文化工业的运作原则是商品交换逻辑,从本质上来说,文化工业生产出来的产品已经和一般的物质生产,特别是商品生产毫无区别。虽然究其根源,它也曾是直接追求利益而起源,但是现在它已经成为独立形态的商品,而利润带来的利益随即也呈现了意识形态的对象化。对于中国的电视文化来说,社会舆论的引导和意识形态的建构功能非常重要,但是,追求商业利润和广告效益正在成为中国电视节目制作越来越关注的目标。庞大的广告收益使电视制作者们不得不考虑如何维护或者获取更多的利润,这使电视文化生产的某些环节已经纳入一种商业化的工业生产的体系之中。如今,具有复制、娱乐等特征的电视节目已经走入市场,电视文化不再是传统意义上的艺术,它追求的是对大众的愉悦,已经成为一种流行的、热销的文化商品。

三、社会文化背景下的电视文化理念

电视文化虽然在社会文化的影响下已经成为一种商品,但同时,又具有舆论引导和政治意义,它所具有的特殊的传播功能要求它必须生产具有文化品位和精神影响力的文化商品,不能为了提高收视率而去迎合大众中某些低级庸俗趣味。在这方面,一些电视节目为我们提供了良好的参考标准,它带给我们一些正确的电视文化理念。

（一）消费娱乐观念

在如今繁忙的都市生活中,电视作为休闲的主要工具,应成为缓解大众精神压力的文化产品。像中央电视台的《马斌读报》节目,主持人马斌风趣幽默的读报风格建立起了轻松愉快的节目氛围,使观众在收看时获得一种精神享受与放松。另外,读报节目在内容的选取上,不仅有百姓关心的民生话题,还有许多带有娱乐化的新闻,这体现了电视传播的消费娱乐观念。

(二) 互动与交流观念

电视传播具有特殊的技术优势,可以快速与大众产生互动。例如,央视的《健康之路》栏目,每次都以直播的形式面对观众,让观众代表与专家通过电话、面对面等方式进行医疗卫生咨询。通过互动,电视文化也越来越平民化,从而得到观众的喜爱。

(三) 栏目内容的生活化观念

这种生活化观念可以体现在节目主题选择平民视角、提供生活服务信息等方面。这一点,在中央电视台的《为您服务》等一些服务性栏目中得到良好的体现。这些服务性栏目大多选取与百姓生活息息相关的话题,体现了一种人文关怀。

四、主流社会文化引导电视文化体系的建构

(一) 核心价值体系建设对电视文化发展的重要性

文化在表现方式上是多种多样的,通过借助符号化的概念得以传播,并成为人类文明的重要组成部分,可以说是人类的成就。这些成就包括他们制造具体的物品式样,以传统思想观念和价值为核心,文化价值更是其中的重中之重(以我国的传统价值观念为例,自强不息、知行合一、爱国主义等都是一个民族核心的价值体系中必不可少东西)。因此,价值观念是文化的核心要素。而电视文化,作为社会主义大文化系统的子系统,它的发展也深受核心价值观的影响。建设和发展新型的、面向现代化、面向世界、面向未来的电视文化,依然需要把握价值观念这个核心要素。

电视文化和其他亚文化系统一样可以分为物质要素、精神要素、制度规范要素、语言和符号要素四类。物质要素是表层的实体物质文化,语言和符号要素则是电视文化传播中的声音、图像等表达方式,这两个方面不过是电视文化的外在表现形式,精神要素则是电视文化价值观念的核心和重要体现,制度要素是电视文化的保障。我们的电视文化要遵循社会主义核心价值体系,这里所说的精神要素具体到我国而言,就是当下的政治文化,所谓精神要素和制度规范要素,也就是我们所说的政治、体制因素。

就当代中国而言,中国特色社会主义理论体系作为社会主义现代化建设的指导思想,它从生产力、先进文化、人民群众三个方面体现了历史唯物主义、辩证唯物主义的思想,它们彼此联系、互相推动,体现了哲学上的辩证统一,对我国的电视文化产生重要影响。尤其是中国特色社会主义理论体系中的"三个代表"重要思想,它涵盖了电视文化的诸多要素,把发展生产力、建设先进文化的根本目的指向满足广大人民群众利益,满足受众需要的定位也回答了电视文化价值观的中心问题,理应成为电视文化价值观的精髓、灵魂和核心。

(二) 和谐文化是中国特色社会主义电视文化的本质特征

党的十七大提出,社会和谐是中国特色社会主义的本质属性。构建社会主义和谐社会是贯穿中国特色社会主义事业全过程的长期历史任务,是在发展的基础上正确处理各种社会矛盾的历史过程和社会结果。在和谐社会的建设过程中,和谐文化作为全体人民团结进步的重要精神支撑,发挥着巨大作用。中国特色社会主义文化在当前阶段的重要

任务就是建设和谐文化,培育文明风尚。电视传媒作为一种影响广泛的大众媒体,更要发挥自身的传播和技术优势,在构建和谐文化上有所作为。在具体的实际工作中,要坚持正确导向,弘扬社会正气,大力宣传在社会公德、职业道德、家庭美德、个人品德建设中涌现出来的先进模范和典型,引导人们自觉履行法定义务和家庭社会责任。对于在社会转型期出现的各种社会问题,要本着人文关怀和心理疏导的原则去把握,既不回避也不激化矛盾,正确运用电视规律来反映和处理。当前,要坚决抵制和克服目前电视台普遍存在的各种低俗之风,净化荧屏,打造健康向上的负责任的媒体形象。

五、当代社会文化对电视文化的影响

(一)社会文化导致电视节目大众化

社会文化具有广大的群众基础,这也是由中国现阶段国情所决定的。中国现在处于并将长期处于社会主义初级阶段。目前我国绝大多数城市的电视观众文化水平相对偏低,这就决定了社会文化必定占主导地位,在众多观众对电视文化的求乐心理支配下,电视节目缺乏广泛性的精英文化,自然只能向社会文化让步。电视是传播社会文化的重要手段和使者,并通过大众传媒建构电视文化。而实际上,电视在传播一定文化的同时,也在建构着一定的价值观和意识形态。

社会文化无时无刻不在影响着人们的思想和行为方式,其中通过电视对人们的影响更为深刻。电视通过传播的议题设置功能,能让人们感觉到那些被大众传媒所关注的传播内容便是主流的或是值得肯定和仿效的。现代生活中的人们一方面要遵守各种规章制度,另一方面要承受各种压力和挑战,身心都处于紧张状态之中,人们需要在社会文化节目中缓解紧张或释放压力。现阶段制作的精英文化节目过于严肃、单调甚至呆板,不能迎合人们的需求。因此,电视节目的大众娱乐性就凸显出来。

电视最不擅长的就是表现理论和思想,这是它本身的表现方式所具有的局限性。电视离不开用画面传达内容,对人性的真诚、美好等往往用最通俗的方式来表现,而不用复杂的哲学方法来说明,它来解决一些复杂的哲学问题是不合其实的。所以,电视本身的表现方式常常是通俗的,因此也更倾向于大众化。

一定的文化是一定社会的政治和经济在观念形态上的反映。而生产离不开消费,在这之中,消费的物质基础又是非常重要的。艺术生产决定着电视艺术作品,艺术作品制约着艺术欣赏,而艺术欣赏又反过来影响艺术生产。目前国内绝大多数电视台依据收视率定夺节目的去留,社会文化节目收视率高,广告时段收入也高。电视节目要满足各个层次的观众的娱乐要求,追求经济效益和高收视率,就要迎合观众口味,向社会文化让步,但这样会失去广泛性的精英文化。

(二)促使电视文化提升品位

以高品位的电视创作要求提升电视文化内涵,是提高整个中华民族文化素质的重要方面,同时也是电视文艺工作者义不容辞的责任。作为占主流地位的电视媒体,理当负有弘扬民族文化的重任。文化与人类道德、鉴赏力、审美趣味等的培育不无关系,而低俗的文化环境则会导致大量的虚假品位和低级品位，从而引发道德败坏甚至犯罪等一系列社会问题。媒体应做到社会责任和利益追求两方面的兼顾，电视作为一门艺术，如何培养、提高民族的文化品位、审美情趣，让更多的人能够接受并青睐高层次的文化艺术，是摆在我们面前的严峻课题。

（三）促使"电视精英文化大众化，电视社会文化精致化"的产生

随着时代的要求，电视已不再是少数精英文化的代言，是成为社会文化和精英文化的完美结合。一直以来，精英文化处于"曲高和寡"的境地，而社会文化却拥有众多追捧者，之所以会出现两种文化对立的局面，主要是因为精英文化节目没有找到一个与社会文化融合的方式和最佳切入点。人们看惯了精英文化一贯高高在上的节目形式，就更倾向于社会文化节目的平民化色彩。因此，形成了两者的对立局面。前几年热播的由李少红（图5-3）导演的拥有唯美画面、深情对白的《大明宫词》就是一部两种文化融合的典范。这证明两种文化能够很好地融合，精英文化（小众文化）也可以被广大观众所接受，电视媒体应提倡寻求精英文化（小众文化）与社会文化更多的结合点。

图5-3 《大明宫词》导演李少红

六、社会文化影响下电视文化的特征

（一）民族性

中华民族精神应成为贯穿电视文化的主旋律，弘扬团结统一、爱好和平、勤劳勇敢、自强不息的民族精神应成为电视文化自始至终的任务，这也应是电视文化价值判断与价值选择的基本内容。中国电视首先应有中华民族风格、中国气派，这是保持文化活力、生命力的根本所在。香港的凤凰卫视虽然身处东西方文化、商业文化的交汇处，但是它的形象定位都是中国化的。而身处博大精深、源远流长文化腹地的内陆电视，更要高扬民族化这面大旗，利用优势，打造特色，开拓民族文化品牌。这对电视宣传如何弘扬民族精神具有重要的指导意义。

（二）多样性

电视的文化风格应是统一又多样的。身为电视大国，本土化、地域化、多样化就是中国风格和气派。地域的差异造成风格的多样，江南的清绮，北国的雄壮，不同的地域文化南北辉映。风格的简约与繁丰、刚健与柔婉、平淡与绚烂多样并存，共同构成电视文化的繁荣景象。令人担忧的是，有的电视人对价值判断多样性要素重视不够，选择盲目顺从，以致出现了节目形态的趋同化现象。卫星电视节目的趋同化造成的是电视资源的无序消耗和浪费。

（三）开放性

中国电视文化应体现中西合流、兼容并包、海纳百川的气度。在全球一体化的今天，文化的交流、交融与传播从广度和深度都应超越过去，电视文化价值判断标准尤其应注重

开放性的要素,注意吸取人类文明的一切优秀成果。

(四) 创新性

创新应体现文化的与时俱进。创新包括内容与形式的创新,思维方式的创新,体制、制度、规范的创新。创新意味着人无我有、人有我新。电视传播的趋时性带来文化上的变动性和淘汰率,只有创新的文化才会有生机。

七、社会文化对电视文化发展的启示

(一) 始终坚持社会主义核心价值体系,坚持主流价值观

终极价值是电视文化传播的最高目标、最高境界的价值取向,是电视文化的主要价值取向。现阶段,我国电视文化的发展要适应社会主义核心价值体系的要求,社会主义核心价值体系中为人民服务的观点进一步明确了电视文化终极价值取向。为人民服务、为社会主义服务,不断满足最广泛的人民群众日益增长的物质文化生活需求,丰富人民群众精神文化生活是电视文化的终极价值取向。

(二) 坚持以受众为主体,从受众角度出发构建电视文化

电视观众是电视节目价值的最终实现者。电视文化走向大众、走向娱乐是基本趋向,这是媒体生存所决定的,也是时代所决定的,积极的做法是倡导有品位的电视文化、有艺术感染力的电视作品、有精神升华价值的电视节目。

(三) 提高电视文化的质量,倾力打造高品位、高质量、雅俗共赏的电视文化

提高电视文化的思想性和文化品位,对电视文化既勿横加干涉,又忌疏于引导。电视要向雅俗共赏的方向引导,一方面高雅文化在保持高品位文化追求的同时,也要从内容到形式都增加可接受性,向大众靠近;另一方面社会文化在保留对市场经济的适应性、娱乐性、大众性的同时,也要借鉴高雅文化的优长之处,强化对生活意义的理解和对高尚审美情趣的追求,不断提高品位,推出一批雅俗共赏的文化精品。电视文艺工作者要挖掘电视文艺的引导功能,陶冶观众,提高自己的审美情趣,就要寻找这样一个契合点。既要使我们的节目符合艺术的规律,体现出丰富的创造力和想象力,以较高的艺术品位给人以美的享受,又要大众化、社会化,为广大观众所喜闻乐见,使广大观众的趣味在潜移默化的欣赏中得到提高。在视听表现手段、时空节奏处理等方面,我们努力求新求变,做到开放与多样,抓住主要目标观众,努力寻找和扩大自己的知音,使电视作品的审美功能得到加强。

第四节 传统文化与思维定式因素

当前人类虽然生活在世界的各个角落,但都是从历史的深处一路走来的。处于世界不同地域的人们,都希望紧紧抓住自己的文化根脉,但传统文化形态在当下的生存、转型及实现途径都各不相同。考察并进而比较它们之间的不同,或许能为我们认识这样一个过程带来实质性的认识及思考。两者对电视文化的发展也影响深远。

一、电视文化植根于传统文化之中

人类文化财富的积累是逐渐的、累加的、延续的。古今中外,每一个时代及其社会都在建设着属于自己的文明方式。当一种文明方式成型后,又开始影响和作用于后世,后来的时代在继承前代文明方式的同时,又按照新时代的眼界及思维能力和文化追求再建设起属于自己的文明方式。如此往复,一代接一代,人类的文化财富慢慢聚集积累起来。这样的文化脉动宛若一条亘古不息的长流,古今贯通,在不断地吸纳着、融汇着各分支汇入的支流,形成了人类文明波澜壮阔的滔滔主脉。文化传承的命题,就是在这样的态势下得以成立的。

电视文化是新科技革命以后新兴起的一种文化模式和文化样式,它以崭新的姿态出现在文化大潮中,与传统文化样式相比,电视文化的内容和形式都是焕然一新的。然而,电视文化的文化样式依旧是深深植根于传统文化样式之中,尤其在中国,传统文化精神更是它思想精髓的所在。

当今社会,"看电视"已经成为中国人的"家常便饭",电视文化的巨大覆盖面和感召力,使得它在所有文化之中独占鳌头。电视本身已经成为一种新兴的文化力量,而这种文化力量正以兼容并蓄、引人入胜的姿态走进千家万户。电视文化几乎可以做到无所不能,能够在中国的文化建设中发挥巨大的作用。然而,我们的电视还常常令人不那么满意,人们甚至抱怨频道越来越多,可看的东西却越来越少。电视文化的问题与电视本身一样令人注目。中国电视文化的选择应基于我们文明古国取之不尽、用之不竭的文化资源之上,这样才有助于有中华民族特色的电视文化的形成。

建设中国特色的社会主义精神文明,必须从现实出发,植根于中华民族优秀传统文化的土壤之中,否则就谈不上中国特色。电视文化是中国特色的社会主义精神文明的重要组成部分,无疑应在当代精神文明建设中发挥重要作用,成为新世纪中华民族文化方式和文化道义的强大推进器和催化剂。

中华民族在漫长的历史进程中,产生了许多积极和优秀的伦理思想,形成了博大精深的文化宝库,如胸怀天下、尽忠为国、舍生取义、艰苦奋斗、勤劳节俭以及仁民爱物、以人为本、尊师重道、崇法重义、孝慈友恭、乐群贵和等。"天行健,君子以自强不息"的人生理想,"三军可夺帅也,匹夫不可夺志"的独立人格精神,"富贵不能淫,贫贱不能移,威武不能屈"的大丈夫人格标准,"民为贵,社稷次之,君为轻"的民本思想……都具有超越时空的历史意义,是中华民族对人类文明发展的重要贡献。这些传统文化的瑰宝,体现了中华民族精神特有的人文素质和价值观念,它们是中华文明生生不息的源泉所在,是凝聚和激励民族精神的重要力量,至今仍有着强大的生命力。

只有当新兴的电视文化与古老的中华民族优秀传统文化深深接壤的时候,只有当电视在"传承文明,沟通未来"中如鱼得水的时候,我们才会看到这种"传承"所结出的丰硕成果、所描绘的壮丽景观。

其实,电视对传统文化的解读潜力巨大,我们能想到的几乎所有解读方式,电视文化都可以做到,而且还有许多有待我们去发现、去开拓的空间。电视文化可以把文字变成图像,可以把阅读变成观看,可以把"深入"译为"浅出",可以把学术转为谈话,甚至可以把幻想与想象变成现实……无论让人看得见、摸得着的传承,还是看不见、"润物细无声"的熏陶,什么样的文化都能被电视化。电视本身就是一部无所不包、无所不能的世间生活的百科全书。"寓教于乐"这句话,在电视上能够让所有人都感受得到。

诚然,电视文化是一柄双刃剑,既有传承文明的坚守的一面,又有逃离传统的唯新的一面。让电视文化固守一隅,一味流连"过去的好时光",一味慨叹"人心不古",不仅于事无补,而且还会丧失电视这种新兴文化力量的创造进取精神,无益于新形势下的精神文明建设。既要传承,也要创新。电视的"逃离"应是对传统文化的扬弃而不是抛弃。更不要让这种"逃离"仅仅成为对传统文化的无视、蔑视与不恭,更不要让这种"逃离"演变成仅仅是追求时髦、人云亦云、庸俗媚俗。

二、中国传统文化与思维定式对电视文化的制约

中国电视文化始终难以超越传统文化的约束,这是历史的必然。中国的传统文化浩如烟海,但保守与怀古却是各种传统文化的核心要素。中国人的保守与中国古代农耕文明过度成熟有关,农耕文明进入成熟期后的保守性决定了它们越来越依赖经验,越来越趋于平稳。中国人的保守体现在社会生活的许多方面。比如,在建筑上,中国的小屋殿顶式建筑四平八稳,与西方哥特式建筑的高耸相比,就体现了中国人求稳的思想。中国人最大的保守还体现在众所周知的防御性工程——万里长城,以及近代清政府的闭关锁国,类似反映中国人保守的传统文化不胜枚举,这种思想不可避免地反映在中国当代的电视文化中。

受中国传统文化以人为本的影响,中国的电视文化对人的关注重于对自然和科学的关注。中华文明历史悠久,传统文化深厚,任何一个领域、任何一个历史时期都有足够的内容让电视文化人去展示和挖掘。他们不用思考未来,也不用刻意编造什么故事,用回忆和怀旧的方式就有足够的电视题材。如《康熙大帝》《戏说乾隆》以及反映近现代历史题材的电视作品,主要展现有关历史人物的故事,类似的题材取之不尽、用之不竭。由于中国传统文化主要关注人,而非自然,同时,多数观众对与人相关的题材非常关注,所以,同期创作的关注科学技术和发明创造的电视作品并不多,于是人成了电视文化的核心内容,而科学技术与探索类创作较少进入电视文化创作人的视野。

中国电视文化在传统文化的笼罩下,也有不利于它创新和发展的一面。纵观电视文化的发展历程,中国电视文化虽然是一种新兴的文化样式,但是它从萌芽、起步、发展,到如今的成熟,无一不是遵照中国传统文化的进展模式进行的,电视文化的价值观念也始终被束缚在中国人传统的思维定式之中。以中国式圆满大结局为例,从传统的戏曲文化开始,中国几乎所有的文化都离不开圆满的结局,如中国戏曲戏剧中《窦娥冤》大结局的模式等。浪漫主义的结尾在当代中国电视文化中依旧屡试不爽。中国人传统思维定式在电视文化这种新兴文化产业中依旧体现得淋漓尽致,这种传统思维定式容易成为当代中国电

视文化发展的瓶颈,制约中国电视文化的模式创新和发展。

三、以几个国家的电视文化产业为例看传统文化对电视文化的影响

(一) 日本

日本是一个对任何文化形态均十分珍视的国家。在历史上,岛国特点的古代日本,并不是一个文化的滋生地。因此,这个民族历来重视吸收和学习外来文化,外来文化进入日本都经历过"日本民族化"的过程,日本社会也形成了保存这些文化形态的方式,从而让许多传统文化都在日本社会中生根发芽,并传诸后世。以日本传统文化中的"雅乐"为例,雅乐是中国古代的宫廷音乐。"雅乐"的体系在西周初年制定,与法律和礼仪共同构成贵族统治的内外支柱。日本的"雅乐"并不是中国传统意义上的"雅乐",而是保留了部分中国音乐的完全日本化的"雅乐"。而具有日本本国特色的"雅乐"在今天仍然活跃于日本社会的传统文化形态中。

一千多年前,面对外来的"雅乐文化",日本兼收并蓄;而今,面对新兴的电视文化,日本依旧如此。日本传统文化用它博大的胸怀接受电视文化,电视文化进入日本之后,在日本传统文化的滋养之下,焕发出不同以往的风采。

20 世纪 80 年代,日本电视剧的创作相当繁荣,题材类型也呈现日益多样化。《姿三四郎》《血疑》(图 5-4)《阿信》《来自北国》等一批电视剧走出国门,给包括中国在内的亚洲各国以极大的精神冲击。而 20 世纪 90 年代则被认为是日剧发展的"黄金时代"。这期间的日剧,以布景华丽、剧情浪漫、俊男美女、时尚潮流、唯美音乐进一步影响了视听一代的青年男女。随后而来的"韩流",也使日本的电视业受到冲击。然而,2003 年的《白色巨塔》大获成功,使得日本电视剧的发展再现转机,涌现出众多佳作,如福泽克雄的《砂之器》、山崎丰子的《女系家族》等。这一时期的电视剧则更重视现实感。在制作、取材方面,更加注重贴近现实生活和普通观众的需要。这既跟长期形成的传统有关,

图 5-4 《血疑》剧照

又反映了日本电视剧创作者善于把握时代脉搏,挖掘社会生活和普通民众关注的切身问题。例如,1996 年日本播出的"富士月 9 剧"的《悠长假期》,便以当时的日本的经济危机为描写对象,来讲述毕业即失业的"飞特族"(freeter)的故事。

日本——这个在明治维新之后迅速进入现代化社会的国家,在电视文化的巨大冲击力之下,并没有以失去传统为代价,相反却让今天的日本社会在进步和文明的大框架下,始终闪现着传统文化资源固有的风采和光芒。这种直接继承传统文化财富的做法,在全球范围内都具有典范性。

(二) 印度

印度是一个传统文化大国,是一个用自身的文化甘露滋养了南亚甚至是东南亚许多国家的文化发散国,是一个区域性的、文化源泉般的国度。印度的传统文化形态极其本我

且异常饱满,自古以来的印度传统文化在漫长的岁月中完全形成了一个举世无双的独特审美系统,它沿着历史长河不断地在向下游和支流涌动,其产生的文化影响力和辐射力,巨大而深远。

印度文化的兼容能力很强,一切外来艺术进入这个社会中,都会被它同化、消解,新兴的电视文化也不例外。也就是说,印度文化虽然同样在吸收外来文化,但由于其自身的文化力量过于强势,以至于任何进入这个系统的外来文化形态都会变成服务于印度文化的一块砖、一片瓦。电视文化落户印度之后,印度文化赋予它独具印度特色的全新的文化属性。

1959年,印度第一家电视台DD开播。在此后的近30年中,印度在发展国家电视传媒的道路上始终处于落后的状态。20世纪80年代和90年代,许多发展中国家都选择与国际接轨,印度就是其中比较有代表性的国家。几乎与此同时,印度电视传媒也开始以开放的姿态参与到全球化的竞争中。

1991年,政府将国内电视传媒向国外和本土私营企业开放。经过20余年的发展,印度电视业迅速在亚洲崛起。

从印度电视文化的变迁中,我们可以看到印度政府和人民为了适应形势的变化,结合自身国情探索出了有印度特色的传媒发展道路。20世纪90年代以来,在全球化背景下的印度电视传媒政策、体制和机制的变迁是顺应时代潮流而动的,为印度电视业的繁荣兴旺作出了重要贡献。印度电视传媒的变迁又一次证明发展中国家集结自己的智慧,凭借厚重的文化底蕴可以在全球化背景下做到"和而不同"。

(三)韩国

韩国是一个"恋旧"的国家。这个国家的历史虽然比中国要短得多,但却有着惊人的文化生发力。或许是由于地域幅度上的危机感,这个民族历来坚持吸收一切外来优秀文化为我所用,并不断地发展和巩固所获得的任何文化成果。由于与中国的历史文化有渊源,我们可以在其文化形态上鲜明地感受到其后发而独立的成长势头和成果,而他们对于传统文化的珍视和爱惜,同样令人感慨。

在这个国家里,传统的价值观十分稳固,有关传统文化保护的自觉意识自下而上发自全社会。韩国最令人钦佩的一点,在于传统文化形态成功地转型成为具有极高艺术气质和文化涵义的高级艺术形态。韩国传统文化是东方儒家文化和西方工业化的大众文化相结合的产物,它利用文化全球化进程中出现的全球化与本土化的冲突与调和,将传统伦理与现代性的冲突、东西方价值观的对立体现得淋漓尽致。

以韩国的电视剧文化为例,韩剧中为观众呈现的是一种西化的、高速发展的、繁荣发达却又不失传统气息的电视文化。韩国励志电视剧《大长今》(图5-5)曾经掀起的收视狂潮众所周知,这部电视剧就是韩国传统文化与电视文化相互融合的最好体现。大长今在韩国历史上是真实存在的,朝鲜王朝第十一代国王中宗统治期间,确实有过一位名为长今的主诊女医师,本故事正是根据历史真实故事改编的。电视剧《大长今》源于韩国的传统文化,并形象生动地再现了韩国的传统文化,剧中的饮食、服饰、中医文化,无一不是韩国传统文化的体现。

韩国文化讲求品质和韵味,韩国的艺术发展,体现着很强的"进化"色彩,许多艺术形式都从最初的民间形式转化为具有极深艺术趣味的民族艺术品种,在原来极为简单和浅陋的形态上发展起来并成为较高审美境界的艺术形式。令人感到惊奇的是,韩国电视文化虽然也进行了这种所谓"进化",但它并没有弱化自我民族属性,而是在民族性的基础上更加有效地强化其独具特色的艺术感染力。如今新兴的电视文化依旧具有韩国传统文化的特质,从韩国的电视文化中让人分明感受到一个具有较鲜明"忧患"意识的民族所秉持的特有的文化自觉。

图 5-5 《大长今》剧照

(四) 俄罗斯

俄罗斯处于两个大陆和两种文明类型——欧洲与亚洲、西方与东方的特殊位置,这使俄罗斯文化兼具东西方特性,既具有西方文化和东方文化的某些特征,又区别于完全意义上的东西方文化。

俄罗斯是个具有文化气质和历史厚度的国家。这个国家在 17 世纪末、18 世纪初彼得大帝倡导全面西方化、用西方先进文明来改造自我文化之后,便迅速转型,进而达到在文化上以及其他领域的高度成熟。俄罗斯勇于学习西方,利用西方已经获得的经验来提升自己、完善自己,进而超越西方,登上世界的艺术巅峰,成为一个吸收外来文化的成功典型。在吸收外来人才方面,俄罗斯也是不遗余力的。

俄罗斯的传统文化深邃、神秘,非凡崇高与蒙昧奴性共存,富于激情而又充满"迷醉精神"。在面对电视文化这一全新文化样式时,它大胆引进外来的经验和方法,同时调动自己的聪明才智去积极实践。短短几十年间,电视艺术已经以一种新的姿态在俄罗斯扎根发芽并茁壮成长。在这里,新的电视文化形式进一步丰满了传统的文化内涵,而电视文化形式上的拓宽同时也让俄罗斯传统文化焕发出崭新的生机。在当今物质发达的工业时代里,俄罗斯电视文化的文明之花散发着其特有的幽香。

2006 年,美国 NBC(全美广播公司)国际电视股份有限公司 Wolf Films 和俄罗斯电视台 NTV 达成协议,俄罗斯把《法律与秩序:犯罪倾向》(Law & Order:Criminal Intent)和《法律与秩序:特殊受害者》(Law & Order:SVU)这部收视率极高的美剧引进本国,由俄罗斯结合本土化重新改编之后跟观众见面。

(五) 美国

美国是一个历史文化传统并不悠久的国家,因此,美国电视艺术也没有深厚的传统文化土壤让其落户。美国的电视艺术是一种真正意义上的全新的电视艺术,几乎没有传统文化的束缚,因此它只需要顺着世界发展和时代进步的潮流自由前行就可以了。

以电视剧文化为例,当下美国电视剧文化的发展很大程度上得益于美国大众对于现实问题的关注,以及美国电视剧创作环境的开放,这使美国电视剧可以尽最大可能同步于时代背景与当下社会。社会突发的重大事件成为美国电视剧文化的最主要来源。2001年,美国在"9·11事件"之后,《24小时》成为第一个直接面对的媒介作品,自此反恐不仅成为美国日常生活,也成为美国电视剧屏幕上最重要的内容。《24小时》涉及的重大事件包括:暗杀总统、伊拉克战争、核爆炸、核电站危机、因特网攻击、毒品贩卖、生化危机、神经毒气、反恐协议等,这些题材折射出美国在"9·11"事件后整个社会、国家对恐怖活动的态度及所采取的措施,也体现了国际社会关注的焦点。少有传统文化的影响,紧跟时代潮流与对现实主义的追求就是美国电视文化的最大特点。可以说,美国发生什么,美国人关注什么,电视剧中就将看到什么。

当然,美国的电视文化并非完全没有美国传统文化的影子,美剧最大的特点——开放、热情就来自于美国传统文化之中奔放的文化性格。《绝望主妇》《绯闻女孩》的全球热播并不是偶然,只有从这种全方位开放、自由的传统文化中,才能培育出如此开放、如此精彩的电视文化。

(六) 中国

中国是一个拥有久远的历史和丰富的古代人文资源的国家。富于创造精神和善于创造的中国人民千百年来哺育出独特而极富色彩的中华文明,为世界的多元文化增添了灵动而又凝重的一笔。中华历史文明的长河,历经各种自然以及人为之砥砺,经受过各种历练和考验。在全球化背景下,在各国电视文化的狂潮中,中国的电视文化能否真正得以实现"兼容并蓄",无论对电视文化还是传统文化都是一个严峻的考验。

今天,中国在世界舞台上的电视文化地位与其文明古国应有的地位并不相称。作为当今第一传媒的电视,在向世界展示中国文化方面做得还远远不够。如何消除西方对中华文化的隔膜、曲解甚至误解,使我们的文化畅通无阻地进入国际文化交流的大舞台,电视无疑是一座再好不过的桥梁。我们正面临一个伟大的变革时代,不仅政治、经济在变革,而且文化也在变革。文化的发展已经或者必将成为世界发展的深层动力,电视文化的发展在整个社会进步中具有重要的战略意义。而今,如何达到传统文化与电视文化的完美结合显然已经成为中国电视文化发展需要解决的重要问题之一。

想要达到传统文化与电视文化的完美结合,需要做到以下几点。

1. 始终坚持中国传统文化的精髓

中国传统文化是中华文明演化而汇集成的一种反映民族特质和风貌的民族文化,是具有鲜明民族特色的、历史悠久、内涵博大精深、传统优良的文化,是中华民族几千年文明的结晶。在中国,任何时代、任何形式的文化都应该始终以传统文化为指导。电视文化也应该始终坚持秉承中国传统文化的精髓,并在此基础上加以创新和发展。

2. 以传统文化为思想内核,赋予电视文化新的外壳

中国文化是始终以传统文化为核心发展的,但这并不意味着中国任何的文化样态都是完全一样的。电视文化是在科技革命,尤其是新科技革命之后诞生和发展起来的,既然

是一种新的文化样态,就应该有一个新的样貌。电视文化之所以具有魅力就是因为它有不同于传统文化样态的存在形式。电视文化的思想内核应该是始终不变的,但是,电视文化的传播形式应该不断创新,只有这样,这种文化样态才能有不同于其他文化样态的魅力,才能在世界文化体系中焕发出别样的光彩。

3. 顺应时代潮流发展电视文化,增加传统文化的活力

处于变革竞争时代的电视文化也需要变革,其变革内容,必须使电视成为文化的电视,成为社会主义文化的电视,只有这样,才能创造出无愧于时代的电视文化。

文化发展中一个最重要的问题就是坚持世界文化的多样性,坚持各个国家、地区或民族文化的特性。电视文化由于其自身的传播和发展特点,使它有先于传统文化接触世界文化和先进文化的优势,在紧跟时代潮流结合自身优势得到充分发展的同时,应该把世界的先进文化引入中国的传统文化中,给中国的传统文化注入新鲜血液。

第五节 时代变迁因素

电视文化发展至今,每一次大的变革和跳跃式的发展,无一不是时代变迁带来的,电视文化节目形态的多样性也紧随时代变迁。由于时代变迁因素的影响,电视文化的表现形态越来越丰富,除了带给人们丰富的文化娱乐形态之外,对人们的生活方式也产生了较大的影响。

一、时代变迁促进电视文化样式多样化

所谓电视节目形态,简而言之就是电视节目的样式和文体,它涉及题材、参与者、结构方式和表现方式等方面。简单地分,电视节目形态通常被分为新闻类、社教类、文艺类和服务类四大类。

电视文化萌芽之初,几乎只有电视新闻和电视单本直播剧这两种节目样式。随着社会的发展,时代的变迁,电视文化中涌现出一批新型的文化样式。电视文艺节目(如中央电视台的《正大综艺》)、电视娱乐节目(如湖南卫视的《智勇大冲关》)、电视纪录片(如《北京记忆》)、电视谈话节目(如凤凰卫视的《鲁豫有约》)、电视电影(如中央电视台电影频道)、电视特别节目(如央视1套的"3·15晚会")、新闻综合类节目(如央视2套的《第一时间》)、科技教育类节目(如央视10套的《百家讲坛》《探索·发现》《科技博览》)、影视娱乐类节目(如央视3套的《非常6+1》《开心辞典》等)、经济生活类节目(如央视2套的《购物街》《经济与法》等)、少儿动画节目(如央视少儿频道的《大风车》)、体育赛事类节目(如央视5套的"世界杯的直播")等纷纷成为独立和健全的电视文化样式。

二、时代变迁促进电视文化内容专业化

(一) 专业化频道的产生

电视文化发展之初,并没有如今这种各大电视台"百花齐放,百家争鸣"的繁荣景象。当时,几乎只有北京、上海这样的一线城市才有资金、有技术、有能力承办得起一家电视台,甚至连省级单位也并不是都拥有各自的地方电视台。如今,随着时代变迁,中国各个省市乃至县级单位都有了自己的地方电视台,不仅如此,每个地方的电视台也早已摆脱频道单一化的困境,建立了专业化的电视频道。中央电视台已经有包括综合频道、经济与法律频道、电影频道、科教频道、新闻频道、少儿频道等频道在内的二十几个专业频道,河南电视台也已经有十几个专业频道。

当然,由于专业化频道粗放型的发展方式以及个别专业化频道发展时机尚不成熟等缘故,我国电视文化中的专业化频道建设依旧存在许多问题。其中,最明显的问题之一就是一些专业频道存在着不专业的现象。所谓专业化频道不专业的主要表现是,综合频道和专业频道内容相互渗透,节目形态鱼目混杂。这是当前电视频道格局的主要矛盾,极大地浪费了频道资源。在此种情况下,电视文化工作者应清醒地认知中国受众市场的分化程度,客观评估专业频道差异化的竞争实力,采取相适应的定位策略。

(二) 促进专业化节目的产生

电视文化发展之初,电视综艺节目曾经由于适合多层次受众观看的独特优势成为电视文化的宠儿。而今,时代在发展,社会在进步,电视文化已经开始了自己的专业化时代。与专业化频道同步发展起来的,还有专业化的电视节目。电视节目把目光更加精确地对准了小众,不求多层次的受众,只求高质量、精定位的节目。

这里所说的专业化节目,是指节目内容和节目受众具有极强针对性和指向性的节目,如中央电视台经济频道专门针对股民的开设《中国证券》、河南电视台针对戏迷朋友开设的平民戏曲舞台《梨园春》和针对拳击爱好者开设的《武林风》等节目,这些节目的最大特点就是,节目内容专一,受众指向性强,它们并不希求获得每位受众的欢迎,旨在牢牢抓住某一特殊受众群体的眼球。

以中央电视台新闻频道的《高端访问》为例:由著名国际新闻主持人、专访记者水均益担任主持和制片的电视栏目《高端访问》是中央电视台最有影响力的以专访外国元首、政府首脑和各界知名人士为基础的大型人物访谈节目。《高端访问》的节目定位就是——站在高端,领略人物风采;走进高端,聆听时代强音;面对高端,探究世界变幻。迄今已经专访前联合国秘书长加利和安南、俄罗斯总统普京、国际奥委会现任主席罗格和前任主席萨马兰奇等 200 多位世界政要和其他领域内的国际知名人士。该节目的访问对象必定是权威人士,它的受众群全是那些关心国际政治局势和政策变化的电视受众,家庭妇女、儿童、老年人可能并不关心这个节目。但是,对于那些迫切需要了解国际形势的人来说,这无疑是无可挑剔的最佳选择。

三、不同时代电视文化的不同特点

(一) 新中国建立之初,电视文化以电视剧为主要内容

北京电视台在试播期间,曾播出过一些新闻性、政要性、记录性、歌舞性等节目。但总体来看,电视文化发展之初,节目类型是比较单一的,主要还是以电视剧文化为主。

继第一部电视剧《一口菜饼子》播出之后,1958年9月4日,也就是北京电视台正式开播的第三天,又播出了一部直播电视剧《党救活了他》。这部时效性极强的电视剧的播出一方面突出地体现出电视传播迅速、及时的特性与优点,另一方面也进一步扩大了电视剧这一新兴艺术形式的影响力。

1959年起,北京电视台将电视剧的创作播出当作文艺节目的重头戏,仅1959年一年就播出了14部电视剧。从1958年《一口菜饼子》的播出算起,到1966年"文革"前夕,这8年的时间里,北京电视台共播出了90部电视剧。

一方面,虽然新中国建立初期以电视剧文化为主要内容的电视文化比较单一,但这短短十几年间的电视文化依旧是有所发展的。就拿电视剧文化来说,历经近10年的发展,题材样式有所增多,主题多样化,内容逐渐丰富起来:或是批判不良社会现象;或配合中央政策,进行宣传教育;或塑造英雄形象,赞颂高尚情操;或弘扬民族精神;或将中外文学名著进行改编搬演,扩大观众视界。题材的日趋丰富带来剧作类型的逐渐增多,与此同时,剧作的艺术水准和表现手法也有所突破。

另一方面,受时代因素所限,起步期的中国电视剧也不可避免地存在着诸多不足:首先,在理念上,当时的电视剧创作不可能摆脱"文艺为政治服务"的总方针的限制,因而尽管它具有反映社会生活迅速、表现时代精神快捷的优势,但从总体考察,较多的是"宣传品"而非"艺术品";其次,受创作条件所限,当时演播的电视剧的时间长度较短,人物与场景都比较少,时空跨越度较小,剧情相对简单,对生活的挖掘也不够深入;最后,从艺术形态上来看,初期"直播电视小戏"在演播室内摄制的方式,使得剧作的舞台气息较浓,甚至很多电视剧都是对原有舞台剧的直接搬演,舞台剧重在表演的特性也因此被起步期的中国电视剧毫不犹豫地加以继承。这种"表演型"的电视剧基本上遵循的仍是戏剧创作的模式,具有较强的舞台"假定性",电视的媒介特性还没有被充分展现出来。

(二) "文革"时期,电视文化艺术几乎停滞

1966年开始的"文化大革命",给中国带来了10年浩劫,新中国从此遭到建立以来最为严重的挫折。林彪、江青反革命集团为了达到篡党夺权的目的,首先就选择了文艺界作为突破口,不惜对已有的文艺成果大肆摧残,妄图控制国民思想进而控制一切。在"四人帮"的倒行逆施中,初兴不久的电视文化惨遭灭顶之灾。

(三) 20世纪80年代,电视文化的重要组成部分——"电视剧文化"进入飞速发展期

20世纪80年代前半期,可以说是中国电视文化经历10年浩劫之后的初步发展时期。这一时期,电视文化整体复苏并快速发展,电视剧文化更是获得了飞速进展。在年产量迅速增加的同时,电视剧创作适应当时的社会文化环境,紧扣现实生活,在题材上不断

拓展,并先后出现了伤痕、反思、改革、社会主义建设等题材热点。

1. 取材现实,折射人们的现实生活和心理状态

20世纪80年代前期的中国电视剧大量集中于现实题材,人们的现实生活和心理状态成为电视剧创作关注的重点。新时期政治的开明、经济的腾飞、文化艺术的活跃,都让人确确实实地感受到新时代的活力与自主、激情与振奋。于是,伴随着改革洪潮的涌起,过去蒙上污垢的心灵重新清净,被贬弃的美德重新生辉,蹉跎了的意志重新振奋,沉睡的豪情被重新唤醒。这一时期的电视剧从多个侧面、多个角度,构成了对新时期生活的全方位折射。其中,伤痕题材和改革题材恰好符合了这一时代的社会心态,因而先后成为电视剧创作的热点题材。

(1)伤痕题材电视剧。"伤痕文学"是"文革"后最早出现的文学现象。10年动乱造成了中国社会的悲剧,刚刚从噩梦中醒转的人们,对这一事件投以最深切的关注。1978年卢新华的小说《伤痕》的发表,在社会上引起强烈的震动,这一阶段的同主题的文学作品也因此被命名为"伤痕文学"。

电视剧创作受这股时代潮流的影响,也将目光投向那段不堪回首的历史,投向动荡社会中人们苦不堪言的生活,创作出许多引人深思的"伤痕电视剧"。例如,电视单本剧《女友》、电视单本剧《新案》、电视连续剧《蹉跎岁月》、电视连续剧《今夜有暴风雪》等。其中,电视剧《蹉跎岁月》可以算得上是优秀的代表作品。《蹉跎岁月》通过展现一代知青在"文革"期间走过的一段艰难而坎坷的路,描写他们从消沉到振作、奋进的思想历程,歌颂他们在逆境中追求真理的奋斗精神。无论从思想内容,还是技术层面来看,都不失为一部优秀的"伤痕电视剧"。

(2)改革题材电视剧。在"伤痕"、"反思"这类文艺创作潮流退去之后,社会改革主题的文艺作品暗含了人们面对飞速发展的社会经济、日新月异的现实生活的欣喜兴奋,与对社会急剧发展中的矛盾问题的困惑、茫然的情绪,成为现实题材文艺创作的重要一翼。改革题材文艺创作也大多体现出人们对主体的"人"的关注,对瞬息万变的现实生活中人们的种种际遇、种种反应、种种心态的描摹。

改革题材电视剧中的优秀作品有《乔厂长上任》《新闻启示录》《走向远方》《新星》《女记者的画外音》等。这些电视剧将镜头对准沸腾的现实生活,热情讴歌改革大业,积极塑造改革家的艺术形象,反映时代精神,把握历史的趋势和主流,触及改革的根本问题,谱写改革时代的宏伟乐章。

2. 电视文化学术研讨活动热烈,学术机构逐渐专业化

从20世纪80年代开始,各类电视研讨活动先后开展。如1981年2月,"全国电视剧编导经验交流会"在北京召开;同年5月,"全国电视文化生活专题座谈会"在昆明举行;1983年1月,"全国电视剧导演艺术理论座谈会"在北京召开;1985年10月,"全国提高电视剧质量研讨会"在北京举行;1987年3月,"全国电视剧美学研讨会"在太原召开。同时,中国广播电视学会于1986年成立,电视文化研究有了组织机构的保障。全国各类电视研究机构开始完善建制,分支机构也大规模出现,进一步实现了学术机构的专业化。

(四)20世纪90以来电视文化的新发展

20世纪90年代至今的这个时期,无疑是一个世纪以来中国社会发展最为迅速的时

期,也是思想文化领域极为自由活跃的时期。从这个时期开始,中国电视剧创作进入多元化发展的新阶段。多元化的意义存在于以下三个层面。

1. 题材

20世纪90年代以来,各类题材电视剧都得到较为充分的探索,涌现了一批有代表性的作品。历史剧题材的有《唐明皇》《三国演义》《司马迁》等,军警题材的有《西部警察》《和平年代》《永不瞑目》(图5-6)《突出重围》《DA师》等,反映经济建设的有《公关小姐》《外来妹》等,提倡社会改革和反腐倡廉的有《艰难的抉择》《忠诚》《省委书记》等,教育题材的有《师魂》《绿荫》《十六岁的花季》等,反映都市民情的有《渴望》《过把瘾》《一地鸡毛》《贫嘴张大民的幸福生活》《空镜子》等。

图5-6 《永不瞑目》剧照

2. 风格

20世纪90年代以来,电视剧创作日趋成熟,各种风格获得充分发展。从剧本外在样式来看,通俗电视剧在20世纪90年代步入辉煌期,纪实性电视剧也形成了自己的独立门户。从戏剧类型角度来看,不仅创作了大量的正剧,喜剧、滑稽剧、讽刺剧也逐渐增多。例如,既有《渴望》《北京人在纽约》这样反映时代生活特征的电视剧,还有《编辑部的故事》这类的滑稽讽刺喜剧。

3. 体裁

电视连续剧在20世纪90年代以来的电视荧屏大放异彩,不仅题材内容不一,艺术风格各异,剧作的长度也不断扩展,电视剧连续剧《三国演义》就已达84集之长。电视系列剧在该时期也有所发展,且逐渐发展成为室内情景剧的固定形式。电视短剧在20世纪90年代末又受到重视,北京电视台推出的百集电视短剧《咱老百姓》即是一例。

四、电视文化多样性在中国未来5年内的趋势预测

对电视文化来说,无论面对何种收视需求,都必须转化成相应的电视节目形态,才能为观众所接受,达到传播、服务的目的。基于上述分析,我们将对电视文化多样性在未来5年内的趋势作一个预测。

(一)电视节目的多样性有所增加

随着近年来,观众生活水平的不断提高和电视媒体"服务功能"的突出,各电视台越来越意识到节目类型和观众满意度之间的重要联系,也促使他们不断地提供各种节目类型更好地满足观众的需求。但是向国外先进节目类型借鉴、学习仍然将是中国电视节目类型创作的主流。国外许多电视节目形态是经过多年市场实践筛选出来的,已经经过实践检验,作为中国电视从业者来说,出于"投入与产出"比例的考虑,选择学习借鉴是一种比较安全的方式,所承担的风险更小。

近年来的实践也印证了这种"学习借鉴"确实是一种行之有效的方式。目前,电视上出现的各种深受观众欢迎的选秀节目、益智类节目、竞技节目、大奖赛节目,几乎都是在借鉴国外相应"真人秀"模式而后进行本土化改造的新的节目类型。例如,中央电视台的《焦点访谈》《新闻调查》《东方时空》栏目,显然是在借鉴国外一些新闻专题节目、新闻杂志节目的成功经验的基础上创立的。借鉴欧美港台的节目类型元素,或直接引进其版式,为我国电视界生产制作新闻杂志类节目、谈话类节目、游戏类节目、益智类节目提供了蓝本和范式。

同时,因为完全推出一档原创节目需要一个"推出—试播—反馈—正式播出"的过程,这个过程不仅要巨大的经济投入,也需要一段很长的时间,也就是说新的电视节目类型必须经受住市场、观众的检验才可能真正地"浮出水面"。但是在这段时间内,电视台必须照常提供电视节目,而国外已经取得成功的电视节目类型必然成为众多电视台的首要选择。

(二)某些电视台通过节目编排的多样化来实现电视节目变相的"垂直多样化"

目前,因为绝对地提高电视节目多样性的难度比较大,许多电视台通过同一时段内节目编排多样化来为受众提供多样的选择。我们可以发现,黄金时段的电视剧成为各大电视台的"主打曲",如《清宫风云》《乡村爱情》《悲伤恋歌》《冰山上的来客》《红楼梦》《水浒传》《亮剑》《大汉天子》等。观众虽然掌握遥控器,但实际上却几乎没有太多的选择,可能最大的选择也就是从古装剧换到现代剧,或者从偶像剧换到现实题材剧。

实际上随着当前人们生活方式的多样化,受众对于电视节目的需求也越来越多样化。"多样化"编排对使不同观众在同一时段都能发现自己喜欢的电视节目有很大意义。同时,人们的作息时间也相应有一些变化,"黄金时间"的概念可能有了新的含义,以前人们一直认为19:00~22:30是黄金时间;而现在,对许多在城市里工作忙碌的观众来说,22:30~24:00仍然可以属于黄金时间。这方面,湖南卫视曾经迈出了第一步,电视剧不再紧随《新闻联播》播出,而是调整到22:00(从轰动一时的《大长今》开始),仍然取得了很好的收视率。而在《新闻联播》后播出的是一些自制节目,如《越策越开心》(图5-7)《真情》《超

级歌会》等,赢得了观众的好评,为陷入"电视剧疲劳"的观众提供了更加多样化的选择,也拓展了黄金时段,为自身带来了更大的收益,为之后节目类型创新的良性循环奠定了基础。因此,出于种种因素考虑,节目编排多样化将是未来电视节目多样化的新趋势。

图5—7 《越策越开心》节目(现场)

(三)处于弱势地位的电视台难以突破原创瓶颈

电视节目的多样性从根本上来说是源于观众偏好的多样化,而追求观众规模的最大化是电视台的一个重要目标,为了追求更多的观众,各电视台必须在一定程度上多样化节目类型。而且电视界"马太效应"的存在,让弱势媒体意识到,如果它们仍然保持现状没有新的突破,将会使"强者越强,弱者越弱"的循环继续。因此,弱势媒体必然会进行一些新的尝试,尝试提供电视剧以外的其他受欢迎的节目类型,来维持自身的良性发展。

但是,弱势电视台由于在全国电视媒体的竞争中没有突出的优势,它们在资金、人才等各方面资源缺乏,且较少积累成功节目类型的创新经验,使得它们不太可能成为节目类型创新的"领头羊",而更可能是从国内或国外优秀节目中汲取营养,进行一些新的尝试。

(四)处于强势地位的电视台的原创性尝试

处于强势地位的电视台除了有原创尝试之外,也会尝试与国外先进电视节目制作方合作。但是这种"原创性节目类型"的探索将会是一个潜在的过程,会先在内部其他频道试点,然后再继续推广。

在衡量受众市场的时候,整个电视市场的大小固然重要,然而对某个具体的电视台来说,更具有意义的还是自己的目标受众市场的大小,如对美国三大传统电视网、英国BBC、日本NHK和四大商业电视台、我国的CCTV来说,它们面对的是全国的观众,要争取的是全国的收视率,因此它们的很多节目必须考虑老少咸宜,吸引整个家庭的共同收视。不过,现在的受众日趋分散化,他们已经不是以前较集中的"大众",而分化成了各具特色和收视需求的"分众",因而电视节目类型不能脱离这个实际。

纵观2006年以来的中国电视荧屏,可以发现电视节目类型的"复制"现象越来越多,或者是复制国内受欢迎的节目,或者是复制国外优秀节目,同类型的节目常常是"你方唱罢我登场"。然而,我们不可忽略的是,电视节目这种疯狂的复制会不可避免地减短它的生命周期从而加速它的死亡。因为当同类型的节目一旦被过度使用,即使再有新意的节目,也难免会让观众产生审美疲劳。

因此,对于强势的电视台来说,未来5年内,进行自己原创节目的探索将是具有突破性的一环。如果只是一味地从国外借鉴、学习先进的节目类型,将无法真正建立自己独特的优势。而国外电视新的节目类型有很多信息是可以被所有电视台共享的,这意味着大家都可以学习借鉴,从根本上来看每个电视台的相对优势就不那么明显。因此,拥有丰富资源的强势媒体必然会作出"自主创新"节目的探索,这将是它们巩固自己实力的法宝。总而言之,谁能在原创节目类型上走出第一步,谁将可能在未来电视业争夺"眼球"的战争中占据新的制高点。

第六节 电视文化的传播与接受因素

电视文化的一个重要功能就是文化传播与传承,传播因素反过来也影响着电视文化的发展。例如,中央电视台于2003年制作播出了大型系列纪实作品《走进非洲》,通过这部电视作品,人们对非洲文化有了更多感性的了解和多方面的认识。还有电视专题片《中国史话》,通过几个系列电视节目对中国历史和中国文化进行系统的、全面的介绍,可以说是对中国文化的极好宣传。这些电视节目的成功反过来又为电视文化的发展提供了借鉴,促进电视文化样式的多样化。

一、传播因素对电视文化的影响

电视文化与其他各种形式的文化一样都需要传播载体,电视文化的传播载体就是电视机。电视机这一传播要素的发展直接影响着电视文化的发展。

第一台电视机面世于1924年,由英国的电子工程师约翰·贝尔德发明。到1928年,美国无线电公司RCA率先播出第一套电视片《菲利克斯猫》(Felix The Cat,源自澳大利亚卡通画家帕特·萨利文的同名卡通作品),从此,电视机开始改变人类的生活、信息传播和思维方式,人类开始步入电视时代。

(一)黑白电视机时代

1958年3月17日,是我国电视发展史上值得纪念的日子。这天晚上,我国电视广播中心在北京第一次试播电视节目,国营天津无线电厂(后改为天津通信广播公司)研制的中国第一台电视接收机实地接收试验成功,填补了我国电视机生产的空白,是我国电视机生产史的起点。为了纪念这台电视机的诞生,它被命名为"北京"。

当然,这台名为"北京"的电视机是一台黑白电视机,在电视发展的早期,包括电视节目的录制和电视机的接收显示,都只能体现黑白两种颜色。在这种传播技术条件下,电视文化作为一种声画结合的文化没有色彩可言,它的发展受到很大程度上的制约。

(二) 彩色电视机及彩色电视制式

1970年12月26日,中国第一台彩色电视机同样在国营天津无线电厂诞生,从此拉开了中国彩电生产的序幕。1978年,国家批准引进第一条彩电生产线,定点在原上海电视机厂即现在的上海广电集团。1982年10月份竣工投产。不久,国内第一个彩色电视机显像管生产厂咸阳彩虹厂成立。这期间中国彩电业迅速升温,并很快形成规模,全国引进大大小小彩电生产线100多条,并涌现了熊猫、金星、牡丹、飞跃等一大批国产品牌。

彩色电视机出现后,电视文化系统中又加入一个新的元素——色彩。这无疑是电视文化的一大发展,千变万化的色彩使电视文化更具魅力,吸引了更多受众。彩色电视技术发展起来之后,电视发展史上的另一项重要技术——彩色电视制式,也随之发展起来。

电视制式是指电视信号的标准,可以简单地理解为用来实现电视图像和声音信号所采用的一种技术标准。世界上主要使用的电视广播制式有PAL、NTSC、SECAM三种,中国大部分地区使用PAL制式,日本、韩国及东南亚地区与美国等欧美国家使用NTSC制式,俄罗斯则使用SECAM制式。

彩色电视制式的出现,为我国电视文化的传播提供了极大的便利。

(三) LED液晶电视的出现

严格意义上的LED电视是指完全采用LED(发光二极管)作为显像器件的电视机,一般用于低精度显示或户外大屏幕。目前中国大陆地区家电行业中通常所指的LED电视严格的名称是"LED背光源液晶电视",它用LED光源替代传统的荧光灯管,画面更优质,理论寿命更长,制作工艺更环保,并且能使液晶显示面板更薄。

与传统的采用荧光管作为背光源的液晶电视相比,LED液晶电视可显示更为逼真的颜色。除了提升色彩饱和度之外,画面的动态调整能使电视在显示不同画面时,实现亮度与对比的动态修正,以达到更好的画质。画面质量的提高促进了电视文化的进一步发展。

(四) 3D电视技术发展给电视文化带来历史性飞跃

3D电视是三维立体影像电视的简称。它利用人的双眼观察物体的角度略有差异,因此能够辨别物体远近,产生立体视觉的原理,把左右眼所看到的影像分离,从而令用户无需借助立体眼镜即可裸眼体验立体感觉。英国当地时间2010年1月31日,在英格兰足球超级联赛曼联与阿森纳的比赛中,英国天空体育频道有史以来首次使用3D技术对这场赛事进行电视直播。3D电影在我国的发展才见眉目,3D电视就迎头赶上,我国首个3D电视试验频道于2012年元旦试播,春节正式播出。

3D电视显然具有传统电视完全无法比拟的优势,它高度形象、逼真的电视效果是传统电视无法达到的。当你在看电视时,突然发现:英国100多年前的连环杀手——开膛手杰克行凶时竟然没有出现在伦敦的黑暗角落,而是在你家客厅;"飞人"博尔特脱离比赛的赛道,犹如一阵风般在你的身边"飘"过;体型庞大的恐龙从远古时代复活,气势汹汹地向你迎面扑来……无论是现代的还是古代的,无论是人类还是动物,似乎都"耐不住寂寞",统统"跑出"电视屏幕来。随着技术的飞速发展,这些3D电视的效果如今已经进入家庭,这使得电视文化这一声画高度结合的文化传播形式在画面效果上达到跳跃似的发展。

3D电视不仅使电视文化在纵向历史中获得了飞跃发展,而且为电视文化与电影文化的竞争添足砝码。与3D电影相比,3D电视具有更加明显的优势。观看3D电影时,观众必须戴上沉重的特殊眼镜才能看到。而随着3D技术的不断精进,搬进家庭客厅的3D电视机,在不需要配戴眼镜的情况下可用肉眼很好地观看。这一技术在电视领域的运用,无疑为电视文化赢得了更多的受众。

二、受众因素

当代中国的电视文化,经历了一个从无到有、从稚嫩到成熟与自觉的历史发展过程。特别是改革开放30多年来,更是取得了长足的发展。这不仅仅体现在全国各级电视台数量的剧增,电视文化节目的新品种和样式的不断涌现以及电视文化创作的空前繁荣,更重要的还体现在电视文化与其受众日益密切的关联中。当前,电视文化中丰富多彩的各类节目,特别是作为一种成熟形态的电视文化业已成为广大受众日常生活中不可或缺、不可替代,而且也越来越重要、越来越普遍的审美娱乐对象。

曾几何时,电视只是一种单纯的"宣传"工具,只是党和政府的"喉舌",电视文化自然也只能被赋予"为政治服务"甚至是"为政策服务"的使命。因为为配合政策的发布、法令的传达而不断生产出许多接受的状态,或者说,这时的电视文化还基本上谈不上受众意识。特别是随着电视自身的迅速发展,媒体之间的竞争越来越激烈,收视率成为电视生死存亡的关键。电视文化在传播理念及与受众的关系上逐渐实现了一个根本性的转变。这就是由对受众的漠视转变为给予受众应有的理解与尊重,或者说受众对电视文化从完全被动地接受转变为积极主动的选择,受众审美接受的趋向对电视文化创作构成越来越明显的影响与制约。正是这种转变带来了改革开放以后中国电视文化的全新姿态与繁荣的局面。也可以说,是出于对受众的真正理解与尊重,并且构成与受众之间切实的交流与对话,中国的电视文化才开始了自己艺术上的自觉与自新。

20世纪60年代以来,兴起于当时联邦德国的"接受美学"强调美学研究的重心应该转移到读者与观众的审美接受上来,认为文学艺术的价值只有在读者和观众的自觉自愿地接受中才能得以实现和具体化。接受美学的观点与立场对于我们从受众是否接受的角度来审视电视文化无疑有着重要的启发。从接受美学的立场上来看,电视文化的受众就不只是信息的接受者,更重要的是这种艺术作品的完成者和艺术价值的实现者。电视文化并非仅仅意味着编导制作出节目,再由电视台组织播出便可宣告完成,从电视文化的传播和交流来看,电视既是手段、工具,也是目的本身。作为文化传播的手段和工具,它必须要诉之于具体的对象,即受众;而作为一种具有自身文化目的和品格的文化品种,它更需要在现实的审美接受中得以具体化,通过与受众的切实的审美交流以实现其固有的文化价值。从而,无论是传播各种已成的文化,还是创造自身的文化价值,电视文化如果没有或者未经受众的接受,显然都只能是一种未完成品。从这个意义上来说,受众是否接受是实现和检验其文化本体性的一个重要标准。

(一)电视文化发展初期的受众"倾听"与"参与"

在人类的口头传播时代,受众的主要接收方式便是"倾听"。所谓"倾听",代表着信息传播中一种严肃的、虔诚的、无条件的接受状态,它既意味着传播者特别是其所传达内容的一种显而易见的权威,也体现出受传者神情的高度专注。当然,这种"倾听"是单向的、灌输性的,因而也带有某种程度上的被动性与强制性的接受状态。人类习惯于倾听与早期的神谕是分不开的。在人类早期的巫术活动中,众生往往是如痴如醉、俯首帖耳。在后来各种宗教的宣讲布道中,也都要求信徒对于其教义倾心聆听。唯有如此,神灵对众生才有着无所不在的影响力与不可抗拒的威力。与这种神谕或教义相类似,后世凡有代表权威的政令或者公告的发布,各种重要的知识和经验的传授,统统以"教化"的面目出现的形式表现出来。"倾听"中,重要的不在于传播者本身,传播者也只不过是一个"传声筒",传播内容的神圣以及受众的虔诚向往才是"倾听"的核心所在。

与"倾听"相对应的是受众对于传播过程的"参与"。所谓"参与",就是受众并不满足于信息的接受,他们主动介入传播的进程,进而有效地进行信息的选择,充分发挥受众接受中的主动性和创造性,并且积极地将信息的获得转化为某种现实的效应。"参与"不仅体现出传者与受众之间的施受关系的可逆性的一面,更重要的是,从"倾听"到"参与",本质上意味着一种传播的模式和立场的转变,即从传播者先入为主的灌输转变到自觉接受受众的选择,激发受众的主动性和参与意识上来。在这里,传播已不再意味着传播者总是居高临下、高坛讲章,而是表现出传播者与其受众之间应有的一种理解与沟通,一种发问与应答,体现出两者之间切实的交流与互动。

在当前电视文化的创作实践中,为了获得受众的参与,强化与受众的交流,组织现场观众、设置热线电话、安排嘉宾主持等手法和方式的运用已经非常普遍。电视剧增加受众现场的情境,综艺晚会制造受众的现场投入,诸如此类,花样翻新、不一而足,各种受众参与性的电视节目的走红便是明证。

(二) 娱乐至死的"众声喧哗与大众狂欢"

电视艺术受众广泛参与的结果,使得电视艺术从节目形态到审美品格都发生了深刻变化:一方面,电视节目的创作由明显的"教化"转向以"娱乐"为中心,突出表现为一种娱乐观众的旨趣,在当前电视文化空前发展的情况下造就出一种"大众狂欢"的场面;另一方面,为争取更多的受众,提高收视率,不同媒体之间、各节目品种、各栏目以至具体节目形态的构成之间都展开了全方位的竞争,真正形成一种"大众喧哗"的格局。

电视文化"大众喧哗"的场面突出体现在两个方面。

1. 年度盛宴

以中央电视台一年一度的"春节联欢晚会"为代表的各种类型的综合性电视文艺晚会的兴盛。中央电视台自1983年首次推出以"欢乐、团结、祥和、鼓动"为宗旨的"春节联欢晚会",至今为止已经连续30年不惜投入大量资金和人力于每年除夕之夜如期推出,并且逐渐形成一种特定的模式。在它的影响下,每逢节日,各地级电视台总免不了推出一台电视文艺晚会。"元宵节"、"中秋节"、"消费者权益保护日"、"服装节"、"登山节"、"啤酒节"等,也都形成不同规模的电视文艺晚会。于是,电视综艺晚会仿佛成了一种时尚、一种新的民俗。

电视综艺晚会以大众节日狂欢的形态出现,通过吸引受众的关注,调动受众的参与,并且以大众的情调和口味,制造出一种节庆的幻象或者一种狂欢的"乌托邦",以达到"和同大众"、"与民同乐"的目的,表达某种价值认同和形象展示的意义,这本身就足以显示电视文化的大众取向是大势所趋。

2. 以娱乐受众为标榜的各类游戏娱乐节目的兴起

1997年,湖南卫视的游戏娱乐节目《快乐大本营》(图5—8)开播,之后,从中央电视台的《幸运52》到各省市电视台的《欢乐总动员》《假日总动员》等此类节目一时间纷纷登场。节目内容以搞笑为主,并伴有不同类型、不同规模的物质刺激,或者多少带有一些博彩的意味,游戏形式更是五花八门。这里,娱乐已经不再是一种手段,而是成为节目的目的本身,它所体现的是一种广泛的"游戏精神",甚至是一种"媚俗情调"。然而,也正是这种"游戏精神"本身对于正统的教化意识起到了一定的抵消作用,而媚俗情调则是作为感性文化的大众文化的一种与生俱来的品格。

图5—8 《快乐大本营》节目(现场)

如果说"大众狂欢"体现了当代中国电视文化中的流行性,受众受到极大吸引和影响,那么"众声喧哗"则正是电视文化的受众自觉地走向"参与"之后的一种必然归宿。

(三)电视文化中的明星崇拜和"大众自我"现象

电视文化中"明星现象"的产生是受众意识强化的重要标志。"明星现象"曾经广泛地存在于戏剧与电影及其他大众文化领域。但当戏剧只是服务于贵族沙龙,电影还不过处于影像记录的阶段,其他大众文化也还处于相对低级的发展阶段时,是不可能有"明星现象"出现的。可以说,戏剧、电影等所造就的"明星"现象正是它们作为大众文化和世俗艺术的产物。特别是在当今各种传媒所造就的大众文化审美领域,众多的明星俨然已经成为一种大众审美的"图腾",为大众所接受、仿效和膜拜,甚至其中一些艺术明星的世俗影响也并不亚于以往任何一个时代的政治明星或宗教领袖。电视明星的出现,固然体现了电视文化的影响与魅力,然而,根本上还是与受众的感性选择、审美观念和价值取向分不开的。

明星实际上已经成为一种符号。明星的意义常常是与大众心灵的秘密结合在一起的。当快乐家族主持的《快乐大本营》深入千家万户时,当刘谦因春晚上的"近景魔术"而红遍大江南北时,当冯绍峰和杨幂因为一部《宫》(图5—9)而家喻户晓时,受众接受这些明星,实际上也就是在感应一种中国新时期的新气象的同时,选择一种心理寄托,追寻一种浪漫与激情,体验一种祥和与挚爱。受众对明星的崇拜,实质上也就是对自我理想的张扬、自我情绪的宣泄乃至自我趣味的肯定。但是,这也并非受众的一种精神"自恋"。对于电视文化受众来说,明星的意义更主要在于他们体现出了某种社会共同守望的价值理念以及对于受众造成的某种虽然虚幻但又十分亲切的归属感与认同感。

图 5-9 《宫》宣传照

三、我国电视受众研究的发展

受众因素对我电视文化的发展影响巨大,因此我国电视文化从业者十分重视受众调查和研究。我国电视文化有尊重受众及其在传播过程中的作用的优良传统,1978 年改革开放以后,受众调研的规模不断扩大,受众工作的指导思想、工作内容和工作方法都有了很大的改进和提高。这段历程大体经过了三个阶段。

(一)运用现代科学方法调查受众

传统的受众调研一般由传播媒介采取个别访问、打电话、开座谈会等方法分散进行,收集到的意见零碎而不全面。1982 年 4 月,北京广播学院、北京新闻学会受众调查组首次用电子计算机抽选样本,对电视文化的传播效果作了综合考察,了解受众接触媒介的行为、兴趣偏好、对新闻报道的信任度及产生不信任因素的原因等,并首次用电子计算机统计分析受众调查数据,调查结果于 1983 年 1 月 30 日在《中国日报》上发布。我国新闻界公认,此次北京调查是中国运用现代科学方法调查受众的起点,具有里程碑式的意义。而国外的传播学者则认为,此次调查是中国共产党恢复实事求是思想路线的产物。

(二)受众调研由致力于受众外显行为转到信息传播与受众内在思想关联性的研究

进入 20 世纪 90 年代,广播电视的受众调研从对受众接触广播电视的外显行为的调查,转为广播电视信息传播对受众内在思想观念关联性的研究。

1990 年,广播电影电视部政策法规司主办的《广播影视法制参考资料》刊登宗华撰写的文章《试论〈广播电视法〉中的"权利与义务"》。作者认为,"公民对广播电视所享有的权利及承担的义务"应是《广播电视法》的重要内容。此后宋小卫(中国社会科学院新闻与传播研究所新闻学研究室主任,研究员)和郭镇之(中国著名的新闻学者、教授,清华大学新闻与传播学院教师)多次撰文,提出应当重视开展视听者权益研究,并将公民作为传播服务对象应享受的权益概括为受众权益。从此,"受众权益"成为学者们探讨的热门话题。

1991年4月2日,中国广播电视学会受众研究委员会在广州宣告成立,推动了受众调研工作向深度发展。1997年9月,中央人民广播电台也开展了第三次全国听众抽样调查,这次调查的创新意义在于,在做常规项目调查的同时,还调查了听众的个人生活性状,不同生活性状的听众对广播节目有各自的偏好。

(三)受众调研进入专业化与规范化阶段

上面谈到的广播电视受众调查,均由电台、电视台独家主持或分别联合建立调查网络进行。我国受众调研进入专业化管理是1995年以后的事。1995年6月,央视调查咨询中心成立(陈若愚担任总经理),接管全国电视观众调查网的日常管理和收视率数据的经营活动,电视观众调查开始面向市场。

与此同时,许多电视台受众调研队伍一分为二:一部分人进入央视调查咨询中心系统,另一部分人留在电视台的受众调研机构。这种分工有利于受众调研向专业化、规范化发展,有利于人才的引进和技术的更新。此外,电视台受众研究机构从对调查网的大量事务性管理中解脱出来,专心致志地对调查数据等观众反馈信息进行深入的开发研究,为电视台的宣传提供决策参考,有利于提高电视台科学化管理的水平。

1995年5月,央视调查咨询公司与法国SOFRES(索福瑞,世界三大著名数据调查服务公司)集团合资成立了央视索福瑞媒介研究有限公司(简称CSM),专门从事电视收视率的调查研究及相关软件、业务系统的研制开发工作。专业调查公司为受众调研提供规范的服务,方便了媒介机构的受众研究。

为便于深入研究广播听众和电视观众接收信息传播的规律和特点,受众研究委员会于1999年9月和10月先后成立电视部和广播部。同年11月,受众研究委员会与《中国广播电视学刊》联合在天津召开"新时期广播电视受众工作学术研讨会"。这次会议从理论上对受众在传播活动中的主体地位进行研讨,把人们对受众在传播活动中的地位、作用的认识又向前推进一步;对广播电视受众研究和专业调查中存在的问题探讨了改进办法,并研究21世纪受众调研工作应遵循的规律及创新办法。

在21世纪,中国电视受众研究将会有新的突破,并取得更大的成绩,为电视文化的进一步发展提供反馈和借鉴。

第七节 媒介生态因素

自工业革命以后,西方社会大量流行技术中心论,认为技术不会产生什么特殊的伦理与政治问题,因为技术仅仅是实现价值的手段,而价值则另有其他的基础。在对技术引发的伦理和道德问题的反思中,技术中心论失去合理性,转而形成这样一种共识:技术不只是一种达到目的的手段或工具体系,它是负载价值的,因而具有其丰富的伦理与政治含意。媒介生态理论正是顺着这一思路,假定传播媒介在将数据或信息从一个地方传递到另一地方时并不是中性、透明或无价值的渠道,相反,媒介的内在物质结构和符号结构在塑造什么信息被编码、传输和怎样被编码、传输以及怎么被解码的过程中扮演着重要角色,媒介的符号形态限定了该媒介所能代表信息的代码特征。媒介生态理论基于复杂的媒介生态存在环境,因此媒介生态对电视文化的影响是广泛而深刻的。

一、媒介生态理论溯源及构建

1967年,媒介理论家马歇尔·麦克卢汉(图5—10)在与他人合著的《媒介即是讯息:效果一览》一书中提出媒介生态的概念,以环境作为特定的比喻,来帮助我们理解传播技术和媒介对文化在深度和广度方面所起的生态式的影响。他认为一种文化需要限制某种单一媒介的使用,从而促进媒介生态的平衡。而在《理解媒介》一书中,马歇尔·麦克卢汉认为媒介能深入到人的潜意识,并且在不被察觉和反抗的情况下改变他们感知的平衡。

图5—10 马歇尔·麦克卢汉

另外,马歇尔·麦克卢汉还在《麦克卢汉精粹》一书中提出了媒介四定律——媒介放大律、媒介过时律、媒介再现律和媒介逆转律,这里的逆转是指大众媒介最终以一种非常独特的电子环境形式构建而成,媒介四定律有序的排列刚好构成了一个可以循环的生态系统。伊尼斯是加拿大多伦多学派的另一位有影响力的人物,被称为最早研究传播技术对人类造成影响的人,也是媒介时空论或者说是媒介轴心论的提出者。伊尼斯认为,权力中心要想确保社会的稳定,在现代社会过分倾向于使用偏倚时间(偏倚时间:质地较重、耐久性强的媒介的保存时间,如黏土、石头和羊皮纸等,较适于克服时间的障碍,能长久保存)的媒介已经不合时宜了,真正有利的做法是保持媒介的时间偏倚和空间偏倚的平衡,使之能够取长补短、互动互助。媒介生态学真正的开山之父是纽约学派的波兹曼。

1968年波兹曼在"英语教师全国委员会"年会的演讲中首次正式提出"媒介生态"概念,并将媒介生态学定义为把"媒介作为环境的研究"。其含义在于,媒介生态学将传播媒介本身视为一种环境结构,即由一套专门的代码和语法系统组建的符号环境。人们掌握媒介,也就意味着适应了媒介本身这一符号环境。从微观层面理解,当我们"使用"媒介,从媒介的内在符号世界中思考、感知、谈论或表现身边世界时,我们就处于传播媒介符号结构之中。所谓符号环境,其本质特征在于两种以上或多套专门的代码和语法的并存,即多媒介的符号环境。我们在这个层面所关注的是,媒介共存的动态影响以及它们的互动如何产生或组成一种合成的符号环境。

通过对媒介生态理论的梳理,我们不难发现它的理论贡献所在:

首先,它跳出传统的功利性思维模式,通过对人类、媒介和社会的系统观察,寻找三者之间的互利、共栖生存环境,有很强的方法论意义。

其次,西方媒介生态理论开辟了在结构和互动关系中考察媒介的视野。媒介生态学借助于生态学和环境生物学的理论和方法,对传播学理论研究进行延伸和发展,成为具有生态意义的社会文化研究,从而深刻地改变了我们对于自己以及生存环境的理解。

最后,西方媒介生态理论给予世界其他国家或地区,特别是发展中国家媒介良性发展以理论借鉴。西方媒介生态理论各个流派都倡导协调、平衡的观念,将媒介的发展融入整个文化发展的宏观背景下进行深入探索,使得发展中国家在媒介发展中能够更好地注重长期效应,为重视短视效益敲响警钟,更为其学者和媒体业界人士关注媒介对社会和谐发展的影响力提供了思考空间。

二、当前媒介生态环境——多媒体时代

人具有社会属性,需要与他人沟通、了解外部世界、获得他人认同、赢取事业成功……从最初的鸿雁传书、飞鸽送信、虎符和烽火调兵遣将开始,人类就在尝试用各种方法交流对话。我们用媒介传承思想文化,用媒介记载历史,从上古传说到民歌戏曲,从口耳相传到电子传播,媒介无处不在,从某种程度上说,媒介不仅是传递信息的载体,也意味着文化和交际,并与金钱、地位、权势息息相关。

同自然界的生态环境一样,不同媒介间也具有复杂的、相互影响的关系。人类社会的发展促成造纸术、活版印刷术、照相术等的发明,它们彼此之间既有密切的联系,也有冲突存在。传统媒体一般都会经历新媒体出现后从抵触、慌乱到顺应的过程,呈现出互相融合的态势。比如,电视学习纸质媒体的报道手法和电影的拍摄技巧,又对二者形成冲击,反过来也促使纸质媒体和电影适应不断变化的环境,借鉴其他媒体的表现手段和运作方式,找准自己的定位,展现自身的优势,并利用其他媒体的力量进行推广宣传。

报纸、广播都曾在历史进程中发挥过重大的作用,今天,到了影视媒介大显威力的时代。对大多数人来说,每天不见得会读一张报纸、看一份杂志,却会打开电视观赏,常沉浸于电影的虚幻时空里。它们是渗透进生活的强大力量,聚集着潜藏的能量,将观众的目光引向某一焦点,令众人的思想趋向同一认识。一件事情一旦经过影视媒体的播映,走入人们的视线,就会很容易影响众人的思想倾向;若被媒介完全忽略,就如同被时代、被社会、被历史不同程度地忽略。

多样性物种才能维持自然界生态系统的平衡,谁都无法独自存在,多元化的社会也必定是一个多媒体共存的时代。如今报刊、影视制作组织、电视频道的数量较之过去有增无减,报纸、杂志、书籍、广播、电影、电视、网络、手机等媒体源源不断地输送着各方面的信息,满足受众的不同需要,同时各自制订生存发展计划,研究如何争取更多受众关注的目光,形成了一个多媒体时代。

三、当前媒介生态环境对电视文化的影响

(一)当前媒介生态环境下电视文化的发展

媒介内部生态环境的核心是媒介自身,各媒介之间、媒介自身的生态状况成为决定和谐传播实现与否的关键。在当今的媒介生态环境中,以经济利益为风向标的媒介竞争日趋激烈。《超级女声》的成功,使得全国选秀活动几乎在一夜之间占据了所有频道;《南京零距离》的崛起,让民生新闻成为一股荧幕新潮流……在这个"娱乐至死"和"克隆成风"的年代,这些拥有着相似生态位的电视节目互相模仿复制,媒介资源浪费现象严重,媒介原有的生态平衡也被打破。

为突破中国电视节目长期为人诟病的"同构化、同质化"模式,电视文化开展进一步的"生态位"的细分,较多电视媒体对节目的制作进行大胆的加工,力图以"差异化"的策略来凸显节目特色、占据竞争优势。例如,凤凰卫视的《中国江河水》就以"电视行动"为依托传播公益理念,用新颖的活动形式吸引受众;中央电视台的《圆梦行动》则以故事性、人文性取胜;而浙江卫视的《寻找王》作为国内唯一一档以"寻找"为特质的公益性新闻栏目,同样深受好评。

在对各自生态位的调整和适应中,各个电视媒介自身还面临着公益性价值目标的考验,即需要在以公益为本的理念基础上对节目内容与形式进行长期的试行与校正。湖南卫视的《勇往直前》由于将惊险刺激的户外明星挑战和充满悬念的演播室竞猜结合起来,以超级强大的明星阵容和慈善主题为宣传卖点,很快就成为湖南卫视一档高收视率栏目。值得一提的是,"公益+娱乐"的全新范式固然值得肯定,但在众多娱乐综艺类的公益节目中,"明星加盟"及"刺激挑战"等娱乐化元素被过度放大,不仅让人怀疑这是否又是一个以"公益"为旗号来博取受众注意力资源的"娱乐至死"的产物,换言之,是否能经得住和谐传播的价值目标的检验。

(二)当前媒介生态环境下电视文化同其他媒体的博弈

1. 同种生态层的媒体博弈:走特色化之路

2004年7月5日上午7时,许多观众打开电视机搜索节目时,发现他们熟悉的"旅游卫视"不见了,椰子树上顶着个小星星的台标被四颗小钻石组成的大钻石台标所代替。雄狮对群狼——央视和全国省级卫视的激烈竞争,使旅游卫视终于作出一场挽救危亡的重要决策,调整了自己的生态位置。

同类媒介的内部关系称为种类关系,它们之间的竞争称为同种生态层的媒体博弈,由于同种个体分享共同资源,在某种合作关系中竞争更为激烈。博弈论关注的是意识到其行动将相互影响决策者们的行为,同种媒体都可能考虑到自己的竞争举措如何改变对方的举措,使对策螺旋发展,加剧了竞争的残酷性。由于同种媒体实力和地位的差异,同种生态层媒体博弈的结果通常不对称,一方取得优势,另一方就可能被削弱,当有实力的媒体挤垮大部分竞争对手,在博弈中取得胜利时,媒体生态相对平衡就出现了。同优势策略均衡一样,纳什均衡(又称为非合作博弈均衡,是博弈论的一个重要术语,以约翰·纳什命

名)也有强弱之分,这就是纳什均衡的结果,即虽有强弱之分,但仍处于均衡状态,出现相对平衡。因此,在该层面博弈的媒体要提升自身竞争优势,避免同质化发展,避免跟风,避免恶性竞争和低水平重复建设,要走特色化之路,从而开辟受众市场和广告市场的"蓝海"(指未知的市场空间),而不是陷入早已饱和的"红海"(指已知的市场空间)。

2. 异种生态圈中的媒体博弈:发挥专业优势

2004年年末,中国网通和中国电信突然曝光网络电视计划,紧接着新华社、中央人民广播电台和北京人民广播电台也公布了建立网络电视的安排,而且新华社网络电视台宽带视频业务的用户大大多于央视网视的用户。新的电视媒体生态场正被异种媒介所冲击。

在一定地域共存的异种媒介构成范围更大、结构更复杂的媒体群落,各种媒体既有自己的内生态,又有不同种媒体相互联系、相互影响的异种媒体生态。每种媒介作为全部媒介系统的有机部分,其存在和发展与其他类型媒介构成外生态环境。报刊同广播电视、广播电视同网络、报刊同出版社之间的相互作用,都属于媒体的外生态结构。

在异种生态圈中,不同媒介为争夺有限的资源会激烈竞争,它们的博弈首先表现在对信息资源的争夺,新闻源或节目源获取的多少和质量的高低会增强或减弱它们的生态能力,因此报纸和广播、电视都会抢先爆料;其次,异种生态圈的媒体博弈表现在对受众的争夺上。例如,原先报纸的大部分受众被广播电视所分流,因此这时候各媒体对受众的争夺要以培养受众的忠诚度为目的,再充分挖掘边缘受众和潜在受众。

异种媒介受自身物理条件的客观限制有着这样或那样的缺陷。比如,报纸没有广播电视视听形象性的优势,电视又没有报纸的深度表达空间,网络媒体上的信息鱼龙混杂,真实性值得怀疑,因此大众传媒之间的博弈在同等外部环境下要取得竞争优势,就要结合自身特色与优势,走专业化传播的道路,抓住主业做大做强,再谋求综合平衡发展,增强整体实力。

3. 全球生态链中的媒介博弈:使本土化与国际化"双赢"

媒介全球化首先是指媒介的传播活动覆盖世界许多角落,受众分布在若干国家;其次是指它的广告经营和其他经营活动进入其他国家,媒介的生产、销售和管理呈现多国化。在全球化时代,任何媒介群落都可能与域外的受众交流,既可以拓宽境内媒介种群的活动范围,增强媒介传播的跨国能力,也会带来境外媒介种群的融入和竞争。在这样的环境下,各国媒体在全球市场中相互借鉴、相互较量,从技术的传播能力、产权和规模的整合到传播内容影响力的此消彼长,影响了各国媒体形态和业务方向的变化,构成全球媒介的生态链。资本的全球化带来媒介生产方式的全球化,媒介的新陈代谢也纳入全球媒介生态系统,引起全球媒介生态链的变动。

各国媒介进行交流和竞争必须适应全球生态链的变化,瞄准世界级媒体航母,及时作某些必要调整。对于我国媒体而言,在全球化语境下,应奉行跨越的博弈路线,前提是既汲取外国传媒的经验和优势,又不是其他境外媒体的翻版,在此基础上既坚持自己的民族特色和个性,又不失国际化传媒的吸引力与感召力,使内媒体在本国传播和国际传播的双向互动交流中实现本土化与国际化的"双赢"。

四、构建和谐的媒介生态环境

电视文化作为媒介生态环境的重要组成部分,深受媒介生态环境的影响,同时也对媒介生态具有不可避免的反作用。当前复杂多变的多媒体生态环境下,电视文化的进一步持续健康发展需要和谐的媒介生态环境。

(一)和谐媒介生态环境的基本特征和主要表现

一是党和国家的政策、法律和媒介产业要求、行业技术标准等规范、规则有利于媒介发展,政策、法律对媒介总体上是支持、鼓励和保护的。政策、法制环境是媒介生存发展的前提和基础,媒介产业政策是媒介的生命线。

二是社会系统健康有序运转,社会环境总体上有利于媒介发展。媒介受制于社会政治,与社会文化发展进程相伴,社会的经济状态是媒介产生发展的基础,社会的经济发展速度和质量在一定程度上影响和制约着媒介的发展速度和质量,社会的人文环境决定媒介作用的发挥和现实影响。媒介在发挥自身促进社会政治、经济、文化发展作用的同时,必须要适应社会环境,在一定的社会体系和现实中选择自己的发展方向和道路。

三是社会系统理智客观对待媒介的传播活动,正确对待媒介的批评和监督,形成媒介与社会发展的双向交流与良性互动。媒介传播活动的质量与效果取决于社会系统的接受和认可程度,对待媒介的态度体现着社会的开放程度、进步程度和文明程度,对待媒介的和谐态度是媒介生态环境和谐的社会舆论基础。

四是社会系统对于媒介发展给以更多的支持,对媒介发展中的实际问题和困难积极主动帮助解决,成为媒介健康和谐发展的坚强后盾。

(二)如何构建和谐的媒介生态环境

和谐媒介生态环境的培育需要我们突破以往的"经营节目"的理念,转而树立一种"经营受众"、"经营品牌"的新思维。要借助节目的高水准的公益形象来吸引受众,把握住受众对媒介品牌的信任心理,积极调动起受众的主动参与意识,将受众作为节目的主要元素之一加以开发利用,并在荧屏上直接地、充分地展现出来。这样一来丰富了节目的表现形式,更好地实现了"人人公益"的传播目标;二来更培育了受众的忠诚度,将媒介形象、媒介品牌这一无形资产转化为以收视率为量化单位的有形资产。同时,也有利于在传播者与受传者之间搭建起一个自由交互的渠道,让双向的信息流通更为自如,让传播方式更为灵活,更好地建设一个和谐的媒介生态环境。

从电视文化的政策生态环境上来看,政府在对传媒进行管理时,也应以传媒自身的和谐传播为主,变单纯的行政指挥为灵活适时的配合、调控。其中,政府舆论的开放度、透明度的增加,对当前公益节目的发展更是有着极其重要的意义。包容开放、充满活力的政策制度与政策环境是公益节目得以可持续发展的重要资源。

和谐媒介生态环境的实质是以媒介为中心的各媒介要素与资源要素之间的良好配合。但现在,"泛娱乐化"浪潮席卷整个媒介生态环境,致使电视节目与行业的创新力大大下降。因此。在节目形态上,遏制媒体中的泛娱乐化倾向极为重要。对于传播目的明确的公益节目,在形态创新的同时应时刻牢记以公益价值为首、以和谐传播为首,并在此框架内对节目进行长期的调适。例如,在中央电视台推出的大型公益节目《感动中国》中,以宣扬传统道德为主,同时恰当运用娱乐元素来强化传播效果、吸引年轻观众,平衡了"经济效益"与"社会效益"的杠杆,也诠释了和谐传播的宗旨。

和谐的媒介生态环境,倡导的是人、媒介、社会间的互荣共生与平衡进步,达到和谐传播的理想状态,需要将契合受众接受心理的内容以更为灵活的方式传播给受众,同时也要注意受众的反馈,增强受众的参与度;需要政府秉持开放、包容的态度来实现与媒介之间的互动;需要媒介在创新中、在与其他媒介的良性竞争中谋求更好的发展。电视文化遵循和谐传播的规律,才能更加健康有序地发展,从而更好地服务于社会文化事业的繁荣与和谐社会的构建。具体方法有以下几种。

1. 从社会系统来看,关键与核心问题是营造媒介和谐发展的环境和氛围

(1) 要完善政策法规,提高管理的科学化、法制化水平。

(2) 要完善社会体系,形成支持媒介发展的合力。

(3) 要努力形成有利于媒介发展的和谐氛围。

(4) 要大力加强对媒介及其从业人员依法履行职责行为的保护。

(5) 要切实加强对媒介的指导和调控,增强调节力。

2. 电视文化也要发挥自身的主观能动作用,积极进行自我调适

(1) 解决形象问题。要增强责任意识和自律意识,在自身活动中强化社会责任感和使命意识,坚持毫不动摇地把社会效益放在首位,保持积极健康向上的基调和正确的舆论导向。要坚持不懈地抓好行业自律,避免恶性竞争造成媒介市场混乱。要提高电视从业人员的思想道德素质和职业道德水平,形成正确的价值观、荣辱观和严谨认真的工作作风,着力解决好群众反映的问题,树立良好的社会形象,提高电视文化的公信力,争取社会更多的认同和更广泛的支持。

(2) 解决质量问题。要坚持质量兴台的方针,尊重新闻传播实践规律,坚持"三贴近"原则,加强对报道和节目的研究策划,拓宽报道领域,探索新的报道形式,通过及时准确生动有效的传播实践活动,增加传播的权威性、实用性、准确性,提高媒介的影响力。

(3) 解决机制问题。要形成电视文化自我调整完善机制,在始终坚持发展目标的前提下,根据形势任务的变化和政策法律要求,调整自身发展战略,修正发展中存在的问题,进入健康持续和谐的轨道,不断推进自身发展。要形成媒介自我教育管理机制,通过制度化、规范化、科学化的教育管理措施和手段,不断提高队伍自身素质,从机制上保障媒介自身形象和公信力。要形成媒介行业自律机制,使媒介之间依据一定的规则进行合理有序的竞争,维护和谐的媒介生态环境,实现良性竞争中的媒介和谐发展。

电视文化作为一种新兴的正在发展和完善中的文化样态,受到多种因素的影响,无论是政治体制、经济体制还是社会其他因素,都对它的发展有着至关重要的作用。只有正确认识电视文化与各种因素之间的关系,才能充分利用各种因素促进电视文化持续而健康地发展。

练 习 题

1. 政治体制因素对电视文化的影响有哪些?
2. 电视文化与经济因素之间的关系有哪些?
3. 分析社会文化影响下的电视文化的特征。
4. 简述中美电视剧文化之间的差异性。

拓展阅读书目

1. 朱晓军:《电视媒介文化与后现代主义思潮》,中国广播电视出版社2009年版。
2. 高鑫、贾秀清:《21世纪电视文化生存》,中国国际广播出版社2006年版。

第六章　电视文化与大众传播

教学重点：从整体上理解和把握电视媒体的大众传播特性、电视文化传播符号的功能、电视文化传播的批评模式，从而掌握电视媒体与其他媒体在传播方式上的差异，并且用所学的理论对目前的电视文化进行鉴赏和批评，实现电视文化传播的良性循环和发展。

教学难点：由于电视文化的传播符号和电视文化传播批评比较抽象，因此，把这两个部分确定为本章的教学难点。

在21世纪转型期的全球化语境下，中国现代社会的文化特征、社会需求、受众审美心理模式时时刻刻发生着或大或小的变化。这种变化与新时期的电视媒体文化发展紧密相关，主要体现在大众文化传播特性、批评模式建构、传播符号多元化等方面。因此，这些方面的内容就是本章重点关注的板块。新时期电视媒体文化的发展融合在种种巨大的社会变革之中，伴随着人们的意识心态、文化观念、生活方式等方面的变化而进入现代大工业化的信息拓展时代。因此，这个时期的电视文化传播作为人类文化传播活动中一个很重要的发展阶段，有必要在理论上和观念上对其进行全方位的研究。正确、适宜、积极、健康的电视文化与大众传播语境，可以创造一个积极向上的传媒大环境，有利于规划、引导、保障新的电视文化的发展。所以，面对社会转型时期的文化传播，作为一种拥有一定历史基础同时也最为普遍、流行的传播媒介方式——电视，必须尽快地适应社会环境的变化和发展，为现代受众精神文化的审美需求打造精品。

第一节　传播与大众传播

在宇宙漫长的进化历程中，生命从来都不是一种孤立的存在。于是在悠远的西方文明中有了古希腊神话，在神秘的东方古文化中有了形形色色的传说。当处于远古世纪的人们无法解释某些自然现象或事情，并且需要寻找一些答案来安慰孤独个体的精神需求时，便创立了一种看不见摸不着的东西——神话。例如，人们无法解释天和地的产生，便说是盘古在混沌的世界中创造了天地；人们无法探寻出第一个人到底是怎样来的，便创造了女娲的存在来承载属于中华文明的根源。再如，古希腊神话中的宙斯与赫拉以及智慧女神、爱情女神等众神偶像，他们的存在解释了西方世界文明的来源。无论是被神化了的盘古、女娲,还是本身就充满神奇色彩的古希腊诸神,均是当时人们之间相互传播文明与信仰的重要符号。这些符号随着岁月的发展已经成为远古世纪东西方文化的重大财富。在21世纪的今天,当我们回望历史,这些符号便是一把钥匙,成为解读当时人们的思想观念和生活方式的一个渠道。当然,在目前全球化的文化大背景下,属于东方文化独特色彩的文明记忆符号,通过现代人对这些神话传说的多种消费得以传播和怀恋。其中,影视传播便是这个时期的受众们温习古神话的主要传播方式之一。因此,我们有理由相信,自生命起源,传播便如影随形,并且随着每个时代的方式变革演绎出不同的文明表现形式。所以,无论历史怎样进化,我们都无法忽略传播本身所带来的重要意义。

一、关于传播

(一)传播的演变历程

虽然传播有着漫长的无法用确切时间来计算的悠远历史,但在最初的传播行为中,无论是引领者还是参与者,大多是在无意识中自发地完成种种传播活动的。正如德国的恩斯特·卡西尔在《人论》中所提出的那样:"神话仿佛具有一副双重面目。一方面它向我们展示一个概念的结构,另一方面又展示一个感性的结构。它并不只是一大团无组织的混乱观念,而是依赖于一定的感知方式。如果神话不以一种不同的方式感知世界,那它就不可能以其独特的方式对之作出判断或解释。我们必须追溯到这种更深的感知层,以便理解神话思想的特性。在经验思维中引起我们注意的是我们感觉经验的不变特征。在这里我们总是在实体的与属性的、必然的与偶然的、恒定不变的与瞬息即逝的东西之间作出区分。靠着这种识别力,我们得出了一个由具有各种确定而明确的质的诸物理对象构成的世界概念。"[①]靠着这种识别能力,人类文明的进程在神话世界的传播解释下有声有色、充满生机。而这种生机在21世纪的今天显现出热闹非凡的景象,因为当下的社会语境处于一种传播空前狂热的状态中,所以从某种意义上我们可以这样理解:形式繁多、内涵丰厚的传播本身在今天亦成为一种令人难以置信的"神话",冲击着这个时期的文明模式,续写着新时期的神话内容。

如果说文字的传播在悄然流转和普及中并没有让当时的人们觉得有所欠缺的话,那么,21世纪新的影视媒介的出现则无可辩驳地把传播推向学科的高度。究竟什么是传播?"传播是指社会信息的传递或社会信息系统的运行,信息是传播的内容。传播的根本目的是传递信息,是人与人之间、人与社会之间,通过有意义的符号进行信息传递、信息接收或信息反馈活动的总称。"[②]信息时代是我们对今天这个世界的显性特征所下的定义,因此传播作为一种已经系统化并且随着时间的进程日益完善化、科学化的模式保障了这个时代信息的畅通、文明的交融、社会的多彩与进步。

(二)现代传播学的诞生

虽然古代传播很难界定它的发源地,但现代传播学诞生于美国却是不争的事实。因

---

① [德]恩斯特·卡西尔:《人论》,甘阳译,上海译文出版社2004年版,第106页。
② 百度百科:《传播》,http://baike.baidu.com/view/69730.htm。

为很多美国学者执著于传播理论的探讨和研究，所以美国在20世纪中叶就已经积累了相当丰厚的传播学理论。这些来自美国的学者们分别从不同角度剖析传播理论，并顺应时势地界定了种类繁多的传播模式。这些传播方式中，目前在学术界得以认可并且大规模使用的主要是历史悠久的平面传播模式。平面传播模式包括文字、图形、数学公式等多种表述方式。不同的传播学家热衷于研究各种不同的传递方式来建构信息传播的模式，并通过多个角度来解读传播的本质，以期揭示传播过程的复杂与奥妙，检验传播效果的神奇与多姿。在此基础上，一些热爱传播的学者和专家还纷纷从自己的角度大胆预测传播的未来发展态势和结构。传播本身无国界之分，因而虽然这些学者以美国为主，但是很快引发其他国家和地区的学者专家们对于现代传播学的关注和参与。

一般认为，传播学的奠基人有五位：美国人拉斯韦尔（1902～1980），美国现代政治科学的创始人之一，提出著名的传播学5W模式；美籍德国犹太人卢音（1890～1947），提出信息传播中的"把关人"的概念；美国人卡尔·霍夫兰（1921～1961），把心理学实验方法引入传播学领域，并揭示了传播效果形成的条件和复杂性；美籍奥地利人拉扎斯菲尔德（1901～1976），在形成现代传播研究方面具有重要的思想影响，是传播效果研究的开创者；美国人施拉姆（1907～1988），设立世界上第一个传播学研究所，主编了第一批传播学教材，开辟了如电视对少年儿童的影响等几个新的研究领域，他被认为是集大成者。为什么传播学会诞生在历史发展相对短暂的美国，而非诸如中国、印度等那些文明古国？是因为长久以来在美国颇为盛行的实用主义哲学的普及。当信息开始成为人们的生活方式承载现代人关于信仰与理念的热烈讨论并且在讨论中创造巨大的利益时，美国人用敏锐的视角把握住了传播的巨大潜力并给予综合性的开发。例如，曾经凭借《本杰明·巴顿奇事》斩获13项奥斯卡提名的美国导演大卫·芬奇，2010年执导了一部讲述全球大热的交友网站崛起史的影片《社交网络》获得多项奥斯卡奖项，惊喜地创造了传播界神话式的结果。当然，这种结果有利于文化在世界范围内的有益交流和共享，所以，当下的人们总是更相信更依赖于美国的信息力度正是美国传播学科发展和完善而取得的成就。因此，无论是内涵还是外延，传播学的诞生都是人类文明进程中的又一次里程碑式的变革，具有无法估量的积极意义。

"传播学是研究人类一切传播行为和传播过程发生、发展的规律以及传播与人和社会的关系的学问，是研究社会信息系统及其运行规律的科学。简言之，传播学是研究人类如何运用符号进行社会信息交流的学科。传播学又称传学、传意学等。"[①]传播学发源于20世纪30年代，资料显示，当时的文化已经发展到了学科相互交叉互融的阶段。因此，当时的社会语境适合跨学科研究，而当时的学者们也热衷于这种跨学科的研究并热情地给予相应的注解。因此，传播学从诞生就充满了神秘的复杂色彩，它与其他学科之间有着无法割舍的千丝万缕的联系。譬如说：传播大都发生在有意识的消费个体之间，所以传播学与人类学的发展异常密切。同样，传播学和社会学的关系也很密切，因为传播必须依靠相适宜的社会环境才能较好地实现其自身的实践发展和理论建构。到了21世纪的今天，随着网络文化商品的盛行和影视作品的极大发展，传播学又不得不与经济学和受众心理学产

---

① 百度百科：《传播学》，http://baike.baidu.com/view/41084.htm。

生关联。因此,我们可以得出结论,现存的很多学科都与传播学相关,或者说传播学是游离在各种学科之间的一种实用性极强的交叉性、实用性学科。在具体的实践过程中,传播学利用人类学、受众心理学、经济学、社会学等多个学科的理论观点和研究方法来丰富传播学的内容并实现传播学科模式的建构。现代传播大多靠的是信息的产生与获得、加工与传递、效能与反馈,通过这些社会活动和程序,传播的行为和目的才能得以实现。也在这样的一种传播行为中,人们的多种需求得到满足。在人们满足的过程中,传播学日益完善。比如,曾经风靡一时的开心网种菜游戏,这么一种浅显通俗的文化商品借助网络的普及在短时间内得到蓬勃发展。当所有网迷们沉迷于偷与被偷的精神刺激和心理安慰时,陌生人之间的距离无限缩短,开心网成功地充当了传播中介的角色,顺利地实现了网络文化的消费性传播。这种行为不仅证明了传播学的意义,也拓宽了传播学的范畴。

二、关于大众传播

(一) 大众文化

文化的发展伴随着文明的普及而源远流长,早在远古世纪的东方和西方,均有关于文化和文明的种种传说充当着人类发展史的符号,留存万世,但是我们必须承认的是,越悠远越厚重的古文化越被今人所疏忽。所以,直到今天,当古希腊的神话传说搬上好莱坞大银幕时,很多观众都沉迷其中,乐此不疲。比如,《诸神之战》的播出获得不俗票房就是一个很好的证明。为什么会出现这种看似奇怪的现象?答案是:在遥远的过去,文化本身的发展和文化的传播是不同步的。因此,在传播尚未成为一种主流文化形态的时候,文化大多以静态的形式含蓄隐忍地等待着属于自己的"伯乐",以一种被动的姿态流传后世。随着传播媒介的升级发展,文化也开始悄然改变形式,以更广泛更普及更流行的状态出现,洗去了传统文化神圣高傲的色彩。于是,在 20 世纪中期,大众文化铺天盖地地出现,并短时间内迅速成为文化的主流态势。

大众文化的生发以工业社会的大发展为背景,伴随着传播技术的革新而迅速升级。这种文化不同于以往文化的阶层性和排他性,而是自发地流传着这个时期最时尚最通俗最娱乐的商品走向。这种文化出现的目的就是大量生产和复制、大量销售某一种或者某一类文化商品,以实现受众的瞬间需求和满足。因此,当《花花公子》这本饱受争议的杂志成为一个时代文化的标志符号并且大范围普及时,大众文化的生存空间已经理直气壮地得到消费者的认同。

随着人类物质文明的不断进化和主体意识的日益觉醒,大众文化作为平民自己的文化在 21 世纪将更加鲜明地凸现其人文本质、人文理性和人文精神。但是,大众文化也有自己无法规避的缺点,那就是对大众传媒的依赖性。大众文化之所以实现传播主要是在大众传媒的引导下发生、发展和变化的,没有大众传媒,也就没有大众文化。在这个意义上,大众文化本质上亦是一种传媒文化。

因为意识形态上的差异,在西方大众文化轰轰烈烈地大发展时,中国的大众文化尚未起步。从严格意义上来讲,中国的大众文化崛起于 20 世纪后期。因为改革开放的社会契机,西方的种种文化理念和生活方式迅猛地涌入中国。从未感受过如此眼花缭乱的文化商品的中国消费者第一时间对这种来源于西方的文化形态表现出空前的热情,于是大众文化在中国获得出人意料的大发展。中华文化一直以来的兼容并包的特性再次发挥作用,来源于西方的大众文化被中国文化消解后以一种新的本土化的姿态迅速发展壮大。于是,中国大众文化植根于市场经济的沃土而快速成长。在短短的不到 20 年的时间里,大众文化便从根本上改变了中国文化等级森严、文化符号苛刻的传统格局,与以精英文化为主导的传统文化形成了对抗,并在短时间内形成一定的规模,积极影响着新时期的消费者的人格塑造和社会整体的发展面貌。因此,大众文化发展到今天已经进入一个新的发展阶段,尤其是以赵本山为代表的民间艺术——"东北二人转"登上大银幕事件更是开创了区域文化、通俗文化的极致繁荣。当国际大导演张艺谋通过《三枪拍案惊奇》来震撼中国观众的眼球时,也引发了大众文化过于热闹简单空洞而带来的多重社会效应的种种负面评价和议论。而这种议论促使人们不得不思考中国特色的大众文化的价值、规模以及未来应有的发展趋势。无论如何,今天的中国,大众文化正处于前所未有的勃发期,这种勃发期的到来是传媒时代的必然,也使得今人不得不重视大众传播的能量。

(二) 大众传播

"大众传播(Mass Communication)是一种信息传播方式,是特定社会集团利用报纸、杂志、书籍、广播、电影、电视等大众媒介向社会大多数成员传送消息、知识的过程。这一定义仅指传播的单向过程,没有包括反馈。随着大众媒介的发展,大众传播将成为双向过程。1945 年 11 月在伦敦发表的联合国教科文宪章中首先使用这个概念。"[①]正如大众传播所界定的概念一样,大众传播的广泛普及主要依靠平面媒体和动态媒体的发展,而且随着动态媒体的综合性趋势(比如网络和电视媒介的结合促使网络电视的出现),电视传播逐渐从单向的传播到今天传者与受者双方的互动性交流。双向交流就意味着传播者的增多,而传播者的增多正是大众传播的重要标志。早期的营销媒体,还有广播、电视,一直到我们现在所说的互联网媒体等,都随着数字革命带来的冲击形成新的媒体方式,而这种新的媒体方式为大众传播时代的到来提供了技术上的支持和文化上的变革。

今天的互联网媒体已经为我们迎来一个社交媒体时代。这个时代的重要特征就是:一个真正的双向传播的新媒体时代。这个时代的大众传播可以让我们的用户随时随地地创造内容,不再受传统时空的限制。同时也可以通过新的社交关系的建立,实时、快速地传播内容,实现消息的大众共享。这样一个趋势,某种意义上来说,非常符合我们所说的社交媒体的特征。尤其是微博时代的到来,把消费者和生产者之间的沟通联系得前所未有的紧密和平等。在 21 世纪的社会语境中,平民意识在网络媒体的传扬下彰显出别样的风采,激发了平民空前的创作激情,而这种激情所引发的大众传播效应更是出人意料。在微博的帮助下,大量的网民积极参与各式各样的新闻消息。因为大量有影响的人物自己在微博上开了账户,所以,新闻事件的报道和新闻人物的报道本身已经由我们媒体或者是用户自己完成。与此同时,微博已经渐渐地变成一个所有人都可以轻易获取信息和内容的入口。因为这个变化,我们可以发现在社交媒体上,大量用户的使用时间在不断地增

---

① 百度百科:《大众传播》,http://baike.baidu.com/view/42312.htm。

加,而且呈几何基数的增加。比如,风靡一时的 Facebook(社交网站)已经成为目前全球使用时间最多,而且远远超过其他网站的平台。这是传播媒介在大众文化时期所创造的奇迹。这种奇迹点燃了一个新文化时代的来临。

不仅如此,大众传播在形式上还走上了多种传播方式交融并用的多样化道路,实现了大众文化的顺利普及。比如,《让子弹飞》借助微博的口碑营销,创下国产影片市场的奇迹。自 2010 年 12 月 16 日上映之后,《让子弹飞》票房短时间内就突破 4 亿元大关,带给国产影片无限的希望和动力。同时,关于这部电影的种种讨论,在微博上同样热烈。这其中有对电影本身的评论,也使得诸如"让子弹飞一会儿"等台词成为网友议论的对象。这是电影传播与网络传播结合的优势,更是大众传播在这个时期的新特征。无独有偶,一部普通得不能再普通的古装穿越剧《宫》(图 6-1)在没有太大深度、没有太多亮点的前提下获得空前的成功亦有微博的效应在内。当电视媒体与微博互动时,那些平时高高在上的明星们与观众们在微博这个平台上实现了平等对话。这种平等是大众传媒的魅力,也是大众文化的发展福音,更是消费者激情的燃点。

图 6-1 《宫》剧照

总而言之,当传播上升到传播学的高度并且与大众文化进行深层次的亲密接触之后,21 世纪的受众们的生活方式和文化理念再次被冲击甚至被重塑。这种冲击和重塑是人类文化史前进的动力,也是人类文明铸造的根源。

第二节 电视媒介与大众传播

"电视媒体是指以电视为宣传载体,进行信息传播的媒介或是平台。电视媒体是媒体的一种分类,电视媒体与平面媒体、广播媒体、网络媒体、户外媒体和手机媒体共称为六大媒体。"[1]作为 21 世纪现代传媒科技发展中的奇葩,贝尔德创立的电视媒体引发了现代传

---

[1] 百度百科:《电视媒体》,http://baike.baidu.com/view/4901929.htm。

播媒介新的革命。在电视尚未普及的年代,电视媒介在人们生活中的定位仅仅停留在一种新奇玩意儿的状态,并未成为一种生活必需品。但因电视媒介与电影相比具有消费低廉、信息量大、接受快捷方便的优势,所以 20 世纪 50 年代很快风靡西方世界。遗憾的是,当时电视媒介文化的研究并没有随着电视的普及而有序地开展。然而,没有理论的扶持,电视照样欣欣向荣地发展。究其原因,是因为电视媒介从一开始诞生就洗掉了电影艺术精英文化的色彩,本质上是拥有数亿受众的大众传媒。那么,电视这种大众传媒赖以生存、安身立命的资本是什么?从另一个层面上来讲,电视能够在短时间内征服数以亿计的观众,并且在受众中引起强烈反响的原因是什么?在电视媒介已经创造出巨大的社会效应和经济利益的当下,我们无法忽略对电视媒介优势和特质的关注与研究。正如余秋雨在《电视社会学研究》一书的序言中提出的观点:"电视,不仅仅是让大家方便地看到了新闻,享受了艺术,而且整体地改变了亿万人民的文明结构和生态方式,改变了一个民族的精神空间和生存空间,历史上有哪一次文化传播方式和接受方式的变革,有这一次巨大?它成了高科技的试验场、艺术潮流的引导者、创作手段的全能家。"①

一、电视媒介的大众优势

作为一种视听综合艺术的延伸,在理论上,电视没有电影——第七艺术的高雅和名正言顺。但是电视却有着电影无法比拟的优势,这种优势主要体现在电视媒体的文化内容和传播方式上的大众特性——即"艺术潮流的引导者"。不同于电影艺术在传播内容上或者商业或者艺术的局限性,电视媒介涵盖了相当丰富繁杂的内容,而且这些深受大众喜爱的内容依从今天的审美特征主要体现为:时尚性与真实性相结合。这种时尚性与真实性均来源于大众心理的审美诉求,正如电视理论家吉尔伯特·希尔兹曾经提出的那样:"在电影里,一切都是存在于过去时态之中;而广播与电视中的一切却是处于现在时态的。"②除此之外,电视媒介所涵盖的内容还相当宽泛,这种宽泛兼容了文化的高雅性和通俗性,理直气壮地借助大众传播的优势,吸引了不同阶层不同涵养的大量受众,打造了这个时期电视媒介与大众传播相结合的媒介文化发展新趋势。

(一)电视媒介中大众传播的时尚性

著名美学家尤里·鲍列夫认为:"电视的一个重要审美特征是叙述'此时此刻的事件',直接播映采访的现场,把观众带进此时此刻正在发生的历史事件之中,这一事件只有明天才能搬上银幕,后天才能成为文学、戏剧和绘画的主题。"③诚然,喜欢新奇与追求刺激是人类深层次的集体心理需求,正是因为有了这个需求,人类文明才会生生不息地发展。而对于代表了大众文化符号的电视媒体而言,取悦尽可能多的观众是它的出发点。因此,时尚性从某种意义上是电视媒介与其他现代媒介传播方式区分开来的重要标志,这种标志以引发社会流行为主要衡量标准。"流行,一种普遍的社会心理现象,指社会上新

---

① 张凤铸:《中国电视文艺学》,北京广播出版社 1999 年版,第 10 页。
② [美]吉尔伯特·希尔兹:《伟大的观众》,美国维金出版社 1951 年英文版,第 105 页。
③ [苏]尤里·鲍列夫:《美学》,冯申、高叔眉译,中国文联出版社 1986 年版,第 451 页。

近出现的或某权威性人物倡导的事物、观念、行为方式等被人们接受、采用,进而迅速推广以致消失的过程。又称时尚。流行涉及社会生活各个领域,包括衣饰、音乐、美术、娱乐、建筑、语言等。"[1]作为一种靠精致影像获得受众青睐的艺术形式,电视总是走在流行时尚的最前沿,无论是电视人的服饰造型,还是言行举止、传播内容,短时间内都会引起反响。因此,以社会消费心理为起点的电视媒体一定会把握各种时尚流行元素,为当下尽可能多的观众提供精彩的视觉盛宴,只有这样,在激烈的媒体竞争中,电视媒介才会拥有自己独特的制胜筹码和鲜亮的符号。

纵观电视短暂的发展历程,我们不难发现,电视节目的发展可谓日新月异,从最初的新闻类节目、服务类节目到今天所产生的形形色色的诸如教育类、娱乐类等更加细微更加专业的新类型,电视媒介在追求创新时尚的路上可谓孜孜不倦。当然,这也是大众文化时代电视媒介的唯一出路。就拿国内目前出现的一档热播的情感类电视节目《非诚勿扰》来说,这是一档适应现代生活节奏的大型婚恋交友节目。参加节目的男男女女均以靓丽耀眼的形象出现,他们之间采用的真诚、直接的感情告白模式完全突破了传统交友方式的含蓄内敛。诚然,这种在瞬间决定婚姻大事的做法是对中国传统婚恋观念的强烈冲击,是新时代男女的婚恋观、爱情观的立体呈现。当那些外形靓丽养眼、打扮时髦前卫、表现大胆奔放的男女嘉宾们提出自己或前卫或个性或传统的情感观念时,激烈的讨论甚至是争吵增加了节目的看点。尤其是在节目前期,具有争议性的女嘉宾马诺提出自己"宁愿在宝马车里哭也不愿意坐在自行车上笑"的大胆理念时,来自观众的互动几乎让《非诚勿扰》节目组的官方网站陷于瘫痪。为什么这么一档看似平常的情感类电视节目会引发如此大的争议?这是电视媒介的真实性、时代性使然,而所探讨的马诺的爱情观正是生活在竞争空前激烈的社会现实中的年轻男女们面临和困惑的问题。相比较电影含蓄的艺术加工,文学的犹抱琵琶半遮面,电视媒介的优势显而易见。

随着电视剧类型的拓展,传统严肃厚重的历史正剧已经被青春靓丽的时尚穿越剧所取代,这是一种全新解读历史剧的方法论。昔日意蕴深厚的历史命题在电视媒介领域内消费起来稍显费劲,但近年来《宫》《步步惊心》(图6-2)等时尚化题材的再现,使得严肃的历史在一种清新时尚的氛围中给予现代观众一种全新的视听感受,吸引了大批年轻受众群来关注中国传统历史的演义化、通俗化、简单化。虽然,对这种大众通俗消费历史的方式,一些专

图6-2 《步步惊心》剧照

家提出了非议,但是比起以往国内年轻人压根儿不碰历史剧的事实,今天的关注已经属于难得的进步。当然,这是因为电视人恰当地利用电视媒介的时尚性特征,在古板的历史素材中植入大量现代的情节与视觉元素,丰富了电视剧的发展空间,也为中国厚重的历史文

---

[1] 百度百科:《流行》,http://baike.baidu.com/view/277310.htm。

明与电视媒介的有益结合提供新的可能性。这种可能性是电视媒介的创新魅力,也是大众传播在这个时期与电视媒介结合的奇迹。

(二) 电视媒介中大众传播的真实性

综观近年海内外各类电视节目,收视率较高的大都是家庭生活类、历史类的电视剧,新闻(类)、故事类、公益类、真人秀类电视节目。仔细分析这些电视作品,尤其是近两年特别火热的游戏竞技类电视节目,如《智勇大冲关》《快乐大冲关》等,可以发现这些节目不约而同具有一个共性,那就是真实地设置节目程序,尽可能原生态地再现节目的现场反应,以一种不可预测、难以意料结果的"现场直播"特性来吸引尽可能多的受众参与。这是大众传播时代热闹特征的体现,也是这个时期电视媒介应该具备的特点。如果电视节目不够大众化的话,那么就很难实现电视媒介的大众传播特性。"'真实性'一词源于希腊语,意思是自己做的、最初的,真实性概念起先用于描述博物馆的艺术展品,之后被借用到哲学领域的人类存在主义的研究中。19 世纪 70 年代,旅游者开始重视'真实性'的旅游体验,期望获得更真实'更深入'的旅游体验,'真实性'概念延伸到旅游领域。"①到了 21 世纪的今天,真实性延伸到电视领域,以其形象地反射社会的"模拟真相"而成为电视媒介与大众传播结合的最大看点。

就拿一档生命力最持久、今天势头依然强劲的中国内地新闻类电视节目《新闻联播》(图6－3)来说,该节目主要以世界各地新闻事件中社会关注程度高的内容作为报道的选题,运用全方位的模拟技术,尽可能真实保鲜地再现新闻事件中的重要细节和现场情景,因此成为目前可信度最高的新闻类电视节目之一,在中国内地拥有深厚的市场基础和忠实的受众群体。当然,《新闻联播》的可信性除了节目本身的真实性之外,央视的权威性也

图 6－3 《新闻联播》(截图)

不容置疑,这是国家级电视台的福利。那么地方电视台中同样也存在着类似的具有说服力的节目。例如,东南卫视坚持以极具权威性的新闻资讯类节目为龙头,获得了巨大的发展空间,产生了不容忽视的影响力。名牌节目《海峡新干线》聚焦我国海峡两岸的政治、社会、民生,突出报道涉台新闻和祖国大陆的对台政策以及两岸的民间艺术文化商业交流往

---

① 百度百科:《真实性》,http://baike.baidu.com/view/1078426.htm。

来等内容,在形式上与我国港、澳、台地区的新闻媒体接轨,是目前全国卫视中唯一一档拥有如此开阔思维、如此繁杂内容却保持着真实性信息传播的特色节目。围绕全面打造"海峡"品牌的发展战略核心以及频道定位,东南卫视以《海峡新干线》《海峡论坛》节目为平台,在涉台新闻报道方面保证真实的同时积极开拓创新,在观众群体内和行业竞争中树立了良好的口碑,并专门派出驻京记者,与国台办形成良好的互动关系。这种良好的互动关系是节目本身的保真性带来的积极效应。这种积极效应更加促使了东南卫视涉台宣传的主流媒体地位。这个有说服力的定位连带着鼓励了很多艺人对东南卫视其他类型电视节目的加盟,为东南卫视电视节目的发展带来蓬勃生机。

同样,现在较热的家庭伦理剧《媳妇的美好时代》《当婆婆遇上妈》《裸婚时代》《金太狼的幸福生活》等无不是因为关注小人物真实的生活细节而得到观众们的普遍认同。虽然电视剧是一门艺术,应该高于生活,但是电视受众的庞杂性决定了电视剧的创作者必须选择一个合适的视角才能迎合不同年龄段受众的诉求。尤其对于传统文化所涵盖的固定家庭观念已经深入人心的中国内地,伦理剧的"模拟真实性"成了必胜的法宝。当剧中的主人公为最基本的生活琐事而烦恼时,现实观众在观看的过程中为自己相似的处境找到了情感释放的出口。

21世纪初,中央电视台经济频道《地球故事》节目首次进口并尽可能原生态地播出了来自美国的大型电视真人秀节目《幸存者》。这档充满了美国风味的电视节目给中国观众带来不小的视觉惊喜。为了保证节目的异域特色,节目在播出时采取中文与同期声并存的声效模式,这种模式的写实性和真实的利益驱使吸引了众多观众的眼球。短短几年,真人秀节目在我国的电视屏幕上迅速走红。《星光大道》《超级女声》《我型我秀》《智勇大冲关》等节目令中国观众目不暇接。这些节目的成功除了"秀"的真实特性之外,还以一种本土化的视角与中国受众的真实生活理念和观影诉求进行了一次恰当地衔接。在观看节目时,真实的游戏规则、出人意料的现场反应、无法估量的奖金收益、场外观众的连线参与等均成为吸引观众的重要筹码。因此,近年来真人秀类节目占据了很多电视台的黄金档期,在实现信息真实传递的同时也创造了惊人的经济效应,为电视媒体的发展奠定了一定的经济基础。"上海文广新闻传媒集团综艺部总监田明介绍,'大众用真实的生活语言、真实的生活情态进入节目当中,节目具有极其巨大的生命力'。不过,有人忧虑,真人秀节目走红屏幕,是否仅是在满足人们的窥私欲?人们争相将自己的隐私拿到屏幕上曝光,到底是在反映草根的真实生活,还是一种媒体与各方的联手炒作?某位情感类节目制片人就曾透露,为提高收视率,有的剧组编造故事,甚至聘请编剧编、演员演。节目素材大都来自网络,唯一的标准就是越曲折离奇越好。为此,广电总局日前下发一则'整改令',禁止情感类节目低俗化。'整改令'表示,情感类节目的部分情节有造假嫌疑,真情实感有被收视率扭曲的趋势。有关人士分析,'整改令'并不是否定真人秀电视节目,而是在杜绝虚假、杜绝炒作。事实上,并不是越曲折越离奇的故事越受到欢迎,真实才是真人秀类节目的生命所在。如果说窥探心理的满足是真人秀类节目受到欢迎的表层原因,那么,更深层的原因就在于观众能在节目中追寻对主流价值观的认同。"[①]这种主流价值观念所宣扬的内涵有

---

① 百度百科:《真人秀》,http://baike.baidu.com/view/10317.htm。

智能取胜、公平公正、利益取之有道等。这些正确的人生观、价值观正是主流媒体一直宣扬的,也正是真实生活本身所需要的。

二、电视媒介的传播特性

电视媒介传播内容方面的优势决定了电视受众群必然是大众的无限扩散。但是,仅仅节目内容上的取材还不足以确保节目会获得成功,电视媒介还依赖于大众传播方式上的优势。因此,对于电视媒介来说,只有内容和形式均符合大众传播时代的特征时,电视媒介才会实现良性循环。资料显示:"电视是视听合一的媒介、电视受众具有专注收看的特点:诉诸视觉和听觉,决定了它与其他媒介的区别,奠定了优势的基础。运动的画面是电视的主要传播手段。视听是人类接收外界信息最主要的渠道。科学家研究发现,人们通过视觉获得的信息占其获得的信息总量的83%,来自听觉的占11%。视听兼用,可以让人们更真实、更立体地感受事物的特征。从记忆的角度来看,听到的信息能记住20%,看到的信息能记住30%,边看边听的能记住50%。视听兼备的特点赋予电视媒介其他媒介所无法比拟的优势,同时又使电视受众形成了专注视听的特点。因此,电视传播越来越呈现出黄金时间效应,受众的收看时间相对集中。电视节目虽然可以在一天的任何时间播出,但是受众接收的时间却非常集中,通常在晚上6:30~10:30左右,因为这是人们一天中的主要闲暇时间,希望通过电视调节一天工作学习带来的紧张情绪,并且获得新的信息,所以电视台在这一时段播出的主要是新闻和娱乐性节目,电视广告通常也选择这一时段播出。"①综上所述,我们在重视电视传播内容的同时,也必须恰当把握电视媒介的传播优势,实现电视大众传播的目的。详细说来,电视媒介的大众特性主要体现在线性传播快捷、传播手段丰富、传播时效性强、收视环境随意、消费价格低廉等方面,这些传播特性赋予电视媒介独有的优越性。

(一) 电视媒介的线性传播特性

首先,不同于电影可以反复消费的传播模式,电视媒介线性传播的特性决定其在传播过程中转瞬即逝的独特属性。这种属性在具体节目中要求电视编辑注重节目内容方面的浅显易懂、简洁连贯。

江苏卫视推出的《老公看你的》是一档关于夫妻博弈挑战秀的全球首创电视节目。每期选择四对各具特色、性格迥异的年轻夫妻,通过脑力和体力相结合的游戏进行竞技和比拼,最终获胜的夫妻可以获得世界范围内旅游的机会。很有意思的是,节目最终的赢家并不一定是特别优秀的,也未必是体力占优势的,而是相对来说配合得特别好的。节目分为"出示挑战任务"、"投入信心分数"、"投入信心分数最多的老公进行挑战"等几个环节。综合整个节目来看,内容方面没有任何深度,纯粹就是游戏与竞争。除此之外,在每期节目中,主持人都要重复节目的规则,目的是让观众在转瞬即逝的线性传播中知晓节目的进

---

① 王青争:《电视媒介的传播特性是什么?》,http://culturemedia.baike.com/article-54575.html。

程,从而引发对节目的兴趣。整个节目的设置正是基于电视媒介稍纵即逝特性的成功试水。以此为例,目前综艺游戏类电视节目在编排上必须浅显易懂,否则就无法吸引大众的眼球,而且各个环节之间必须连贯,这种连贯性不仅可以弥补节目内容上的简单,而且可以激发大众主动参与的激情。《老公看你的》仅仅是一个个例,但它却精确地诠释了电视媒介线性传播的特征,给电视人以经验上的告诫。

(二) 电视媒介大众传播的随意性

曾经,"一部《英雄》搅得中国影坛乃至文化娱乐界沸沸扬扬。观众趋之若鹜,票房一路飙升;影视批评家、学者则大张挞伐,媒体甚嚣责骂,真乃成也'英雄',败也'英雄'。随着一杯《绿茶》(张元导演)泡出国产影片尴尬之后,有关《英雄》的是是非非似乎也尘埃落定。这种文化维度与消费快感之间的摩擦碰撞,反映出改革开放之后的中国,消费文化正改变我们的生活,引发社会文化失序(culture disorder)。虽然不喜欢《英雄》这部影片,但我更愿意以一种更为超脱的理性视角解读《英雄》现象,发现沸沸扬扬的论争之中透出一个核心,那就消费文化结构中的权力转移,使那些原来操纵标准权力的精英们失语,引发社会心理恐慌症。所以,大众消费趋向偏离精英主导取向恐怕是引发《英雄》现象的缘由。一般来说,在电影消费中,一部影片是否有好的上座率,在于观众(消费者)透过消费行为去裁定,而观众为何会产生消费的欲望(观看的欲望),从现象上来看,或许是受到信息刺激(如传媒广告宣传和看过该片观众的口头传播)、因为某一位明星、特定类型叙事(如欧美观众对科幻的喜好与东方观众对武侠的钟情),或是影片满足了观众的审美快感、梦想、欲望,然而从消费文化的角度看,或许更应该说是受到了当代文化与社会的渗透或影响,而产生了某种消费欲望(Desire to Consume)与消费趋向(Propensity to Consume),引起了消费行为"[①]。一直以来,电影院在中国都属于高端消费,但电影的消费一直呈现攀升趋势是因为电影植入观众们魂牵梦萦、充满诱惑的"白日梦",但是梦想并不是每个个体都可以随心所欲地进行消费的奢侈品。所以,"……生产领域中广为人知的商品逻辑和工具理性,在消费领域同样引人注目。闲暇消遣、艺术作品与一般意义上的文化,为文化工业所过滤;随着文化的高雅目标与价值屈从于生产过程与市场逻辑,交换价值开始主宰人们对文化人接受。精英文化所奋力追求的境界,让位于受人操纵的大众,而正是这样的大众,参与着具有最低共同点的可替代性的大众商品文化"[②]。事实上,这种大众商品文化在今天主要体现为形形色色的电视节目的风靡。

相比较电影讲究的观影空间,电视媒介因为随意收视的传播环境而显得平易近人。这是电视媒介大众传播日常性的体现。因为这个消费优势,电视的普及顺理成章。于是,受众们可以顺心所欲地对电视进行观看,家里、商场甚至是公共交通工具上。曾经,一档生活服务类电视节目《美女私房菜》通过公交视频传入受众的消费视野并深受欢迎,电视媒介在今天的巨大魔力令人惊叹。当然,任何因素都有它的两面性,大众传播语境的过于随意性会消解电视节目的吸引力和传播力度,这就向电视编辑提出了更高的要求,要求他

[①] 新浪网:《中国电影论坛:消费文化结构中的电影》,http://ent.sina.com.cn。
[②] 王志标:《文化产业链设计》,载《科学学研究》2007年第2期。

们更多地考虑节目的开始、结构、节奏、气氛等方面的安排,避免拖沓。特别是在现代电视观众已经形成较成熟的视听经验并且拥有多样化选择机会的竞争语境下,电视媒介必须拿出自己的个性来配合语境的随意性。为此,电视节目的快节奏编排、加大信息量、打造新颖的视觉效果、反复的进行宣传等,都成为电视吸引观众注意力的重要手段。

一档颇具代表性的电视节目《快乐大本营》(图6—4)是湖南卫视于1997年7月11日开办的一档综艺性娱乐节目,是湖南卫视一直不遗余力地努力保鲜的品牌节目之一。节目开始采用全民娱乐的类型,获得极高的收视率,创造了随意环境中电视娱乐消费的神话。但是这种神话并没有持续很久,《快乐大本营》于是与时俱进地转型为选秀节目而获得新的发展生机。现在已经进一步转型为多以嘉宾访谈游戏型的综艺节目,经常邀请一些中国大陆、香港、台湾地区的知名艺人来访谈、玩游戏等。为了吸引受众的眼球,《快乐大本营》节目组让何炅、谢娜、李维嘉、杜海涛、吴昕五人组成"快乐家族"来搭档主持。这种主持本身就开创了中国主持群的全新结构,而且因为主持人数的增加,节奏感相应加快,所以转型后的《快乐大本营》节目播出三四期后即在观众中引起反响,迅速升至全国电视市场的周末黄金时段的收视首位。《快乐大本营》现象曾经热络一时,因为其良好的收视率引发了全国电视界的一场"综艺变革",不久全国各地电视台出现了近百档节奏感强、气氛轻松活跃、植入我国港台地区色彩的类似节目。几年中有不少光芒万丈的闪耀明星做客《快乐大本营》。刘德华、成龙、黎明、周杰伦、费翔等国际知名的艺人都曾经登上过《快乐大本营》的舞台,留下属于他们在电视媒体上的亲民记忆。

图6—4 《快乐大本营》节目(现场)

《快乐大本营》节目以新鲜的题材,多样的形式,清新的风格,新奇的内容,知识性、趣味性和参与性,引领观众走向一个既随意又充满幽默的崭新空间。这种崭新空间的营造为国内其他类似的电视节目提供了参考范本。当然,日益变化的收视率也体现了电视人生存的艰难,也警示所有想要在多种媒介随意消费的竞争中占据一席之地的电视人,必须对大众传播特性娴熟地把握,优化地利用,才有成功的可能。

(三)电视媒介大众传播的时效性

"时效性是指信息的新旧程度、行情最新动态和进展。整体分析策略方案在一定时间阶段是有效的。决策的时效性很大程度上制约着决策的客观效果。应紧紧把握其时效性特点，充分发挥其时效性的功能，应与时俱进。分析、策略的有用性是其中最为重要的方面，即了解外部环境的变化并相应调整决策以利生存和发展。"①时效性、现场感要求电视编辑提高编辑效率，重视最新信息的传播，重视对高信息含量的现场反应。

虽然时效性是新闻类电视节目的生命线，但是较之于网络的共时性优势，电视媒介的时效性凸显出不同的特征。电视新闻相较于新媒体上发布的信息更具可信性。通过时效性强的新闻评论，电视媒体能够站在一定的高度诠释新闻，短时间内发出令观众信服的权威声音，彰显其高端影响力和理性价值，从而提升新闻节目的使命感和责任感，使其在当前复杂多变的媒体环境中站稳脚跟。诚然，"由于网络身份的隐匿性，导致话语的非理性和群氓性，但是电视媒体可以将网络议程上升为公众议程，实现网络议程与传统议程的对接。从而让电视新闻更加鲜活有效，通过网络话语和官方话语结构互搭梯子的方式让草根议程走上了公共议题的舞台，实现了更广范围内的受众集纳"②。因此，电视媒介的共识性因为自身信息传播效率的快捷、传播内容的丰厚、传播声誉的权威而在媒体竞争时代依然存在一定的市场空间。

除了新闻类电视节目，生活服务类电视节目、体育类电视节目、电视剧等紧贴现实生活的创作亦是电视媒体时效性的具体呈现。这种呈现有时会引发无法估量的社会影响。就拿颇具争议性的电视剧《蜗居》(图6-5)来说，资料表明，由 SMG 影视剧中心主投、主控的电视剧《蜗居》在上海、北京、成都、杭州等地播出时，各地收视均获得同期高点，全线飘红。此剧在北京电视台和东方卫视播出后，更是引发全国热议。央视新闻频道也频频关注此剧，几乎前所未有地连续4天报道"蜗居现象"。电视剧《蜗居》聚焦了一个持续的话题——房市。一对在大都市奋斗的姐妹因房子而走上截然不同的人生路，故事真实地呈现都市白领为房而战的严峻生存现状。在高昂的房价如同蜗牛身上的壳一样压得人喘不过气来的当下，这部电视剧很容易就引起观者的共鸣，编剧六六说，每一个在写字楼中拥有1平方米隔间、月月还房贷、出门坐公交、中午吃盒饭的人，都能从剧中找到自己的影子。《蜗居》触及众多社会热点，引发学者、媒体和观众关于价值观、人生观的大讨论。中央电视台新闻频道于2009年11月18～21日，连续4天分别在《新闻直播室》《共同关注》中报道讨论"蜗居现象"。《共同关注》分别以"《蜗居》热播刺痛房奴神经"、"电视剧《蜗居》展现白领买房历程"、"《蜗居》实话实说：房子啊，房子！"为题，报道高房价之痛使《蜗居》反映的都市买房难现状和80后面临的困惑引起大众共鸣，解读《蜗居》受热议经典台词。《共同关注》的评论说："《蜗居》引起关注在情理之中，因为它触及了当今最值得关注的问题——房子问题，过山车一样疯涨的房价涉及千家万户，牵动所有人的心……在关注剧中人物生存状况的同时，也是对我们自身生活一种冷静的旁观和审视，这正是这部电视剧引起关注最重要的原因。"③"11月21日，《新闻直播室》以近5分钟的长度播出《蜗居效应：

---

① 百度百科：《时效性》，http://baike.baidu.com/view/555710.htm。
② 刘妍：《〈新闻1+1〉：诠释央视新闻观》，载《广告大观》2010年第4期，第10页。
③ 马萧萧：《蜗居现象透析：暴露的房事与人生》，http://ent.ifeng.com/tv/zhuanti/woju/pinglun/detail_2009_11/25/174675_0.shtml。

关注热点,引来七嘴八舌》,节目专程采访出品方代表——SMG影视剧中心主任杨文红主任,当被问到制作此剧的意义时,杨主任说:'蜗居因其具备深刻的时代烙印而有价值!'除央视外,《新周刊》《新京报》等全国各大主流媒体及学者肖复兴、解玺璋等都对电视剧《蜗居》给予高度评价并有深刻分析。日前,《蜗居》还成为今年《新周刊》新锐榜年度电视剧提名的五部电视剧之一。"①

图6-5 《蜗居》剧照

为什么一部电视剧会带来如此大的社会轰动,因为《蜗居》充当了这个时代的影像社会标本,共时性地把中国人几千年来的房子情节与今天社会现实中的房奴问题巧妙结合起来,反映了这个时代的大多数观众的心声。或者说,一部《蜗居》,一个浓缩的小社会。种种现代人纠结的关于理想与现实、信仰与追求、价值观与人生理念、欲望与权力、道德与颓废等尖锐的社会问题在演员们轻描淡写的对话上或者习以为常的生活写实片段中得以犀利、准确、及时地展示。因此,引发巨大的社会反响,带来现代观众关于精神追求与现实生存之间这个永恒命题的再次探讨。

总而言之,在传播方式上,电视语言相较于电影而言更为丰富、多元。现代电脑技术日新月异地变革、升级,更是让电视媒介如虎添翼,为电视传播带来了崭新的视觉效果。所以,在这个传播竞争激烈,所有传媒人都在争取大众化消费的社会结构中,电视编辑更应该勇于尝试现代编辑技术为电视创作带来的各种可能性。

第三节 电视文化传播的基本特征

"文化是一个非常广泛的概念,给它下一个严格和精确的定义是一件非常困难的事情。不少哲学家、社会学家、人类学家、历史学家和语言学家一直努力,试图从各自学科

---

① 马萧萧:《蜗居现象透析:暴露的房事与人生》,http://ent.ifeng.com/tv/zhuanti/woju/pinglun/detail_2009_11/25/174675_0.shtml。

的角度来界定文化的概念。然而,迄今为止仍没有获得一个公认的、令人满意的定义。据统计,有关'文化'的各种不同的定义至少有 200 种。笼统地说,文化是一种社会现象,是人们长期创造形成的产物。同时又是一种历史现象,是社会历史的积淀物。确切地说,文化是指一个国家或民族的历史、地理、风土人情、传统习俗、生活方式、文学艺术、行为规范、思维方式、价值观念等。"①综上原因,历史久远的文化在概念上还存在一定的争议,那么起步较晚的电视文化更是众说纷纭、尚无定论。

一、关于电视文化

传统文化在表现形式上,一直被划分为高雅文化和大众文化。当然,中国有些理论学家认为,除了高雅文化和大众文化之外,还存在着官方文化或者说是政治文化——即第三方文化。高雅文化和大众文化一直是界定电影文化和电视文化的重要参考。因为艺术电影注重文化高度的探讨,所以一直被冠以高雅文化的称谓。而电视则相反,从诞生之初,它只是一种载体,一种媒介的载体,而且这种载体从一开始较之于电影就有很强烈的大众倾向性,因此电视文化理所当然地被认为属于大众文化的范畴。比如,对艺术电影的理解需要观众有一定的文化理念、艺术修养、审美深度。就拿王家卫的《东邪西毒》来说,很多观众看了很多遍后仍无法确切地理解电影到底在讲述什么。当然,《花样年华》中所探讨的情感的幽深意蕴和曲折表达也充满了理解的难度和观影的挑战性。而电视节目从来不存在这样的问题,无论受众文化素养如何,大都能够迅速地理解电视所传递的信息,如曾经风靡一时的《还珠格格》在我国各大城市包括在偏远山区的极高收视率便是很好的证明。

除此之外,电视因为其本身的社会服务功能,成为发布社会公众信息的主要渠道之一。而且,因为电视新闻的发布者往往掌握着公共信息的话语权,所以电视在传递信息过程中,很难避免主流意识形态所带来的种种倾向性。这种倾向性消解了电视文化的纯粹性,电视媒介本身的传播作用淹没了电视文化的很多特征。拿新闻类电视节目来说,报道新闻的角度不同,受众理解新闻的结果就有可能完全不一样。例如,颇具争议的"半岛电视台的著名宗教节目《教法与生活》就散播反美宗教极端主义情绪。印度亚洲新闻网 2011 年 4 月 17 日称,7 年前,时任美国国防部长的拉姆斯菲尔德称半岛台是'邪恶的、不准确的和不可原谅的',美国前总统小布什也曾称要炸掉半岛台。而在 7 年之后,美国国务卿希拉里在参议院听证会上表示,半岛电视台报道的是'真正的新闻'。美国总统奥巴马日前也赞扬'半岛电视台的拥有人推动了整个中东地区的民主'。为什么会出现如此大的争议?事实上,这几年来半岛台的报道风格确实有很大变化。美国广播公司'夜间连线'节目的记者大卫曾于 2006 年加入半岛电视台,两年后辞职,他称在新闻制作中看到了反美偏见以及来自多哈当局过多的控制。但现在,他却开始对半岛电视台大加赞扬,称半

---

① 百度百科:《文化》,http://baike.baidu.com/view/3537.htm。

岛台为'地球上最好的新闻频道','半岛台已经成为全世界的模范'"①。以此为例,对电视文化来说,除了其大众文化的色彩之外,电视文化无法独立于社会大环境之外纯净地发展进化,浓重的主流意识形态色彩成了电视文化难以避免的宿命,这种宿命的结果是催生了稍显古板、宣传主体单一的制度文化。

另外,电视文化总是以现实生活为主要的表现原型,然后借助电视媒介的手段作出适度的提升。这种提升是电视节目可观性的必然需求,在具体的电视节目中就要求节目编辑把观众的审美、娱乐、消遣需求等作为制作电视文化的出发点,力求打造出兼容一定的思想性和艺术深度并且具备一定程度的娱乐色彩的多元文化新形态。这种形态与电视文化产业化、商业化发展相匹配,有利于电视文化的健康发展。从长远来看,电视文化的多元多样化有利于推进整个民族的文明进程。

但是,来自于美国的大众传播学家施拉姆提出:电视的发明是人类智慧了不起的成就,但如何运用电视,却是对人类智慧的更大考验。诚然,仅仅知晓电视文化大众性、多元性、舆论导向性的基本特征是不够的,关键是电视人必须把这些电视文化特征与电视媒介的传播手段有机结合才能有效推动电视事业的进程。

二、电视文化传播的特性

"文化传播又称文化扩散。指人类文化由文化源地向外辐射传播或由一个社会群体向另一群体的散布过程。可分为直接传播和间接传播。前者通常由具备文化的人们通过商队、军队等途径直接传播某种精神或物质方面的文化内容,如新的农艺技术和发明创造等;后者表现出一种比较复杂的文化扩散能力,主要指某一社会群体借用外来文化特征中的原理,进行文明创造活动的一种刺激传播,如欧洲最终发明瓷器是在知道中国瓷器大约200年之后。文化散布过程取决于文化的实用价值、难易程度,文明声望、时代适应性和抗逆性等多种因素。实际上传播媒介的特征或身份往往决定传播文化的特征,如17世纪意大利传教士对中国当时园林建筑艺术和宗教文化特征,起了一定程度的刺激传播作用。由于文化源地、文化传播方式和路径以及影响扩散因素的复杂性,因此探讨某种文化特征的起源是文化地理研究的一个难点。通常一个区域在文化特征方面与另一区域存在较高的相似性,则可推断其外来文化的传播能力大于本区文化的创造能力,近年来一些文化地理学者如瑞典的哈格斯特朗(T. Hagerstrand)等,应用归纳模式和随机模式分析预测文化扩散的概率和传布规律,为深入认识文化传播现象提供了新的研究手段。"②电视文化传播作为文化传播的一部分,所有文化传播的共性它均具备。但是电视文化传播是电视这种新媒体时代特有的一种文化现象和社会现象,所以电视文化传播体现出电视时代的特殊性。这种特殊性主要体现在电视文化传播的立体影像思维模式运作、电视文化扩散的分级化传播以及电视文化传播语言的现代性特征等方面。

---

① 谷棣、刘畅、史桃李、王晓雄等:《半岛电视台被曝做"引导性报道"在中东引争议》,http://news.163.com/11/0429/14/72QIL5L100014JB6_3.html。

② 百度百科:《文化传播》,http://baike.baidu.com/view/1081808.htm。

(一) 电视文化传播的直观性

德国社会学家林格斯称电视为"震撼现代社会的三大力量之一",因为"有些戏剧和音乐会通过摄像机得到转播,并且传送到世界各地,这则是一种文化的恩赐。当只有少数人才可能有机会接触到某种令人叫绝的艺术经验时,能将其录制下来并转播给各地的千百万人,这在现在和将来都会是技术的一种胜利;这种难得的经验可为后人一直保持记录在案,而这则是我们这个时代超越以往的一个不可估量的进步"①。这种不可估量的进步最主要依靠的工具是摄像机,当然电影传播也依靠摄像机,但是电视的影像具有平民化、随意化的传播优势,所以电视文化传播所具备的影视思维的直观性所带来的信息传递很容易完成。

审美直观性是受众自觉参与艺术审美活动的重要缘由,因为有了直观的视觉诱惑,审美立即得以实现。审美直观性具体表现为对艺术形象具有一种不假思索而即刻把握与领悟的能力。当然,这种能力是因为影像的立体形象所带来的视觉席卷和冲击而获得的。从古代岩画、绘画到当代影视艺术,直观形象的画面直接作用于我们的审美器官,给审美主体以瞬间美的感受,从而短时间内引发受众的热衷和流连忘返。就拿一部经典电视剧——新版《红楼梦》来说,在刚刚开始播映的时候,观众的反应就出乎意料地热烈。其中,大多是围绕着演员们的视觉造型而进行的探讨和反馈,其景象可谓热闹非凡。

有人认为:"新版《红楼梦》使用的是著名美术设计师叶锦添的设计。虽然叶锦添在很多大片里的美术设计都堪称美轮美奂,但这次《红楼梦》的设计却堪称是一次失败之举。或许是由于全是棚内搭景的缘故,新《红楼梦》与老版最大的区别,就是它的场景显得过于呆板,缺少立体感。在一些纵深长镜头的画面里体现得尤为明显,天空的景色,要么非常苍白,要么过于昏暗。而一些远景的建筑,也都直接模糊处理掉。远不如老版的场景看起来那么真实立体。除此之外,叶锦添这次使用的色彩也是网友们诟病的主要地方。在新版《红楼梦》里,叶锦添设计的场景都偏黑偏暗,没有一个厅堂是光明的,每个坐在堂里的老爷小姐,都是半隐在黑暗中,使整画面平添了一股鬼气。而人物服装方面,也以黑色和暗红色为主,没有几丝鲜艳的色彩,甚至在元妃省亲这样的著名喜庆段落里,演员们身上的服装同样色彩阴郁,那种红色配上黑色的场景,让人很容易就想起《夜宴》里那种压抑的气氛。"②但另外一种观点则认为:"视觉上并无不妥。片子真的呈现在了观众眼前,倒没有那么突兀。细腻艳丽的色彩搭配,典雅沉郁的大观园,果然是富贵梦、温柔乡。李少红不是没有拍过富贵场面的人,《大明宫词》的优美温柔,至今依然算得上是中国电视剧史上最精致的作品之一。相比《大明宫词》的开阔,新版《红楼梦》的场景多了些阴郁,服饰也有繁琐小气之处;可转念一想,那阴郁也阴郁得应当,所谓的世家,不比新兴的富豪,是应该带些阴郁气的。而清代家具服饰,本来就有繁到不能再繁的细节,比不得唐代的大气,明代的简练。抛去时代氛围和物质条件不谈,只对比两版《红楼梦》,如果说 87 版《红楼梦》

---

① [美]瓦尔特·索雷尔:《西方舞蹈文化史》,欧建平译,中国人民大学出版社 1996 年版,第 60 页。
② 晴空一剑:《新版红楼梦像看天上人间》,http://hi.baidu.com/%C7%E7%BF%D5%D2%BB%BD%A3/blog/item/8577a213849fe40f5aaf53dd.html。

更多地将目光集中在一个封建大家庭如何由盛而衰,社会的变迁如何影响一个贵族子弟的命运,一个时代里社会阶层里形形色色人等如何登场下场。那么新版《红楼梦》则更像一个梦境,不是要描述一个现实的世界,而是对一种古典世界的追忆:那世界琉璃造就,锦绣堆成;青春的少男少女们在这世界里谈诗抚琴、读书度曲,浑不知世外还有洞天。正如《大明宫词》里李少红不想讲政治,那些只是外物,她只想讲一个女人的成长和内心;我想在《红楼梦》中,她也不想讲社会,只想讲爱情:一个少年如何从情窦初开,不知情为何物,到深深被爱情刺痛,再到看破红尘,发现一切不过是'白茫茫大地真干净'。也许在她眼中,《红楼梦》本来就不是一部写实的回忆录,而是一部乌托邦;曹雪芹根本就是一个孤独的孩子,那乌托邦里根本就是他的向往。所以,在她的剧中,无论是宝玉还是黛玉,眼睛里总是有一抹惊奇的神色——似乎他们都不是剧中人,而是敬仰者:宝玉敬仰着青春的女性的美,黛玉敬仰着大观园这片梦幻的世界。他们其实都不是宝玉和黛玉,而是穿着宝玉和黛玉衣冠的,仰视那古典世界的现代的孩子。"[1]其实,对于大多数观众而言,根本无须将李少红版《红楼梦》与 87 版《红楼梦》作对比,因为每一个电影导演想要表现的,本来就都是自己内心深处的理想世界,借助的正是成就自己梦想的或理想化或现实化或精致至极或写实粗糙的影像。这些承载创作者艺术梦想的影像在电视文化传播中直观性地给予展示,所以引发探讨存在争议在所难免。这些都是电视文化传播探索时代必然会面临的一个阶段,一个过程。但是一千个人有一千个哈姆雷特,同样,每个观众心中都有自己经典形象的理想设置。当导演们通过直观的电视影像打碎观众的艺术想象时,也激发了观众前所未有的参与激情和争议动力,而电视文化传播正是在这样的争议中取得发展和进步的,电视艺术本身也随之逐渐完善而走向成熟。

　　电视文化传播影像思维的直观性会最大限度地激发受众视觉审美的激情,但是影像思维的直观性也存在致命的缺陷。这种缺陷让电视文化的传播远离深刻而流向简单,让电视文化传播忽略内容的深刻性和艺术性,陷于形式上的空洞和肤浅。比如,曾经是娱乐类先驱的《快乐大本营》在经历多年的风光之后,也面临发展的瓶颈问题,因为盛极必衰。节目编导为了吸引受众的关注,几乎每期节目都要邀请一些美丽耀眼的当红明星。这些明星固然直观可看,但是每每当明星嘉宾们和主持人进行各种无聊的游戏时,观众会感到"娱乐至死"之后的空虚。这是电视文化传播过于注重影视直观性的必然结果。所以,娱乐不应该是单纯的娱乐。这就要求节目编导们在寻求感官刺激的同时,更要借助电视这个平台传播文化的意义。因此,电视娱乐节目应当是以传播知识,提高受众品位为目的,通过一定的中介形式和大众参与在相互交流中形成一种娱乐氛围的节目形态。电视娱乐节目面对观众兴趣品位的日益提高,应该不断拓宽其表现形式,要由过去以嬉笑为主的浅层次刺激逐渐转为有一定格调的深层次审美,在纷繁热闹的氛围中植入文化理念的探讨。只有这样,才能让观众在娱乐之后不觉得空虚。娱乐节目是这样,其他电视节目亦是如此。

　　总之,电视作为艺术和精神产品,理应具有一切真正的精神产品都具有的根本品质:给现实中的人们营造理想世界的追求空间,给无聊的现实社会书写一份靓丽的立体文

---

[1] 晴空一剑:《新版红楼梦像看天上人间》,http://hi.baidu.com/%C7%E7%BF%D5%D2%BB%BD%A3/blog/item/8577a213849fe40f5aaf53dd.html。

存在,让世俗的生命得到精神上的升华和心理上的安慰。我们需要轻松和发泄,需要多姿多彩的生活方式,所以我们必须让电视发挥它的文化传播的探索功能。只有不停地向前探索和追求,电视媒体才能有长足的发展,这个时代的媒体文化,甚至大文化才能形成良性循环。

如何才能实现这个目标呢?电视文化的传播必须有丰厚的美学底蕴作为依托,有文化品位作为标签。电视节目作为一种艺术的表现形式,它必须具有这个时代的美观标准和日常生活的烟火气息。借助这些文化理念,电视媒体才能与人类心灵的精神境界产生共鸣。这种共鸣是观众们梦想中的电视文化传播的至高境界,这种共鸣也是电视人不倦前行的基点。

(二)电视文化传播的分级性

电视文化在最初的懵懂阶段,并没有太在意文化形式和传播方式的变革,但是现代消费语境的综合性变革已经让电视不得不注重传播方式的多样性,以此来吸引受众的眼球。正如《电影观众学》所言:"在观影情绪的发展高潮和欢畅宣泄阶段,有时观众可能获得一种高峰体验……这时候他的情绪达到了一种狂喜或者极乐状态,他的情绪能够得到一种彻底的释放和尽情的倾泻。高峰体验过后,欣赏者可能获得对自然、对人类、对民族、对父母,对一切帮助主人公获得奇迹的人和事的感恩之情,这种感激之情可能转化为崇拜、信仰、热爱,表现为对一切善良人们的爱,或者报效民族、祖国、献身人类进步事业的渴望。"[①]其实电视编创者又何尝不想带给电视观众这样的审美启示?只是这种启示需要电视人在电视文化的传播过程中注重文化扩散的分众化需求。为了满足这个需求,电视文化传播必须改掉现存的诸如浅薄性、雷同性等种种弊病,走商业性、艺术性、专业性并重的发展道路。

目前我国电视文化传播综合性主要体现在:一个电视频道包含诸多形态的电视节目,这些电视节目所传播的内容非常繁杂。虽然频道专业化的口号已经喊了很多年,但是综观国内电视频道的现状,你总能看出其中的综合特色。明明是戏剧戏曲频道,但是你可以看到电视剧的身影。明明是电视剧频道,但是电视节目依然挤在中间,于是在同一时间里,受众是被强制性地安排接受固定的节目,自己无法选择。电视传播不同于报纸杂志,可以把版面同时呈现出来,读者能够根据兴趣自由取舍。既要面对全体公众,又不能像报刊那样提供一份内容丰富的自助餐由受众自己选择,众口难调的矛盾在电视文化传播中显得特别突出。因此电视也要相应地从老少咸宜、雅俗共赏转向雅俗分赏、各取所需,从粗糙的大众文化传播转向专业化的固定受众群小文化传播,只有这样,才能实现电视文化传播的商业性回报、专业性发展、艺术性提升。

除了综合性,目前中国电视文化传播的雷同性也相当惊人。比如,时下的各类电视节目总有一个"大陆学台湾,台湾学日本,日本学美国"的怪圈,而且国内各台之间也相互模仿,风格相似。几年前我国台湾地区的《我猜我猜我猜猜》在大陆地区立即体现为《周日我最大》《天天向上》等综艺娱乐电视节目。还有就是各个电视台的相亲热潮《我们约会吧》

---

① 章柏青、张卫:《电影观众学》,中国电影出版社1994年版,第103页。

《爱情连连看》《非诚勿扰》等让国内观众着实过了一把电视相亲的瘾。过犹不及,现在这些电视节目已经因为过于雷同面临发展的瓶颈。因此,对于电视文化传播的艺术深度的探讨已经提上日程,电视人应该研发适合现代受众、引导现代受众的原创性电视节目,尽可能地为广大观众提供一点值得咀嚼与想象的余地。在一个经济文化发展极度不平衡的社会大环境里,我国的电视文化注定必须要从本质上拒绝过于精英化、理想化的倾向,注定要对民族的生存状态体现出电视应有的人文关怀。而这种关怀的实现就注定电视人必须要从多方位、多角度反映不同受众的心里话和他们的喜怒哀乐。通俗的节目可以靠增添知识含量使其高雅化,相对高雅的电视节目也应该借鉴一些时下流行的叙事手段,将一个专业的课题变得让大家更容易接受。这些举措需要电视人调整好自己的心态,既要尊重中国电视界观众相对复杂的现状,又要提高自己的专业和文化素养,尽可能制作一些有一定潜力的电视节目,以吸引知识分子能够进入专业领域。长远来看,知识分子介入参与电视是提高电视文化传播品位的有效途径。他们能够以专家学者的风度、气质、学识、涵养增加电视节目的文化含量,从而吸引有进步追求的电视观众的目光,而且还有可能把一部分高品位的潜在受众变成现实受众。例如,《非诚勿扰》中乐嘉、黄菡以及曾子航的加盟,让整档电视节目的水准遥遥领先于其他同类电视节目。

(三) 电视文化传播语言的现代性

当代电视出现的话语发展趋势,既是电视媒介现代性发展的结果,又蕴含着对中国传统文化的积极参与。如果说电视文化传播话语的最主要体现形式是新闻类电视节目、教育类电视节目、娱乐类电视节目、红色经典电视剧以及一些贯穿主流意识形态的大型晚会的话,这些节目形态所呈现的电视语言无疑代表着目前电视文化形态发展的主流话语形态。现在大众话语系统是一个在当代电视中涵盖面最广的话语系统,只要是个电视台就有大众话语的存在。因为目前的电视文化传播高扬快乐原则,最大限度、最快速度地迎合大众的文化快感取向,所以很快成为现代色彩浓烈的感性娱乐场所。"所谓感性现代性,最主要的是指被释放出来的人类生存欲望,它既是传统圣化社会解体的结果,也是现代性形成发展的深层动力;主要表现为心灵秩序的感觉化,简单来说就是放弃或不追求理性的思索和超越性的解脱,而让感觉停留在物欲的此岸世界上。"[①]"感觉上升为生活的主导原则,追求感觉欲望的满足成了生活的意义界限。这种心理体验结构将一切固定的、永恒的或终极的神圣价值消解在流逝的感觉性的心理因素中,在这种只剩下'现在'、'瞬间'的感觉性的体验结构中,当下即是的心态必然以贝尔所描绘的感性的'及时行乐'为归宿。工业社会的大众文化,就是要在日常生活中创造某种快感的流通,把感觉上升为生活的主导原则,释放人的感性创造力。"[②]在现代市场的推动下,电视文化传播语言的现代性具体演绎为:电视综艺节目的热播、充满现代感的电视剧的盛行等。

一般的理念认为,"我们现在理解的'现代性'是指启蒙时代以来的'新的'世界体系生成的时代。一种持续进步的、合目的性的、不可逆转的发展的时间观念。正如汪晖所概括

---

① 荣耀军:《现代性视域下的当代电视话语格局》,载《电影评介》2011年第12期。
② 李佑新:《现代性问题与中国现代性的建构》,载《北京大学学报》(哲社版)2005年第2期,第35～42页。

的那样：'现代'概念是在与中世纪、古代的区分中呈现自己的意义的，'它体现了未来已经开始的信念'。这是一个为未来而生存的时代，一个向未来的'新'敞开的时代。这种进化的、进步的、不可逆转的时间观不仅为我们提供了一个看待历史与现实的方式，而且也把我们自己的生存与奋斗的意义统统纳入这个时间的轨道、时代的位置和未来的目标之中"①。事实是，目前我国现存的电视综艺节目形式多样、结构规模庞大、时间跨度长。在内容方面除了吸取各家艺术之长，还融合了很多亚艺术类形式，如游戏、杂技、魔术等。这样的一种交融状态既保持了原有歌舞类节目、曲艺类节目、音乐、戏曲类节目的艺术审美价值，又增加了欣赏性、娱乐性、通俗性、可视性、参与性、互动性等多种风格。这种风格的多样性仍旧不足以满足今天需求多样的现代观众。因此，现代电视人需要顺应时代的特征作出快速迅捷的语言反应，要把多种艺术形式和现场观众组合成一个有机整体，产生共鸣，引起互动，同时要在直播现场富有创造性地营造灵活多变、能够驾驭现场观众的电视语言。就以综艺节目的制作为例，综艺节目的电视编导必须恰当运用具有现代性特色的有声语言符号及非语言符号，穿针引线，营造氛围，调动情绪，控制节奏，驾驭进程，揭示主题。对于综艺节目来说，节目语言功能的核心是控制能力，这就要求电视编导注重语言的创造技巧，力求在节目语言功能特色上保持具有现代诉求的亲切自然、坦率真诚、个性鲜明等特色，从而实现与观众的无障碍交流，甚至在某些方面创造社会语言的流行标记。比如，内地电视节目《天天向上》作为湖南卫视一档以礼仪公德为主题的娱乐性脱口秀节目，之所以能够成功很大程度上就是因为其具有现代感的电视语言所营造的轻松欢快的氛围和搞笑幽默的节目效果。

除电视节目之外，颇具中国特色的古装电视剧更是用台词的现代性凸显了电视文化传播的感性特色。这种感性特色增加了电视剧的活力，让观众领略到电视剧再创作的风采。例如，新《三国演义》（图6—6）中，台词完全变成了白话文，虽然离原著很远，但是在当下更容易理解，这一点颇受现代观众欢迎，引发观众热议。剧中很多台词还刻意贴近当代，引观众发笑。比如，曹操错杀吕伯奢一家后还呼呼大睡，令陈宫非常不满，他举剑欲杀曹操，但最终未能下手，愤而把剑插在桌子上离去。第二天

图6—6　新《三国演义》剧照

曹操醒来，看了桌子上的剑后说："要杀便杀，何必犹豫，把自己搞得那么痛苦！"同样存在争议的还有电视剧《杨贵妃秘史》，该剧拍摄时就传出台词太雷人的消息，播出之后，褒贬不一，讨论之声非常热闹。"蹭饭吃"、"裸奔"、"我是你的铁杆儿"等屡见不鲜，被网友称为更像是一部穿着古装外衣的现代剧。最有趣的是，该剧还影射当下"买房难"等热点社会问题，如李白借酒浇愁之际，大呼"老子买不起房，还是喝得起酒的"。

---

① 百度百科：《现代性》，http://baike.baidu.com/view/95603.htm。

2006年1月20日,一部名为《武林外传》(图6-7)的情景喜剧在中央电视台悄无声息地播出后却创下很高的收视率。作为一部情景喜剧,《武林外传》最突出的特点就是人物语言和对白的幽默化、现代化。剧中人物大量运用方言以及颇具这个时代特色的广告用语。例如,女老板佟湘玉以及捕头燕小六分别使用陕西话和天津话,尤其是佟湘玉的口头禅"额的神啊"取得良好的喜剧效果,甚至在年轻观众中掀起说方言的热潮。在这里,方言不仅仅是听起来好玩儿那么简单,它更是大众文化时代电视平民意识张扬的确切体现。此外,《武林外传》中对广告词的运用比比皆是,在这个广告盛行的年代,这些充满现代感的广告词效果出人意料的好。周杰伦为动感地带所说的那句经典广告词"我的地盘听我的",在剧中成了"我的江湖听我的"。"人在江湖飘,谁能不挨刀? 白驼山壮骨粉,内用外敷均有奇效,让你挨完一刀还想第二刀……购买时,请认准黑蛤蟆防伪标志,呱,呱……白驼山壮骨粉,青春的粉,友谊的粉"、"我过的桥比你走的路还多呢"、"那是我懒得动"等这种带有鲜明后现代性特征的戏谑性语言的使用以及对当下电视广告的戏拟与模仿,使得《武林外传》中的许多台词在互联网上迅速流传开来,成为很多年轻人交流、模仿的对象。该剧的收视率一路狂升已经证明这些台词的现代性尝试无疑是成功的。这些具有现代感的台词是现代人文化追求和价值理念的直接体现。虽然这些台词引起一些持反对意见的专家们很大的不满,但是电视毕竟是一种现代媒介,观众毕竟是现代观众,所以编剧进行这些现代化的探讨是电视文化现代传播方式的必然过程,也是满足现代人观赏心理的捷径。

图6-7 《武林外传》剧照

第四节 电视传播符号

众所周知,符号是一种标识,这种标识一般指代着某种或者多种意义。不同的标识符号代表着不同的意义,因为符号相比较于文字来说相对简单。尤其是在广告范畴内,形形色色的标识,种类繁多、用途广泛,具有很强的艺术魅力和很强的辨识度,传播度也非常广泛。21世纪,人们对商品符号意义的消费已成为一种重要的活动。因此,我们正处于一个符号相对发达的年代。从理论上来说,符号到今天已经发展到相当完善的阶段,形成了一种独立的学科。

一、关于传播符号

符号学(Semiotics 或 Semiology)广义上是研究符号传意的人文科学,涵盖所有涉及文字符、讯号符、密码、古文明记号、手语的科学。可是,由于涵盖的范围过于宽广,它在西方世界的人文科学中并未得到重视,直至结构主义在20世纪下半期兴起,一些哲学家为了反对让·保罗·萨特的存在主义,大量引用俄罗斯在共产革命前的一系列有关符号在文化上的再现过程的研究。因此,正式出现当今所指的符号学,是在20世纪60年代。现代符号学另一个强大的源头是20世纪初瑞士语言学泰斗索绪尔的教学讲稿——《普通语言学教程》,索绪尔将符号分成意符(Signifier)和意指(Signified)两个互不从属的部分之后,真正确立了符号学的基本理论,影响了后来李维史陀和罗兰·巴特等法国结构主义的学者,被誉为现代语言学之父。[1] 20世纪的符号学面临一场新的革命,因为人们进入了动态的读图时代——电影电视诞生了。符号学与影视媒介一相遇,就产生了意想不到的效应。电视成功实现消息的传递,就是借助一系列蕴涵各种含义的符号来完成的。

电视传播符号是电视文化传播得以实现的基础和工具。电视传播的符号可以划分为语言符号系统和非语言符号系统。依靠这些传播符号,电视文化才得以广泛传播,其作用才得以发挥,价值得以实现、放大与增值。电视语言符号系统主要包括声音符号和文字符号。声音符号包括解说词、主持人或记者的话语等播音语言和节目中的现场同期声语言。声音符号已成为当今电视传播信息的重要符号甚至是主要符号。文字符号有屏幕符号(标题、同期声字幕、插入字幕、整屏文字字幕)、画内文字等。电视非语言符号系统包括图像符号和音响符号。图像符号主要包括实地拍摄的画面,节目中的影片资料、照片、录像、文献资料、绘画、美工制作的图表、示意图、动画模型、特技镜头等。音响符号主要指现场音响和音乐符号。目前,这些电视语言传播符号和电视非语言传播符号广泛地运用在各种各样的电视节目之中,如电视娱乐节目、电视剧、电视综艺节目等。因此,想要更好地诠释和打造颇具特色的电视节目,必须掌握并娴熟地运用各种电视传播符号,只有这样才能更好地满足电视受众的视觉审美诉求和观影心理需求,打造有针对性的电视节目,充分发挥电视传播符号的优势。

"能指"和"所指"都是索绪尔语言学创作的术语,是索绪尔在谈论语言符号的性质时提出来的一对概念。与把语言视为一种分类命名集的天真看法不同,索绪尔认为,语言符号联结的不是事物和名称,而是概念和音响形象。能指和所指是语言符号的一体两面,不可分割。索绪尔指出,语言符号是概念和音响形象的结合。然而,在日常使用中,语言符号这个术语一般只指音响形象,结果让部分要素包含了符号整体。为了避免出现这种混

---

[1] 百度百科:《符号学》,http://www.baidu.com/view/72633.htm。

消,索绪尔称:我们建议保留用符号这一词表示整体,用所指和能指分别代替概念和音响形象。索绪尔否认语言与外界的联系,认为它是具有心理性质的东西,是一种两面的心理实体。作为语言符号内部的两个要素,"所指"(概念)和"能指"(音响形象)应该也是心理性的东西。前者的心理性是众所周知的,而后者往往会被当作物质性的声音。为此,索绪尔专门指出,后者不是物质的声音,纯粹物理的东西,而是这声音的心理印迹,我们的感觉给我们证明的声音表象。它是属于感觉的,我们有时把它叫作"物质的",那只是在这个意义上说的,而且是跟联想的另一个要素,一般更抽象的概念相对立而言的。关于语言符号,索绪尔认为,它具有两个头等重要的特征:一是符号的任意性,二是能指的线条性特征。索绪尔认为,任何语言符号是由"能指"和"所指"构成的,"能指"指语言的声音形象,"所指"指语言所反映的事物的概念。符号的任意性就是说,所指与能指的联系是任意的,两者之间没有任何内在的、自然的联系。[①] 同样,电视传播是一个庞大的表意系统,系统的意义是由系统内各种符号组合关系决定的。图像、声音和文字符号都是信息内容的外显形态,也是人们视听器官和思维可以感知和理解的形态。电视传播者运用符号表达内容,观众将这些符号还原成传播者的原意或与之相近的意义。因此,电视传播以连续运动的图像、声音和文字为信息的基本形态,用多重视听符号的动态组合来表情达意、充当电视观众文化审美的工具。

拿电视剧和电视节目来说,无论一部电视剧要讲述怎样的故事或者一档电视节目想要传达怎样的信息、表达怎样的思想,都不能离开那卷包含影像声音等技术层面的录影带。这个录影带从某种意义上来说实际上就靠电视媒介符号系统的物质载体,以语言符号和非语言符号承载着电视人对电视作品的精神内涵的植入。否则,电视符号发送者向接受者传达的东西就会显得空洞无物、没有意义、无法理解或者缺少看点。同样,这也要求观众对于这些符号进行接收和理解,在观看行为完成时,电视文化传播才算完成。对于电视而言,当一部电视剧在放映的时候,我们不仅看到连续不断的活动影像,听到各种各样的人声、音响和音乐,而且知道它讲述的是什么故事,表达的是什么情感、思想、意念甚至哲理,从而得到精神的愉悦和心理的满足。精彩的影像、耀眼的明星、曲折的故事、复杂的情感、或深或浅的思想,这些符号系统性地组合才会实现电视剧的"能指"与"所指"的顺利完成。

二、关于电视传播符号

对于电视媒介而言,直观真实、生动形象的电视图像符号"所指"的内容取决于"能指"的事物与现实之间的紧密联系。这种联系之所以真实可信,深受观众认可是因为其本质来源于与真实生活的相似性。除此之外,电视媒介视觉语言艺术的不断革新,是电视传播符号不断完善的体现,目的在于创造出迎合现代观众的视觉语言符号,满足观众的视觉审美心理想象。

---

① 百度百科:《所指与能指》,http://baike.baidu.com/view/157358.htm。

(一) 电视传播符号指代的相似性

从符号学的角度来看,电视所依赖的图像符号中,其能指和所指以及所指代的事物之间是非常相似的,当然这个相似性主要是因为电视文化艺术传播的真实性使然。因为电视传播符号来源于现实生活,所以要满足生活在现实语境中的受众感官诉求就必须传递没有异议的艺术内容。为了达到这个目的,电视媒介必须选择相似的符号才能恰当无误地表达,也就是我们通常所讲的电视节目或者电视剧必须看起来真实可信。这种真实可信靠电视传播语言符号(人物台词的契合、字幕的同步解释)和非语言符号(演员形象的写真、表演火候的恰当、音乐的及时渲染和升华、音响的真实营造生活原生态感觉)的巧妙配合才能实现。

对目前蓬勃发展的电视广告而言,视觉符号作为广告元素的一种,对广告主题的表现起着重要的作用。从广义上来说,当电视广告中的任何一个事件、事物被赋予另外的所指意义后,这个事件、事物也就成为一个符号。电视广告中的符号主要分割为概念和声音、形象的综合,二者不可分割。符号表示整体,概念和声音、形象分别由"所指"和"能指"代替。从传播的角度来看,信息的传播效果在于受者接触到这些信息后,能否如传播者所预期的那样来接受意义。一个意义以电视广告的形式播放,经过电视话语的编码形式进行符号化,实现了所有意义的保鲜传达。目前比较活跃的电视广告,一般都集图画、音响、色彩、服装、角色以及文字等丰富多彩的符号于一身,又以电视这一大众化的媒介为载体,进入千家万户,备受青睐。在一则短暂的电视广告中,各种符号往往立体交织,层层叠加,把原先枯燥的、平面的空间加工成活动的、立体的空间,展示了电视广告符号的巨大魅力。电视广告的图像符号是一定意义上的现实的自然符号,能贴近地复制我们的日常生活经验或场景。电视的"现实"仿真使受众难以对图像作出辨认,凭借日常经验对图像的能指与现实的所指产生对应。因此,大部分电视图像符号的能指和所指的关系较稳定,而符号学作为一门系统研究符号性质和规律的科学,将为我们破解电视广告符号现象及其传播规律提供有力的工具和理论支持,使我们更加清楚电视广告是如何潜移默化地改变我们的观念习俗、引领着我们的生活时尚,实现其经济、社会和文化功能的。

例如,一则关于宣扬亲情符码的《妈妈洗脚》(图6-8)的电视公益广告大家一定记忆犹新:在一片柔和的家庭背景下出现了两位面带笑容的女性形象,慈爱的母亲心疼地对女儿说:"上了一天班累了,就不要帮我洗了。"而面带倦容的年轻女性则微笑着说:"不累。"一个可爱的小男孩探头探脑地看完这一幕后若有所思。这个时候画面一转,年轻女性回到自己家的时候,小男孩端着满满一盆洗脚水,水花四溅地朝着妈妈走来,嘴里说着:"妈妈,洗脚。"妈妈的眼睛湿润了。这么多年过去了,广告中的小男孩已经长大了。相信这支广告依然很清晰地留在很多观众的记忆深处,是什么使它如此让人难忘?原因是它走了一条迎合中国传统孝文化的路子,没有华丽的渲染,但是它将影像符号和谐地与温馨的家庭生活场景组合在一起,是对我们现实生活和家庭教育的一种真实模拟,让人产生一种身临其境的感觉。这时那慈爱的母亲、年轻的妈妈、两盆冒着热气的洗脚水、天真可爱的男孩等各种能指符号,让人自然地联想到温暖、关爱、孝顺、温馨。进而让我们把"妈妈洗脚"这个特定的符号与中国宣扬了几千年的孝文化之间建立一种对应联系,不由自主地联想到在经济快捷时代家庭温情和家庭教育的必要,从而实现一种寓教于"广告画面"的符号系统表达。其实,目前的电视广告一直在利用各种巧妙含蓄的艺术手段说服观众购买该商品或者接受某种生活理念,从这个层面来看,它是一种营销手段。但是广告在大肆推销该商品和文化理念的同时,必须带有对某种生活态度、生活方式、价值取向的宣传。从这个意义上来讲,电视广告是营销中的一种符号操作,是在传达信息意义和创造意义这两个层面上对符号的操作。所以在现代社会,人们购买某产品或者心甘情愿地接受某种生活理念,不纯粹是因为该产品的物质性和广告画面的可观性,而是对它所宣扬的一种精神理念的认同和追求,一种对该产品所代表的符号意义的接受和消费。

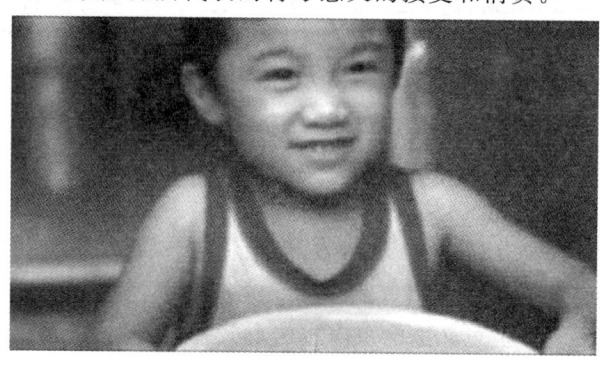

图6—8 《妈妈洗脚》(片断)

除了电视广告之外,电视剧作为电视艺术的一种叙事方式,是一种信息交流手段,而这种交流的效果如何,不仅取决于信息的内容符号及其组合方式的恰当选择,而且在很大程度上也取决于信息接受者对于画面符号的接受和理解程度,二者相辅相成、互为条件。詹·莫纳柯在分析电影接受过程时指出:"有极其丰富的电影经验的人,有高度视觉文化的人,较那些很少看电影的人看到的要多,听到的也要多。"①事实上,"一个人对画面的读解愈好,他对它的理解便愈多,而画面对他的威力也就愈大……他们的智力活动愈多,观众参与创作者之间在这个过程中则愈能达成平衡;这种平衡愈好,那么这部艺术作品就愈有生命力,愈能引起共鸣"②。其实,解读也好,理解也罢,这种平衡所造就的生命力需要恰当的符号选择和再现。

曾经在中国内地热播的20集电视连续剧《贫嘴张大民的幸福生活》,基本上是按时间顺序来叙述张大民一家的命运和生活中的酸甜苦辣。其中人物形象符号的界定和故事发生空间环境的选择准确地表现了当代中国社会底层人民的生存状态。没有画面的夸张渲染和其他符号的华丽堆砌,无论是画面、台词还是音乐都朴实自然、质朴无华,很容易为观众所接受。张大民这个小人物在生活重压下顽强挣扎,用乐观的态度承受、化解生活的压力,以贫嘴和自我解嘲来抚平心中的伤痛,传达出一种乐观豁达的生活态度。这种生活态度引发观众对自身生存状态的反思。同时,为增加观众与剧情的交流,剧中提出一些观众感兴趣的话题,有意识地在电视剧中埋伏下能激起观众进行思考和议论的事由,当然这种事由是吸引观众解读这部电视剧的筹码,如赡养父母、传宗接代、下岗再就业等,使观众在

---

① [美]詹·莫纳柯:《怎样读解一部影片》,周传基译,载《世界电影》1986年第4期,第15页。
② 同注释①。

观赏张大民这个人物形象的同时能独立思考并发表自己的见解,收到了较好的效果。在21世纪的今天,电视剧的编导与观众之间是一种平等沟通与交流的关系。所以在剧本编创的过程中,大多数电视人都会选择充满写实性的生活符号来传递故事。因此,很多好看的电视剧都严格按照生活本身的逻辑来安排故事情节,剧中的人物都是像现实生活中的你、我、他一样平凡,没有惊天动地的英雄业绩,却有着与普通人一样的悲欢和无奈。观众用一种冷静、宽容的眼光注视着屏幕上的恩怨与是非。他们既思考现实生活中的选择,又为电视人更好的创作提供参考的数据。

"电视新闻节目实际上就是一个庞大的符号系统,节目中的每一个因素,包括新闻画面、新闻人物、解说、音响、字幕、灯光甚至色彩的运用等都体现了一种符号关系。这个系统也是由能指和所指构成的,新闻画面、新闻人物、解说、音响、字幕、灯光、色彩等是能指,而它们共同作用所表达的新闻事件则是所指。在这里新闻节目的内容也是符号,要让观众了解这个复杂庞大的符号内容,就必须借助另一个更具体的、能传递信息的符号来表达,这个能指符号就是电视新闻节目主持人。观众就是通过主持人这个符号来理解新闻内容的,它是诸多符号中最重要的能指符号。电视节目的听觉、视觉符号的设定和意指都需要通过新闻节目主持人符号的重新解读。从画面来说,单从新闻主播当天的穿着,有时也能大概了解当日节目的主体意指。例如,除夕夜新闻主播大多都会穿上唐装以表示对新年的祝贺,观众单凭这一点就能轻松判断这一喜庆所指。而主持人的语音、语速、语调,则也能从听觉上传达出节目的主体意义。总之,无论是听觉还是视觉符号系统,都传达了电视新闻节目公正、客观、权威的所指含义。"①如果说电视新闻节目在国内的成功是电视人成功地运用了电视传播符号特性的话,那目前在国内存在争议性的相亲类电视节目则代表了负面的类型。例如,《缘来是你》《为爱向前冲》《百里挑一》等电视语言符号过于雷同,造成电视节目的重复。这些节目都有代表着专业符号所指的所谓专家们的评述,而整个节目的流程也都大致相同。很多观众都讨厌这些电视节目。究其原因,最主要的是这类电视节目的语言符号和非语言符号均缺乏创新,而且这些节目的视觉语言符号与节目本身的主题和理念在一定程度上相悖。一瞬间确定感情的归宿在中国语境中是不可思议的,而这档节目却偏偏把这种在我们中国传统文化体系内很严肃的话题演变成快餐式的符码。所以这些节目因为嘉宾们过于出格的言辞和随意贬低"真善美"的主流价值观的行为,在一定程度上突破了社会道德的底线,带来了观众的非议。而同类电视节目《非诚勿扰》则一直在语言上规避着感情的速成,一直强调以交友为目的,在一定程度上冲淡了节目过于功利化的色彩,实现了节目符号传递和观众接受的共赢。但纵使如此,该节目也依然面临巨大的挑战。由于节目的主题意义和形式上存在不太协调的问题,节目的形式承载不住过于深重的感情,因此需要好好调整。

(二)电视传播符号的优越性

虽然电视文化在很大程度上是真实生活符码的集合,但是电视文化依然存在着极大

---

① 化定杰:《电视新闻节目主持人品牌化的符号学解析》,http://media.people.com.cn/GB/22114/206896/227841/15331385.html。

的想象空间。相对于我们所熟悉的艺术化想象,电视是典型的社会化想象,是直接的文化传递,它以客观画面的直接性事实手段(所指),表达一种想象的"海市蜃楼",这个海市蜃楼就满足了电视传播符号的"能指"。我们之所以乐意待在房间里看电视,就是希望除自己的生活外,还能看到更多的精彩的外在世界,使自己的生活有一种文化符号的延伸性。试想一下,我们好像经常会为电视里所谓的"真实"而打动。比如,电视剧中的生死离别的场面总是让我们泪流满面、情难自己,但是对生活周围的这些真实场景却很难全情投入。其中的奥秘就在于电视画面符号所指代的理性空间借助想象的力量,巧妙运用电视语言符号和非语言符号对现实生活的平淡进行改造,实现了生活真实场景符号的电视图像梦幻化表达,而观众们在这种艺术升华中得到消费满足。比如,旅游类电视节目,把观众的心理感受带到天涯海角,于是我们沉溺于想象性的享受中,似乎自己已经作为画面中的一个小符号成为整个电视画面的组成部分,但等电视节目结束的时候,你意识到残酷的现实——你一直待在客厅里,始终不曾动过。类似于这样的电视节目受到不少人的喜爱,很大的原因就是它的"所指"和"能指"营造的视觉意境和文化理念满足了人们浪迹天涯和战胜自我的浪漫想象。所以,好看的电视注定是各种好看的电视语言符号与非语言符号的恰当组合。

因此,视听结合的电视媒介所传播的信息出现在受众面前时,受众因为接受其传播的符号而直接生活在其营造的想象空间中。"电视安放在你自己的起居室里,它加入了你的生活,它上面出现的形象也可以说是属于你的。"[1]受众不经意地利用电视在接受信息时,实际上参与了电视所建构的想象世界,成为这个想象世界的构成部分。"想象界"是萨特提出的一个重要概念,他将其作为一种感知形式,并是与现实事物的发展相联系的形式。他认为想象是真实的,没有任何东西是虚构的。这在一定程度上为模糊"想象界"和"实在界"界限提供了可靠的理论依据。杰姆逊借助形象一词,对文学到电视想象界和实在界距离感的消失加以解释,认为形象"是以复制与现实的关系为中心,以这种距离感为中心的"。形象通过否定存在而与存在相联系,意味着形象"使存在非真实化"[2]。的确,以大众日常生活为主要传播内容的电视媒介正是借用影像的符号创意,给受众设置了一个充满弹性的想象中的"真实"空间,这个空间可以进行白日梦的写真旅行,也可以经历形形色色的生离死别,于是电视在想象翅膀的驾驭下,娴熟地运用各种符号表征创造了一种看起来的现实感,这是电视媒介符号的优越性的具体体现,即使多重复几次也无所谓。

比如,在改编盛行的今天,著名作家苏童的代表作之一《红粉》就是发挥电视媒介符号的想象性优势,把一部3万字的小说扩充为长达33集的电视剧。为了增加故事容量的问题,编辑巧妙地利用了爱情的筹码,将老浦与秋仪的爱情作为一条线索。爱情作为影视艺术永恒的主题,一直充满着看点。无论是身处乱世还是和平时期,无论是英雄豪杰还是平民百姓,这些不同时空和多种人物形象的爱情都能够赢得或多或少的关注,甚至是取得很大的成功。所以目前所风靡的多种类型的电视剧如家庭伦理剧、青春偶像剧、军旅题材剧、古装剧、武侠剧等,都不同程度融入爱情元素。爱情是人类所有永恒情感中最为美好

---

[1] [美]杰姆逊:《后现代主义与文化理论》,唐小兵译,北京大学出版社2005年第2版,第79页。
[2] 同注释[1]。

也最为梦幻的一种,郝建在《影视类型学》中,认为爱情是具有"超越"功能的人类情感。电视剧《红粉》用爱情织就了一张结构全篇的大网,同时加入以韩大鹏为代表的政府力量对妓女的改造这条线,借助对那个时期的象征符号想象出了许多情节点。电视剧开始的第一集是一场华丽的"旗袍秀"。虽然各种历史资料都告诉我们旗袍是那个时代的主流服饰符号,但历经编创者想象,画面呈现的惊艳还是带给现代观众视觉上的满足。所以现代观众很容易借助旗袍这个时代符号进入故事发展的情境之中。剧作者为了让她们身着各色旗袍取悦观众视觉,不惜在剧情上给予理由——新中国成立之初物质匮乏,以至于在管教所她们依然身着亮丽的旗袍。到第23集她们成为轧花女工之后,才穿上代表一定历史真实特征的劳动装。其实关于历史的真实与否都不重要,重要的是不管黄军装还是花花绿绿的旗袍,都是裹在电视剧爱情内核外面的一层物质符号。因为爱情历来是要高于生活的,所以服饰语言符号的夸张和艳丽是对不俗爱情符号的直接冲击。除了服饰之外,人物形象的塑造也运用了电视想象的优势。在原来的故事文本中只有3个主要人物的塑造:公子哥儿老浦、妓女秋仪和小萼,主要的故事也都是围绕这3个人物展开的;但是在改编的电视剧中进行了群像塑造:电视剧则又增加了妇女教养所所长韩大鹏、医生郑敏、表面革命先锋实则反动特务的任来喜、美丽善良却在无奈下做过错事的方蔚茹、管制人员小崔等。这些人物在电视剧的一开场就有明显的阵营分野:妓女作为旧社会遗留下来符号,是新社会的毒瘤,是被改造的对象;而以韩大鹏为首的教管人员,指代着另外一类人物群像,他们的目标是把这群妓女改造为社会主义新人,让她们在人格上融入新社会。虽然这看起来不太现实,但是韩大鹏们在努力。这就显现了电视剧作与原小说在人物塑造上的差异性,而这种差异性正好是编剧吸引观众参与电视剧欣赏的筹码。因为这样二元对立式人物符号的设置更能吸引受众的想象性参与和评论,增加电视剧人物形象符号的看点和弹性。事实证明,《红粉》这部电视剧借助想象中的群像更加凸现了主要人物的性格魅力。

另外,拿电视频道形象的宣传片来说,因为宣传片的时间大都短暂,一般在十几秒到几十秒之间,最长的也很难逾越3分钟。而且,由于考虑成本的需求,视频片段大都较少使用旁白解说,于是片子完全依靠图像、文字等视觉符号来传达信息,表述主题。这就为电视观众接受和理解这些宣传片增加了难度,所以各电视频道必须慎重地选择具有想象力和蕴含着丰富寓意的语言符号和非语言符号叙事、传情。因为,符号选择的恰当与否,符号的"能指"和"所指"准确与否,符号组合的结构所表达的主题意义精准与否,都对电视频道形象的品牌建设有着举足轻重的作用,直接或间接地影响着频道的品牌树立和受众影响力,甚至是市场份额。例如,中央电视台于2007年摄制完成的形象宣传片《让世界倾听我声音》,这个宣传片时长43秒,以一曲悠扬的中国民间乐曲《茉莉花》作为背景音乐,将中国的山水文化和世界的自然人文景观统一融合起来,一并收入短片中,用各种符号恰当地表达出让中国的声音传递到全世界的主题意义。短片画面很简单,一位衣着旗袍的清秀的中国吹笛少女立于竹筏之上吹奏民间音乐。这是一幅典型的中国水墨山水画,有着浓厚的中国文化的意味,象征着中国悠久古老的民族文化。少女表情恬静、淡然,正代表着中国文化的悠远、淡泊。视频最后,少女放下笛子,恬静、微笑的脸庞放大,这个画面象征中国文化、中国品牌传向世界的自信和尊严。而少女立舟而去的镜头,仿佛是刚刚打开的山水画随着笛声的结束而阖上,言有尽而意无穷,给人以无限的回味和遐想。这是中国文化讲究意蕴的体现,需要观众静下心来揣摩。总之,制作电视频道的形象宣传片,首先要考虑的就是电视频道的恰当定位,其次明确宣传片所要达到的目标,最后利用电视这一最具冲击力的媒介传播方式,根据视觉和听觉层面上的特征设计出易记的识别符号,使观众得到视觉、心理消费的双重满足,从而能容易地识别出该频道。因此,从符号学的角度探寻电视宣传片传递的信息,注入相应的想象力是电视频道宣传片制作的有效途径。

虽然,"有人认为,电视促进了人们与外面世界的联系,但其塑造的想象空间和大众生活的真实世界距离感消失后所带来的冲突也日渐明显,受众在被动接受信息时,实质上已经陷入文化选择的迷途之中。因为观众们一方面要利用电视接受信息,另一方面却被这种信息商品化控制,在后现代主义文化的冲击下,观众实质上已经失掉了自我选择的自觉意识,在不自觉中主动接受着电视人所想象出的各种符码,久而久之,会带来受众的想象力受损。但是萨特认为'想象界与物质世界的关系企图达到的目的,就是使事物非真实化'"①。而电视传播符号为这种非真实化提供便利的渠道,受众陷入影像想象世界和真实生活的模糊冲突中,难免会困惑。纵使如此,电视传播符号的多重象征意义依然体现着这个时期文化表达的多样性,这种多样性本身就是一种进步。

因为,"我们的世界,起码从文化上来说是没有任何现实感的,因为我们无法确定现实从哪里开始在哪里结束"②。作为早期接受信息的重要渠道,无论是平面媒体还是单向的声音传播都已经无法与现代观众达成和解,实现沟通。电视传播符号的丰富性、快捷性、想象性以及和现实社会的相似性已经成功地改变了人们认知世界的方式,它以视听结合,图文并茂的"所指",满足了"能指"的传播——当代人对信息的快速需求。无论电视传播语言符号在银幕上塑造的理想空间看起来离观众的生活有多远,只要是看起来好看,其实就已经融入了人们的日常生活之中。电视观众在主动或者被动接受信息时,发挥一些想象或者想象过程被省略,都是现代主义文化理论无深度、无规则的现代特征的体现,也是电视文化和电视传播符号发展过程中很难避免的问题。市场经济加速了文化的发展,文化被迫与商业紧紧地缠绕在一起。观众利用电视接收信息符号的简单过程,实质上充满了被商品化的信息和电视生存符号的共融,只要能够体现一定程度上的进步,就已属可贵。

第五节 电视文化传播批评

"电视批评是以电视节目欣赏为基础,以各种具体的电视节目以及同节目相关的电视现象、电视思潮、电视受众、电视创作者等为对象的研究活动。"③在曾经的艺术批评史上,

---

① [美]杰姆逊:《后现代主义与文化理论》,唐小兵译,北京大学出版社2005年第2版,第82页。
② 同注释①。
③ 百度百科:《电视批评》,http://baike.baidu.com/view/4997230.htm。

早期法兰克福学派批判大众文化的重要指向之一就是对电视文化传播的批评,之后美国多年来一直存在一股轰轰烈烈的与"反电视运动"相关的学术思潮,这种思潮在今天已经日益成熟化,而与之相匹配的理论也随之系统化、科学化。总而言之,电视一直在一片庞大的批评声中迅猛地普及并艰难地前行。为什么会出现如此纠结的现状?美国史学家、教育家瓦尔特·索雷尔从一个侧面给出了答案:"电视是一种自我吞噬的大灾大难,而大众媒体所反映的更只是一个金光闪闪的正面……大众媒体那裹着糖衣的诱惑主要存在于它们对成功的许诺和经济上的报酬。"① 的确,电视文化传播在今天随着影响力的增强出现越来越多的问题。当然,这是电视文化传播的商品本质属性与电视文化传播的艺术性之间的基本矛盾所决定的。一方面,电视文化传播成功的标志就是电视人制作出一些高收视率的电视作品来证明电视节目的存在价值。另一方面电视又陷入商业收益的怪圈——以电视文化的娱乐化、通俗化、甚至庸俗化趋势为代价吸引着观众,这样盲目迷信收视率的做法使得电视的"副作用"被进一步放大。于是来自行业内外的专家学者、从业人员或普通观众的批评之声不绝于耳。更有甚者,在网络媒体上出现了"电视没有文化"、"弱智的中国电视"、"中国电视没有明天"等过于犀利、过于片面的评价。

其实,艺术批评学存在的目的是为了艺术的良性循环和发展。对于电视行业来说,电视文化传播的批评也不例外。为了电视文化传播更健康地发展、更快捷地循环、更有品质地提升,对电视文化传播的批评在今天显得很有必要。另外,作为现代社会重要的大众传播工具,电视兼具"高传播力"和"高公信力"的优势,较之于其他媒体可以更有效地监督政府和更直观宽泛地批判社会失范行为,宣扬良好的人生观、价值观,引领健康的社会风尚。鉴于电视在舆论监督时形成的强大社会影响力是其他媒介形式难以比拟的,所以,开展电视文化传播的批评不容忽视甚至义不容辞。一般来说,电视文化传播的批评途径和方式是通过相应的电视栏目展开批评,把创作者、评论者、一些具有代表性的观众聚集在一起,平等地讨论节目的创作和效果问题是目前电视批评的重要渠道和方式,但这种方式因为效率低下、效果不明显而需要更系统地提升。所以,一些批评家建议经由电视传播媒介进行的批评本身还可能成为电视文化传播批评的对象,以求引发更多批评的声音。这对于营造活跃的批评氛围、丰富电视批评理论有着积极的意义。那么具体的电视文化传播批评应该从哪些方面着手呢?本节分别从电视文化传播的社会批评、文化批评两方面来探讨电视文化传播批评的价值、功用、方法等内容。

一、电视文化传播的社会批评

与欧美国家相对完善的电影电视批评发展史和方法论相比较,中国的影视批评相对来说稍显薄弱。尤其是电视媒介,在中国的出现不过半个多世纪的发展历程。因此,关于电视文化传播的批评行为虽然一直存在,但理论和学术方面却在一定程度上流于简单,甚至有些领域是空白的。尤其是与其他艺术批评学比较,更发人深省。就同在发展时间长

---

① [美]瓦尔特·索雷尔:《西方舞蹈文化史》,欧建平译,中国人民大学出版社1996年版,第611页。

度上相差不大的中国当代文学批评史的研究相比,中国电视批评乃至整个中国媒介批评的研究,无论是在体系的建构上,还是在理论的深度探讨上均无法与之相提并论。即使这样,在新旧世纪交替之际,中国影视界还是出现了一股关于批评的思潮,尽管这种思潮未能引发大规模的社会潮流,但是已经对中国现代影视批评模式的建构进行初步的探讨。比如,李道新先生在他的著作中提出:"影视社会批评模式是一种历史最悠久、影响最大的影视批评模式,主要从伦理道德、政治和社会发展的角度来观察、分析、评价影视现象和影视作品,并侧重研究影视作品与社会生活和历史事实之间的关系,重视影视创作主体的思想倾向与影视作品的主题表现和社会功能。影视社会批评模式包括伦理道德批评、政治批评和社会历史批评等具体的批评模式,它以强调影视的社会历史蕴涵为批评目的,以真实性、倾向性和社会效果为批评标准,采用主题探讨和形象论评相结合的批评方法。"[①]正如概念中所论述的那样,作为电影艺术的后续者,电视批评在两千年后出现了相当热闹的社会场面。当然这种热闹是必要的,它是电视文化传播事业繁荣发展的重要标志。同样,这些理论也会在一定程度上为电视事业的良性发展和艺术提升以及受众审美品格的引导起到不容忽视的作用。因为电视的大众文化传播特性,所以电视文化传播的批评在21世纪较之于电影批评,显现出社会批评模式广泛化、历史批评模式浅显通俗化、伦理道德批评模式日常化的发展趋势。

首先,电视批评的社会批评模式广泛化发展趋势。1986年,中国广播电视学会成立,电视批评有了来自政府界定的机构与组织保障。各级电视媒体、电视教育部门在国家政治导向的引领下纷纷成立学会分支机构,因而派生出电视运行中各个环节的分支机构。这些分支机构除了能够保障电视文化传播事业的顺利发展之外,也为开展全国性电视评奖和学术研讨活动提供了发展的空间和平台。电视文化传播的社会批评模式也随之进入常规化状态。除在电视台系统有专门研究机构以外,中国社会科学院、中国人民大学、北京广播学院、复旦大学、四川大学等相当数量的科研机构和高级学府也迎合电视文化传播社会批评的潮流建立了相应的电视研究机构。这些数量众多的电视研究机构的建立,团结了一大批有志于从事电视批评的理论工作者,使电视批评队伍迅速扩大。总之,来自于政治层面和政策上面的支持和关注拓展了电视社会批评模式的范畴,电视批评名正言顺地开始理论上和学科上轰轰烈烈的建构之路。因为电视批评队伍中不仅有科研部门和各类高校中的研究人员,还有来自社会学、文化学、艺术学、心理学、教育学、语言学、文学等众多其他专业出身的学者和很多具有一定鉴赏水平的社会大众。所以,这些批评主体的广泛性带来电视批评事业社会批评模式轰轰烈烈的进程。据有关方面统计,这一时期经常以报刊为载体,开展电视批评的专兼职批评家近百人,其他还有大量不固定对电视节目进行分析研究的人员。他们以各自的视角关注、审视、读解电视,取得一批可喜成果。

其次,电视历史批评模式在很大程度上取决于电视作品的历史关注度。就以电视剧为例,来自各个层面的意见对于《闯关东》(图6—9)的批评,大都集中于剧作的社会性和历史性上。作品把朱开山的"家族史"和近现代中国的"社会史"融合在一起,通过描写朱开山家族的历史命运,透视中国社会的兴衰变革,观照由"闯关东"这样民族大迁徙的历史

---

① 李道新:《影视批评学》,北京大学出版社2003年版,第161页。

事件所折射出的时代风云。当然《闯关东》一直在注意表现历史和时代给予剧中人的外在影响以及这些人物的群体性活力又怎样推动了时代发展、历史进步。不仅如此,作者在创作这个作品时还特别注意对这个家族里的人物形象进行剖析,力求探究在特定的历史和时代背景下,人性不断变化的深层次缘由,期望以此来提升观众们的审美品格。

图6—9 《闯关东》剧照

由此,关于这部电视剧的评论大都集中于剧中主要人物形象的成功塑造,以及因为这些人物形象而承载的社会历史特征所引发的历史变革。当然,这是电视文化传播的历史批评模式应该首要关注的视角。毕竟,任何一部电视作品都存在一定的社会意义,或积极或消极。而《闯关东》因其创作视野的恢宏和历史跨时的久远,从历史的角度来解析更容易令观众信服,所以在这里采用电视文化传播的历史批评模式。类似的电视剧还有《大宅门》《康熙王朝》《雍正王朝》等,这些展现中国厚重历史元素的剧作必须采取相应的解读方式和评论方法才能为电视文化传播事业的健康发展提供理论上的参考。

早年对于84集《三国演义》的批评堪称典范。难以数计的批评文章曾由已故中央电视台研究室主任赵群选辑并主编出版为《电视连续剧〈三国演义〉艺术评论集》,书中收有65篇文章。除了历史学、文化学、社会学和文学角度的评论,还有关于文学名著改编的评论,摄影造型、导演艺术以至于音乐分析、服装设计等评论。近年,《当代电影》杂志的《电视剧个案分析》节目也形成一个很有特色的电视剧批评阵地。比如,2004年第2期的有关电视剧《大染坊》的一组个案分析的文章,作者全是中国传媒大学影视艺术学院的师生。这组评论视角各异,篇目分别为:编剧分析——《撼天动地谱新篇》、导演分析——《谁持彩练当空舞》、表演分析——《群贤毕至塑雄风》、摄影分析——《光影流转写春秋》、音乐分析——《敢有歌吟动地哀》、美术分析——《浓妆淡抹总关情》、文化分析——《沧桑正道在人间》。尤其是"主持人导语"的一段精彩陈词说出了这一组文章的总的立意:《大染坊》的剧作厚实峭拔,导、演、摄、美和音乐等艺术元素亦相当出色。它用平民视角抒写英雄史诗,以传奇手法彰显民族大义,盖因其恢宏与细腻兼备,理智与情感俱全,所塑造的人物才如此亲和而坦荡,所铺陈的故事才这样凄美而雄浑!真可谓"横看成岭侧成峰,远近高低各不同"。总之,艺术的要义在于奇瑰与谐美,思想的价值在于深刻与实用。迄今为止,在我国已然汗牛充栋的电视剧作品中,鱼与熊掌兼得的佳作仍不多见。如果我们有幸走进《大染坊》,或许能兼得悦目与赏心的快乐,共享娱情与养性的收获。①

翻拍经典剧目,在近几年成为影视圈最热闹的事情。不管观众对原剧改编是否认同,对影视剧是否喜爱,投资者却无一不赚得兴高采烈。庞大的商业收益让这个时期根据文学名著改编的电影、电视剧作品空前增多。这大约包含两个方面:一个是20世纪以来的名家名作,改编较多的是鲁迅、老舍、曹禺、巴金、张恨水的作品;再一个就是20世纪50年

---

① 吴素玲:《电视剧批评的多元视角》,http://www.literature.org.cn/Article.aspx? id=60648。

代之后的作品，即所谓红色经典。尤其是2009年以后，顺应怀旧的社会历史思潮，红色经典可谓一部接着一部，从《潜伏》到《螳螂》，从《蓝色档案》到《毒刺》，各种关于那段战争历史的作品可谓挤破了头，而且收视率还看似不错。但这种热闹不会持续很长。因为这个现象看似只是一个简单的商业动机问题，实际上还存在历史如何进入现实的问题。即使我们承认，投资商的目的只是单纯而直接地赚钱，但在赚钱的过程中，却不能忽略电视评价的文化艺术特性，而把作品仅仅做成简单的商品。所以观众们在观赏了一段过于商业化的红色经典剧之后，开始强烈不满，指责改编者破坏了他们关于"红色经典"的美好记忆。正是在这样的一种指责过程中，电视剧的社会批评特性发挥了作用，为电视剧的正确改编提供了一种相对完善的思路。

从本质上来说，电视历史批评是一种科学审美活动，它以电视艺术鉴赏为基础，同时又试图对电视文化传播艺术的鉴赏进行深化与提高。这就要求电视人必须从电视艺术创作实践出发，又反作用于电视艺术创作实践。一方面，电视文化传播的社会批评能够影响电视创作者、艺术家正确地或错误地认识和理解电视剧艺术的性质、特点和规律，从而促进或阻碍电视文化传播艺术创作的发展；另一方面，电视社会历史批评又通过对电视文化艺术作品的分析、评论，影响着广大观众对电视艺术作品的理解、鉴赏以及接受，从而直接关系到电视艺术作品的各种社会功能的显示，为整个受众从现实社会历史的发展中获得有益的启示提供了典型的范本。

最后，电视批评的伦理道德批评模式的日常化趋势。近年来，现实题材家庭伦理剧播出了多部，像《老大的幸福》《老牛家的战争》《满堂爹娘》《我的美丽人生》《蜗居》《媳妇的美好时代》《婚姻保卫战》《夫妻那些事儿》等都获得很高的收视人气。家庭伦理剧走俏荧屏，其实反映了观众希望借助多彩荧屏观照现实生活、观察时代发展的客观现实需求。当然，这也同时反映了观众通过荧屏观照人生、反省自身的内在精神需求。这些热播的现实题材电视剧表现为理想主义、现实主义、浪漫主义之间的交叉融合，除了给我们营造了多个完美的生活情境外，从小人物、小事件入手，创造出一个个轻松、写意、幽默的视听氛围，让观众放松。

作为一种大众文化形式，家庭伦理剧总是赋予观众一定的文化导向和心理预期。观众在观看这些与自己日常生活相似或者相近的电视画面时，会不自觉地进行类比，于是关于日常生活中的伦理道德观念就得以探讨和修正。实际上家庭伦理剧的热播是因为电视批评家的讨论使然，目前，婆媳问题也好、生存问题也好、理想问题也好，均围绕着道德底线的展开而引发种种热议，足见在电视批评的建构中伦理道德批评的意义。

从本质上来讲，中国的传统文化也可以说是一种东方特色的伦理文化，即以儒家伦理为观念架构，以宗法血缘关系为社会依托，引导着人们的道德价值观和日常行为规范。因此，表现"家庭伦理道德"一直是中国影视作品的传统主题。所以，无论对于电影艺术还是对于电视艺术来说，伦理道德的批评都是必不可少的。因为它关系着电视编创者的思路，也影响着整个社会的价值走向。

二、电视文化传播的文化批评

狭义的文化批评即严格意义的文化批评,主要指在第二次世界大战之后兴起的一种文学研究方式。从广义上来说,如通常所谓的"用文化学方法来研究文学",或"借助文本来研究文化"等。事实上,今天汉语大陆的文化批评取向,更像是美国评论家杰姆逊就文化研究而说的"是一种愿望",这一愿望的真实含义起码有三点:一是把文化研究看作"探讨普遍社会问题的特殊途径";二是通过文化研究凸现和回应"当下社会的精神和文化问题";三是把文化研究当成一项"学术改革方案",以维护"交叉学科"的优越性。更值得注意的是,由于既有学科、学术体制本身就是文化研究的反省对象。[1] 作为文化批评的一个分支,电视文化传播的文化批评主要体现在电视文本分析上,通过对电视文本的解读,普遍探讨目前社会上存在的热点和焦点问题,近距离透视当代的社会精神和文化问题并在此基础上实现电视文化批评理论的升华。按照麦茨的观点:所谓电影本文,就是把影片视为富有含义的表述体,分析它的内在系统或若干个系统,研究可以观察的一切表意形态。所以对于电视文化传播的文化批评主要通过分析电视作品文本和传播特性来具体实施。

作为一种关注现实生存状态和生活历程的艺术形式,电视文本的创作受到来自现实社会的种种影响。所以,电视批判必须注重的是电视文化视野的研究。因此,在精神问题与文化问题方面,社会激烈竞争和自然生存危机带来精神危机和文化危机的一系列人性异化的反应:人性扭曲、道德沦丧、心态失衡等。在这些负面情绪的影响下,现代人的心理深处产生异己感、疏离感、孤独感等情绪。这些宿命般的心理感受和负面情绪的泛滥让现代观众觉得自己失去了来自于同类的理解、信任以及关怀,陷入自我精神上空虚和恐惧的怪圈。这种精神上的问题在 21 世纪到来之后显得更加尖锐,人类迫切需要重建精神文化上的避难所,寻求心理上的梦幻天堂。这种避难所反映在电视文本的创作趋向上主要体现为种种关注社会现实问题的电视剧本的创作和种种娱乐综艺节目的盛行。因此电视批评家们必须把目光投注在这类电视文本的评论上才能更好地改写电视文化上存在的种种问题。

第一,全球化的时代背景是电视文化文本批评必须关注的社会现实课题。如果想要关注社会现实问题在今天必须具备全球化思维。全球化是当今世界不可阻挡的发展潮流。经济全球化使世界上不同地域、不同体制的国家之间的经济联系越来越密切。同时,伴随着文化与经济的日益一体化,文化交流已经逐渐成为一种文化输出。发达国家的强势文化通过传媒,尤其是电视媒体对发展中国家的传统文化及社会生活形成了强烈的冲击。20 世纪 90 年代全球媒介体系的结构性特征就是联系与重构,而在文化的体现上就是东西方价值观的共融和此消彼长。在电视市场上,西方跨国传媒集团正在进行空前的全球扩张,形成了少数几个新的全球性文化企业,如新闻集团、迪斯尼、美国在线—时代华纳、维亚康姆等。所以,电视文本的批评必须具备一个全球性的思维,拿出"地球村"的概念来创作电视文本,来进行电视文本的解读和批评。当美国的《越狱》和形形色色的韩剧

---

[1] 百度百科:《文化批评》,http://baike.baidu.com/view/4918858.htm。

以及印度剧和泰国电视剧在中国掀起一阵又一阵的收视狂潮时,电视文本的批评就应该及时具备跨越疆界的能力,为国人们鉴赏外域文化提供参考的视野。

第二,对经典改编的电视剧文本进行批评时,要从电视媒体的传播特性入手,注重文本与电视媒体传播方式上的共同评论,否则对于电视文本的解读就变成了纯文学作品的批判。这种批评模式对于电视文化传播来说是存在偏差的。理解电视剧文本要比文学作品难,文学作品里文本是指文本本身,只要达到对文字本身的含义的单向解读即可。而电视剧则包含了对原著、剧本和电视上展示的动态画面的集中评论。弄清这个的目的是为了说明在电视剧中,到底应该尊重原著精神,还是要根据电视的特性只保留原著的基本故事情节而进行影像画面和叙事方式的再创作。比如,《水浒》剧本和《水浒传》的文学作品所反映的思想就相差很远。所以,在具体的批评行为中,必须尊重观众价值取向并整体剖析电视剧作的各个层面(原著、剧本、叙事、表演)所凸显出的精神趋势和这种精神主张的现代价值,以此来引发当代观众的探讨和成长,从而促使电视文本改编得好看实现艺术上的升华,实现批评的最终目的。

电视剧是当代中国大众文化中一种代表性文化模式,对电视剧作品意义的解读本身就构成了理解社会变迁的一种途径。具体到电视剧文本分析,最具针对性的方法首先当推符号学分析。符号学分析最基本的思维范畴是揭示文本中隐藏的二元对立结构,规范我们对现象的认知。现实是,中国的电视媒体正处于产业化的初期阶段,电视剧的类型化实践和相关研究还没有形成一定的规模和传统。就现状而言,中国的电视剧尤其是电视剧文本的创作基本上处于初期形成阶段,依赖简单模仿复制等类型化的运作模式还大量存在,距离形成自己特色的电视文化品牌还有相当的距离。所以,现在我们必须要做到两点:首先,树立一批电视批判著名学者,通过他们的声音使强大的媒体获得一种批判精神,提升广大观众的观影兴趣。其次,打造一系列具有中国特色的电视文化节目,培养忠实于本土电视剧的受众;否则,如果丧失电视批判的声音,丧失学者思考的加入,丧失有境界的有文化深度的声音,那电视文化发展将面临巨大的灾难。电视传播的文化批评如果做得好,可以培养大量批评家来发出属于中国本土电视的声音,从而与西方电视文化事业进行平等的对话,实现在西方文化雄踞电视市场的严酷现实中寻找属于自己的发展空间。

总之,作为一种新兴的批评学科,电视文本批评必须广泛吸收各种批评理论精华及新的研究成果,关注批评理论学术前沿,以兼容并蓄的开放态势引入社会学、心理学、美学、系统科学的相关理论来更好地分析电视作品和认知电视现象。当然,我们还可以积极借鉴西方批评理论的思想资源以及研究方法,开拓我们基础相对薄弱的电视批评的新视野,实现西方诸如符号学、结构主义批评学的本土化植入,实现电视文化事业发展的繁荣。

时至今日,以电视媒体为代表的大众传媒已经与整个社会紧紧地结合在一起,成为现代社会的重要舆论载体、信息载体、文化传播载体和一种主要的文化存在方式。这种文化在传播内容上具有公开性、易逝性、通俗性、广泛性等特征。因此,这种文化消费起来具有很强的选择性。再加上受众具有不知名和文化程度参差不齐的特点,在信息流通上具有单向性和快速性的特质。所以,在文化消费竞争激烈的当下,电视文化必须不断积极吸收最新科学技术,提高传播信息的速度,并逐步建构完善的符号传播系统和批评理论体系,才有可能实现大众传播的真正"大众化"。

练 习 题

1. 探讨电视媒体对于当代大学生的影响。
2. 试论电视媒体与网络媒体结合的优势和劣势。
3. 在微博时代,电视媒体的大众传播优势如何实现?
4. 试论电视文化传播符号的重要性。
5. 试论电视文化传播批评的意义。

拓展阅读书目

1. [英]尼克·史蒂文森:《认识媒介文化——社会理论与大众传播》,王文斌译,商务印书馆2001年版。
2. 李道新:《影视批评学》,北京大学出版社2001年版。

第七章　竞争与发展中的电视媒介

教学重点：从对电视节目的创新、电视频道定位、电视的产业化改革以及电视的品牌建设的分析入手，让学生了解电视文化在当今社会环境中的发展状态和发展趋势，了解媒介资源整合的发展现状。

教学难点：理解电视文化的发展演变轨迹、电视频道的定位以及电视产业化过程中面临的问题，深刻体会电视品牌建设的必要性、重要性。

第一节　电视文化的演变轨迹

电视作为现代社会主流大众媒介之一，在传递信息、记录历史和沟通文明等方面发挥着极其重要的社会功能。由于自身强大的社会影响，电视媒介自诞生之日起便进入国内外文化研究领域众多学者的研究视野。"电视文化"也因自身独特的研究视角以及特殊的理论价值和实践意义成为一门"显学"。科学认知电视文化的演变轨迹，对加强电视文化学科体系建设，促进中国电视文化的健康发展，推动电视文化在实现社会主义核心价值观中多元功能的发挥等方面都具有十分重要的现实意义。

中国电视文化的发展大体经历了四个时期。

一、萌芽期（20世纪50年代末至60年代中期）

中国电视文化的萌芽期是20世纪50年代末至60年代中期，与中国电视的发展大体同步。

1958年5月1日晚上7时，中国第一家电视台——北京电视台开始试播，同年9月转为正式播出。当年6月15日该台播出第一部直播电视剧《一口菜饼子》，这被视为中国电视剧的发端。1961年8月该台播出了相声专题节目——《笑的晚会》，在社会上引起很大反响，收到不少观众关于电视节目的来信与批评。1962年该台又举办了两次《笑的晚会》，都引起观众的热烈反响，并且由此引起对这个节目的争议。这些观众来信，对当时电视节目的发展具有重要的指导意义，标志着电视文化随着电视节目实践的开始而开始。该电视台每次在播出前后，都对播出的节目进行分析与评论。这些零星的对电视节目的分析研究,显示出中国电视文化的雏形。

这一时期,电视刚刚进入人们的视野,真正能看到电视的还只是少数人,电视的社会影响不大。各类节目大多以电影、舞台艺术为主,就电视剧而言,多是遵循"戏剧美学"的原理进行创作,是屏幕上的戏剧。这个时期真正属于电视自己的东西还很少,没有形成独立的电视文化。

二、休眠期(20世纪60年代中期到70年代后期)

1966年5月"文化大革命"爆发,党和国家遭到新中国成立以来最严重的挫折与损失。中国电视事业的发展也受到严重干扰,全国各地电视台曾一度停播。恢复播出后,整个电视业也是为"文化大革命"服务的。

这一时期,作为"文革"期间文化艺术事业代表的"样板戏",指导着整个文艺创作层面的思想观念,如"三突出"(中国"文革"期间的文艺指导理论之一,被称为"文艺创作塑造无产阶级英雄人物必须遵循的一条原则")、"高大全"之类刻有鲜明"样板戏"印记的戏剧原则等。由于受到这种观念的支配,文艺的本体功能与价值在很大程度上被置于次要的位置,忽视了其千百年来作为普通民众最重要的精神文化娱乐的价值和大众娱乐的形式。例如,当时新闻纪录片强调的主要特征是:以国家重大政治事件、各条战线上的先进典型作为报道的主要内容,以颂扬独立自主、艰苦奋斗的精神为宣传的主要基调。受这种纪录片政论化政策的指引,多数电视纪录片都具有那个时代鲜明的教化色彩。这些纪录片确实给后人留下很多极为宝贵的历史影像资料,但也存在着宣传意味过于浓重、题材面狭窄、表现形式单一等缺点。

这个时期,电视文艺节目主要是8个样板戏、被群众称为"老三战"的3部电影(即《地道战》《地雷战》《南征北战》)和毛泽东思想业余宣传队演出的文艺节目。当时主要的政治性节目是《电视新闻》《电视讲话》等,其内容大多是学习毛主席著作的体会。

在这个特殊的历史时期,北京电视台也曾拍摄出一批带有那个时代印记的比较优秀的电视纪录片,如《兰考人民战斗的新篇章》《三口大锅闹革命》等,但整个文化极度匮乏,只有配合重要政治活动的文艺演出,如大型音乐舞蹈《毛主席革命路线胜利万岁》、歌舞《毛泽东诗词组歌》、工农兵文艺节目《热烈欢呼全国山河一片红》等。

三、起步期(20世纪70年代末至90年代初期)

1978年12月召开的中共中央第十一届三中全会正式确立了中国的改革总方针。改革开放以后,中国电视在客观情势和主观觉悟的双重推动下,开始谋求独立的发展,中央电视台的节目已经可以传达到除新疆、西藏、内蒙古以外的绝大多数省会、自治区首府和直辖市了。"电视热"开始四方蔓延,并向中小城市扩散。迅速增加的电视人口对电视节目提出了更多更新的要求,使得中国电视事业迅猛发展。电视文化作为一种新锐的文化存在形态,以惊人的速度大踏步前进,迅速超越其他传统媒介,成为极具社会号召力与影响力的主力军。这一时期,最能体现电视文化发展的就是电视节目形式多样化,内容更加丰富,电视文化建设有了较好的基础,电视文化由精英走向大众。

(一) 节目内容改变

随着经济改革和市场活跃,电视与其他大众传媒一样,逐步面向经济、面向社会、面向群众、面向生活。1979年8月12日,中央电视台设立《为您服务》(图7—1)专栏,恢复被"文革"中断的生活服务节目。《为您服务》最初仅仅介绍电视节目,回答观众来信,捎带播出一些小常识,作电视观众的生活顾问。1983年元旦,《为您服务》改进编排,开始以新的方式和新的姿态服务于大众的物质生活、精神生活、社会生活。

图7—1 《为您服务》(截图)

改进后的《为您服务》增强了知识性、趣味性、举办了"时装设计比赛"、"节日家宴邀请赛"等反响热烈的观众参与性节目;调查批评低劣商品,从事维护消费者权益的活动。它还率先设立了固定的节目主持人沈力,加强了电视的亲近感。沈力成为1958年中国电视上第一位播音员。在《为您服务》前后,全国各地也出现了类似的栏目,如上海电视台的《市场掠影》、广东电视台的《家庭百事通》等。

生活服务类节目的兴旺适逢其时:改革开放真正使人民富裕起来,经济发展也需要"拉动消费",在发展国民经济、改善人民生活的问题上,"党性"和"人民性"的要求是完全一致的。1983年年底,在"清除精神污染"的风潮中,曾有政界人士对群众的发型、衣着等方面大加挑剔,企图纳入"清污"的范围,但很快便被制止。政府在生活方式的问题上日益开明、日益宽容。同时,刚刚进入现代生活和商品经济的中国大众,迫切需要信息的交流和知识的辅导,这也为生活服务类节目增添了层出不穷的话题。从此,美化生活不再有政治顾虑。

《为您服务》的传统后来由中央电视台经济频道的《生活》等栏目承续,只是在电视节目普遍加强服务观点之后,这种节目特有的亲切魅力才不再独擅其美。此时,观众的注意力已经被更富有娱乐性的电视内容所分散。

(二) 纪录片热

1979年,中央电视台曾与日本广播协会(NHK)合作拍摄《丝绸之路》,在日本引起了"丝绸之路热"。而观念传统的中国版《丝绸之路》却回音寥寥,但以此打开了中国纪录片编导的眼界,多年的积累结出后来的硕果。

1983年8月7日,中央电视台推出了一部25集大型电视系列节目《话说长江》(图7-2)。它在艺术上有了新的探索:首次在大型系列节目当中树立固定的节目主持人;采用章回小说体的结构方式;固定栏目,连续播出。许多观众接受这种"对面交流"、新鲜亲切的"话说"体,一时形成了"话说长江热"。

之后该创作团队趁热打铁,又推出《话说运河》(图7-3)。该片以冷静的态度、写实的手法引导观众作深层次的思考和积极的参与。采用边拍、边编、边播的方法,观众热心献计献策。一批与运河有缘的文化人参与解说词的创作,为节目增添了文学色彩与乡土气息。这种转变不仅源于电视编导观念的更新,也是长江和运河客观形象的差异所致。《话说运河》文化味浓,格调比较雅,成为那一时期电视文化热潮中的一股热流。

图7-2 《话说长江》DVD封面　　图7-3 《话说运河》DVD封面

之后,又有一系列大型纪录片问世,如《唐蕃古道》《黄河》等。这些重头节目打的也是"文化"牌,具有较强的艺术质量。

1991年中央电视台播出《望长城》。这是继《丝绸之路》《长江》《黄河》之后又一部中日合拍的大型纪录片,并采用"特别节目"的方式强力推出。《望长城》大量使用长镜头、同期声和不事雕琢的手法,突出纪录片的朴素之美,令人耳目一新。虽然人们批评《望长城》选材不够精到、节奏时有拖沓,但都承认《望长城》在纪实观念上的革新对中国电视纪录片创作方法具有明显的突破和引导作用。

(三)通俗片热

中国电视文化大众化的标志是1990年播出了红遍大江南北的50集通俗生活题材长篇电视连续剧《渴望》(图7-4)。在此之前,中国还没有制作过如此长的电视剧。

在《渴望》之前,也曾有一部出乎意料获得成功的电视剧:山西太原市电视台于1986年推出的电视连续剧《新星》。它应和了社会对政治经济改革的期望和对官僚体制的愤恨而大获成功。主要依靠的是明星的个人魅力,依靠观众对传统"清官"的积极想象,靠宣泄一种社会情绪而走红。但在大众文化时代,《新星》式

图7-4 《渴望》剧照

的政治宣泄已经没有表达机会。在20世纪90年代，观众需要的是情感的抚慰，是悲剧式的娱乐。

北京电视艺术中心的一些年轻导演最先意识到大众文化时代的来临。20世纪80年代，该中心已经积累一些实力，并不断推出振聋发聩的成功作品：《四世同堂》《凯旋在子夜》《便衣警察》等。这次，他们有了新的创意：仿照外国"肥皂剧"的模式，用工业化的生产方式制作类似巴西"电视小说"《女奴》《卞卡》那种长长的、缠绵悱恻的煽情电视连续剧。《渴望》是以基地化生产方式制作的，被称为"中国第一部室内剧"。

《渴望》的成功并非偶然。它一反20世纪80年代末期电视剧流行的"复杂人物"走向，采取十分贴近人民生活的方式，以极为煽情的戏剧手法迎合大众的欣赏心理，塑造了一批善恶对立、是非分明的人物；《渴望》向传统道德标准的回归与中国老百姓的审美心理一拍即合。

（四）广告开始进入电视荧屏

电视文化大众化的另一个标志是电视商业广告的出现。广告的播出也带来电视文化的争议。1979年1月28日（农历正月初一）下午，上海电视台屏幕上映出了"上海电视台即日起受理广告业务"的灯片，随即播出了中国电视历史上第一条商品广告——1.5分钟的《参茸补酒》，这条广告播放了8次。同年3月15日晚，上海电视台又播出了第一条外商广告——1分钟的《瑞士雷达表》，先后播放了11次。同年11月，上海电视台与香港太平洋行签订了播放日本"西铁城"钟表报时广告的协议，为期1年，广告总金额为130万港元——这在当时是一个大数目。

广东电视台也不甘落后，1979年4月13日试播出了第一条收费的商业广告，并在春季广州商品交易会开幕的4月15日当晚，正式播出广告节目。广东电视台当年制作、播出中外广告30多条，收入人民币12万元，港币120万元。电视界突然发现了一个可以掘金的富矿。

1979年12月，中央电视台在两套节目中同时开办广告。最初每天5分钟的广告有介绍商品的，有介绍厂商的，还有外商提供的含广告性的节目。于是，"（商品）领导潮流"、"（商品）誉满全球"之类的广告语言满天飞，开始在社会上流行。

1987年10月，中央电视台在黄金时间开办了每日两三条的公益广告《广而告之》，为电视台树立良好形象。同时，广告虽然不讨人喜欢，但它为电视节目提供了经费，注入了活力，促进了电视娱乐的繁荣。人们承认，电视屏幕一天比一天丰富多彩了。

四、转型繁盛期（20世纪90年代初到21世纪初）

20世纪90年代，随着中国改革开放和经济建设的快速发展，电视事业取得重大进步。1992年，中国改革开放的"总设计师"邓小平同志发表南方谈话，指出改革的步子要进一步加快，自此掀起中国市场经济发展的新一轮高潮。1992年6月16日，中共中央、国务院发布《关于加快发展第三产业的决定》，电视被纳入除工业、农业以外的"第三产业"。在现实的社会发展中，所有"第三产业"都可以而且必须搞创收，从而自负盈亏。一个全国经商、全面搞活的局面开始形成。电视开始向市场转型，在这次新的经济浪潮中找到了新的机会。

(一) 新闻节目转型

1. 电视新闻杂志——东方时空(图7-5)

图7-5 《东方时空》片头

1993年5月1日,《东方时空》开播。4个栏目各有特色:《东方之子》是人物专访,号称"浓缩人生精华";《东方时空金曲榜》早期在推广流行音乐和吸引青年观众方面发挥了作用;《生活空间》后来发展为很有纪实特色的纪录片栏目,尤其那句"讲述老百姓自己的故事",语言凝重、含义深远;《焦点时刻》则在针砭时弊中颇有锋芒,它的成功直接促成了《焦点访谈》的诞生。

《东方时空》在观念和操作方面进行了改革:一是杂志化,二是主持人记者化。特别是主持人记者化,开始了真诚面对观众和生活、讲述老百姓故事的平民化追求。它对中国电视文化的影响很难用一两句话来概括。《东方时空》催生了《焦点访谈》《新闻调查》,派生出了《实话实说》,导致全国"南方之子北方之子人丁兴旺,小焦点小调查遍地开花"的现象。随着《东方时空》的走红,中国观众逐渐改变了早上不打开电视机的习惯。

2. 群众喉舌,政府镜鉴——《焦点访谈》(图7-6)

图7-6 《焦点访谈》片头

在《东方时空》成功之后,中央电视台再接再厉,于1994年4月1日在《新闻联播》之后的黄金时间段开辟了一个新的战场——《焦点访谈》。《焦点访谈》的班底来自中央电视台原有的《观察·思考》栏目。10多年来,电视新闻评论栏目随着政治形势的变化几起几伏,长期步履维艰,面临重重困境。《焦点访谈》借鉴《焦点时刻》的成功经验,以"调查分析"、"跟踪采访"、"快速反应"、"访谈评述"为报道形式,迅速进入舆论监督领域。1998年10月7日,朱镕基向《焦点访谈》记者、编辑郑重赠言——"舆论监督,群众喉舌,政府镜鉴,改革尖兵",他还说,"我也接受你们的监督"。之后各种反应纷至沓来,1998年成为

《焦点访谈》的"舆论监督年"。据调查，那一年"舆论监督"的批评性报道达到一个高峰，为历年之最。

3. 调查性报道的发展

1996年《新闻调查》（图7-7）开播，同属于中央电视台新闻评论部。它与《焦点访谈》大同小异，各有侧重。45分钟的节目时间使得《新闻调查》节目的时间更为充分，调查采访的曲折过程和所获得的丰富细节可以充分展开，具有悬念性、故事性等特点。

图7-7 《新闻调查》片头

2003年5月，中央电视台又出现了一个新的调查性新闻栏目——《每周质量报告》，这是中央电视台新闻频道开播后在午间设置的一个栏目。国务院有关部门的参与增加了调查报道的权威性。《每周质量报告》随时向社会公布由职能部门发布的有关产品质量和市场行为的调查结果，向公众解释相关政策和知识，从而成为实现公众知情权的又一个重要渠道。

(二) 节目市场繁荣

1. 自制电视剧发展迅速

新的经济发展政策带来中国电视节目的繁荣。中央电视台经济效益上去之后，在节目上加大了投入，大量投资制作电视剧《三国演义》《水浒传》、专题片《毛泽东》《邓小平》、动画片《西游记》以及一些重大革命历史题材电视剧，有一些"精品"剧目还卖到国外。特别是《三国演义》《水浒传》《红楼梦》《西游记》等几部根据名著改编的电视剧都在国外引起轰动，并掀起中国文化热。

2. 节目类型多样，频道分类播出

从1993年开始，中央电视台增设了《社会经纬》《东西南北中》《环球45'》《与你同行》《夕阳红》《第二起跑线》等许多新的栏目。这些不同种类的节目为中央电视台后来的频道扩张计划奠定了实战基础。

2003年5月8日，中央电视台1套节目进行改版，将黄金时段电视剧的播出时间提前，由原来每天播出1集增至2集，每周7天打通播出；同时，将各专业频道最精彩的7个名牌栏目：《新闻调查》《实话实说》《幸运52》《开心辞典》《同一首歌》《曲苑杂坛》《艺术人生》引入晚间次黄金时段，统一时间长度（45分钟），每天播出一档，构成从周一至周日的固定板块。

1999年，中央电视台《今日说法》（图7-8）栏目开播，它以解说案例的方式，将百姓故事用于纪实报道，加上专家点评，进行深入浅出的解释，很快吸引了大量的目光，收视率一直保持在较高水平。鉴于此,2004年年底,中央电视台为促进"和谐社会"的建立而实施的重大举措就是将西部频道改为"社会与法"频道。这得益于包括《今日说法》在内的一批法制节目的成功实践。

图7-8 《今日说法》片头

作为"走出去"工程的一个实例,中央电视台的双语(法语、西班牙语)国际频道——"西法频道"于2004年10月1日正式播出。至此,中央电视台已有16个频道。

3. 谈话节目盛行

这段时期,中国的谈话类节目发展迅猛。这类节目直接受到外国"脱口秀"(talk show)节目的启发,在传统谈话节目的基础上,漫谈话题更加开放,变得日益自由、自然、自在。节目中交谈的目的不是达成一致的结论或者意见,而是追求表达的过程和交流的快感。谈话节目的关键在于主持人的临场发挥、现场调度,把通常是热门话题的谈话内容朝轻松有趣的方向引导。于是,属于观点交流性漫谈节目的《实话实说》(图7-9)便因话题的风趣、主持人的幽默和现场交流的火爆产生了强烈的社会影响。

图7-9 《实话实说》片头

《实话实说》是从《东方时空》中发展起来的。为了配合"国际消费者权益日"、"谁来保护消费者",1996年3月15日在《东方时空》节目中出现了一个新的栏目,孙玉胜为这个新的栏目取名《实话实说》。《实话实说》与国外同类节目不同,它不仅仅是一种娱乐,它在为人们提供交流沟通欢乐的同时,还必须倡导美好向上的道德情操。《实话实说》迅速赢得观众的青睐——人们对热门话题的交流兴趣盎然。事实证明,实话并不容易实说,人说的话,也取决于、依赖于生存环境的健康与开放。2000年12月10日,《实话实说》进入晚间次黄金时段。主持人"小崔"成为家喻户晓的公众人物。

而在万众瞩目之下,屏幕上轻松幽默的"小崔"在精神上面临巨大压力,不得不暂时离开节目,这代表着《实话实说》黄金时代的过去;而当崔永元在《小崔说事》中复出以后,节目也不能重现辉煌。目前,谈话节目已经走过"打天下"的创业时期,已不能再次开发出多样的节目形式、丰富的内容和题材,所以在电视竞争日趋激烈的今天,只能成为传播生态百花园中的一种普通的颜色。

(三) 经济类频道走红

在商品经济繁荣的新时期,最活跃的是经济。消费者成为电视观众的定位和代名词。以联合国确定的"国际消费者权益日"为由头,1991年3月15日,中央电视台经济部推出首届"消费者之友专题晚会",对坑害消费者的伪劣商品进行曝光。结果,10部热线电话几乎被打爆,有些无法打进电话的观众干脆直接将"问题"商品带到直播现场的门口请求曝光。此后"3·15"成为消费者每年一度扬眉吐气的日子。1995年晚会取消了企业老总讲话和挂广告牌赞助的形式,采用知识竞赛与文艺节目的方式穿插案例来进行。1994年将矛头对准"假药";1997年,韩国的"三星VCD"遭到曝光;1998年,斩断了2000多根手指的劣质切碎机被曝光。此后"3·15"晚会虽然越办越盛大,但对企业的威慑力和对人们的吸引力都趋于平淡。人们希望,每天都是"3·15",消费者的权益能够得到常规的保障。

1995年11月,北京和上海几乎同时推出了各自的电视直销节目,品种不断增加,营业额也明显增长。但电视直销已经不同于传统意义上的电视节目,它是名副其实的电视商业。

现今中国的电视文化已经走过了转型期,向着更为丰富的方向发展。

第二节　电视频道与电视节目的定位

早在20世纪70年代,美国的两位营销专家阿尔·里斯与杰克·特劳特就提出定位理论,即在传播过度的社会里,产品要在未来潜在顾客的脑海里确定一个合理的位置。近半个世纪的实践证明,"定位"(Positioning)成为有史以来对美国乃至全世界营销业影响最大的观念。定位理论已经不仅仅是一种营销方法,而是上升为战略管理的核心组成部分。在中国,定位理论的导入较晚,从21世纪初至今不过十几年的时间,但其成绩却是有目共睹的。在电视文化的发展现状中,电视频道怎样定位,如何将自己的频道在电视受众的脑海中确定一个合理的位置,是电视发展面临的一个至关重要的问题。

一、电视频道定位的内涵

电视频道定位需要根据市场、受众、政治等因素,把频道作为一个整体,外对频道的受众、广告主,内对节目内容、风格等,进行有目的、有意识的组织和策划,以利于其培育相对稳定的收视群体和形成相对固定的频道风格。电视频道定位前期要经过科学而严密的市场调查分析、受众分析,制定准确并且实际可行的战略,同时跟进相应的评估以作调整。它要求决策者对市场环境进行一个科学、全面、合理的分析,更要以一种高度对频道内外部的各种资源进行整合,从而制作出一个良性的、可持续发展的频道规划,通过自身的优化,塑造品牌竞争力,以取得经济效益和社会效益的双赢。

二、进行电视频道定位的必然性

媒体市场竞争要求进行电视频道定位。随着国家广电事业的发展,现在的观众想要在几十个乃至上百个电视频道范围中选择电视节目,已经是再轻松不过的一件事了。频道资源在日益丰富的同时,也意味着竞争的迅速升级。遥控器上的转台键,就犹如匝在各台负责人头顶上的那圈紧箍咒,要求他们必须不断地制定新策略,使自己的频道立于不败之地。

媒体具有经济产业和政治文化的双重属性。经济产业属性是指媒体可以赢利;政治文化属性是指媒体传播的内容可以影响人们的思想和行为方式,进而影响社会。如果将这种双重属性具体到操作层面,就可以看出媒体总是把这两种属性相互作为前提和手段。我国社会主义的传媒事业,电视是党和政府的喉舌,承担着重要的宣传职能,但是面对"知识经济"时代,尤其是加入WTO、迈入国际市场的今天,我国媒体的经济属性已得到很大的发挥。电视台作为国有媒体,关注的是其文化政治属性,以社会效益为目的,但又必须以盈利(经济产业属性)为手段。所以它既代表着国家的形象,传递着党和政府的声音,又能有巨额的广告收入。

作为拥有最大受众人群的中国电视,同时也拥有着世界最大的市场。这个市场的终端实际上有二级消费者,一是电视观众,一是广告主。前者始终是收视者的身份,后者则以电视为媒介,利用其传播效果争取让电视观众同时成为广告的消费者。媒体的经济效益实际上是通过二次售卖实现的。第一次售卖是通过电视频道播出节目和观众的同时收视来完成交易,实际上是把信息(电视节目)卖给观众。但由于在中国除了有限的付费电视以外,绝大部分都是免费提供的,所以可以认为在这一次售卖中,电视频道没有得到直接的经济利益,销售价格为零。当然这只是表面上的东西,实际上电视频道是用免费的信息换来有着巨大商业价值的收视率。有收视率在手,电视频道就有了本钱可以开始第二次售卖。这一次则是把收视率卖给广告主,通过广告主在电视频道中投放广告来实现交易,销售价格就是电视频道的广告收入。所以只有取得优秀收视率才能换来丰厚的广告收入。

三、电视频道定位面临的问题

(一) 定位不准,频繁改版

最近几年,各个频道纷纷改版,有很多都是推翻原有的定位,重新设定。这跟电视台频道定位不准确有着直接的关系。在这个分众化的时代,电视节目定位需要决策者在市场分析的基础上进行高智慧的判断,只有细分市场才能找准卖点。

以重庆卫视为例,重庆卫视于2004年2月改版,提出打造"中国公信特色频道——麻辣行天下,尽在情理中"。但是与已有持久权威效应的中央电视台相比,重庆卫视在公信的打造上明显居于劣势;与其他一些省级卫视相比,也很难凸显出"公信"的特色。公信并非它的频道优势,倒是操着浓浓地方口音的两档方言节目《雾都夜话》和《生活麻辣烫》

在公众心中留下了深刻印象，或许本土化的极致操作更能得到观众的认可。

（二）频道定位缺乏个性化

2004年被称为中国省级卫视的改版年。在深层次的频道改革大军中，很多省级卫视的频道定位并没有经过理性思考，一味跟风抢进的风气依然存在。不少省级卫视虽然有了自己主题性的定位，但往往又迫于生存压力，为了争夺更大的广告份额不断增加综合要素。表现方式是黄金时间尽量多地播出电视剧和综艺类节目，而体现本频道特征的专业化对象性节目不是无暇顾忌就是束之高阁，成为摆设。如四川卫视、黑龙江卫视、吉林卫视、辽宁卫视、甘肃卫视、河北卫视、河南卫视……其基本模式大多为"新闻＋电视剧＋娱乐"的老套路，缺乏媒体自身的个性化特色，同质化现象相当严重。

其实，每个地方都有独特的历史、文化背景，各省级卫视完全可以让电视台代表本省的形象。即便地方特色不好，各卫视也完全可以有属于自己的特色。安徽电视台凭借其独特的电视剧特色依然占有一席之地，湖南卫视更是以其娱乐特色获得众多观众的认可。

如何打造出个性化的综合频道是很多电视台应该理性思考的问题，也是电视频道建设中一个非常重要的课题。

（三）品牌意识不强

电视节目是产品，电视频道就是商标。塑造一个深入人心的品牌形象，将是抢占收视份额的有力武器。电视频道的品牌需要持久经营和塑造。定位不准的品牌肯定难以深入人心，频繁改版的品牌也难以建立持久的影响力。这个"商标"是否响亮，是否名副其实，关键要看节目是否有水准，架构是否合理。这需要频道决策者有一个长久的规划，有一个可持续发展的理念，要常变常新，经久不衰才行。央视的新闻频道、体育频道，湖南卫视的"快乐中国"，安徽卫视的"电视剧频道"、广西电视台的"女性频道"等，都是优秀的电视频道，树立了鲜明的频道品牌形象。

另外，对频道的包装要格外重视。浙江卫视的LOGO：一湾流水暗含了江南文化的深层韵致。湖南卫视的可随意伸缩折叠的黄箭头，明亮的色调给人一种年轻、奔放的感觉，同时运动的造型能够带来兴奋、喜悦的情绪，符合湖南卫视"快乐中国"的整体定位，并与LOGO相协调。还有凤凰卫视在对主持人进行明星化包装的同时，带动栏目和频道的整体形象。这都是电视频道品牌形象的建立方式。

电视频道定位不仅是当今电视市场进行圈地的重要手段，同时也是关乎电视媒体能否沿着一个正确道路发展的重要问题。电视频道，需要用科学严谨的精神进行市场调查和受众分析；需要拥有智慧的决策者运筹帷幄，制定准确的定位；需要依靠集体的力量塑造媒体的品格，当然还需要根据市场的变化进行调整。总之，只有定位准确、塑造出成功品牌的电视频道才能被观众真正喜爱，只有优秀节目支撑的频道定位才能深入人心，只有营销出色的频道才能有长久的生命力。

四、电视频道定位需要遵循的原则

(一) 找准频道 USP(独特销售定位)

频道定位要根据电视观众市场变化趋势及特征找准卖点。首先要明确频道的受众定位,并将频道受众定位进行细分化以确定频道的主体规模观众、次主体观众、潜在观众、固定观众、边缘观众,再规划频道节目的整体布局对现有栏目进行调整,形成体现频道个性特色的栏目格局。市场细分是进行媒介定位研究最基础的方法。频道的设置必须最大限度地考虑收视率,根据受众的需要进行频道定位,这是电视台得以生存、确保频道收视率的基本条件。

在我国,电视频道基本上是以地区名称命名的。这样的命名方式在受众大脑中留下的印象是对该地区地理、经济、文化等方面的固有印象,对电视频道所传达的信息无法产生联想,同时很自然地形成一个认知阶梯——中央、省、市、县泾渭分明。虽然省级卫视的覆盖率与中央电视台差不多,可在没有明确定位前,收视根本无法与中央电视台抗衡。无论是中央电视台还是地方电视台,现在都在实施着名称的扩展,频道分类紧随在电视台名称后面,其中包括综合、体育、影视、音乐、少儿、经济、生活等。在频道分类的命名中,简单、直接就是最好的。

(二) 频道定位个性化

在频道众多、市场有限的情况下,在科学分析受众的前提下,频道的立足和发展离不开"特色"二字。一个电视频道若能够以适当的方法在受众心目中拥有一个独特的名词或概念,便能取得惊人的成功。这对频道建设是一个非常有效的补充。

这个名词或概念有两个特征:一是集中,二是专有。集中是指应通过将焦点集中在一个简单的名词或概念上的方法,在受众心目中生根。湖南卫视将"娱乐"、安徽卫视将"剧行天下"的概念根植于全国观众的大脑中。虽然这一概念受到众多传媒学者的诟病,但是从频道定位的角度来看,无疑是个非常好的选择。专有是个性化原则最重要的特征,只有一个频道具备专有的特质,才能被受众区分进而留下印象。当某个频道已经在用户心目中形成某种概念或拥有某种地位时,若想再用同样的概念去赢得用户,结果只能是徒劳。例如,很多卫视频道都紧随湖南卫视做娱乐节目,试图去分享娱乐这一概念,但却没有取得预期的效果。

(三) 频道定位与播出内容的一致性

栏目设置要与频道定位相匹配,通过栏目与频道的相关性突出频道特色。例如,安徽卫视以电视剧为卖点,因此电视剧就是栏目的主结构,尤其在周末,除了可数的几档综艺节目,其他时间和空间基本都被电视剧"垄断"。因此,各个电视台在频道定位后不能忽视的工作就是:在栏目设置上加大力度,更好地体现定位特征。湖南卫视在打出娱乐立台的口号后,不断推出新栏目,这正是它的生命力所在。

节目内容要与频道定位相符。为什么中国教育电视台收视一直低迷不前,这与它节目内容的混乱有很大的关系。历年来,电视剧、娱乐节目、财经节目、健康节目甚至是体育节目,都曾或正出现在中国教育电视台的节目表上。一个杂乱无章的综合频道,和名字里的"教育"关联甚少,因此失去了特点。近年来中国教育台的节目内容已有所改观,但还需要在这方面加倍努力。

(四)有所牺牲原则

为了保证定位战略能取得成功,就必须有所牺牲。要牺牲的东西主要有三部分:产品系列、目标市场、不断变化。

1. 产品系列

对于电视频道,其产品系列就是不同类型的电视节目。任何频道都不断地对播出什么类型的节目进行选择,当什么都去选择的时候,就不知不觉成了综合频道。综合频道的劣势是丧失焦点,无法在竞争中取胜,所以我们需要频道定位,需要在选择中有所牺牲。若想成功,就必须减少自己的节目类型,而不是扩展它。

2. 目标市场

目标市场可能是媒体管理者们最不愿牺牲的部分,能够面向所有层面的观众才皆大欢喜。但是当今社会不断向多元化发展,信息传播的过量要求所有商品(包括电视)确立明确的目标市场,同时牺牲之外的市场。锁定一个目标市场并不意味着你将失去其他受众,就像百事可乐一样,面向的是青年群体,得到的却是半壁江山。无独有偶,湖南卫视最早的"锁定快乐、锁定年轻"使其在省级卫视中出类拔萃。

3. 不断变化

不断变化是最容易让人心动的。中国的电视工作者似乎最为勤奋,中国的电视观众似乎最难满足,因为中国电视行业中频道总是在重新定位,节目总是在不断创新,栏目总是在频繁改版,而观众则总是在更换频道,一个栏目如果能开办三年以上就已经算是"长寿"的了。正是这种不断的变化使受众丧失了焦点而无所适从。保持永久地位的最好方法是一开始不要改变它。中国最长寿的电视节目是一直没有太多变化的《新闻联播》(图7-10),全国范围内收视最好的节目还是《新闻联播》。

图7-10 《新闻联播》片头

有效的频道定位可以使富有的变得更富有,因为他们有财力通过宣传手段使自己的意图抢先深入人心。他们的问题是要分清好主意与坏主意,并避免在过多的节目生产、节目购买和过多的营销计划上花费过多的钱。

第三节　电视节目的借鉴与创新

电视节目创新是指传媒机构在特定的产业环境中,出于对目标成长绩效的追求,而在核心能力的基础上创造新的电视节目,或对现有电视节目实施改进的行为过程。①

一、中国电视节目创新的客观需求

(一) 媒介生存发展的需求

受到国内外传媒变化的影响,在计划经济向市场经济转型的过程中,中国电视的传媒已经不能靠传统的行政方式占据垄断地位。卫星频道突破了地域的局限,地面频道细分了受众市场,新媒体的快速崛起更形成了复杂的媒介格局,造成了异常激烈的竞争。媒体之间的比拼实际上已经晋级为创新意识、创新能力、创新机制、创新体系的比拼。媒体之间的较量已经跃升到智力的较量、管理的较量、品牌的较量、战略的较量。节目要取得理想的收视表现,提高自我的生存空间,追求节目更为稳定的发展,都必须在创新中谋求。

(二) 转型期的社会需求

当前,我国正处于社会转型的关键时期,社会生活发生了剧烈的变革。社会结构趋向分层化与碎片化,不同阶层之间的利益诉求日益多元。随着贫富差距加大,社会的民生问题、公平与正义问题、幸福感问题备受关注,社会心理、社会情绪出现了非常复杂的纠葛与矛盾。如何减缓可能的社会冲突与矛盾,化解不良的社会情绪与心理? 这一方面取决于政府社会治理与法制建设的能力与水平;另一方面,电视媒介在其中也扮演独特而重要的角色:宣泄疏导社会情绪,调节平衡社会心理,化解社会矛盾。

近年来民生新闻、选秀节目、情感谈话节目以及各种服务类节目之所以火爆,正是因为它们通过各自的方式,贴近实际,贴近生活,贴近群众,表达出不同阶层人们的心声,表现他们的心理情感与心理需求,也回应他们生存与发展中面临的民生问题。所以,转型期社会思想意识、生活方式所发生的显著变化,对电视节目提出了创新传播理念、传播内容、传播方式的迫切需求。可见,如果不推进电视节目创新,就无法满足日益迫切的社会需求。

(三) 文化多样性的需求

伴随经济全球化与社会转型的进程,中国在精神文化领域出现了多种价值观的冲突、

---

①　钱睿:《重视系统创新——后频道时代省级卫视的制胜之道》,载《视听界》2009年第1期,第37页。

博弈与融合。其中,既有人类普世价值观与中国民族文化价值观之间"全球化与本土化"的碰撞与交流,也有主流文化、精英文化、大众文化之间"和而不同"的交叉与融通,还有先进文化与落后文化、雅文化与俗文化之间在"雅与俗"价值取向上的冲突或博弈。

这样的一种文化语境,一方面孕育了丰富多元的文化生态与文化景观,另一方面催生了多样性的文化主体与文化需求。作为当代传媒艺术与文化的重要载体,无论是从公共文化服务层面,还是从文化产业层面,单一的电视文化产品已经不能满足需求。从多年来中国电视节目创新的成功经验来看,那些在内容形式、品种类型上引领潮流的节目无一不是满足了文化多样性的需求。例如,在电视剧中,既有重大革命历史题材的主旋律类型,也有古装武侠剧、家庭伦理剧、青春偶像剧等多样化类型。纪录片中既有讴歌时代的政论片、还原历史的人文纪录片,也有关注百姓现实生存的生活纪实片。新闻节目中既有严肃的时政新闻,也有鲜活的民生新闻。电视综艺节目中,既有庄重典雅的庆典晚会,也有欢乐活泼、互动参与的种种选秀节目。显然,如果不推进电视节目创新,就无法满足日益增长的多样性文化需求。

(四)传媒科技变革的需求

作为电视的技术载体,传媒科技既具有不断优化、不断拓展的发展规律和特性,也具有介质与形态不可分离的同一性。因此传媒科技的每一次重大变革,都会形成"技术手段—节目观念—节目形态—节目制播体系"的系统创新,既推动了电视节目生产与传播载体的演进与优化,也对电视节目创新的观念产生影响,培育新的节目形态出现,促进电视内容生产格局与机制的革新。

当前,三网融合与传媒科技数字化、网络化变革加快了传媒融合的进程,IPTV(交互式网络电视)、手机电视、互联网视听节目等新媒体快速崛起,不仅拓展了传媒产业与文化消费市场,冲击着电视媒体第一传媒的垄断地位,也在体制、机制、内容、载体等多个方面激活了电视节目的创新意识。电视媒体只有积极创新,主动与新媒体结合,才能应对传媒科技的挑战,突破技术的屏障,抓住新一轮传媒技术变革的机遇,在多媒体立体传播的新格局中,发挥自身内容生产的高端优势和权威效应,获得可持续发展的空间。因此,如果不推进电视节目创新,就无法满足快速发展的传媒科技变革需求。

上述四种需求,是中国电视所处的制度环境、时代背景、发展阶段及未来趋势作用于电视节目创新的总体诉求,既是节目创新的动力与机遇,也是不可低估的压力与挑战。只有深入地理解、准确地把握、创造性地满足媒介自身发展、社会、文化、传媒科技变革的多重需要,才能使中国电视节目创新找准自己的方位与方向。

二、中国电视节目创新的风险

对于电视节目创新的重要性,几乎所有的电视传媒机构与生产传播主体都有普遍的共识与认同,但实际上对节目创新的投入,无论人力、物力还是财力,都相当有限。为什么对于电视节目创新,在认识和实践上存在如此大的反差?为什么在节目创新的呼吁上、态度上表现积极而热烈,而在事实的投入上却表现得相当谨慎与保守?为什么理性的表述充分,而现实的选择却是规避呢?之所以出现"雷声大,雨点小"的问题,一个重要的原因是,中国电视节目创新确实存在着共性与普遍性的风险。

(一) 市场风险

电视节目创新的市场风险,并非简单的资金投入产出比的问题,忽视或者误判市场需求,无疑将带来严重的后果。所以节目创新市场风险的大小,关键在于"准确性"的掌控。

1. 对市场需求的掌控是否准确

电视收视市场是一个多种需求混杂的格局。哪些市场需求是当下最短缺、最迫切的,并且具有普遍性和未来发展的前瞻性?这不能简单臆断,更不能假想推断,需要通过周密严谨的受众市场调查分析,科学确定节目创新的方向、路径与着力点。

2. 对目标对象的掌控是否准确

粗放的、普适的受众定位虽然可能获得广泛关注,但更可能遭遇到定位不准的风险。节目为谁创新,如何才能吸引目标对象?这需要依据年龄、性别、阶层等信息精细定位,有效提升节目内容与形式设计的对象化。

3. 对竞争对手的掌控是否准确

准确把握竞争对手的创新理念、模式与路径,是确保节目创新差异化与特色化的重要前提。否则,即使通过克隆、盗版式的节目创新赶超竞争对手,也难逃因为缺乏特色与差异而被替代的风险,还可能面临侵权的法律风险。

(二) 宣传风险

宣传管理是中国电视体制环境的制度特色,也是节目创新不可逾越的底线与边界。所以宣传风险主要来自节目创新与宣传管理之间的"契合性"状态。

1. 节目创新与宣传要求之间是否契合

明确的宣传要求,决定了一定时期内传媒内容生产与传播的重点与禁忌,有着轻与重、缓与急的差别,如果节目创新与之相悖,就有可能面临较高的风险。

2. 节目创新与主流价值诉求是否契合

节目创新如果偏离国家意志、执政党的意识形态与主流价值观的诉求,甚至相抵触,必然面临出局的危险。

3. 节目创新与宣传尺度之间是否契合

节目创新即使满足了前两个方面的要求,但是在宣传时机与技巧等尺度上,分寸与火候把握不当,无论是过于保守,还是突破过度,都可能面临失败的风险,很难取得良好的传播效果。

(三) 社会风险

社会风险主要来自节目创新与社会伦理、社会心理、社会利益之间的"平衡性"。

1. 在激进与保守的社会伦理之间是否维持平衡

婚恋交友节目之所以受到多方抨击,并非节目形态与内容的越轨,而是新型的婚恋观虽然有着鲜活的现象依据,毕竟没有获得社会共识,节目的处理方式激化新旧伦理规范之间的冲突。

2. 在复杂的社会心理之间是否维持平衡

弥漫着的社会情绪与情感状态是双刃剑,在传统与现代之间,在迎合满足与引领突破之间,平衡到位是关键。

　　3. 在贫富差距较大的社会利益之间是否维持平衡

　　社会转型期问题突出,不同阶层的利益诉求存在较大的差异性。能否将利益矛盾与冲突调和到一个相对平等的状态,体现公平、公正、正义,至关重要。

(四) 技术与艺术风险

　　技术与艺术的风险来自节目创新与现有生产与传播体系之间的"适应性"。

　　1. 技术与艺术的突破与现有电视生产方式是否适应

　　新的技术手段与艺术表现方式固然具有很好的创新效果,但是如果与现有节目体系的生产方式之间存在较大的障碍与壁垒,不能整建制、成规模、连续性地应用,那么节目创新的规模效应和可持续性就会面临问题。

　　2. 技术与艺术的突破与受众接受心理之间是否适应

　　距离产生美,如果技术手段和艺术表现与受众心理预期的差距过大,过于超前,受众难以体会与感知,节目创新的风险自然就会提高;如果差距过小,甚至零距离,过于滞后,势必失去收视体验落差带来的新鲜度,成本虽小,但是失败的风险更高。总的来看,掌控技术与艺术风险的关键是适度。所谓适度,不是亦步亦趋,而是略微超前,在现有产能基础上引领潮流,在已有心理期待基础上实现提升。

　　任何创新都会面临风险,风险的存在是一种必然。然而人类创新实践的规律又充分证明,创新风险是可以管理与防范、合理规避的。中国电视节目创新只要以准确性、契合性、平衡性、适应性为尺度去面对市场、宣传、社会、技术与艺术可能存在的风险,就能赢得生存与发展的有效空间。电视节目创新只有在认识上走出观念误区,在实践上避免急功近利的诉求,深刻地理解诸多客观需求,有效地防范存在的各种风险,才可能保障中国电视的科学发展、特色发展、全面发展,才可能不负众望,完成时代与历史赋予的光荣使命。

三、电视节目创新的模式

　　电视节目创新的目标是突破与改造僵化、雷同的节目模式,确立有生命活力的新模式。电视节目创新模式是在不断探索节目内容与形式的创意组合过程中固化下来的。"对于传媒核心竞争力的构建而言,根据新的发展形势的要求,将相关产业要素和市场资源加以有效的整合,实现模式创新,已成为媒介竞争至为重要的战略目标。"①

(一) 日常化内容的节目创新模式

　　日常化内容指的是为受众所熟悉的、或直接来自现实生活的选题和内容,具有普遍性与浓郁的生活气息。就节目创新的具体方向而言,它既可以反映出日常化的状态,也可以逆向达到受众陌生的效果。

　　1. 日常化内容——日常化效果

　　表面看来,日常化内容实现日常化效果,似乎无须加工,直接呈现就可以。但事实并

---

① 喻国明:《传媒变革力——传媒转型的行动路线图》,南方日报出版社 2009 年版,第 9 页。

非如此:第一,从电视的媒介特性来说,先进的技术和手段都不能使电视节目的生产与传播完全实现"原生态"。经屏幕呈现的原生态其实已经经过多重假定和加工,是一种"拟态"的日常。淡化媒介的人为痕迹,并非易事。第二,就受众接受心理而言,面对现实生活中看似司空见惯的内容,如何焕发出新鲜、生动之感?令人心生贴近与熟悉,考验着节目创新主体发现生活的眼力和智慧。这一模式的难点在于如何保有题材原先的材质、风格、特质,淡化加工痕迹,却又能在平淡中显出不凡,显示出吸引力与可视性。受众所认可的"像生活一样、像真的一般"的日常化效果,离不开创新主体面对生活的真诚心态和节目的真实质感。

纪实主义的兴起,改变宣教意味浓厚的纪录片对日常生活的高度提纯,"摄像机从来没有如此直接和真实地反映生活。纪录片语言本身在那个年代对我们的好奇心是一种满足"①。如今,纪实的观念已经渗透在各类节目中,镜头对准平凡的小人物,选取他们日常生活中的时光片段,尽量完整地呈现给观众,不以情节取胜,而以生活中的原生态产生力量,产生新鲜感。

民生新闻的成功也为这一模式提供了有力的案例。以《南京零距离》(图7-11)为代表的民生新闻,突破了传统社会新闻重集体、轻个体,重题材、轻时效的模式,通过大城小事的第一现场,直接呈现市民身边正在发生的、与日常生活密切相关的民生事件。在面向群体、普遍存在的公共服务性话题中聚焦民生个体生存,与受众个体建立起了相关性,与日常生活经验形成了对接,满足了受众即时知晓"身边事"的知情权。"新闻利用它们的形式把新鲜或新奇的事件置入熟悉的框架之中,新闻故事的熟悉性是新闻限制策略的关键。"②

图7-11 《南京零距离》节目(现场)

民生新闻正是成功运用了这一策略,没有将奇闻逸事作为最主要的内容,地域接近性、内容相关性、主题趣味性、形式单一性的诸多特点,不断匡正着民生新闻的创新方向,使之在展现生活景观的"日常化"中获得充分的生长空间。

---

① 吕新雨:《当代中国新纪录运动》,生活·读书·新知三联书店2003年版,第157页。
② [美]约翰·菲斯克:《电视文化》,祁阿红等译,商务印书馆2005年版,第426页。

2. 日常化内容——陌生化效果

从平常之处发掘非凡的意蕴,创造出人意料的惊奇。日常化内容——陌生化效果这一模式显示了电视节目创新思维中的"求异"取向。这一模式的创新要义不在于日常生活的表象,而是需要用透过现象看本质的独特视角和观点,从现实生活的突发事件与生活细节入手,通过独特的创意手法,对看似平常的事情、大家已经熟知的内容进行陌生化处理。

(1) 讲述故事,探秘悬疑

本质上说,讲故事的目的与功能是要讲述出被表面现象所遮蔽的事物真相,讲述出特别的东西。所谓"特别的东西",就是值得说、可说而又能说的故事内核。故事的讲述离不开悬疑的支撑,某种程度上,悬疑的存在本身就是故事内核的构成。"所谓的悬疑(Suspense),其实不过是拖延一下满足期待的时间。就像它的表面字义,悬疑就是将期待'悬'在那儿——拖延即将出现的剧情,以及我们对'完整'(Completion)的渴望。"①不论故事与悬疑引发的期待最终被证明是正确还是错误,原来如此的释然与出乎意料的惊奇,都会使节目波澜丛生、意趣盎然。美国探索频道(Discovery)是全球最大的娱乐纪录片提供商,它之所以获得全球营销的巨大成功,正是因为它将纪实元素与娱乐元素嫁接,形成了"故事 + 悬疑"的叙事策略,通过"探秘"的发现过程让陌生化效果充分释放,成功打造了"娱乐化的科学纪录片"类型。

发现类的科学纪录片不像传统科教专题片那样排斥人和事的主体介入。它已经不再满足于呈现科学与自然的知识本身,不再执著于由表及里进入知识的原理和系统,而是注重讲故事与设计悬念,对浩瀚历史的构想再现,交织成了探秘之旅的曲折历程,悬疑不断,惊奇丛生,破解未解之谜的探索历程被表述为一个个跌宕起伏的故事。这种创新理念不仅影响了中央电视台的《发现之旅》《探索发现》《走近科学》等一批纪实类、科教类节目,也带动了生活服务类节目的创新,对日常生活中蕴含的抽象科学知识进行形象化表述,赋予生活服务类节目既熟悉又陌生的传播效果。

在制作手段上,采用新的技术手法,打造视听盛宴,也是让日常化的内容获得陌生化效果的重要途径。比如,在前期摄制阶段,应用超常规视角摄影技术,如逐格、延时、水下、针孔、红外摄影等特殊手段,形成现实常规视角无法替代的视听体验。再比如,在后期制作时,应用3D数字编辑手段,设计动画与实景合成,制造亦真亦幻的视听奇观。好莱坞灾难大片就大量运用了这些制作手段,营造了难以想象的时刻。近年来的纪录大片也愈发注意高科技手段的应用,达到了更精致、更震撼、更有冲击力的收视效果。

(2) 设计情境,创制规则

对于电视节目而言,情境是推动情节发展、促使人物行动、引发矛盾冲突的重要手段,是实现传播效果的重要环节,自然也是节目创新的重要内容。作为一种拟态环境,既有极力模仿现实环境的情境,也有戏剧化、梦幻化、带有鲜明电视媒介特征的情境。情境的效应需要规则的支撑,更准确地说,是规则创造了电视节目的情境。

选秀节目通过独特的情境设计与规则创制,形成了与以往综艺娱乐节目截然不同的

---

① [美]大卫·波德维尔、克里斯汀·汤普森:《电影艺术:形式与风格》,曾伟祯译,世界图书出版公司北京公司2008年版,第69页。

创新效果。表面看来,选秀节目与游戏节目很相似,"游戏是我们心灵生活的戏剧模式,给各种具体的紧张情绪提供发泄的机会。它们是集体的通俗艺术形式,具有严格的程式"①。实际上,解闷、宣泄、自娱自乐的游戏娱乐功能,只是选秀节目的表面文章,选秀节目的情境与规则深层对应着现实社会的生存法则。不论唱歌、跳舞、滑冰还是厨艺,都是通过竞争实现自我价值、展示自我的竞技场。不论明星,还是凡夫俗子,都是真实个体在特定情境与严格规则面前的一次真实出演。与《快乐女声》《超级女声》极力打造一个非日常的游戏情境不同,《中国达人秀》更加注重展现日常生活中平凡小人物的梦想。通过赛制、评委等元素,选秀节目建构了一个可以超越生活限制的特定陌生情境,"游戏只是游戏,而且存在于某个由目的的严肃所规定的世界之中"②。

规则的设立突出了选秀情境中所具有的非日常的神圣感、仪式感、严肃感。因此,节目创新可以利用规则与情境的变化来加强陌生化效果。比如,现场与幕后的交织呈现,就是选秀的一种特殊的情境设计。幕后花絮、成长故事、家庭抒情等纪实性内容的引入,有力地塑造了"超级女声"们的形象;《加油,好男儿》则突破演播室空间,让选手进入现实时空中展开行动,参与公益慈善活动;《龙的传人》将拓展训练与动作片中常见的特殊任务场景作为竞赛内容;《绝对唱响》推出配对赛,男女歌手互相配对,形成组合;《梦想合唱团》将名人与凡人对接在一起;《变形记》与《花样年华》则真实呈现了情境交换后人物心理的强烈落差。随着赛制的推进和压力的增大,台上台下、台前幕后,才艺、情感、悬念、故事,为节目增加了很多戏剧性因素,节目的情境更具有丰富性、生动性。

(二) 陌生化内容的节目创新模式

所谓陌生化内容,一类是时空上和现实生活有距离的,受众不熟悉的、稀有的、闻所未闻的题材内容。比如,自然中的神秘现象、历史之谜、文化经典等方面的题材;还有一类是专业性较强,大众不了解和掌握的,如法律、财经等专业性较强的领域等。传播知识,传承文明,这是电视责无旁贷的媒介功能和社会职责。就题材本身的价值而言,积极传播科学、法律、历史、文化等领域的知识和信息,有利于树立国家形象、弘扬民族文化、传播科学理念、普及法律知识,具有极其重要的传播价值和认知意义。然而,就题材本身的传播难度来说,这些题材之所以陌生,主要是与受众日常生活经验存在着较大的时空差距、认知差距。

1. 陌生化内容——陌生化效果

陌生化内容处理成陌生化效果,应该是顺势而为,突出与强调的是题材本身的新奇神秘。比如,青歌赛中的"原生态"唱法,少数民族歌手们大多身着民族服饰,与以往舞台化呈现的民族歌曲不一样,他们演唱的歌曲就是日常生活中的劳动之歌、相恋之歌、喜悦之歌、悲怆之歌。这种原生态,本来就为世人所不知,就这样本真登台。不曾听过的乐符,没有审美化的艺术加工,这种原汁原味自然创造了一种陌生感。需要注意的是,陌生化内容

---

① [加]马歇尔·麦克卢汉:《理解媒介——论人的延伸》,何道宽译,商务印书馆2000年版,第293页。
② [德]汉斯—格奥尔格·伽达默尔:《真理与方法——哲学诠释学的基本特征》(修订译本),洪汉鼎译,商务印书馆2007年版,第144页。

处理成陌生化效果应该被理解为一种新奇感的追求,所以在内容处理上也需要适当运用探秘与悬念。"方法可以是'戏剧式'的,即以'冲突'为中心,使用'悬念'、'陡转'、'延宕'等戏剧手法,造成'期待'、'惊奇'、'意外'等效果。"①由于是广大受众未知的内容,必然存在着诸多未解之谜,那么,以揭秘的方式带动叙事线索,以悬念引导受众的收视兴趣,容易起到引人入胜的效果。

2. 陌生化内容——日常化效果

"对新鲜事物具有敏感性或者以令人惊讶的手法再现另一世界是不够的。需要另外加上一个并存的因素,这就是打开通向重新发现被湮没的经验的大门,追回失去的时光。"②这说明,陌生化内容进行大众传播,不仅需要遵循电视传播的一般规律,更重要的是要准确定位受众的接受水平线,处理好抽象和具象的关系、已知和未知的关系。对大众不熟悉的内容进行贴近性处理,以熟悉的形式来引导观众产生兴趣;对专业性强的内容进行稀释与简化,转换为生活经验可以感知、常识可以解释的内容。

其一,建立历史文化与现实生活的关联,拉近内容与受众的时空距离。人类在漫长的历史发展进程中孕育了悠久灿烂文明,尤其是中国,历史和文化赋予现代传媒取之不尽的丰厚资源。随着媒介的发展,地域空间的差异被大大压缩了。与此同时,科学的发展使得人类向过去与未来探求的目光拉大了时间的差距,这两种时空的变形产生的陌生感、神秘感构成了吸引力。对于大多数普通观众而言,这些在时空维度上不断变换距离的资源是一个陌生领域,常常是知其皮毛与轮廓,而不知其详。如何改变受众关于历史和文化的"集体无意识",激发探索欲与求知欲?建立历史与现实的关联,拉近内容与受众的时空距离是必不可少的有效方式。对于中国人来说,三皇五帝,唐宋元明清,大的历史脉络已是常识。历史的遗迹渗透在当下日常生活的方方面面,每一个民谚、俗语、典故都承载着历史的基因,追根溯源,都有可能撑起一片历史的天空。在历史的时代风云中找寻细节,将大时代、大事件、大人物的细节呈现出来,这种"细说体",使空茫的历史具体化,与久远历史中的未知建立起相关性,容易引导受众感知、认知历史与文化。在经典历史文化的陌生内容如何形成日常化效果方面,电视讲座类节目提供了有益的创新经验。走上电视讲坛的学者、专家,扮演的是经典文化解读者、传播者的角色。电视屏幕虽不是课堂,但是他们同样承担着传道、授业、解惑的师者之责,必须面对的是如何处理好经典的文化精义与现实生活的关系。正如美国当代批判社会学和文化保守主义思潮的代表人物丹尼尔·贝尔所概括的:"在文化中始终有一种回跃(ricorso),即不断地回到人类生存痛苦的老问题上去。"③这些关于人类生命思索的元命题构成历史与文化的问题史,恰恰就是历史和现实产生联系的结合点,也是讲座类节目解释经典的创新策略。在历史与现实、经典与生活的结合点上注入了生命个体的日常生活体验,将中华文化经典与现实生活结合起来,讲故

---

① 李幸:《大众立场李幸电视批评文集》,中国社会科学出版社2005年版,第23页。

② [德]汉斯·罗伯特·姚斯:《审美经验和文学解释学》,顾建光等译,上海译文出版社2006年版,第12页。

③ [美]丹尼尔·贝尔:《资本主义文化矛盾》,赵一凡、蒲隆、任晓晋译,生活·读书·新知三联书店1989年版,第58页。

事,讲体验,从而使观众觉得自己与传统文化息息相通。正是在这一创新策略的指引下,《百家讲坛》从2004年阎崇年的《清二十帝疑云》开始,通过刘心武的《红楼梦》、易中天的《品三国》、于丹的《〈论语〉心得》,迅速成为电视传播历史文化经典的标杆。

纪录片《舌尖上的中国》之所以获得空前的关注,并孕育了"舌尖体",同样源自这一策略。该片巧妙地将中国悠长丰厚的饮食文化之"大"细化到舌尖之"小",从自然的馈赠到厨房的秘密,以精致精美的细说,将感官味蕾的细腻体味延展到文化味蕾的伦理气质,融入一日三餐的家常情怀中,让人们在食品安全的时代隐忧中实现了一次精神的盛宴。

其二,建立专业知识与大众的关联,消除专业门槛。跨越知识鸿沟对于那些专业性较强的陌生化内容,最大的创新瓶颈是如何处理专业化和大众化的关系。"去专业化"意味着对系统的专业知识体系进行简化与稀释,结合节目制播的时机、时宜、时尚进行适当的通俗化处理。法制类节目是典型的专业知识性栏目,节目内容基本上是由大量枯燥繁琐的法律条文和深奥难懂的法律知识组成。中国法制节目《以案说法》的基本模式源自1999年开播的《今日说法》,它创造了"把复杂的法律单一化,把深奥的法理实用化,每天讲一个法律故事,每天讲解一个法律条文"的传播模式。节目内容大量是"微内容",与百姓日常生活密切相关的民事案件占到了60%以上——"赡养与抚养、家庭暴力、婚姻纠纷、邻里矛盾、交通事故、名誉权著作权纠纷、青少年犯罪、诈骗等"①。《今日说法》通过微内容处理,将专业性知识化整为零;通过关系民生的案例,将法理与道理、情理交织起来,为观众的兴趣与参与提供了通道与桥段。这一节目创新的策略至今依然影响着中国法制节目的创新方向。

益智类节目的10年发展,从另一个层面生动注解了知识类节目的"去专业化"历程。从选择式的《开心辞典》《幸运52》,到情境式的《非常了得》《一站到底》,益智类节目已经从单纯地考量选手的知识面、记忆力,向运用生活经验和专业知识进行逻辑推理的方向发展。智力的较量与思考过程中的互动碰撞构成了生动活泼的情境,成为吸引收视的主要兴趣点所在。

应该说,这四种创新模式提供了把握电视节目创新规律的基本"配方"。需要指出的是:第一,四种模式是从电视节目创新的实践中提炼概括出来的基本模式,不可能涵盖当前电视节目所有的创新方式,只是一种相对客观的研究发现与理论构型。第二,四种模式之间没有绝对的优劣之分,每一类模板都有成功的典范,都有取得最佳传播效果的可能。关键在于创新主体如何量体裁衣,尊重电视受众的收视心理,根据特定的创新价值诉求和定位,选择最恰当的创新模式。电视节目创新不存在放之四海皆准的标准模式,所有问题不可能通过一种模式得到解决,也不存在一成不变的永恒模式,每一种模式都有它的生命周期、适用范围与有效性。但是提炼与归纳出符合中国电视发展规律、有利于解决中国电视创新实践问题的节目创新的"中国模式",将有助于我们更加深入地认识和把握电视节目创新的机理和规律。

---

① 时统宇:《见证世纪之交中国社会法治进程》,载《现代传播》2009年第1期,第79页。

第四节 电视的产业化改革

近些年,中国电视的产业化发展有目共睹。按照现代经济学的解释,在现代经济活动中,产业是指具有某种同类属性的企业经济活动的集合,一个产业可以由多个企业的同类经济活动组成,一个企业也可以不只是从事单一经济类型活动,可能从事多种类型的经济活动,即从事多产业经营(跨行业经营)。因此,从宏观角度来说,中国电视的"产业化"必然涉及电视媒体的属性(事业还是企业)和规模两方面的问题。中国电视产业化的目标是要建立一套以市场为导向的节目生产、流通和播出体系及其相应的管理体制,也就是要把电视业纳入中国市场经济的大体系。中国电视产业化的过程首先是一个企业化的过程。所谓企业化,就是针对中国各级广播电视台的"事业"性质而言的,指的是各级广播电视台从事业性质向企业性质转化或者说转型的过程。

一、电视产业化的含义

随着社会的进步,市场经济的进一步完善,"电视产业化"理念在电视媒介得到了发展和深化。联合国教科文组织把文化产业界定为:按照工业标准生产、再生产、储存以及分配文化产品和服务的一系列活动。按照这一定义,我们可以把被列为第三产业的电视产业定为:按照工业标准生产、再生产、储存以及分配电视产品和服务的一系列活动,即指从事电视产品与服务的生产经营活动以及为这种生产和经营提供相关服务的行业。

二、电视产业化的必然性

长期以来,由于政治喉舌的特殊职能,电视单位的性质被划归为国家拨款的事业单位。受体制的影响和自身职能的限制,电视行业参与市场竞争和经济运营等社会活动比较少,仅有部分发达地区近年来带头成立广电影视集团、公司,尝试着走产业化的道路,内地和中、西部地区的电视行业多年来都依赖国家拨款。在政府直接行政管理模式下,事业型组织机构越来越显示出其内在的弊端,如机构设置重复、职能混淆、职责互相推诿、人浮于事等,在财务管理中则存在高耗低效、支出的盲目随意,不计成本的业务立项比比皆是,造成大量的资源浪费。所有这些都表明,电视行业必须融入全国事业单位改革的大潮当中,加强自身参与经营活动的能力,提高自身的竞争实力,走产业化改革的道路。

随着国家经济体制改革的不断深入,市场经济不断完善,国家财政逐年削减对事业单位的资金投入,而电视媒体的突出特点是高科技、大投入、重装备、高消耗。虽然电视台的广告收入可以部分弥补自身支出的需要,但与事业发展的资金需求相比,仍然是杯水车薪。所有这些迫使电视事业要不断提高自身的经营创收能力,为事业建设提供资金保障,走体制改革、电视产业化之路已经是形势发展的必然。

以数字化、网络化、信息化为标志的高新技术的运用,客观上对电视行业提出了更新更高的要求。信息产业部很早就明确提出了要以电信网、广电网、因特网为主,共建全国的信息高速公路,如今"三网融合"已进入试点实施阶段。在三网融合背景下,电视业已经处在一个重要的发展时期,虽然电视特有的信息发布、文化传播、娱乐休闲等功能均可隶属为信息产业,但面对垄断巨头,并没有显得"鹤立鸡群"。近年来,三大电信运营商的营业收入远远大于广播电视有线网络的收入,因此人们普遍认为广电有线网络与电信网络的实力相差甚远。在发展战略上,电信巨头对广电提出的设想不理不睬。为此,电视行业需要更快、更好地发展,盘活资源,整合资源,优化资源,提高自身的综合实力,电视产业化势在必行。

我国加入 WTO(World Trade Organization,世界贸易组织)之后,促使了各个领域逐渐把"与国际接轨"作为发展的推动力,电视作为我国党和人民的"喉舌"发挥着强有力的政治色彩,是我国彰显国际实力的"面子工程",这就要求电视行业也要有较强的竞争实力。虽然由于我国国体的特殊性,暂且不允许国外电视传媒进入,这种限制对国内传媒并没有构成直接的竞争氛围,但是随着科技的进一步发展,地球村的到来,各种不同的领域进一步开放,迫使我们不得不在内外的市场竞争中求得生存和发展。用战略的角度思考,提升电视综合实力,非常必要,所以电视产业化势在必行。

三、中国电视产业化的现状

从中国电视的发展历史来看,产业化是一个必然的趋势。尽管在计划经济时期,电视"只有政治、文化属性、宣传喉舌功能,没有经济属性、产业功能"[1],但随着 1979 年上海电视台第一条商业电视广告的播出,中国电视便拉开了向产业化方向变革的序幕。1980 年 2 月的全国广播事业规划会议上,中央广播事业局局长张君山提出广播电视媒体在具有属于意识形态领域内的上层建筑方面特征的同时,也具有属于生产力领域内的经济范畴上的属性。这是"中国政府广电管理高层对中国电视媒体产业属性所做出的第一次正面回应"[2]。

1992 年 6 月 16 日,由中共中央、国务院联合颁布的《关于加快发展第三产业的决定》中,明确了"根据国情,我国对国民经济按三次产业如下划分:第一产业是农业;第二产业是工业和建筑业;第三产业是除此以外的其他各业,主要包括流通部门、为生产和生活服务的部门、为提高科学文化水平和居民素质服务的部门"。至此,中国电视的产业属性才在国家政策和法律层面上找到了确实的依据。同时,在这份文件中,指出了第三产业的发展重点行业名单,广播电视作为信息服务业和文化卫生事业的一部分位列其中。如今,发展文化产业已经被提到国家发展战略层面,而电视业作为文化产业的重要组成部分,面临

---

[1] 刘习良:《中国电视史》,中国广播电视出版社 2007 年版,第 137 页。
[2] 杨状振:《1978—2008:中国电视产业化经营三十年机制流变研究》,载《郑州大学学报》(哲学社会科学版)2009 年第 3 期。

更多的机遇和挑战。

2009年10月23日,上海文广新闻传媒集团正式拆分为上海广播电视台与上海东方传媒集团有限公司,由此掀起广电系统在产业化发展道路上以"制播分离"为核心的又一轮改革。广电系统制播分离与转企改制,是要将事业部分剥离成立广播电视台,将产业部分整合成市场主体:一方面坚持把控舆论导向功能;另一方面盘活广电行业资源,进一步释放产业能量。可以说,改革开放的30多年来,中国电视的产业化经历以政策为突破、以技术为突破、以体制为突破的发展过程。"中国电视管理体制从单一结构模式到一体多元式发展,从经营意识淡薄到资本运营理念深入人心,在管理体制和运营模式上都发生了巨大变化。"①

随着产业化的推进,中国电视繁荣发展。电视的产业规模逐年扩大,根据国家广电总局发布的信息,"十一五"期间全国广播电视总收入年平均增幅19.84%。2010年我国电视综合人口覆盖率达到97.62%,中央电视节目的电视综合人口覆盖率达到96.55%,农村电视节目的电视综合人口覆盖率达到96.78%。其中天津、上海电视综合人口覆盖率达到了100%。② 2011年,全国电视综合人口覆盖率达到97.91%,比2010年增加0.29%。2010年广播电视总收入首次突破2000亿元,达到2301.87亿元,比2009年增长26.6%,增长率高达24.23%。中央直属广播电视创收352.76亿元,比上一年增长21.07%。各省(自治区、直辖市)电视产业发展良好,收入增长较快。上海广播电视创收在全国率先突破200亿元,达206.12亿元;另外浙江、广东、江苏、北京等4个省(直辖市)电视创收超过100亿元。在电视创收收入构成中,广告收入与有线网络收入是广播电视产业的主要收入来源。其中,广告收入为46.93%,网络收入比重为24.34%。③ 然而,在这些不断增长的数字背后,我们也应该看到,广电系统内依然存在着诸如频道资源配置过分向城市倾斜、忽视对农村的服务,过分追求收视率导致节目同质化、低俗化倾向严重,过分依赖广告和有线收视费用导致产业结构失衡,公共财政投入严重不足导致农村广电基础设施严重滞后等问题。

四、中国电视产业化的特点

中国电视已由纯事业单位逐步演变为事业单位和企业的混合体。电视产业这种集政治性和经济性于一体的属性,从不同的方面彰显了它的特殊性。

(一)电视产业不能完全市场化

大部分行业在走向市场和产业化的过程中,一般都是全行业进入的,但是电视产业则

---

① 杨状振:《1978—2008:中国电视产业化经营三十年机制流变研究》,载《郑州大学学报》(哲学社会科学版)2009年第3期。
② 江西省广播电影电视局网站:《"十一五"期间广播电视发展状况》,http://jxgd.jxgdw.com/zwgk/tjxx/1619667.html。
③ 国家广电总局广播影视发展研究中心网站:《2010年广播电影电视产业发展概况》,http://www.sarftrc.cn/templates/T_content/index.aspx?nodeid=95&page=ContentPage&contentid=518。

不同,如新闻的属性决定了它不能成为商品;如广告、电视剧、有线收视,则可以作为商品实现市场化。

(二) 电视产业不能仅以追求经济效益为最终目标

其他产业在市场化、产业化的过程中,均追求经济利益最大化,而电视产业由于其自身肩负着特殊的政治使命,社会效益常常是重中之重,经济效益更多地被作为附属任务。随着市场经济的不断完善,各行业之间竞争日益激烈,在电视产业在谋求发展的过程中,经济效益越来越体现出它的重要性,而当前的事业型体制显然在短期内不能实现两者的统一。经济效益在我国特定时期和特定的领域,其"位居其次"的属性尤为凸显。每逢国庆节、建党节或是对于中国国民具有特殊纪念意义的日子,各大电视媒体纷纷制作相关题材的节目,凸显了电视巨大的社会效益。

(三) 电视产业的行业准入标准较高

其他行业在市场化、产业化过程中,采取多元化发展,开放程度也越来越高,而电视由于体制的问题和自身职能、使命等原因,制定了严格的行业准入许可制度,对制播各个环节实行严格的行业管理。国家广播电影电视总局(现已改名为"国家新闻出版广电总局")出台了一系列关于实行电视节目制作、发行行业准入制度的实施细则等法规,对电视产业良性发展进行很好的行业监督。

五、中国电视产业化中出现的问题

长期以来,我国电视行业隶属事业单位,又肩负着政府喉舌的特殊使命,虽然改革开放和社会主义市场经济的不断发展创造了很好的外围环境,但电视产业并不能轻装上阵,各种条条框框,以及体制问题严重阻碍着广播影视产业化的发展,各种行政手段和法律法规使得电视行业滞留在公益性事业的基础之上,经营性产业凤毛麟角。

(一) 电视产业发展不平衡

1. 地区发展不平衡

电视行业由于受地区文化、经济的影响很大,东部、中部、西部,发达地区与不发达地区,城市与农村,差异很大。东部发达地区和城市产业发展比较好,效益也比较明显,西部不发达地区和农村则比较差。

2. 传媒产业内部发展不平衡

电视与广播、电影、网络之间发展不平衡。电视较强,广告收入比较可观,促使其增长较快,已成为整个传媒产业的龙头和支柱,广播和电影相对较弱,存在不少困难;网络建设虽然较快,但业务开发不足,还未形成整个产业新的经济增长点。

(二) 电视产业没有充分利用市场机制,融资渠道单一

大部分组织机构仅以广告收入作为唯一的经营收入。经济基础决定上层建筑,经济实力的强大从一定程度上推动着电视行业的发展。由于市场机制改革在进一步深化中,电视产业并没有充分参与市场竞争机制,再加上电视是高科技、大投入、重装备、高消耗的产业,仅仅依靠广告收入已远远不能满足事业发展的需要,经济状况经常出现捉襟见肘的

窘态。

(三) 电视的产业政策和法律法规不完善

现有的政策和法律法规大多制定在原有的经济体制基础之上,已远远不符合当今社会发展的需要。囿于现有的政策法规,人们更多考虑的是如何搞好业务,较少考虑电视产业的发展,特别是适合当今社会主义市场经济条件下产业的发展。

(四) 电视产业经营管理类人才匮乏

电视行业里懂业务的人多,懂电视节目制作、播出的人多,懂经营管理、资产运作的人少,复合型、高端人才少,这制约着电视产业的发展。

六、推动我国电视产业发展的对策

体制的改革和创新是电视产业发展的前提和保障。长期以来,由于作为事业单位享受国家拨款,被各种行政手段管理着的电视被迫体验着"温水煮青蛙"的舒适。在日新月异的信息世界里,网络占据了文化前沿的地位。电视被体制勒着脖子,站在计划经济和市场经济的黄线上,迈不开腿。随着全国事业单位改革的大潮涌起,电视迎来新的机遇。电视业要解放思想,正确调整体制转变中的各种利益,进行体制创新。电视产业发展的关键是转变政府职能,建立政事分开、政企分开的电视宏观管理体制。电视行业主管部门要把精力集中在政策制定、行业规划、协调服务、宏观调控和监督管理上;电视自身则按照事业单位改革的文件精神进行"大刀阔斧"的改革,把经营类的可以产业化的部分进行企业化运营,其他部分则尽可能实行事业单位企业化管理,打破大锅饭,精简机构,整治官僚作风,加强成本控制,实行节目制播分离。2009年,上海电视台与宁夏电视台签署合办宁夏卫视频道的协议,这一壮举开启了全国文化体制改革,实现电视制播分离的新篇章,极大地推动了电视产业化进程。

如何应对当前产业发展不平衡状况?一方面要强化优势产业,发展新兴产业,重视高新产业;另一方面要振兴弱势产业,改造传统产业,有计划、有步骤,分批、分层次地发展,先发展起来的带动后发展起来的。要以资产和业务为纽带,整合广播和电视经营性资源,推进电视经营性资源的区域整合和跨地区经营。2010年,湖南广电负责青海卫视的运营,大胆试水跨区媒体集团的成立和运营,如此不仅实现了优化资源配置,调整结构布局,提高产业集中度,也拉开了一批实力雄厚、核心竞争力强的大型电视产业集团公司,作为产业骨干带动相对落后地区电视产业共同向前发展的序幕。

(一) 适当放宽市场准入,扩大融资渠道

电视产业在搞活经营的过程中,扩大融资渠道至关重要。上级主管部门要积极创造和建立适合广电产业发展的市场环境,有计划地放宽市场准入,逐步加大电视市场的开放力度。融资渠道则可通过大胆地剥离国家拨款,另辟蹊径。比如,通过吸引、鼓励国内外各类资本广泛参与电视产业发展,不断提高电视产业的社会化程度;可以逐步允许其他所有制机构作为经营主体进入除新闻宣传外的电视产业链的不同环节;电台、电视台重组或转制为企业的单位企业化运作等,在确保控股的前提下,可吸收国内外社会资本探索进行

股份制改造,条件成熟的电视节目生产营销企业可以批准上市融资,进行市场化运作。

(二)建立健全法律法规,推动电视产业的发展

相关主管部门要尽快建立健全符合现行广播电视产业发展的法律法规及政策体系,维护市场秩序,保障电视产业健康发展。相关主管部门要根据我国电视产业面临的新情况新问题,抓紧修改和补充不适应的政策法规,抓紧出台促进电视产业发展的一系列政策意见和措施,并及时将有关政策措施通过法律程序上升为法律规章。电视产业发展要逐步实行管办分离、政事分开。电视主管部门要真正把行政职能转到宣传调控、政策调节、市场监管、社会管理和公共服务上来;还要加强适合广播电视产业发展的市场建设和监管,加快电视产品市场和生产要素市场建设,发展市场中介组织,繁荣产品流通交易,着力建好全国性的电视节目交易中心,推动市场繁荣和产业发展。

(三)加强电视产业经营管理类人才、科技创新等综合性人才的培养

人是生产力中最活跃、最积极的因素。在人本管理时代,要从战略的角度对职工进行目标培养,挖掘职工的潜能,最终使职工的发展目标和广播电视产业的发展相统一。电视产业要努力发掘人才与培养人才,最关键的是加强综合素质人才的培训,使他们不仅懂得电视业务,而且懂得产业的经营管理。有组织、有计划地开展人才培养工作,努力培养一批推进电视产业发展的人才群体。在用人机制上,要放开手脚,大胆引进人才,摒弃原有的行政手段任命制以及事业单位固有的论资排辈陈习,制定合理有效的激励机制,发掘人才。鼓励新兴人才,给他们提供长足有利的发展空间,最终推动电视产业的发展。如今,"三网融合"正在全国的各试点城市积极开展,电视行业在考虑如何与垄断巨头在业务上互相渗透和交叉,在经营上互相竞争、互相合作的状况下寻求生存,凸显自身的优势显得尤为重要。

加快电视风格与产业化步伐,抓住机遇,自下而上地盘活各类资源,集中合力优势,提高综合实力,在竞争日益激烈的明天,力争一席之地!

第五节 电视风格与品牌的构建

在国际新经济秩序的影响下,品牌经济已成为主流经济,品牌已经成为企业最有价值的无形资产。在品牌经济时代,品牌就是传播力、生产力、竞争力、发展力和影响力。可口可乐的前任董事长罗伯特·伍德鲁夫曾夸口说,只要"可口可乐"这个品牌在,即使有一天,公司在大火中化为灰烬,那么第二天早上,全世界新闻媒体的头条消息就是各大银行争着向可口可乐公司贷款。由此可见,品牌的影响力就是一个企业无形的资产,是另一种"生产力"。因此电视媒体也必须要深刻认识到这一点,重视电视媒体的品牌建设问题。

一、电视品牌的内涵

品牌是经济学的名词,属于企业产品经营的范畴,指某种产品与服务的名称及标识,以区别于竞争对手的产品或服务。这一概念在商业领域大获成功后,便被移植到各个不同的行业当中,而传媒作为一个重要产业自然而然地会迎来它的品牌营销时代。中国人民大学新闻学教授喻国明在《变革传媒——解析中国传媒转型问题》一书中指出:我国传媒产业的发展已经进入了"品牌经营时代"[①]。南京大学新闻学院教授丁和根也认为,品牌营销战略是现在我国传媒提高核心竞争力的关键所在,他说:"核心竞争力是一个媒体专有的战略性资产,它具有知识性、难以模仿和辐射力强等特点。"[②]媒体的品牌也具有较高的知识含量,是一个媒体专有的知识产权。品牌都是独一无二的,不可能被竞争者复制。品牌具有很强的辐射能力,可以从一种产品辐射到另一种产品,由一个领域延展到另一个领域。由此不难看出,传媒品牌与传媒核心竞争力有着密切的关系。

电视品牌是电视频道在电视观众心目中留下的印记,或者换种说法,是外在世界带给观众视听的享受和收获。一个电视台的品牌是与其他电视台区分的独特标识。它是一种定位、品质与文化内涵相结合的综合体系。品牌既是一种特色,又是一种信誉,是保证收视率和影响力的重要砝码。世界各大电视传媒都十分重视通过提高节目质量、明确市场定位,采用充分的形象宣传和成熟的经营管理等手段来打造品牌。在英国,英国广播公司BBC的品牌形象代表着一种强大、高品质、公正、持久的意味,甚至被誉为"比教堂和议会还重要的文化机构",其品牌经营的成功由此可见一斑。

品牌是一个电视台独立于整个行业的独特性标志。一般来说,电视品牌包括明确的标识、公众的认知度、良好的公共信誉、优秀的产品、营造的文化理念和品牌内在原动力等六大要素。它一般可以从以下几个部分来体现:频道名称、频道标识、频道包装、频道宗旨、频道架构方式、频道效果、频道声誉、系统化的名牌栏目、名记者、名主持人等。其中,频道品牌的名称是指可以用语言称呼的那一部分,如中央电视台新闻频道、浙江卫视等。而频道品牌的标识则是有特定的色彩和形状,容易被观众识别和记忆的图标或符号,如台标,它是电视媒体资源中重要的无形资产,具有很高的资源价值。

进入21世纪,中国电视业的竞争风起云涌,尤其是当竞争的重心逐步转向卫视频道对市场份额的争夺时,品牌的作用日益凸显。它不仅表示媒体的公信力,还表示媒体的竞争力和营利能力。据统计,目前全国共有56个卫星电视频道,其中,中央级19个、省级37个。加强品牌建设已成为各媒体提升竞争力和影响力的重要举措,要想在强手如林的卫视海洋中畅游,那么寻找准确的品牌定位,集中特色资源打造品牌的核心竞争力,并将品牌转化为观众在进行收视行为时的优先关注与忠诚关注,无疑是各个卫视的基本生存法则。

[①] 喻国明:《变革传媒——解析中国传媒转型问题》,华夏出版社2005年版,第44页。
[②] 丁和根:《传媒竞争力 中国媒体发展核心方略》,复旦大学出版社2005年版,第239页。

二、电视品牌定位及其原则

"电视品牌定位"是一个全方位、高质量的概念。它要求电视媒体在经营效益、传播效果、自身形象塑造、节目质量、创新意识、市场占有率和市场回报等方面都有优异的表现。它是电视媒体根据目标受众群的需求偏好,为一种电视栏目或一项服务设计并塑造一个特定的形象,通过各种宣传方式把这个品牌形象传达给大众,从而使这一品牌在受众群心目中确立一个理想的位置。

品牌定位是品牌策略的基础,品牌定位的目的就是在市场上树立一个明确的、有别于竞争对手的、符合消费者需要的形象,从而在消费者心中占领一个有利的位置。从其实质上来说,频道品牌定位是电视媒体为打造品牌和维护品牌而创造培养的属于自身的特色和个性,主要用以满足观众的某种欲望和偏好,从而稳定并扩展自己的收视群。

电视品牌定位要遵循以下原则。

(一) 个性化原则

在市场竞争十分激烈的今天,想垄断一类市场或在一类市场中处于优势地位实在不是一件容易的事,因为任何一个市场都存在数量不止一个的竞争者,未被开发的市场空间越来越少。要想把自己做大做强,就不得不考虑竞争对手的状况,并据此适时进行自我调整。"定位是电视传媒品牌的核心,一个品牌如果没有特色,没有与竞争品牌形成差别,就失去了生存的本钱和价值,也就失去了对观众和市场的号召力。"①电视频道想要在频道林立的竞争环境下突出优势,扩大市场占有率,就应该先考查竞争对手的品牌定位,尽力在品牌所体现的风格上与竞争对手有所差别,在品牌定位上凸显自己的特色和个性,否则观众很容易将后入品牌视作克隆前品牌而不予接受,甚至产生逆反心理,那就更谈不上对其保持忠诚度和持久满意度了。

(二) 整体性原则

频道的品牌塑造是一个整体工程,要求在发展的同时应当协调自身全方位的发展,而不是单一发展某一个主持人、某一强档栏目、某一电视剧的编排和播出、某一场社会活动的影响效果等。"电视频道中的宣传片、节目、主持人、颜色、声音、字体、节奏、媒体声誉、口碑、公共关系等,都是建立品牌形象的接触点,每个接触点都会建立并修正品牌形象,日积月累才能塑造一个有口碑的电视品牌。"②应该建立一个属于卫视自我的独特的身份识别系统来统一各个要素的发展。然而,整体性与个性化之间并不是矛盾关系,而是辩证统一的关系。只有整体性而没有个性的品牌是没有活力的、呆板的;相反,只有个性没有整体性的品牌则是散乱不堪,形不成合力的。

(三) 取舍性原则

对频道品牌进行个性化定位后,频道的一切宣传活动和节目设置都得围绕定位进行

---

① 方健文:《省级卫视的品牌定位和品牌竞争力》,载《东南传播》2009年第2期。
② 王可:《试析营造优质电视媒体广告投放环境》,载《声屏世界》2003年第9期。

合理有序的安排。例如,如果一个频道的品牌定位于以娱乐为主的个性化综合频道,那么就不能再承载过多的新闻类节目和文化类节目,要把与定位无关联的节目类型删减到一个合适的比例,把主要资金与精力放在与定位有重要关联的节目类型上,也就是说做节目要有所取舍。

总之,虽然目前各个卫视处在竞争空前激烈的时期,但同时也拥有巨大的发展机遇和发展潜力。电视品牌的战略定位必须站在我国电视发展转型期的历史高度进行宏观、前瞻性定位,同时也要从各自所处的环境、自身条件以及现有的基础出发进行综合考虑。

三、目前我国卫视品牌定位中出现的问题

目前各省级卫视在收视份额的激烈竞争中,都想通过全新的品牌定位和节目改版来获取观众的认可度、忠实度和满意度,凸显自身的独特品牌形象,以此在市场上占据一席之地。于是,越来越多的省级卫视加入对频道进行全新品牌定位的战略中。

如湖南卫视定位为"快乐中国"(图 7-12),浙江卫视定位为"中国蓝·蓝天下"(图 7-13),东方卫视定位为"新闻立台、文艺兴台、影视强台",山东卫视定位为"情深似大海,义重如泰山",安徽卫视定位为"剧行天下,爱传万家",等等。省级卫视的定位口号喊得很响亮,但是在实际操作中,却往往出现电视节目内容与频道定位严重不符的问题,甚至很多定位朝令夕改、一换再换。我们常常见到某些电视台一年甚至半年就改版一次,却总是换汤不换药。这些现象的出现有着许多深层次的原因。

图 7-12 湖南卫视"快乐中国"(图标)

图 7-13 浙江卫视"中国蓝"(图标)

(一)定位缺乏逻辑起点

营销概念的定位并不是很多人望文生义地理解为占位,即占领某一个具体的空间市场位置;也不是一种纯粹从主观出发,试图给自己的媒介贴上某某标签,标榜某某特色的做法。电视媒介的市场定位是指:电视媒介根据竞争对手的状况和媒介自身的能力和实力,在已经确立电视节目市场中,确立自身的位置。如何定位应该是一个系统的、自有其逻辑规律的,作用于受众内心的理性市场行为。市场的营销战略都是建立在 STP 的基础上,即经过市场细分(Segmenting)、目标市场选择(Targeting)和市场定位(Positioning)三个步骤。所以只有先做好市场细分工作和确定目标市场选择,才能再谈市场定位。

当今社会是一个受众需求多样化和细分化的社会,没有一家媒体的节目能满足所有受众的所有需求,所以各省级卫视在定位前一定要找出自己真正需要的受众,找出在自己的实力和能力下能满足其需求的受众。如果没有前两个步骤,电视频道的品牌定位就相等于"瞎子摸黑",不知路在何方。目前我国的一些卫视的改版和定位缺乏这种逻辑起点,

几乎没有考虑到自己的核心观众到底是哪一类型的受众群,也没有考虑到底在哪一时间段做什么样的节目能吸引受众,只是为了改版而改版,为了定位而定位,纯粹是一种没有目标、没有市场观念的主观行为。

(二) 定位缺乏差异化

很多电视台在2000年以后就相继出台改版方案,推出差异化的频道定位,但这么多年过去了,大部分卫视的差异化定位效果却并不显著。出现这种情形的原因主要是之前我们所说的缺乏一个合理的逻辑起点,只是为了提高收视率而进行的一种跟风似的盲从。改版前并没有进行科学的受众调查和相关节目收视率的深度分析,定位之后也没有进行品牌策略可行性调研,更没有一个长期的战略性发展规划。在这层原因的基础上又相继导致定位缺乏差异化的情形,因此许多卫视就出现了节目的编排和内容与其定位名不副实的现象,导致各台风格同质化的竞争现状。除安徽卫视、湖南卫视、东方卫视和旅游卫视外,大多数频道依然延续着"新闻+电视剧+综艺节目"的综合频道模式,多台一面已成不争事实。但这种同质化的竞争并非长久之计,选择同质化竞争意味着只能扮演市场跟随者的角色,永远无法获得最大利润,而且已经到来的有线电视数字化必定会让没有鲜明形象特征的频道淹没在频道的汪洋大海中。

(三) 定位并未系统执行

虽然各大省级卫视专业化的品牌定位由来已久,但其实大部分定位策略并没有系统地执行下去,即定位后并没有把频道作为一个系统从各个方面和各个环节去执行和实施定位策略。例如,山东卫视定位为"情深似大海,义重如泰山",自办节目有《天下父母》《天下故事》《先声夺人》等,然而"情义"在这些节目中的体现非常微弱,只是在一个空泛的大主题下行有齐鲁文化特色的综合频道之路。可见,目前困扰卫视的难题就是如何进行频道的品牌定位,定何位,如何把频道的定位与实际节目整合起来,在观众心目中留下一个明确而积极的品牌印象。

四、我国电视品牌定位应遵循的原则

电视传媒的品牌定位,就是根据自身的特色和优势,满足受众的需求,抢占市场,形成独特风格的一种策略,也是一个品牌赖以生存的理念。定位是电视传媒品牌的核心,一个品牌如果没有特色,没有与竞争品牌形成差别,就失去了生存的本钱和价值,也就失去了对观众和市场的号召力。

我国电视品牌定位要遵循突出特色与强化差异原则。目前的媒介环境就像一个生态系统,也遵循着客观的生存定律。在"优胜劣汰"生态系统规律的作用下,力量薄弱的个体将被力量强大的个体所消灭,或者为避免被淘汰而寻找其他的生态位置。现阶段,我国媒体的同质化竞争已经形成一个强大的市场竞争态势。随着市场、受众的不断挑选、淘汰,将有大批的频道面临"无食可吃"的生存威胁。要想不被激烈的媒介竞争淘汰,就要寻找有效的策略。只有将明确、科学的市场定位策略和扎实、系统化的执行结合起来,才能真正实现注重市场细分,突破地域局限,以全国市场为导向,将自身的稀有资源优势不断放大的目标。

相对于面向全国的频道中央电视台而言,各省级卫视既承担着对外宣传所在省、市的任务,又必须面向全国观众、争夺全国性市场。双重身份决定了省级卫视必须办成一个有特色定位的综合频道,而所谓特色就是以专业特色为旗帜,以地域特色为支撑,突出差异性定位。近10年来,随着"活力恒久远,品牌永流传"的观念逐步成为共识,品牌定位更成为各省级卫视品牌建设的首要之举。湖南卫视从上星之初的突出新闻宣传的综合定位,经历了以娱乐资讯为主的特色定位再到目前"快乐中国"的品牌定位;安徽卫视则盯上了发育成熟、风险小、收视稳定、投入产出比高的电视剧市场,实施"电视剧大卖场"的品牌定位,运用CNN(美国有线电视新闻网)24小时新闻频道的策略,最大化地集中电视剧资源,形成自己的竞争优势;此外,重庆卫视的"故事中国,人文天下"、江苏卫视的"情感天下"等定位都致力于突出与众不同的市场定位和品牌个性。

只有进行真正鲜明独特、差异化的品牌定位,不走形式,才能使品牌具有自我个性,获得生命和灵魂,才能赢得观众持久的满意度和忠诚度,才能在激烈的媒介竞争中占据不被淘汰的有利之位,被观众认同和接受,实现频道的快速崛起。

五、我国省级卫视频道品牌定位措施

(一)系统包装电视品牌,传播同一种声音

未来电视台的竞争首先是频道与频道的竞争,竞争是以频道为基本单位进行的。也就是说随着频道品牌化的形成,电视观众和广告主将越来越关注频道整体的状态,而不再是某一个单一的节目。所以一个优秀的电视频道应该是一个整体,应该有一种力量把主持人、节目和频道的其他要素有机地结合在一起,拧成一股绳,这就需要电视品牌的系统包装。包装这一环节对电视品牌来说是一个重要的无形资产,是电视营销传播的首要任务,渗透和贯通从受众到传播者,从策划、制造到播出、相关商品开发的全部结构层面和传播过程。

塑造电视媒体品牌,最基本的是要打造频道形象,或者说是要建立有效的频道识别系统。电视品牌借鉴了频道识别系统CIS(Corporate Identity System),来树立频道独特形象,展示频道魅力的系统工程。这主要包括:台标、标准色、声音识别系统、标准字、话筒标志、片尾字幕定版、频道形象片花、频道形象宣传片、开始和结束曲等。频道识别系统主要包括理念识别系统和视觉识别系统。二者相辅相成,是电视品牌策略的两个重要支点。

1. 理念识别系统的包装(Mind Identity System,简称 MIS)

理念识别系统是指节目的存在价值、媒介精神、经营思想的综合体现,包括节目的宗旨、发展战略、定位、风格等内容。在品牌节目的整个包装体系中,理念识别是原动力,是视觉识别系统的根本指导。每个有个性的卫视都应该有自己的建台理念。这个理念不仅能维系频道的生命,还要能发挥领导者的总统性作用,如湖南卫视的"快乐中国"、浙江卫视"中国蓝"的理念。

2. 视觉识别系统的包装(Visual Identity System,简称 VIS)

受众在受到媒体刺激时,思维才会集中和指向刺激物,形成注意力。电视的外在形式

能够对受众产生有效刺激,主要是通过视觉识别包装来实现的。品牌节目的视觉识别包装是一个整合电视传播符号的工作,凡一切可以进入电视传播领域的视觉要素都可以成为包装的原材料,具体体现在名称、标识、片头、片花、片尾、色彩、造型、文字以及宣传片等部分的精心构思和精良制作上。

浙江卫视是中国电视媒体中视觉识别包装比较成功的典范,它以浙江的首字母"Z"为标志,底色采用深邃的蓝色,显示浙江卫视特有的江南文化气息和深厚的文化底蕴,它的形象台标15年没有变过,国内其他所有的上星电视无一例外都更换过台标,只有浙江卫视这一片蓝坚持了下来。蓝色不仅是台标的颜色,还是整个频道的色彩基调。小到主持人的服装、字幕颜色,大到舞台背景和装饰等视觉元素,浙江卫视均强化这一色彩的运用。

(二) 打造"明星主持人",强化"名人"效应

当今社会的竞争日趋激烈,现代传媒的竞争已经进入品牌竞争时代。一个媒体的地位和影响力在很大程度上取决于它拥有多少品牌资源,而主持人作为品牌的重要组成部分之一,能以自己的个人魅力与亲和力拉近观众与媒体的距离,增进观众对媒体的信任,提高媒体的美誉度和知名度,进而为媒体创造轰动效应和高收视率。一档电视节目的好看与否,不但要看节目内容,而且要看主持人的整体形象和素质,因为他不但是电视节目品牌形象的主要代言人,而且是整个电视频道品牌的代言人之一,是电视品牌建立的核心和关键,与节目有着很高的关联度。比如,提起《新闻联播》,观众自然而然就会联想到李瑞英、王宁、海霞、康辉等人;谈及《非常6+1》《艺术人生》让人很快想到李咏、朱军;说起《快乐大本营》《我爱记歌词》,观众自然地会联想到主持人何炅、谢娜、朱丹和华少。

电视品牌与电视的明星主持人之间存在着双向互动:一种情形是新主持人由于自己的个性和独特的主持风格深受观众的认可和喜爱,从而打造出品牌节目,品牌节目进而又扩大主持人的形象宣传、稳固主持人的地位,使其成为受观众喜爱的电视名人;名人效应又反过来带动越来越多的观众对节目保持较高的收视忠诚,如《实话实说》的崔永元、《星光大道》的毕福剑等。另一种情形是主持人在主持节目之前本身就是其他行业的公众人物、专家或是影视明星,由他们来担当新节目的主持工作,节目借助他们本身的光环作用和明星效应迅速获得观众的认可,成长为品牌节目,如《超级访问》的戴军、《非常说名》的蔡国庆等。简单地说就是,一个节目往往会因为某个主持人而成为明星节目并延长自身的生命周期;一个主持人也会因为某个节目成为明星主持人,即好的节目能够捧红主持人,两者相得益彰、交相辉映。品牌节目与主持人之间存在着相互依存的平衡关系,这种平衡关系一旦被打破,品牌节目可能名存实亡,不再成为品牌,甚至会在激烈的竞争中被淘汰。

1. 把握主持人的个性和形象,使之与频道定位相吻合

节目的品牌风格很大程度上取决于主持人的主持风格,而主持人的主持风格主要是由主持人的个性决定的。不同个性的主持人,主持的节目风格各不相同,节目所具有的内涵特质就有很大的差别,进而他所在的频道的整个频道形象就各不相同。当初,中央电视台《东方时空》的总制片人不顾众多制片人的反对,大胆启用形象普通的崔永元(图7—14)担任《实话实说》的节目主持人,正是看中他特有的风趣、幽默、睿智、朴实、坦诚的个性

和风格,因为《实话实说》正是一档纯朴的、鼓励观众说出真实故事的节目,崔永元的个性风格正好与节目定位相吻合。

电视台在品牌定位的过程中一定要了解好、选好、用好主持人。如果对主持人的性格和主持风格没有分析和调查,就不可能把他安排到合适的节目里担当重任,也就不可能为频道带来品牌效应。因为主持人只有在合适的节目环境中,才能充分发挥出自我才能,才能尽展自我个性,发挥自我价值,即节目主持人的个性、形象、气质应该和节目的内容、特征相匹配,主持人个人的风格和节目的整体风格必须具有协调一致性。因此在节目的创建之初,在频道品牌的定位之初,电视台对要任用的主持人要有一个细致的个性分析和详尽的风格了解。

图7—14 主持人崔永元

2. 改革主持人管理机制,为主持人创造合适的发展环境

很多时候,观众看一个栏目,实际是在看一个主持人。因为主持人是栏目最直接的实践者和体现者,他就像一块磁石一样吸引着观众关注他正在说什么和将要说什么。栏目与主持人之间是相互影响、相互促进的。名牌栏目需要明星主持人,明星主持人造就名牌栏目。主持人提升人气需要依赖相应的品牌栏目。

将主持人与栏目名称挂钩也是一个可行的策略,这样可以给主持人一个属于自己的特有的和合适的节目空间。比如,浙江卫视的新闻主播王帅主持的《新闻超视》经改版后改名为《新闻超视·寻找王》,"寻找王"中的"王"指的就是王帅。节目给了王帅一个非常能激发才能和施展个性的环境,播出后收视率屡创新高。所以,给一个主持人一个合适的节目环境,适时地为主持人调整节目策略,使主持人与节目一体化就显得特别重要,它不但能激发主持人的潜质,还能在激烈的媒体品牌之战中使栏目突出重围,获得一席之地。

(三) 打造特色名牌栏目,并进行栏目延伸

电视栏目是构成电视品牌的基本单位,当足够数量并且质量较高的品牌栏目合理而有秩序地组合到一起就构成品牌频道。目前,中国电视特别是省级电视创新能力不足已经成为制约其发展的瓶颈。从综艺节目一拥而上,到娱乐节目克隆成风,再到荧屏电视剧泛滥,各省级卫视面目雷同,能在全国市场上叫得出名字的精品栏目少之又少。现如今电视媒体之间的品牌竞争越来越体现在电视栏目的竞争上,如何打造有创新性、有影响力的电视栏目早已成为各省级卫视成败的战略性问题。因此,研究电视传媒的品牌首先必须研究栏目的品牌。因为品牌是一个企业的生命,所以我们可以说品牌栏目也是一个频道的生命。

名牌栏目是不易再生的稀缺性资源,是电视频道为观众所期待、识别和选择的标记。品牌栏目具有"三高"特点:高知名度、高收看频次和高欣赏指数。想要在频道的综合竞争力、知名度、美誉度、观众喜爱度、满意度上有质的提升,就必须打造属于自己的名牌栏目。这就需要电视台在对受众进行综合考察和细分的基础上投入相当的人力、物力、资金和时间资源,才能打造出对观众产生感染力和吸引力的品牌栏目。名牌栏目一旦打造出来,也会随之创造出一批忠实和稳定的观众群,从而成为频道的无形资产,为频道带来巨大财富

和长久的品牌影响力。名牌栏目的形成不是一蹴而就的,它是一个长期的过程,要经历成长期、发展期、成熟期这三个阶段,在不同的阶段,栏目品牌化经营策略也应有相应的调整,成长期时要对栏目进行重点扶持,发展期时要对栏目进行品牌推进,成熟期时要对栏目进行品牌延伸。

以浙江卫视的综艺栏目为例,自从浙江卫视着力打造全民互动娱乐 K 歌节目《我爱记歌词》后,收视率稳步上升,不仅多次位列全国省级卫视娱乐节目收视榜首,更是以绝对优势的"观众平均忠实度"独占鳌头!随着《我爱记歌词》的热播,浙江卫视看准机会,进行品牌栏目的品牌延伸策略:依托《我爱记歌词》的品牌内涵、节目风格、明星主持人群体等为新节目打开局面,横向开发新综艺节目《爱唱才会赢》《我是大评委》,与《我爱记歌词》号称"综艺三剑客",从周五到周日每天 21 点 21 分,系列节目相同时段播出,收视率一路攀升,创下同时段收视的新纪录。此时的浙江卫视并没有被胜利冲昏头脑,它借助周末"综艺三剑客"的强劲势头,又适时推出好看、好玩的全新娱乐节目,如以舞蹈秀为主的《越跳越美丽》、以美食秀为主的《爽食赢天下》、以脱口秀为主的《小武向前冲》等。这一系列各具特色的娱乐节目架构起浙江卫视的综艺新格局,也不断强化浙江卫视的品牌形象。

创意经济的价值总量由基础价值和衍生价值两部分组成,成功的品牌经营者会在基础价值上进行进一步的深度开发,实现创意的衍生价值。但这里需要注意的是,品牌延伸不是盲目地将现有的名牌栏目进行复制和裂变,而应遵循以下原则。

1. 目标观众相近原则

对于新栏目的目标受众定位应该在原有名牌节目所定位的受众群的基础上进行扩展,而不能完全舍弃现有受众去开发兴趣爱好完全不同的受众,这样可利用名牌栏目的观众群迅速扩大新栏目的观众数量和规模,从而提高新栏目的观众识别率。

2. 内容风格接近原则

新栏目的风格定位应与原栏目接近,不能有很大的反差,这样才能避免与频道内主要支撑性栏目在风格上形成直接冲突,从而更有利于频道特色化和风格化的形成。

3. 不能颠覆原定位原则

品牌延伸既有益也有弊,可以说是把"双刃剑",处理不好不但会使原有的名牌栏目受到影响,而且会对整个频道的品牌定位带来冲击,甚至会彻底颠覆原定位从而影响原品牌节目的播出效益。因此,节目改版和栏目扩展首先要维护名牌栏目的稳定性,在节目名称、主持人、播出时间等方面切不可轻易变更或进行大范围的变动。进行品牌延伸前要做好充分的调查研究和可行性论证,明确原有品牌的准确定位和竞争优势,并适度对老品牌进行品牌的维护、更新,通过品牌延伸使观众规模得以扩大,品牌优势更加明显,从而使品牌节目能够常葆青春。

4. 通过与新媒体合作加大对其定位宣传

在如今国内的媒介发展格局上,不能忽视的是,数字化媒体正在以不可预测的速度发展着,具有不可估量的前景。数字点播、网络电视、3G(第三代移动通信技术 3rd-Generation)手机等新媒体的迅猛发展都加重传统电视媒体的生存危机。但从任何事物都是"双刃剑"的角度我们也可以发现,这其实也是传统媒体打破发展壁垒、重新崛起的契机。如果传统媒体能利用新媒体的传播优势带动自身的发展,就必然能够扩展自身的影响力,因此传统媒体要加强与新媒体的多层次和多类型的合作,通过新媒体的宣传扩大知名度,使自身形象可以在数字化的平台上集成和统一起来,按照数字化时代新媒介的发展逻辑和自身的品牌定位打造新的节目形式、运作体制、盈利模式等,只有这样,传统广电媒体才有望突出同质重围,实现创新发展。

今后的电视媒体已经朝着多元化、跨媒体扩张的形式发展。各个电视台应该在自身品牌定位的基础上充分借助与多种媒体的合作来宣传自己,扩展影响力,增强实力和竞争力,在激烈的媒介竞争中占有一席之地。

第六节 电视节目的策划推广与运作

电视节目策划是指媒体工作人员以创造性和创新性的思维,将人、事、物等相关要素进行整合,通过精心策划、设计,并制定相关的措施,按规定的时间挖掘出电视产品,使电视节目发挥最佳的效用,更好地体现电视节目的目的性、计划性、创新性等特点。现在的大多数电视节目在形成过程中,策划的作用变得越来越明显。电视台要想提高在媒体竞争中的实力,就要有一批优秀的电视节目,而好节目离不开一个具有创新意识的策划。

中国电视节目策划大致有三个发展阶段:第一阶段是在1998年前后,中国电视节目第一次开始有策划意识;2002年左右开始出现一些新的节目形态,以娱乐节目为主,策划逐渐开始走向成熟;2006年至2007年,很多卫视节目进行改版,在改版中能够非常清楚地看到策划先行以及比较完整的节目规划。这种策划既包括节目形态样式,也包括可运作的方式方法、市场前景和潜力等。

一、电视节目策划的必要性

从电视节目摄制—发行—播出这一全过程来看,策划在任何环节都具有不可替代的、决定性的意义。

(一)策划是电视节目生产和运作取得成功的保证

电视节目策划不仅仅在于升华作品的主题,提高作品的社会价值和审美价值,更在于确保创作活动的成功。

(二)策划为电视节目的生产和运作指明方向

宋代辛弃疾在《议练民兵守淮疏》中认为"事不前定不可以应猝,兵不预谋不可以制胜"。策划作为思维与行动、主观与客观之间不可缺少的联系环节,对人们的行为,尤其是对创造性的行为具有指导性意义。电视节目的生产和运作需要的正是这种策划,特别是在影响重大的大型电视节目的摄制中,作用尤为突出。

(三) 策划为电视节目的生产和运作提供新的观念和思路

电视界和文学界一样,常被人戏称为新观念、新思路、新方法的"批发商"。多年来电视界一直是观念、思路、方法常出常新,始终保持着活跃的思维形态。究其原因,一方面是由于电视工作者思想意识具有开放性,他们能够也乐于探索和接受新观念、新思路、新方法;另一方面则是由于电视媒介的开放性,使得无论哪一家电视台都无法将新观念、新思路、新方法作为永久的"看家本领"而独占,除非电视台不用它们指导节目生产,生产出节目也不公开播出。

(四) 策划可以增加电视节目的竞争力

电视时段社会化、节目制作公司化、节目运作市场化,这些在冲击传统电视节目生产、运作观念和模式的同时,也为电视节目提供了新的竞争机遇。但若想在竞争中取胜,必须首先增加自己的竞争力。而增加竞争力的主要途径之一,就是加强节目生产和运作的全程策划。这一点,中央电视台的《第一时间》《大家看法》等栏目都有成功经验,值得我们去总结。

二、电视策划的原则

电视节目策划是一项复杂的工作,是一个系统工程。为了求得最佳策划效果,应注意掌握一些策划的原则。

(一) 导向原则

电视节目的策划既要考虑到以正确的舆论引导观众,又要考虑观众的需求,把握两头、上下通气、巧妙结合才是节目策划的出发点。比如,中央台的《今日说法》栏目,其宗旨是重在普法、监督执法、促进立法。其中案例精彩,争论也精彩。专家评说,大众参与,从内容到形式,观众都很乐于接受,于无声处巧普法。

(二) 心理原则

节目策划要想吸引观众,就得"挠到观众的痒处",打在观众的"麻筋"上,必须分析受众心理。受众心理包括一般心理和特殊心理两部分。一般心理指绝大多数观众共有的心理。特殊心理指不同年龄、不同职业、不同文化层次和不同性别等特殊观众的心理。掌握观众的一般心理可以在宏观上把握广大观众的心理需求,尽可能地满足他们的正常需要,并加以适当引导;掌握观众的特殊心理,才能从微观上根据不同观众制作出满足不同需求的节目,才能向社会作全方位覆盖与渗透。比如,《东方时空》《焦点访谈》《实话实说》等优秀节目就反映、代表了大多数人的收视心理,而一些特色节目,如《动物世界》《人与自然》《戏曲采风》《夕阳红》《动画城》等,满足的是不同年龄、爱好的观众群的需要。

(三) 创新原则

策划本身最大的特点就是创新。节目策划人作为节目思想的总建构者,必须每期都有创新,必须做开拓创新型人才。节目策划的创新不是凭空臆想出来的,它是建立在广泛的旧知识与信息基础上的新组合。其实要想创新并不难,问题在于要敢于创新,善于从不同角度做发散性联想思维,勇于打破传统知识结构和思维习惯,不受经验的羁绊,在固有学识基础上寻求一点突破。有了这种敢于创新的观念,创新也就不期而遇了。

新闻要新,电视节目更要不断出新、求变、求异。只有在内容上、形式上、制作手法上、频道包装上不断出奇制胜、新意迭出,有独特的视角、有新奇的创意,选题有"热点"、节目有"卖点",才能在媒体竞争中立于不败之地。标新立异要从以下几方面入手。

1. 角度奇特

角度要新奇、独特,策划要考虑自己的优势和特点,从而选取最佳角度切入,尤其善于独辟蹊径,不拾人牙慧,不拘泥于陈规陋习。例如,拍摄一部反映鄂伦春下山定居后生活状况的电视纪录片,从表现一位鄂伦春大妈葛长云的日常生活中琐碎的事情入手,通过葛长云生活中的几个镜头,如喂鸡、看照片、唱鄂伦春民歌、做桦树皮工艺品等,揭示出人物的内心世界,表现了普通鄂伦春人在改革开放后生活的富足,也从侧面表现出党的民族政策和富民政策取得的成绩。由于视角较新,这部题为《走近鄂家人》的电视片,在全国第二届《中华荟萃》纪录片评选中获奖。

2. 内容新鲜

有了独特的视角和新颖的形式还不够,内容至关重要,如今是一个"内容为王"的时代,一个电视节目的成败,关键是内容,形式和表现手法是为内容服务的。可以这样说,只有使电视节目在内容上有新意,让观众在收看节目中能有新的发现、新的启示、新的收获,节目才能赢得观众。

3. 包装新颖

包装在商品交易中的突出作用显而易见,电视也要讲究包装,节目整体包装不流于一般,频道宣传要形象、生动、到位。频道包装是一个系统工程,包括台标、节目预告、公益宣传、节目间场、主持人形象设计和包装以及各栏目片头的制作,等等。这些都是视觉识别的重要标志,它们诉诸观众的视觉感官,形成稳定的记忆,这对于电视台良好形象的建立有着重要的意义。例如,浙江卫视节目内容涉及江南的文化、历史、自然及时代生活,频道及节目包装整体呈现典雅、秀丽、素净的江南文化特征,频道宣传片用水墨画效果呈现江南水乡风光,古桥、乌篷船、民居,使观众感受到秀雅、婉约的江南文化,看一次就留下深刻的印象。

在新闻节目中要注重编排,如"软新闻"、"硬新闻"的合理搭配,导语、编后的运用,新闻的播报方式,字幕的设计,图表的使用等,编排得好,给人赏心悦目之感,就会收到最佳宣传效果。

(四)真实原则

电视节目策划尤其是电视新闻节目策划,要遵循新闻规律,从实际出发,实事求是。新闻节目策划以新闻的真实性、准确性为基础。新闻本质上是对新闻事实的一种客观反映,新闻的策划不能违背新闻的基本规律。"务实"态度应是新闻策划者的起码素质。

好新闻是策划出来的,是在以事实为依据、遵循真实性原则的前提下策划出来的。如果没有遵循真实性原则,凭空臆测,编造新闻事实,制造虚假新闻,那么你的策划再成功也是徒劳的。比如,北京电视台生活频道《透明度》栏目播出的"纸箱馅儿"包子,即是"策划"造假的典型案例,造成了极坏的社会影响,给电视节目策划敲响了警钟。为了避免新闻

"失真",必须把握好策划的"度"。选题必须符合现行的有关政策,报道方式、编辑方式、投放的采编力度要合适、合理,使新闻报道在不违背新闻规律的前提下取得最佳效果,否则就会弄巧成拙。

(五) 随机应变原则

事物是在不断发展变化的。策划方案形成后,在实施过程中,也可以根据变化了的情况进行及时调整。策划是对正在发生的新闻事件的主动、积极的反映,主观随着客观的变化而变化,这是电视新闻策划者需要时刻牢记在心的一件大事。随机应变既是新闻策划发生变化后采取的应急措施,同时也是新闻策划本身的要义。既然策划的对象是不断变化的事件,策划过程中必须有应变之策。及时应变可以减少损失,更好地提高宣传效果。

及时变通是新闻节目策划过程中需要策划者时刻注意的事。因为新闻是刚刚发生和正在发生的事实的报道,新的情况会随时随地出现,这就要求策划者应及时对方案进行相应修正、更改,执行者也要有应变之策。"兵贵神速",新闻的规律是及时、迅速报道,新闻策划也必须遵循这一铁律。抓住机遇、急中生智、快速反应,这是对策划者的一个基本要求。例如,关于伦敦奥运会上刘翔参赛的报道,央视事先进行精心策划,但是刘翔却在比赛中意外摔倒并引发伤病,央视很快作了相应调整,以后的节目围绕宽容、理解做文章,不仅引导了舆论,也使体育不再承载沉重的政治,还原了体育的本来面目。

(六) 效益原则

在电视产业化的过程中,社会效益与经济效益总是结伴而行,节目策划人必须考虑经济效益与社会效益。节目没有社会效益,经济效益无从谈起;只抓经济效益,不择手段媚俗,把社会效益晾在一旁,经济效益也会好景不长。节目策划要做到效益双赢并不难,难在节目如何做得好看。节目是做给观众看、要观众消化的,策划人在策划时心中不装着观众、不考虑社会影响,节目就走进了死胡同。没有受众就没有市场,没有市场就肯定不会有经济效益。所在,节目策划人在策划节目时及早将这点"储存",拿出充沛精力进行节目构思。

三、电视策划的方法

电视台要竞争,要发展,要立于不败之地,就必须重视电视节目策划。增强策划意识,研究策划方略,做出质量上乘的优秀节目呈现给广大电视观众。电视节目策划要针对受众、针对市场,还要针对电视传播的一些固有特性。

(一) 确定策划目标

"策划的步骤是以假设的目标为起点,然后制定出策略、政策,以及详细的内部作业计划,以求目标达成,最后还包括成效评估及回馈,而后返回到起点,开始策划的第二次循环。"[①]策划有无目标是检验策划成功与否的标尺,确立目标是电视节目策划过程中的第一步,策划方案只能在节目策划的目标完全明确了以后才能进行。

---

① 赵振宇:《新闻策划》,武汉出版社 2000 年版,第 119 页。

形成一个策划方案,首先要明确总目标是什么,又有什么样的分目标,要达到什么样的宣传效果,如何正确引导舆论,观众看过以后会有怎样的反应和感受。目标越明确,越便于操作和执行,越能确保导向正确。其次还应该了解政府、老百姓以及其他媒体在关注什么,电视报道所具有的独特优势在哪里。如果没有更好的想法和独具的优势,宁愿放弃也不要跟着走形式,否则就是人力、财力和资源的极大浪费。

形成方案前要统一认识,凡参与者都要共同遵守统一纲领。策划者要考虑:创作的节目是给什么人看的?做成什么样式与风格?要达到什么效果?找准观众定位是确定目标的前提条件,过去电视台希望做出的节目能长幼皆宜,适合所有观众的口味,这实际是做不到的。因为当今社会资讯发达,传播手段种类繁多,跨入分众时代,拥有特定观众群应该是电视人所追求的。例如,民生新闻节目,主要定位为城市市民;选秀节目,定位为年轻的收视群体;厨艺节目,定位以家庭主妇为主。确定节目定位,要考虑观众的收视习惯、年龄性别、文化层次,还要顾及地区性差异,做到这些才可以取得良好的传播效果,达到预期的策划目标。

(二) 制定策划方案

目标确定以后,就要着手来做策划方案。这期间要注意内容要求的确定,要进行必要的内容评估,这是策划方案的核心部分。确定节目样式,包括节目风格、节目体裁、节目时长、节目结构、节目制作、节目包装手法以及完成时限规定等,这是策划方案对质量标准提出的要求;落实人员、经费、采访设备及交通工具等,这是策划方案对保障措施的强调;确保组织领导,有些方案提出成立领导小组,并下设办公室,或成立临时编委会、节目组,这是策划方案的组织落实。

方案确定后,要进行必要的评估,可以从以下几方面评价和选择方案:一是与目标相对照,看方案的科学性;二是与整体利益相对照,看方案的综合性;三是与满意度相对照,看方案的可行性;四是与果断度相对照,看方案的适宜性。在方案执行过程中,适时进行相关修订和调整,以校正目标,调整主题、时间和人员为重点。在方案的实施过程中,根据实际情况,调整报道内容、时间及参与报道的人员。方案有时还对责任、纪律等提出特别强调。

(三) 认真抓好实施

策划方案确定后,要认真组织实施。工作的出发点是做出高质量的节目,最大限度地发挥电视特点。遵照电视创作规律,搞好现场采访拍摄、后期包装制作,最后安排播出。为了更好地实施方案,要从多方面入手进行操作:一是实施者要进行周到细致的准备。"工欲善其事,必先利其器",准备工作做得越细,实施起来就越快捷,越能收到更好的效果。二是在实施过程中要循序渐进,戒急戒躁。三是在实施过程中既要遵守方案,又不完全拘泥于方案。四是注意考虑宣传效果,即在采访、拍摄、制作过程中,要把电视手段发挥得淋漓尽致,以求得节目播出后有最佳的效果和效益,如画面、配乐、解说、同期声、字幕、色彩、片头、片尾、小片花等各种电视创作元素的应用和组合要力争具有新颖别致、不落俗套、富于变化的特点,让人眼前一亮,带来强烈的视觉冲击。比如,央视在汶川大地震报道期间,就制作了许多让人震撼、让人揪心、让人感动的精彩片花,在包装上进行了周密策划,令观众过目不忘。

电视节目在策划中要时刻体现出灵活特点,要先他人一步、打破常规、出奇制胜、富于想象力,做出精彩的节目来抢夺受众,为整个电视台注入活力。

第七节 媒介资源整合利用

电视是20世纪最卓越的发明之一,作为迄今为止最强势的大众传播媒介,已经彻底地融入人们的生活,成为促进现代社会变革的重要因素之一。然而,随着互联网的兴起,电视在面临报刊、广播等传统媒介激烈竞争的同时,还在接受来自以互联网为代表的新媒介的强烈挑战。作为一个主权国家的强势传媒,电视担负着参与国际舆论竞争的重大任务,在风云诡谲的国际舆论环境与纷繁复杂的媒介生态中,媒介整合是我国电视媒介生存与发展必须面对的问题。

一、媒介之间的整合

(一) 电视媒介内部的资源整合

1. 频道资源整合

频道资源是电视媒介最基本的资源,频道资源的获得必须经过国家管理部门的批准。随着新政策规则的实施和以集团化为代表的中国电视业的结构调整,广电集团的模式趋向于弱化台一级构架,强化以频道为单位组合人才、物资,组合节目资源,强化把频道作为集团的直接下属。

整合频道资源,首先必须进行科学的频道设计。频道设计的宗旨是在精确调研的基础上,尽可能确保设计的频道能达到社会效益、经济效益的最大化,使频道具有核心竞争力,不可替代性和可持续发展的能力。综合频道特色化,专业频道窄播化,加速频道群的建设。

2. 时间资源整合

电视媒介是时间型媒介,整合时间资源意义重大。电视媒介应在保证正确舆论导向的前提下,综合考虑观众的作息规律、生活方式、生活习惯、文化水平等因素,合理配置时间资源。

在媒体竞争白热化的今天,中国电视界、电视编辑人员需仔细斟酌的大事是:在最适当的时间,把最适当的内容提供给最需要这类信息的观众。如果重新细分观众,我们会发现,不同的人群的作息规律和兴趣从来都不是规整的。电视媒体应根据不同时段的最大收视群,整理出最重要时段播出节目的基本框架。播放固定时间的板块化节目除了有利于观众收看外,还可逐渐培养观众的收视习惯。除非万不得已,不要随随便便更改节目的播出时间,特别是名牌节目的播出时间。

3. 节目资源整合

节目是电视媒介参与市场竞争的根本元素,对于电视媒介来说,最基本的电视节目类型可以粗略地划分为新闻节目、谈话节目、体育节目、娱乐游戏节目、儿童节目和电视剧这样几类。电视台的节目来源主要有三条途径:自己制作,交换节目,从节目市场上购买。

自制电视节目首要考虑的是节目的定位问题。定位是一个节目的灵魂,电视媒介可以通过明确的市场划分和节目定位,来构筑自己的个性化风格,打造自己的品牌。在电视节目的定位中包含着电视节目的卖点,该卖点是该节目最具吸引力的个性化品质特征。

电视台要深度利用节目资源,特别是对历史资料的利用。经典的电视剧,如《上海滩》(图7-15)等,5年或10年后重播会有意想不到的收视率,因为这时新的观众群已经成长起来,原有的观众也能在经典的回首中来一番长吁短叹的怀旧。

图7-15 电视剧《上海滩》剧照

对于新闻信息有三种利用方式:作为新闻采用的第一次利用,作为深度报道或转换成其他媒介的第二次利用,开发成数据库等产品的第三次利用。在电视台的资料库中,那些记录历史的珍贵的纪录片是电视台宝贵的财富,是完全可以重新挖掘的素材。好的内容更需要好的编排形式,在节目资源、内容限定的情况下,通过精心的节目编排形式能最大限度地整合节目资源。

4. 人力资源整合

人力资源是电视媒介内部最宝贵的资源。目前中国电视业的人才匮乏问题已日益凸现。电视业竞争的加剧及国际化趋势对电视业从业人员提出迫切要求,人才匮乏特别是经营管理人才、复合型人才的匮乏已经成为制约中国电视业发展的瓶颈。因此,在人力资源管理与企业竞争优势紧密联系在一起的情况下,整合人力资源的意义尤为重要。更有意义的是,通过人力资源管理所获得的竞争优势,比通过其他手段获得的竞争优势更为明显。

(二)电视媒介与其他媒介的资源整合

现代人类基于本能的好奇心以及生存对信息的需求,发现并创造出各种各样的媒介,从广义上看,这对人类文明进化产生强力的推进作用。在大众传播媒介诞生之后,这种推进作用日益明显与激烈。与此同时,受社会需求、竞争和政治压力以及技术革新的复杂作用,传播媒介的形态不断演进与变化,各种新媒介、亚媒介层出不穷。毫无疑问,电视是迄今为止最强势的大众传播媒介,它的诞生与推广谱写了人类传播史上最华美的篇章。在今天,电视面临传统媒介和新媒介的激烈竞争和挑战,电视人应借助更多的手段,整合所有传媒资源,为电视的发展提供动力。

1. 电视媒介与传统媒介的资源整合

（1）信息利用方面

近些年,电视图书发展迅速。它将近些年来制作播出的、具有较好品位的文化专题片加以艺术化的包装,并将电视语言转换成平面图书,但仍然保留了电视语言的特色,体现了电视的现场感、画面感、运动感和时段性。书中的配图都是从电视片子中截下来的,保留了电视画面丰富的光线、人物交流时的姿态和神韵。电视图书的出现正是电视媒介对自有资源深度开掘的表现。

随着我国媒介产业化进程的加快,信息的二次甚至三次利用率将大大提高。传播内容在各种介质中的转换将更加频繁,这也给了电视媒介一个深度开发资源的良机。例如,由海岩的畅销小说改编的电视剧播一部火过一部,金庸迷、琼瑶迷遍布大江南北、神州内外,这对电视媒介而言是巨大的潜在内容财富与受众资源。

（2）新闻报道模式方面

现在分析型报道、评论性报道以及背景报道方兴未艾,这正是报纸的特长。电视完全可以借鉴这一媒介的传统优势,加大电视新闻节目在分析、评论方面的力度和广度,丰富电视新闻报道模式。中央电视台的《足球之夜》之所以受欢迎,关键在于它在背景性报道方面很下功夫。电视栏目的杂志化,如栏目的成组操作、成块操作、专题操作、编排组合中的凸显与互补以及系列的深度报道、特殊的拍摄手法、如悬念前置的蒙太奇手法等,一直是电影的常用叙事方式,也被用于电视新闻的报道中。

（3）人力资源方面

人力资源缺乏是困扰电视媒介的主要结构性矛盾之一。近年来,电视媒介的准入门槛已经逐步降低,许多平面媒体的精英得以进入电视媒介,加快了电视业改革与前进的步伐。据调查显示,电视媒介从业人员素质是几大传统媒体中最低的。所以以人为本、提高人的素质、强化人的能力、发挥人的潜质以提升媒体的竞争力已经成为电视媒体业文化的核心。

2. 电视媒介与以互联网为代表的新媒介的资源整合

面对波涛汹涌的网络浪潮,电视媒体纷纷介入因特网。绝大多数电视台都建立了自己的网站。这些网站以电视资源为生存土壤,以互联网为运营平台,吹响了电视媒体与网络媒体整合的号角。

（1）观念方面

现在的传播越来越重视受众,受众在传播过程中的作用也越来越重要。随着信息经济时代的来临以及互联网的兴起,传统媒体意义上的受众正转变为信息消费者。信息传受双方的界限越来越模糊。这是一种观念的全新转变,这种转变趋势意味着电视媒介以前那种居高临下的信息灌输模式已过时,而整合互联网的优势,将观众作为客户或消费者的新的运营模式登上历史舞台。

(2)运作模式方面

① 电视节目的上网传播。上网的电视台有选择、有针对性地将一些有影响、有潜力的节目、主持人送上网,吸引访问者,以提升品牌形象和自身的知名度。例如,凤凰卫视的名牌主持人、几档名牌栏目以及栏目解说词都可以在其网站上找到。

② 开辟电视媒体与观众之间新的沟通渠道。互联网的出现给了观众方便快捷发表意见、参与节目的全新途径,也使电视台能够实时、动态地得到第一手的反馈信息。

③ 电视依托网络进行增值业务经营与服务。电视媒介依托网络的运作理念、模式的转型实际上蕴藏着无限的商机,如开展网上节目交易、影视代理以及电子商务等。此外,还有两个更重要的经营项目:电视广告与网络广告的一体化运作以及视频点播。前者通过推行电视与网络广告、套餐,增加广告收入,参与因特网对广告的分流;后者是电视台开辟多元经营渠道的明智选择。

④ 电视人工作、生活方式的改变。电视工作者可以利用网络了解最新的资讯,来策划节目、开拓选题、激情打造工作与生活。互联网提供的不仅仅是一种工具与一个平台,它更意味着一种全新的生活方式。电视人也与其他人一样,正享受着互联网融入生活带来的全新的生活体验。

总之,通过与互联网的整合,电视媒介正在创造光明的未来。

二、媒介之外的整合

(一)电视媒介政治资源整合

电视媒介对政治风向有着天然的敏感性,这是因为电视具有强大的社会影响力。作为拥有国家绝大部分政治和经济资源的政府(包括政党、军队),当然会以各种方式对电视媒介进行监控。在中国,电视作为媒介手段,一经诞生就打上了纯粹事业单位的烙印,其作用主要是发挥社会控制功能,担当党和政府的"喉舌",承担宣传教育的任务。近年来,随着国际舆论竞争的日趋激烈,高新技术的发展,多媒体的融合趋势和中国加入世贸后的体制改革不断深入,人民群众的精神需求日益高涨。中国电视业发展的政治环境日渐宽松。这就要求中国电视业建立打破条块分割的大市场,形成适应市场经济要求的管理体制和管理方式,实现行政和事业分开;治散治滥、整合频率,传输网络资源,开辟多元的融资渠道,允许集团化、跨媒体、跨地域甚至大规模的兼并经营。

电视媒介正是抓住了新闻媒介事业单位企业管理这样的政策规则变化,实现了战略调整,才为今天的发展奠定了基础。

(二)电视媒介经济资源整合

电视作为一种传媒手段属于上层建筑的范畴,上层建筑是建立在经济基础之上的,因此电视业与经济系统关系密切。经济系统决定了电视业的规模、发展方向、管理手段以及受众的构成与需求。电视媒介要想获得长足的良性发展就必须顺应经济趋势,整合经济资源。

现今,经济全球化、经济区域化、经济一体化、经济信息化的趋势越发明显,给世界和地区经济发展提供机遇的同时,也带来了巨大的风险和挑战。中国经济已经完成从计划到市场的转变,这为电视业这项高科技、高投入、高消耗事业的资源配置提供了必要的外部条件。自改革开放以后,中国报纸、杂志、电视、广播等大众传媒高速发展。据估计:整个传媒市场的规模已超过1000亿元。经过数十年的发展,中国已经形成了一个巨大的媒介市场,这个市场还在不断扩大。中国传媒业在飞速发展的同时竞争也日趋激烈,中国媒体已经迎来了以规模竞争为特点的市场发展阶段。

(三)电视媒介文化资源整合

文化属性是电视媒介最根本的属性之一。随着人类对自身生活状态和生存环境的深切体察,以及对自身人格精神和生命境界的全方位拓展,人类在生活方式、人格范式、文化教育等方面都将面临着大转型。这为电视更深入地参与人类社会生活与个体人的精神重塑提供了千载难逢的良机。在人类人文精神的复归潮中,电视作为新闻的载体、思想的容器、娱乐的舞台、教育的工具的大平台作用日益凸显。世人对电视业承担的文化评价、组织、疏导、鉴定与张扬的庄严使命将有更深刻的认识。在这种情况下,电视节目的文化内涵将有整体上的飞跃,而文化资源也将成为电视媒介发展壮大的最丰厚的资源之一。

中华传统文化资源是我国电视媒介最重要、最易得、最易把握的基础性文化资源。中国电视业诞生并成长于中华文化这一宏大的母文化中,它的主要服务对象是中国人。这些人拥有自身固有的文化传统与审美经验。因而,整合中华传统文化资源对我国电视业的进一步成长意义重大。

(四)电视媒介科技资源整合

电视最初是作为一项技术手段而诞生的,因此新技术的运用在推动电视业的飞速发展,从而改变整个世界的面貌中的作用是毋庸置疑的。电视作为一项强势传媒有着率先了解新技术的先天优势,同时先进媒介技术的运用可以降低成本,提高劳动生产率,从而更好地为人类服务。

18世纪中叶至今,世界上已经发生了三次科技革命:18世纪60年代至19世纪上半期,是第一次工业革命时期,以蒸汽机的出现为代表,使人们进入蒸汽时代;19世纪70年代至20世纪初,是第二次工业革命时期,以电机和内燃机的广泛使用为标志,使人类进入电气时代;20世纪40年代至今,以电子计算机、原子能、空间技术和生物工程的发明和应用为代表,人类进入第三次科技革命时代——电子信息时代。每一次科技革命都将人类的生产力推到一个前所未有的新高度。电视本身就是第二次技术革命带来的丰厚产物之一,电视自发明后每一步关键性进展都离不开科学技术的创新;而每一次技术创新也同时意味着新的市场机会与财富。随着第三次科技革命浪潮的汹涌澎湃,从科技发展趋势来看,电视技术将在数字电视、高清晰电视、三维电视、个人频道方面获得长足进展。

现阶段电视媒介生存与发展压力相当大,但只要抓住机会,整合资源,确立核心竞争力,电视这种曾经创造了无数奇迹,现在仍然深度参与公众生活与深刻改变社会范式的传播媒介就会有光明的前景与美好的未来。

电视文化作为先进的主流媒体文化,它的产生与发展和科学技术的进步密不可分,它展现出多样的发展态势。要想在电视媒体激烈的竞争中占有自己的一席之地,电视媒体就必须紧紧抓住电视节目创新这一重点,正确确立电视频道的定位,加大电视策划和推广,扩大电视品牌的竞争力与影响力,深化电视媒体的产业化改革,有效利用可以利用的所有资源,丰富电视文化的内容。只有这样才能有属于自己的位置和发展空间。

练 习 题

1. 中国电视文化发展大体经历了几个时期?其代表现象有哪些?
2. 电视品牌定位以及其原则是什么?
3. 电视策划需要遵循的原则有哪些?

拓展阅读书目

1. 高鑫、贾秀清:《21世纪电视文化生存》,中国国际广播出版社2006年版。
2. 袁靖华、汪振城:《电视节目模式创意》,中国广播电视出版社2010年版。
3. 欧阳宏生:《21世纪中国电视文化建构》,四川大学出版社2011年版。

参考文献

1. [英]爱德华·泰勒.原始文化[M].连树声译.桂林:广西师范大学出版社,2005.
2. [加]M.麦克卢汉.理解媒介——人体的延伸[M].何道宽译.成都:四川人民出版社,1992.
3. [美]施拉姆.传播学概论[M].何道宽译.北京:中国人民大学出版社,2010.
4. [英]安德鲁·古德温,加里·惠内尔.电视的真相[M].魏礼庆,王丽丽译.北京:中央编译出版社,2001.
5. [美]刘易斯·科塞等.社会学导论[M].杨心恒译.天津:南开大学出版社,1990.
6. [英]阿兰·斯威伍德.大众文化的神话[M].冯建三译.上海:三联书店出版社,2003.
7. [美]迈克尔·埃默里,埃德温·埃默里.美国新闻史[M],展江,殷文译.北京:新华出版社,2001.
8. [美]玛格丽特·米勒.代沟[M].曾胡译.北京:光明日报出版社,1988.
9. [美]施拉姆.大众传播媒介与社会发展[M].金燕宁等译.北京:华夏出版社,1990.
10. [英]约翰·B.汤普森.意识形态与现代文化[M].高铦等译.南京:译林出版社,2005.
11. [法]让·鲍德里亚.消费社会[M].刘成富,全志钢译.南京:南京大学出版社,2001.
12. [匈]阿诺德·豪泽尔.艺术社会学[M].居延安译.上海:学林出版社,1987.
13. [美]尼尔·波兹曼.娱乐至死·童年的消逝[M].章艳,吴燕莛译.桂林:广西师范大学出版社,2009.
14. [美]瓦尔特·索雷尔.西方舞蹈文化史[M].欧建平译.北京:中国人民大学出版社,1996.
15. [苏]尤里·鲍列夫.美学[M].冯申,高叔眉译.北京:中国文联出版社,1986.
16. [美]杰姆逊.后现代主义与文化理论[M].唐小兵译.北京:北京大学出版社,2005.
17. [德]恩斯特·卡西尔.人论[M].甘阳译.上海:上海译文出版社,2004.
18. [美]约翰·菲斯克.电视文化[M].祁阿红等译.北京:商务印书馆,2005.
19. [德]汉斯·罗伯特·姚斯.审美经验和文学解释学[M].顾建光等译.上海:上海译文出版社,2006.

20. [德]汉斯—格奥尔格·伽达默尔.真理与方法——哲学诠释学的基本特征[M].洪汉鼎译.北京:商务印书馆,2007.
21. [美]大卫·波德维尔,克里斯汀·汤普森.电影艺术:形式与风格[M].曾伟祯译.北京:世界图书出版公司北京公司,2008.
22. [美]丹尼尔·贝尔.资本主义的文化矛盾[M].赵一凡译.上海:三联书店出版社,1980.
23. [美]斯蒂文·小约翰.传播理论[M].陈德民,叶晓娜译.北京:中国社会科学出版社,1999.
24. [美]梅尔文·L.德弗勒等.大众传播通论[M].严建军等译.北京:华夏出版社,1989.
25. [法]保罗·郎格朗.终身教育引论[M].周南照等译.北京:中国对外翻译出版公司,1985.
26. [匈]贝拉·巴拉兹.电影美学[M].何力译.南京:中国电影出版社,2003.
27. [美]R.M.小巴斯费尔德.剧本作家的四种媒介[M].田园译.北京:文化艺术出版社,1986.
28. [德]哈贝马斯.公共领域的结构转型[M].曹卫东,王晓珏,刘北城,宋伟杰译.上海:学林出版社,1999.
29. 冯天瑜.中国文化史断想[M].武汉:华中理工大学出版社,1998.
30. 胡正荣.传播学总论[M].北京:北京广播学院出版社,1997.
31. 祁林.电视文化的观念[M].上海:复旦大学出版社,2006.
32. 郭庆光.传播学教程[M].北京:中国人民大学出版社,1999.
33. 胡智锋.影视文化论稿[M].北京:北京广播学院出版社,2001.
34. 崔文华.全能语言的文化时代[M].北京:北京师范大学出版社,1998.
35. 田本相.电视文化学[M].北京:文化艺术出版社,1990.
36. 苗棣,范钟离.电视文化学[M].北京:北京广播学院出版社,1997.
37. 吴克宇.电视媒介经济学[M].北京:华夏出版社,2004.
38. 高鑫.电视艺术概论[M].北京:学苑出版社,1992.
39. 高鑫.电视艺术美学[M].北京:北京广播学院出版社,1998.
40. 李艺,刘成新.影视艺术传播与审美[M].北京:中国广播电视出版社,2002.
41. 胡妙德.广播电视思辨录[M].北京:中国经济出版社,1999.
42. 彭国元.电视文化新论[M].长沙:湖南师范大学出版社,2007.
43. 罗钢,刘象愚.文化研究读本[M].北京:中国社会科学出版社,2000.
44. 魏超.大众传播通论[M].北京:中国轻工业出版社,2007.
45. 段京肃,罗锐.基础传播学[M].兰州:兰州大学出版社,1996.
46. 卢勤.个人成长与社会化[M].成都:四川大学出版社,2010.
47. 徐瑞清.电视文化形态论[M].北京:中国社会科学出版社,2007.
48. 欧阳宏生等.电视文化学[M].成都:四川大学出版社,2006.
49. 黄会林.中国电视艺术发展史教程[M].北京:北京大学出版社,2009.

50. 张凤铸,胡妙德,关玲.中国当代广播电视文艺学[M].北京:中国传媒大学出版社,2011.

51. 张凤铸.《中国电视文艺学》[M].北京:北京广播出版社,1999.

52. 章柏青,张卫.《电影观众学》[M].北京:中国电影出版社,1994.

53. 李道新.《影视批评学》[M].北京:北京大学出版社,2001.

54. 赵振宇.新闻策划[M].武汉:武汉出版社,2000.

55. 吕新雨.当代中国新纪录运动[M].上海:三联书店出版社,2003.

56. 李幸.大众立场李幸电视批评文集[M].北京:中国社会科学出版社,2005.

57. 喻国明.变革传媒:解析中国传媒转型问题[M].北京:华夏出版社,2005.

58. 丁和根.传媒竞争力:中国媒体发展核心方略[M].上海:复旦大学出版社,2005.

59. 刘习良.中国电视史[M].北京:中国广播电视出版社,2007.

60. 喻国明.传媒变革力——传媒转型的行动路线图[M].广州:南方日报出版社,2009.

61. 隋岩.当代中国电视文化格局[M].北京:北京大学出版社,2004.

62. 牛爱忠等.俗文化[M].北京:中国经济出版社,1995.

63. 高亮华.人文主义视野中的技术[M].北京:中国社会科学出版社,1996.

64. 刘连喜.电视批判[M].上海:中华书局,2003.

65. 季羡林.雅俗文化书系[M].北京:中国书店出版社,2007.

66. 国家广播电影电视总局发展研究中心.2008年中国广播电影电视发展报告[M].北京:新华出版社,2008.

67. 苗棣等.美国经典电视节目[M].北京:中国广播电视出版社,2006.

68. 候洪等.感受经典——中外纪录片文本赏析[M].成都:四川大学出版社,2006.

69. 阚乃庆,谢来.最新欧美电视节目[M].北京:中国广播电视出版社,2008.

70. 叶家铮,吴兴文.电视传播[M].北京:北京师范大学出版社,1993.

71. 朱光潜.西方美学史[M].北京:人民出版社,2002.

72. 隋岩.多重复合的当代中国电视文化意识形态[J].中国人民大学学报,2005,(5).

73. 陆晔.《60分钟》:真相是唯一的标准[J].南方周末,2002,(954).

74. 时统宇.电视舆论监督的批判封面与电视人的建设性立场[J].电视研究,1990,(1).

75. 纪忠璇.大众传媒在突发事件中的社会功能[J].新闻爱好者,2008,(12).

76. [德]Stefan Ollig.中国电视节目的出口:一种消费者理论的透视[J].云杨译.新闻界,2005,(4).

77. 胡智锋,孔令顺.电视媒体的文化自觉[J].中国广播电视学刊,2007,(10).

78. 冯琳.在文化工作中弘扬社会主义核心价值体系[J].四川戏剧,2011,(3).

79. 荣耀军.多维话语系统的竞争与共性——当代中国电视文化研究[D].厦门大学硕士学位论文,2008.

80. 时统宇.见证世纪之交中国社会法治进程[J].现代传播,2009,(1).

81. 杨状振.1978—2008:中国电视产业化经营三十年机制流变研究[J].郑州大学学报(哲学社会科学版),2009,(3).

82. 方健文.省级卫视的品牌定位和品牌竞争力[J].东南传播,2009,(2).

83. 王可.试析营造优质电视媒体广告投放环境[J].声屏世界,2003,(9).

84. 李春华.文化力:缩小地区差距的深层动力[J].学术交流,2000,(9).

85. [美]詹·莫那柯.怎样读解一部影片[J].周传基译.世界电影,1986,(4).

86. 李佑新.现代性问题与中国现代性的建构[J].北京大学学报(哲社版),2005,(2).

87. 刘妍.《新闻1+1》:诠释央视新闻观[J].广告大观,2010,(4).

后 记

电视这一媒介领域的后起之秀诞生近百年间,对人类社会的影响日益加深,成为参与日常生活的重要媒介。对于电视文化的研究方兴未艾,电视究竟对我们意味着什么,它带来哪些益处,存在什么问题,它将走向何方,引来很多学者的关心与思索。

比起其他理论,电视文化学的研究在中国时间虽然不长,却有了非常丰富的成果。本教材作者都是在一线工作的高校教师,在专业教学中积累大量经验,对电视文化现象有多年的观察和分析。为总结前期积淀,本教材作者吸取国内外专家的研究观点,融入自己的理解与创新,共叙述了7章,分别从电视文化的形成、功能、特征、属性、影响、价值取向、传播效果等几个方面进行探讨,希望对电视文化的发展与研究有所助益。

本书由曹毅梅担任主编,负责拟订写作大纲、统筹并修改全书文稿;张永洁、张衡为副主编,协助编务。具体写作分工如下:

商丘师范学院张海欣,第一章、第二章;

河南大学曹毅梅、周口师范学院赵若虚,第三章;

河南商业高等专科学校云菲、山东潍坊学院吴瑜,第四章;

信阳师范学院张衡,第五章;

中原工学院赵红玲,第六章;

黄河科技学院张永洁,第七章。

限于水平,加上时间紧、任务重、压力大,文稿中难免有疏漏肤浅的地方,恳请诸位专家指正。

曹毅梅

2012 年 10 月

打造学术精品　服务教育事业
河南大学出版社
读者信息反馈表

尊敬的读者：

感谢您购买、阅读和使用河南大学出版社的＿＿＿＿＿＿＿＿＿＿＿＿一书，我们希望通过这张小小的反馈表来获得您更多的建议和意见，以改进我们的工作，加强我们双方的沟通和联系。我们期待着能为您和更多的读者提供更多的好书。

请您填妥下表后，寄回或发 E-mail 给我们，对您的支持我们不胜感激！

1. 您是从何种途径得知本书的：
　　□书店　□网上　□报刊　□图书馆　□朋友推荐
2. 您为什么决定购买本书：
　　□工作需要　□学习参考　□对本书感兴趣　□随便翻翻
3. 您对本书内容的评价是：
　　□很好　□好　□一般　□差　□很差
4. 您在阅读本书的过程中有没有发现明显的专业及编校错误？如果有，它们是：
　　_____
　　_____
　　_____
5. 您对哪一类的图书信息比较感兴趣：_____

6. 如果方便，请提供您的个人信息，以便于我们和您联系（您的个人资料我们将严格保密）：
　　您供职的单位：_____
　　您教授的课程（老师填写）：_____
　　您的通信地址：_____
　　您的电子邮箱：_____

请联系我们：
电话：0371-86059712　0371-86059713　0371-86059715　0371-86059721
传真：0371-86059713
E-mail:hdgdjyfs@163.com
通信地址：河南省郑州市郑东新区 CBD 商务外环路商务西七街中华大厦 2304 室
河南大学出版社高等教育出版分社